人文教育特色专业建设丛书

人文科学概论

杨吉兴　韩　艳　欧阳询　主编

华中科技大学出版社
http://www.hustp.com

中国·武汉

内 容 提 要

本书立足人文科学的本义溯源、人文科学的三维世界、人文科学的永恒主题,从这三个层面展开对人文科学的宏观思考。全书分八个部分,分别就人文科学的基本问题、历史发展、学科构成、基本特点、价值结构、研究方法、发展规律、发展趋势等议题对人文科学进行概要性的论述。本书为教育部第一类特色专业——人文教育专业教学改革的成果之一,也是湖南省人文教育学省级教学团队、怀化学院人文教学院重点学科的阶段研究成果和系列教材之一。人文科学概论作为一门全新的教学改革课程,教学内容涉及诸多学科领域,具有较强的综合性、创新性等特点。因此,本书是高等院校人文教育专业学生、理工科类专业学生(通识课程)的有益参考读物。

图书在版编目(CIP)数据

人文科学概论/杨吉兴,韩艳,欧阳询主编. —武汉:华中科技大学出版社,2017.8(2023.8重印)
(人文教育特色专业建设丛书)
ISBN 978-7-5680-3068-7

Ⅰ.①人… Ⅱ.①杨… ②韩… ③欧… Ⅲ.人文科学-高等学校-教材 Ⅳ.C43

中国版本图书馆 CIP 数据核字(2017)第 155416 号

人文科学概论
Renwen Kexue Gailun

杨吉兴 韩 艳 欧阳询 主编

策划编辑:钱 坤
责任编辑:唐诗灵
封面设计:原色设计
责任校对:曾 婷
责任监印:周治超
出版发行:华中科技大学出版社(中国·武汉)   电话:(027)81321913
　　　　　武汉市东湖新技术开发区华工科技园   邮编:430223
录　　排:华中科技大学惠友文印中心
印　　刷:广东虎彩云印刷有限公司
开　　本:787mm×1092mm　1/16
印　　张:19　插页:1
字　　数:395 千字
版　　次:2023 年 8 月第 1 版第 4 次印刷
定　　价:48.00 元

本书若有印装质量问题,请向出版社营销中心调换
全国免费服务热线:400-6679-118　竭诚为您服务
版权所有　侵权必究

目 录

绪论　人文科学的宏观思考 /1
　　第一节｜"人文科学"的本义溯源 /2
　　第二节｜人文科学的三维世界 /7
　　第三节｜人文科学的永恒主题 /14

第一章　人文科学的基本问题 /22
　　第一节｜人文科学核心概念释义 /22
　　第二节｜人文科学的对象、性质和特点 /28
　　第三节｜人文科学的构成要素 /35
　　第四节｜人文科学的任务、作用和意义 /42

第二章　人文科学的历史发展 /45
　　第一节｜划分人文科学发展阶段的原则 /45
　　第二节｜古代人文科学的萌生 /47
　　第三节｜中世纪中西方人文科学的缓慢发展 /54
　　第四节｜近代人文科学的崛起 /62
　　第五节｜现当代人文科学的飞跃发展 /71

第三章　人文科学的学科构成 /80
　　第一节｜科学分类依据和分类系统 /80
　　第二节｜人文科学的学科分类 /90
　　第三节｜人文科学的主要学科 /93

第四章　人文科学的基本特点 /144

第一节　人文科学基本特点的形而上学批判 /144

第二节　唯物辩证法视域下的人文科学基本特点 /149

第三节　人文科学基本特点的保持与转变 /155

第五章　人文科学的价值结构 /159

第一节　人文科学价值的本质 /159

第二节　人文科学价值的构成 /168

第三节　人文科学价值的实现 /177

第四节　人文科学价值的评价 /195

第六章　人文科学的研究方法 /201

第一节　人文科学研究方法概述 /201

第二节　人文科学的基本方法 /207

第三节　自然科学、社会科学方法对人文科学研究的影响 /221

第七章　人文科学的发展规律 /241

第一节　人文科学规律概述 /241

第二节　人文科学发展规律的类型 /245

第三节　人文科学规律与人的全面发展 /264

第八章　人文科学的发展趋势 /269

第一节　人文科学发展的现状 /269

第二节　当代人文科学的发展趋势 /279

参考文献 /288

后记 /300

绪　论

人文科学的宏观思考

"人文科学"既是一个指称明确的文化字符,又是一个界线模糊的学术概念。人文科学所指的是以文学、史学和哲学为主干的一些学科。然而,人文科学本身是什么呢?这是一个迄今为止尚未达成共识的学术课题。

在西方,最早提出"人文科学"一词的是古罗马的著名学者和演说家西塞罗,但他只是根据古希腊文化的超越功利非实用,但富有价值理性的特征,从教育学角度说明人文科学是人类个体精神的"优雅之艺"。文艺复兴时期,人文主义史学家布鲁尼尽管强调了人文科学的价值和意义就在于"使人变得更完善和美好",在一定程度上突出了鲜明的人文主义的时代特征,但是他仍然没有真正超越西塞罗。古希腊的几何学与天文学等学科依旧涵盖于当时所复兴的古典文化之中。到了19世纪,从生命哲学的著名代表狄尔泰到新康德主义的代表人物李凯尔特,再到著名的现象学创始人胡塞尔,虽然都曾着力于"人文科学"的学术研究和探索,但是其视角不尽相同,使"人文科学"的称谓有着"精神科学"、"人性科学"或"文化科学"的区别,从而使其内涵众说纷纭、莫衷一是。

在中国古代汉语中根本没有"人文科学"一说,现代汉语中的文学、历史学和哲学等经典的人文学科长期被涵盖在大一统的文科中。直到20世纪70年代末,《辞海》中才第一次出现"人文科学"的条目,但其狭义上只是对文艺复兴时期西学视野中的"人文科学"的介绍和诠释,广义上则是经济学、法学和政治学等社会科学与一些人文学科相互交叉和重合。因此,在中文版《简明不列颠百科全书》中,尽管设有专门的"人文科学"词条,但也只能从其外延上指出"人文学科是那些既非自然科学也非社会科学的学科总和"[①]。

诚然,就人类精神文化的研究而言,"人文科学"确实还没有像自然科学那样被无可争议地纳入到真理宝库的"科学词典",但是,回首人类精神文化的传承之旅,"人文科学"一直是人类追求自由优雅和人性完善所倡导的教育理念。早在没有精神文化的学科分类之前,古希腊人就已将从事哲学和文学研究必备的辩证法、文法和修辞学等一些工具性知识视为"自由之艺"。被古罗马的西塞罗称之为"优雅之

---

① 《简明不列颠百科全书》编辑部.简明不列颠百科全书(第6卷)[M].北京:中国大百科全书出版社,1986:760.

艺"的知识,主要是指古希腊文化中的一些哲学、悲剧文学和历史学等学科的经典著作。今天的大学教育,无论是以哈佛为代表的西方大学所推崇的"博雅教育",还是我们中国大学所倡导的"人文教育",其主要教育内容都离不开文学、史学和哲学等人文学科。因此,把握"人文科学"的本质,与其说在于必须理解其作为词典中的某一教条的含义,不如说在于从教育维度准确把握人文学科的精神——人本主义或人文主义。

《简明不列颠百科全书》对人文科学区别于社会科学和自然科学的本质特征进行了说明:"人文科学构成一种独特的知识,即关于人类价值和精神表现的人文主义的学科"①。正是因为具有这种人本主义或人文主义精神,人文科学视野下的世界,无论是自然界和社会,还是人自身,才处处打下了人之本性的烙印。而它对超越功利的追求,恰恰为世俗社会提供了不可或缺的人道主义底线、精神家园和价值支柱,并在被功利物欲社会边缘化的环境中坚守自己那块小小的园地,就像古希腊伟大的哲学家苏格拉底诠释生命的意义和价值那样——追问自我的本质,展示自我的实现,追求自我的超越。

第一节 "人文科学"的本义溯源

严格说来,"人文科学"这一概念并没有深厚的文化渊源,无论在中国古代的典籍里还是在古希腊的古典文献中,都没有专门的词条或与其相关的页面,只是到了西方的古罗马时期,当时的著名思想家西塞罗才提出了与其相近的"人文学科"的概念。但是"人文学科"这一字符的出现,并非人类对于科学分类进行学术研究的结果,而是人类反思自身以追求高雅优美的体现,即在其本义上,它并非一个形而上的抽象概念,而是一种将人培养成为"优雅之士"的教育理念。在西塞罗看来,人之所以为人是因为其人性的完善,一个不具完善人性的人,即使再富有,也只是富而不贵的"野蛮人",而不是具有高尚的文化品性的"文明人"。古希腊人则是经得起这种"审视"的"文明人",因为古希腊文化是一种为人、贵人和唯人的文化,古希腊文化使古希腊人身上充满着一种高雅的文化气息。因此,人文学科就被西塞罗视为一个"野蛮人"变成"文明人"所必须学习和研读的古希腊文化中的一些经典学科,从而成为后人考察"人文科学"的直接词源。如果将其分解为"人文"与"科学",分别追溯这两个字符最早的文化渊源,我们将会发现,无论是"人文"还是"科学"的出现,都不同程度地体现了人类对自身的深切关怀,蕴涵着人本主义或人文主义精神。

---

① 《简明不列颠百科全书》编辑部.简明不列颠百科全书(第6卷)[M].北京:中国大百科全书出版社,1986:760.

一、古代"人文"的教育论缘由

在中西方古代文化的典籍里,都有关于"人文"的词条或界说,但各自的要义不尽相同,甚至经后人解读后而大相径庭。当今的"人文"释义则有厚西薄中之倾向,殊不知,两种相互区别的"人文"释义,都从不同侧面体现了人本主义或人文主义精神,具有共同的教育论缘由。

在中国,"人文"一词源远流长,早在《易经》中,就有明确的"人文"表述:"刚柔交错,天文也。文明以止,人文也。观乎天文,以察时变;观乎人文,以化成天下。"这里的"天文"就是天道,即宇宙万物运行的自然规律,"人文"就是人道,即人之所以为人而具有的道德规范和品性。但是,《易经》不再认为"天道左行,地道右迁,人道尚中"而互不相干,而是认为三者可以实现"物相杂",即相通而成"纹"或"文"的。所以统治者可以观测天文星象,把握时间变化,观察人情世故、风俗习惯、信仰等,施行教化改造和引导,有效控制地域空间,成就天下一统。因为"文"或"纹"在《易经》中即"贲"(六十四卦之一),指修饰,修饰出美,故曰"美在其中"。这实际上是倡导人们在尊重宇宙乾坤秩序的前提下,实践人道与天道、地道相"杂",可以向天道、地道学习,以法天正己,遵时守位,知常明变,居安思危,趋利避害,开物成务,建功立业,改变命运。因此,尽管关于这个词的注解有很多,但其最经典的含义是礼乐教化。

孔颖达疏:"言圣人观察人文,则诗书礼乐之谓,当法此教而化成天下也。"《北齐书·文苑传序》云:"圣达立言,化成天下,人文也。"唐代皎然《读张曲江集》云:"相公乃天盖,人文佐生成。"宋代理学家程颐的《伊川易传》对此的解释则更加明确:"天文,天之理也;人文,人之道也。天文,谓日月星辰之错列,寒暑阴阳之代变,观其运行,以察四时之速改也。人文,人理之伦序,观人文以教化天下,天下成其礼俗,乃圣人用贲之道也。"

在西方,"人文"的英文 humanities 直接来源于上述提到的古罗马西塞罗在论述理想的辩论家时所提出的拉丁语 humanitas,其本意指"人性"或"人情",但也隐含着类似于汉语"人文"中"教化"的意蕴。因为拉丁文 humanitas 的初始词源是希腊文 paideia,而 paideia 则源自希腊文 pais,意指牧养、使之成长,即对理想人性的培育或优雅艺术的教育和训练,使人真正成为"文明人"而不是"野蛮人"。公元 2 世纪,罗马作家格利乌斯(Aulus Gellius)的一段话成了 humanitas 的经典定义:那些说拉丁语以及正确使用这种语言的人,并没有赋予 humanitas 一词以一般以为具有的含义,即希腊人认为的 philanthropia,一种一视同仁的友爱精神和善意。但是,他们赋予 humanitas 以 paideia 的意思,也就是我们所说的"优雅之艺的教育与训练"。按照古希腊、古罗马人的想法,理想的人、具有真正人性的人,都是自由的人。而西学"自由"的正宗词源是古拉丁语 liberta,所以整个西方的人文传统自始至终贯穿着"自由"的理念,一些与"人文"相关的词组就是由"自由"的词根组成的,比如当今大学"人文教育"、"文科"等,其实都有首肯"人性"和推崇"自由"的价值取向。

由上可知,无论是西方还是中国,古代的"人文"一词都包含着两方面的意思:一是"人",二是"文"。"人"是关于理想的"人"、理想的"人性"的观念,"文"是为了培养这种理想的人(性)所设置的学科和课程。前者的意思往往与"人性"相通,后者的意思往往与"人文学科"相应。如果说中国儒家的"人-文"是由"仁-礼"构成的,那么古希腊人的人性自由观则使"人-文"具有"自由-科学"的深刻内涵。也就是说,对古希腊人而言,能够保证人成为人的那些优雅之艺是"科学",而对"自由"的追求则是希腊伟大的科学理性传统的真正秘密之所在。值得注意的是,这两方面的意思总是结合在一起的,有着内在的关联:学科意义上的人文总是服务于理想人性意义上的人文,或与理想人性意义上的人文相辅相成。教养和文化、智慧和德性、理解力和批判力,这些一般认同的理想人性,总是与语言的理解和运用,古老文化传统的认同,以及审美能力和理性反思能力的培养联系在一起,语言、文学、艺术、逻辑、历史、哲学总是被看成是人文学科的基本学科。[①] 因此,古代"人文"的首要和基本的含义是指专为完善人性、提升人性或培养"理想人性"而设置的一些超功利和非实用的课程和知识。

二、西方"科学"的知识论传统

如果说上述意义上的"人文"早在中国古代的文献中就有了比较明确的汉语释义,那么,"科学"则是一个地地道道的西学字符。"科学"一词译自 science。起初一直译为"格致",后来受日本影响才译为"科学"。1897 年,康有为在其《日本书目志》中引进了"科学"一词。日本人用这个词表示西方分科的学问与中国不分科的儒学相对应,并在 20 世纪初逐渐被中国知识界所接受。1915 年,中国留美学生创办的科学刊物取名为《科学》,并产生了广泛的影响,从此,"科学"一词成了 science 的固定译法。

长期以来,science 一词总是指称 natural science(自然科学),代表了西方近代以来的数理实验的科学传统,但 science 来自由 episteme 翻译而成的 scientia,无论是 scientia 还是 episteme,其含义更广泛,是一般意义上的"知识"。德文的 wissenschaft(科学)与 scientia 以及 episteme 极为接近,含义较广,不仅指自然科学,也包括社会科学以及人文学科。德国人喜欢在非常广泛的意义上使用"科学"这个词,比如黑格尔的哲学科学、狄尔泰的精神科学、李凯尔特的文化科学等。这些词的历史性关联暗示了一个更深层、更广泛的思想传统,而狭义的"自然科学"只有在这个深广的思想传统之下,才有可能出现和发展。德文的 wissenschaft 并没有优先地指向"自然科学",也没有像现代汉语的"知识"那样被泛化、淡化到包括常识和经验。相反,在德语学术语境中,经常会有"哲学何以成为严格意义上的科学"

---

① 吴国盛.技术与人文[J].北京社会科学,2001(2):90-97.

"化学还不是严格意义上的科学"之类的说法。episteme、scientia、wissenschaft 表达的是对事物系统的理性探究,是确定性、可靠性知识的体系,通常被称之为研究世界的理知传统。这是西方思想传统中历史最悠久、影响最深远的"科学"传统。

如果说指涉自然科学的"科学"只是西方近代文化区别于西方古代文化的小传统,那么 scientia 所指的"科学"就是理知传统,代表着"科学"的正宗释义。尽管今天的科学,首先是指近代科学,而近代科学首先是指近代自然科学,但是必须注意,近代科学并不是凭空生长出来的,而且诞生之后又处在发展之中。因此,值得追问的是,它为什么能够由自然科学向社会科学、人文科学扩展?它又是如何植根于希腊和中世纪的学问和知识传统的?这两个问题实际上有着内在的联系,近代科学的母体不仅孕育了近代科学,而且也保证了近代科学能够由自然领域向社会和人文领域延伸,这个母体就是希腊人所开创的"求知"的精神、"理论"的理性、"对象化—主体性"的思想方式,即科学(哲学)的传统。这个传统,就是海德格尔倡导的"哲学—形而上学"传统,也是胡塞尔要着力弘扬和重建的理性传统。哲学和科学在希腊时代是合二为一的,就是到了今天,西方哲学依然是广义西方科学的某种特定形态(胡塞尔的理想是把哲学建设成最严格的科学)。黑格尔之所以称哲学为哲学科学,是因为西方哲学本来就属于西方的科学传统。

值得一提的是,由于希腊—欧洲人的人文理想是自由,所以自由被他们看成是人之所以为人的根本。我们从希腊的哲学和文学戏剧中,处处可以见到古希腊人对自由与理想的赞颂和追求。著名的古希腊悲剧大师欧里庇得斯认为:"所谓奴隶,就是一个不能发表自己思想观点的人。"自由的人是能够发表自己的思想观点的人,如何才能发表自己的观点呢?希腊哲学家发现,只有理性才能够保证实现这样的自由。因此,亚里士多德说:"我们应该尽一切可能,使自己升华到永生的境界,使自己无愧于我们身上所存在的最优秀的品质而生活。""对于人来说,这就是以理性为根据的生活,因为它才使人成为人。"[①] 既然只有理性的人才是自由的人,那么"理性"就必然体现于"科学"之中。

三、人文科学的价值论意蕴

人文科学的英文表述是"the human sciences",在构词上与"the social science"和"the natural sciences"并列无异,并在内容上独立于社会科学和自然科学。但是,它是西方文艺复兴中的人文主义者们反对中世纪神学沙文主义所高举的一面旗帜,所以人文科学被视为区别于以神文主义为核心的神学的所有世俗性学科的总称,从而使社会科学和自然科学的一些学科也被涵盖其中。即使在没有出现"人文科学"一说的古罗马时期,当时被称之为"人文学科"的那些学科,都有着区别于社会科学和自然科学的特殊含义,而在"人文科学"问世及其崛起的文艺复兴时期,这

---

① 伊迪丝•汉密尔顿.希腊方式——通向西方文明的源流[M].徐齐平,译.杭州:浙江人民出版社,1988:28-29.

一科学所涵盖的学科特征,更是具有浓厚的人文主义或人本主义气息。

人文学科与人文科学是两个非常近似的概念,但各自的英文表述不尽相同,前者的英文表述是"the humanities"而非"the human sciences"。"humanities"来源于拉丁文 humanitas,humanitas 指的是一种理想教育,即通过教育、教化使人获得完整、圆满的人性,即当时的罗马人要成为合格的公民或自由民,就必须学习哲学、语言、修辞、历史和数学等知识。所以这些学科就被称为"the humanities",即人文学科。尽管这里的人文学科继承了古希腊的"自由之艺"中包括几何学的传统,将数学也涵盖其中,但是古典的人文教育并非近代以后日益兴起的大学的专业教育或职业教育,而是一种以人自身为目的,以人性的丰富、完整和全面为目的,实现人性的理想境界的教育形式,因此,14世纪的学者萨留塔蒂等人在探索作为一种教育理念和课程体系的 humanitas 时甚至认为:在这种古代的用法中,人文学科代表一种高等普通教育,即代表一种与绅士地位相称的文学教育。① 这一人本主义的教育特征在文艺复兴时期更加鲜明,使随之出现的"人文科学"在当时的人文主义者那里,不再包含自然科学领域的那些学科。

在欧洲的历史进程中,文艺复兴时期是一个文化辉煌的阶段,其中最为显著的成果就是对人性的发现。西方著名的文化史学者布克哈特认为,文艺复兴时期首先为个性的最高度的发展创造条件,其次引导个人以一切形式,在一切条件下对自己做最热忱的和最彻底的研究。② 他对当时的国家学说、政治制度和法制学说与诗人对内心世界的探索,对内心情感的表达和对自己灵魂的追求,进行了细致的对比,开创了社会科学与人文科学区分研究的先河。所以文艺复兴运动的"人的发现"在某种意义上就是"人文科学"的伟大发现。正是当时那些前卫的人文主义者高举人本主义的旗帜,才使关于道德问题和人的问题的高度关注,关于诗歌和雄辩的文学理想的追求,关于必不可少的模仿范本的古典文本的学术研究在文化领域蔚然成风,从而诞生了一个以人为本的、以文史哲为核心并具有内在精神的学科整体,即《简明不列颠百科全书》所说的"既非社会科学也非自然科学"的人文科学。因此,如果说"人的发现"使欧洲人重新发现了人之为人应有的尊严、主体性地位和高尚美好的品性,那么人文科学的发现使人类开创了一个属于"自我"并以"自我"为永恒主题的文化领域,成就了一门以价值为本而非以知识为本的文化学科。它不像自然科学那样去揭示自然界的普适规律,而是不懈地探索和执着地追求人类的普世价值;它也不像社会科学那样去为一个社会或一个阶级趋利避害,发明某种理性工具,而是通过对真善美的终极追求展现人类的理性价值。这就是人文科学的价值论意蕴。

---

① 保罗·奥斯卡·克利斯特勒.意大利文艺复兴时期八个哲学家[M].姚鹏,陶建平,译.上海:上海译文出版社,1987:183.
② 雅各布·布克哈特.意大利文艺复兴时期的文化[M].何新,译.北京:商务印书馆,1996:302.

第二节 人文科学的三维世界

从常识的角度来看,人文科学之所以"既非社会科学也非自然科学",也许就在于其研究对象既不是人类直观面对的自然界,也不是人类身处其中的社会。殊不知,完全离开了社会和自然的"人文"就只是一个抽象的字符。人文科学可以把人类的历史视为文化史,但绝不能脱离人类社会的演进去研究文化史;人文学者可以谈天赋人权,但绝不能脱离现实的国家去鼓吹人性本自由;田园诗人可以无视田园的自然气候,但没有对田园生活的切身体验,就不可能创作出优美的田园诗。相对于社会和自然,人文涉及的领域可以从人延伸到整个世界。人文科学的研究对象不是自然进入到人文学者的视野的结果,而是人文学者从主体出发,对社会百态、自然万物和人性选择的结果,正如著名的德国古典哲学家费希特所说,"自我"设定自我,"自我"设定非我。因此,与其说人文科学的研究对象就是既非社会也非自然的人类文化,还不如说其是"人文"使然的"人性"视角下的三维图景。于是,人就成了"人性"之人而非"属性"之人,自然就成了"人化"自然而非"自然"万物,社会就成了"人本"社会而非"政道"社会。

一、普遍的人性——人文科学的人本追问

通过上述关于人文科学的本义追溯,无论是对人文学科的历史还原,还是对人文科学的价值再现,人文科学的人本特征都是不容置疑的,所以人文科学在某种意义上也可被称为"人学"。但是并非所有研究人的学科,都可称之为人文学科,属于自然科学的生理学和生物学也研究人,属于社会科学的管理学和政治学也在不同程度上涉及人的问题。如果从常识上去理解人文学科的拉丁词源 humanities 的"人性"含义,并据此把人文科学归结为关于"人性"的学问,那么上述那些属于自然科学和社会科学的学科也被涵盖其中,因为人性既包括人之本性,也包括人之属性。在自然科学那里,人是与其他动物无异的肉体人,其人性就是与生理器官和组织相关的自然属性;在社会科学那里,人是所处的社会教化而成的群体人,"人的本质是一切社会关系的总和",就是指人性是人的社会属性。因此,人文科学视野中的"人性",应该是指人类之本性。"人类"本性,不仅指涉人之所以为人而不是动物的个性,而且指涉人之所以为人类而不只是中国人或法国人的普遍共性。这就是在中国长期被视为理论禁区的"普遍人性"。但是,只要认可人文科学中的"人文"是指"人性",就难以否定这种"人性"是既非自然也超社会的"普遍人性",只要肯定"人文"的存在,就必然会肯定"普遍人性"这一人之本体的存在,这就是人文科学的本体论承诺。否则,"人文"之人要么是社会人,要么是自然人,而不是人性之人。

诚然,马克思说过,人的本质是一切社会关系的总和,但不等于人的本质只是

一切社会关系的总和,由此可以推出,只有被历史条件所规定的人性而没有普遍的人性,只有被历史条件规定的人而没有"普遍人性"之人。现实生活中的人确实是被历史条件所规定的人,但并非只是被历史条件所规定的人。人在受到阶级性、时代性和民族性的具体规定的同时,仍在一定范围内具有普遍的价值和共同的理想。如果没有这种普遍人性,一个时代和另一个时代、一个民族和另一个民族就不能互相了解,更不可能有一种同别的时代、别的民族相互交流的文学艺术。这样的文学艺术的存在是一个不争的基本事实:荷马史诗和希腊悲剧,达·芬奇、拉斐尔和伦勃朗的画作,但丁、莎士比亚和歌德的诗歌,巴赫、莫扎特和贝多芬的曲子,以及屈原、陶渊明、李白、杜甫的诗词,关汉卿、汤显祖的戏曲,蒲松龄、曹雪芹的小说,这些不同民族、不同时代的艺术家所创造的伟大艺术,直到今天仍是伟大的艺术,人们仍然会倾听他们"诗性的声音"。只要承认这个基本事实,就能接受普遍人性的概念。正如曾在中国生活了40年的荣获1938年诺贝尔文学奖的赛珍珠女士所言,"只要愿意接受,人类是存在着广泛的共同性的"。

所以,现代文艺学坚定地回答:艺术是对人性的审美显现,是对普遍人性和永恒主题的深刻表现,是衡量作品伟大性的决定性标准,也是艺术作品具有不朽魅力的根本保证。德国学者菲·巴生格在《黑格尔的美学和普遍人性》(宗白华译)一书中明确表示:"我的主题是:一个'完成'的艺术作品的内容愈是具有普遍的人性,就愈加伟大。"在他看来,伟大的艺术是这样一种艺术:它克服了空间和时间,从一个民族到另一个民族,从一个时代到另一个时代,它能保持不朽,因而证明它的伟大。[①] 倘若这一原则被确认,那么,艺术作品的内容不具有普遍的人性意义,它就不可能克服空间和时间,也不可能具有人类普遍性和历史永恒性。艺术作品的永恒主题和不朽魅力以普遍人性为前提。

巴生格把对艺术作品审美价值的考察分为三个阶段:(1)如果一件艺术品的内容成为完全感性的形象,它就是"完成的";(2)一件"完成的"艺术作品的内容愈有普遍人性,它就愈伟大;(3)就在"同等伟大"的艺术作品中也可以有等级差异,这取决于文艺评价所依据的共同标准。他认为在这三个阶段中,不可跳跃的是第二阶段的问题,第二阶段的问题比第三阶段的问题更广泛。在艺术评论中,中外文艺美学家确实都在整体考察的同时聚焦第二阶段的问题,把普遍人性作为衡量艺术作品之所以伟大的关键性标准。一部伟大作品的主题,不仅应是民族的还应是人类的。黑格尔指出:如果一部民族史诗要使其他民族和其他时代也长久地感兴趣,那么,它所描绘的世界就不能专属某一个特殊民族,而是要使这一特殊民族的品质和事迹能深刻地反映出普遍人性的东西。对此,我国现代著名诗人和美学家宗白华颇有心得:"这种诗人颇不多见。莎士比亚与歌德庶几及此。他们的诗歌几乎将人性中的普遍状态都表现得淋漓尽致。所以被称为世界的诗人、人类的歌者。"[②] 正是

[①] 陈文忠.普遍人性与永恒主题——文艺学与语文教学答问之三[J].学语文,2004(4):30-31.
[②] 陈文忠.普遍人性与永恒主题——文艺学与语文教学答问之三[J].学语文,2004(4):30-31.

在这个意义上，沈从文先生才说："我只建造一座小庙，在这座小庙里，我供奉的是人性。"也就是说，文学和艺术作品表达了作为人类天性的永恒不变的感情，在这个意义上，它们的生命之树长青①。

当然，这里的普遍人性并非人的生物性或抽象人性，它不是指人类就其作为一种生物所具有的"普遍性"，而是指一定发展阶段中的历史的人所具有的"共性"。普遍人性本身就是在历史中完成的，从这个意义上说，"普遍人性"是指作为族类的人在共通的生存关系中所形成和体现的人类普遍的心性特征。普遍人性是研究世界普遍和根本问题的哲学的主题之一。

早在古希腊时期，著名的哲学家阿那克萨戈拉就发现了称之为"努斯"的理智是人类的普遍知性。在以认识论为主题的近代西方哲学史上，当时著名的经验论代表洛克和唯理论代表莱布尼茨将自己的认识论代表作分别命名为《人类理智论》和《人类理智新论》。英国著名哲学家休谟也认为，在各国各代，人类的行为有很大的一律性，而且人性的原则和作用基本上是没有变化的。他还明确指出，人性是一切科学的首都或心脏。休谟将自己的哲学代表作命名为《人性论》，并通过对人的理性、情感和道德的全面而又深刻的考察和分析，论述了普遍人性及其意义。德国古典哲学的创始人康德更是通过对理性、情感和道德的自我拷问，谱写了西方哲学史上著名的《纯粹理性批判》、《实践理性批判》和《判断力批判》三大经典篇章，揭示了普遍人性的永恒追求——求真、趋善、爱美，完成了哲学史上的"哥白尼式的革命"。历史学也不例外，目中无人、缺乏人性视角的历史研究，只会得出苍白无力的结论。英国著名学者沃尔什曾说过，在历史研究中，"除了历史学家各自为其特殊的目的所假定的特殊概括之外，他们还各有一套基本判断构成为他们全部思维的基础。这些判断关系着人性……历史学家正是根据人性的概念而最终决定把什么作为事实来加以接受，以及怎样理解他所确实接受了的东西"②。

二、人化的物性——人文科学的自然之维

如果将地球形成以来的全部自然史看作一个完整的过程，我们就不难发现，在我们居住的这个星球上，自从出现了人，整个世界就发生了巨大而又深刻的变化。在人类出现以前，自然只是一种自在的存在，它按照自己的规律缓慢地发展，而自从人类出现以后，自然就结束了它孤立存在的历史，它成了人类观照和实践的对象。在漫长的历史中，人类根据自己在劳动中创造的本质力量和不断发展的需要，认识了自然，改造了自然，并组成了社会。从此，自然获得了全新的意义，整个自然史也成了人类生成的历史。虽然从一种更高的意义上来说，人类社会的历史就是自然史的一部分，但是在人类的视野里，自然成了"人化自然"。马克思指出："在认

---

① 莫蒂默·艾德勒,查尔斯·范多伦.西方思想宝库[M].《西方思想宝库》编委会,译编.长春:吉林人民出版社,1988:1206.
② 沃尔什.历史哲学导论[M].何兆武,张文杰,译.北京:北京大学出版社,2008:62.

识领域里,例如植物、动物、矿石、空气、光线之类组成人的意识的一部分,时而作为自然科学的对象,时而作为艺术的对象,它们组成人的精神方面的无机自然界,即精神食粮。"因此,人类最早的认识对象是自然,而不是社会和人自身,西方理性传统中的最早学科是自然哲学而非政治学和历史学等学科。无论是过去还是现在,人文科学视角下的自然不同于自然科学视角下的自然,前者总是打下了人类本性的印记,具有美丑和善恶的价值论意蕴,而后者只具有真假的知识论意义。因为人文学者不是用肉眼去观察自然万物,而是用古希腊人所说的"心灵的眼睛"去静观宇宙万物,不是用经验实证的方法揭示"合客观性"的自然,而是用抽象思辨的方法透视"合目的性"的自然,从而使原来自在的自然界表现出富有价值意蕴的"人化的物性"。

在西方,古希腊一直被视为近代文明和现代文明的摇篮,尤其是哲学,无论是近代西方哲学还是现当代西方哲学,几乎所有的研究都不同程度地继承了"言哲学必言古希腊"的传统,在某种意义上就是对柏拉图和亚里士多德经典文献进行与时俱进的注解和诠释。在古希腊,哲学一词由爱和智组合而成,即"爱智慧"。"爱智慧"又意味着什么呢?这不仅是古希腊人出自人类求知本性的需要而对世界进行的理性探索,更是他们出自人性求善的需要而对世界进行的价值追求。用亚里士多德的话来说,"爱智慧"就是基于"人性"自由的需要与世界建立一种"自由"的关系。他在《形而上学》中有大量关于哲学作为这种自由的追求的论述。古希腊的自然哲学对于自然万物的"本原"或"始基"的探索,就是古希腊人对自我精神家园的生存根基的追求。

早在人类的童年时期,先祖们就朦胧地觉察到人类的生存应该得到一种绝对永恒的支撑和保护,并在自己创造的神话世界里获得这种形而上的慰藉。正如尼采所言,神话也是一种形而上学,只不过是"民族早期生活的无意识形而上学",是他们"对于生命的真正意义即形而上意义的无意识的内在信念"[1]。古希腊神话正是以人神同形的方式将绝对永恒的东西形象化,使人们可以直观感受到众神的存在及其对人类生存的支撑和保护,"众神就这样为人的生活辩护,其方式是他们自己来过同一种生活……在这些神灵的庇护下,人感到生活是值得努力追求的"[2]。

然而,神话作为无意识的形而上学,毕竟只是人类童年时期的产物。随着人类理性的日益觉醒和成熟,众神在人类的心灵里也逐渐失去昔日的灵光,并最终无力再"为人的生活辩护",人类便由此感受到一种空前未有的失落,并意识到自身似乎处在一种丧失支撑的无根状态中生活。于是人类便开始诉诸理性去重建自身的生存根基,以再度获得支撑和保护,这样就出现了有意识的自然哲学,以寻求世界万物的"自然始基"。

在古希腊人的视野中,最早被称为自然始基的是"水",因为在他们曾经感到有

---

[1] 尼采.悲剧的诞生——尼采美学文选[M].周国平,译.北京:生活·读书·求知三联书店,1986:102.
[2] 尼采.悲剧的诞生——尼采美学文选[M].周国平,译.北京:生活·读书·求知三联书店,1986:12.

保障、有价值的神话世界里，海洋就是创造万物的祖先，水正是众神起誓的见证。泰勒斯也因提出"水是万物的始基"而成为古希腊第一位哲学家。但是自然之水不再是神化之水，它是一种直观的感性实体，具有变动不居、稍纵即逝的特性，而人们所需要的生存根基却应该是永恒不朽的，对人类具有绝对不变的终极价值，这就决定了古希腊人将为生存根基的理性重建进行新的尝试。

就在米利都学派的其他代表把目光由"水"转向"气"或"无限者"的时候，另一位哲学家毕达哥拉斯已另辟蹊径，发现了"天体和谐"之奥妙，并将宇宙万物归结为"数"。因为诸如水、气之类的感性事物是变动不居、混乱无序的，而"数"使宇宙秩序井然，以确保人类的生存根基永恒不朽。而在哲学家赫拉克利特那里，自然万物的始基就变成了一团无定形但却永恒的"活火"。因为在他看来，"火"是高贵的，而"水"是卑贱的。对于灵魂来说，"变湿乃是快乐"，但"变成水就是死亡"。然而，赫拉克利特认为"活火"是可以感知的，"永恒"只是指这种始基是永远变化的，这与人类对绝对、永恒的需要和追求依然相矛盾。哲学家巴门尼德认为，感性和现象不再被视为自然万物的"本原"和"始基"，只有超越自然万物的"存在"本身，才是人类生存根基的象征。

哲学大师柏拉图尽管清醒地认识到，从知识论来看，自然万物的本原或始基可能是不存在的，但依旧从价值论层面把世界的本原高度抽象为"理念"，使原来自在的世界由此分化为由事实组成的现象世界与由价值构成的理念世界。在柏拉图看来，相对于现象世界而言，理念是永恒不朽的，理念就是"善"，所以他又将"至善"视为统帅一切理念的最高理念，以说明只有"至善"才是一切事物存在的终极原因和其追求的最终目的，从而使人类的精神家园有了永恒不朽的生存根基。日本学者松山寿一认为，柏拉图在晚年完成的自然哲学的代表作《蒂迈欧篇》中，所有对于自然或宇宙万物的"物性"探索，其最终目的都是要上升为人类的"神性"，对自然的"必然性"追求就是对人类的"神性"追求，从而在其遗作《法律篇》里引入"人性的必然"以导向"神性的必然"。当代的人文自然观也认为，自然哲学的客体不是自然科学视野下的"自在自然"，而是人与自然的"天人合一"的价值关系，自然哲学的意义就在于将自然视为人类寄托和归宿的家园，体现了人类对这一家园的追寻、认可和回归。①

中国的古代文化尽管缺乏关于自然的科学理论系统，但关于自然的人文论著极其丰富。"乐山乐水"、"比德"和"畅神"几乎成了我国古代许多哲人智者及文学家的一种文化生活方式，在他们看来，质朴自在的大自然一经"人化"，展示出一种宛如世外桃源的美，成了决然的审美对象。北宋著名画家郭熙对此感受尤深："君子之所以爱夫山水者，其旨安在？丘园，养素所常处也，泉石，啸傲所常乐也，渔樵，隐逸所常适也，猿鹤，飞鸣所常旁也。"②在庄子看来，大自然的"不言、不议、不说、不

---

① 徐兰.自然哲学研究概述[J].哲学动态,1996(11):17-21.
② 张应杭.人生哲学论[M].杭州:浙江大学出版社,2000:209.

为"更是极致之美,因此,"圣人者,原天地之美而达万物之理"。孔子用"心灵的眼睛"看到的"山"和"水",是人之所以为人的品性,如水滋润万物而无私,是人之"德";所流之处给万物带来生机,是人之"仁";上向下流,是人之"义";浅可涉足而深不可测,是人之"智"。也就是说,自然的现象和实体一旦进入到人文学者的价值论视野,就被"人化"为一个个对人有意义的人文符号,并由此呈现出一幅丰富多彩的人文景观。

享誉"美国文明之父"的美国著名思想家和诗人爱默生认为,大自然给我们的感悟比城市中的沙龙要有意义得多,自然之光可以直射我们的心灵,滋养、丰富着我们的精神。[①] 美国哲学家和作家梭罗则身体力行,在瓦尔登湖畔隐居两年,自耕自食,体验简朴和接近自然的生活,写出了被誉为自然派文学和自然主义"圣经"的长篇散文《瓦尔登湖》。《瓦尔登湖》热情地歌颂和赞美了大自然中"人化的物性":"太阳,风雨,夏天,冬天,——大自然的不可描写的纯洁和恩惠,他们永远提供这么多的健康,这么多的快乐!对我们人类这样地同情,如果有人为了正当的原因悲痛,那大自然也会受到感动,太阳黯淡了,风像活人一样悲叹,云端里落下泪雨,树木到仲夏脱下叶子,披上丧服,难道我不该与土地息息相通吗?我自己不也是一部分绿叶与青菜的泥土吗?"[②]

三、人本的社会——人文科学的正义追求

在社会学看来,社会是由人组成的,人是社会的主体,所以研究社会的任何学科都不同程度地将人视为重要的对象。社会科学的任何学科都蕴含一个理论前提,即人是社会的人,正如马克思所说,人的本质是一切社会关系的总和。因此,社会科学视野下的人都是被贴上了各种社会标签的人,即政治人、伦理人、法律人等。即使是经济学,也必须假设人是具有明显功利性倾向的理性人,而不是将人视为"人性之人"。即使管理学中被称为具有"人性论"基础的"X"理论和"Y"理论,其中,"人性"即"趋利避害",是许多高等动物都具有的本能。而人文科学研究社会的理论前提首先是"社会是人的社会",其次才是"人是社会的人"。前者演绎出来的人是权利主体,其成长是遵循人的身心发展的规律,对其进行教育,使之精神成人;后者视野下的人必然是义务主体,其成长是遵循社会发展的需要进行教化,使之社会成人。因此,当今中国的"以人为本"只是将二者等量齐观,其实质上只是一种社会社会本位的发展观。在一个倡导"社会是人的社会"的国家,坚持"以人为本"不仅要表现为人道尊贵和人情温暖,处处闪耀着人性的光辉,而且还要体现康德提倡的"人是目的而非手段",一切为了人,为了人的一切,为了一切人,这才是社会的人本所在。人文科学正是从人道、人性和人情去审视社会,探索并构建社会正义的美好蓝图。

---

① 爱默生.爱默生文集——心灵的感悟[M].李磊,等,译.北京:当代世界出版社,2002:18.
② 亨利·梭罗.瓦尔登湖[M].徐迟,译.长春:吉林人民出版社,1997:130.

早在古希腊时期,柏拉图就认识到社会与个人之间的相互制约与相互联系,但是他更倾向于认同"社会是人的社会",提出了著名的"以人为本"的国家学说论断——"国家是放大的人",并以此为理论前提,写出了西方第一本关于国家政体的人文著作,这就是西方历代政治思想家和哲学家所推崇的研究社会正义和乌托邦社会最经典的政治哲学著作——《理想国》。这是一部从个人品性去审视国家正义的不朽名著,人类对乌托邦之梦的追寻从此拉开了序幕。《理想国》将社会的正义归结为人性的和谐与统一,并认为,正义分为城邦的正义与个人的正义,两者之间是一种相互维系的关系。一个城邦由统治者、武士、劳动者三部分构成。统治者应该具备的德行是智慧,他们负责生产资料和生活资料的分配;武士的德行是勇敢,他们保护城邦不被侵犯,维护城邦内部的秩序;劳动者的德行是节制,他们应懂得控制欲望,辛勤劳动,提供生产资料和生活资料。三个等级的人各司其职、各尽其力,这个城邦就能实现正义。个人的正义是指公民自身的品质,是智慧、勇敢、节制等德行的和谐统一。人们只有通过后天的学习,通过人性的教化,通过德育、智育、体育方面的锻炼才能获得知识,从而拥有德行,这是实现个人的正义的过程。在人性修养中,只有达到个人正义才能实现城邦的正义。正义是一个人、一个国家所应具有的品质和美德。当时的雅典处于连年混战之中,柏拉图希望通过教育使公民学习正义,维护国家的安全,实现一个安定和谐的王国。①

被誉为"社会学之父"的法国哲学家孔德曾提出过一个著名的社会学命题,即秩序—爱—进步。其含义是:一个正义的社会必然表现为秩序和进步,秩序是社会的基础和底线,进步是社会追求的目标,一个秩序井然又不断进步的社会缘于人道、人性和人情,也就是爱。在孔德看来,一个正义的社会,仅仅只有基督教或天主教所宣扬的"上帝之爱"还远远不够,一定要以人为本,遵循"人道",就是要以人类之爱代替上帝之爱。②

19世纪的批判现实主义文学是西方文学史上灿烂的一页,也是世界文艺宝库中一份十分重要的遗产。批判现实主义文学的思想武器就是以人性论为基础的人道主义,它以强烈的批判精神着力揭露资本主义社会的罪恶,其广度和深度远远超过过去任何一个时代的文学。作家们不遗余力地揭露资本主义社会利己主义的生活原则,人与人之间赤裸裸的利害关系和贵族资产阶级罪恶的代表人物,同情弱势群体,鼓吹自由平等。浪漫主义文学的著名代表雨果被誉为"法兰西的莎士比亚",其代表作《悲惨世界》和《巴黎圣母院》是富有人道主义精神的经典名著。狄更斯作为19世纪英国现实主义文学的主要代表,其毕生的活动和创作更是始终与时代潮流同步。他主要以写实笔法揭露社会上层和资产阶级的虚伪、贪婪、凶残,展示下层社会,特别是妇女、儿童和老人的悲惨处境,并以严肃、慎重的态度描写开始觉醒的劳苦大众的抗争。与此同时,他还以理想主义和浪漫主义的豪情讴歌人性中的

---

① 范岚.试析《理想国》中的人性思想及教育内涵[J].中国电力教育,2012(28):6-7.
② 夏基松.现代西方哲学教程[M].上海:上海人民出版社,1985:46.

真、善、美,憧憬更合理的社会和更美好的人生。俄国著名作家托尔斯泰的《复活》也是以无比巨大的力量把笔锋直指沙俄的法庭、监狱和流放地,愤怒控诉和猛烈抨击了黑暗的、灭绝人性的专制制度,集中而又鲜明地表现了人道主义,即对非人现实的彻底否定和对合乎人性的人之生活的执着追求。

在许多人文学者看来,人道是社会正义的公理所在。例如,"人道是人类天性的目的","人道是我们在世界上追求的目标","历史是一个为了达到人道和人的尊严的最美花环而竞走的学校","人的一切制度,一切科学和艺术,只要是正当的,都只有一个目的,那就是把我们人道化","让我们停留在人道这个字上吧,古往今来所有的最优秀的作家都把非常崇高的概念和这个字连在一起"[1]。因此,"历史不过是追求着自己目的的人的活动而已"[2],"认识你自己,就是认识历史","理解人类的生命力乃是历史知识的一般主题和最终目的"[3]。

第三节 人文科学的永恒主题

无论是人文科学的历史本义还是人文学科的现代视角,指涉人性、人情和人道的"人文"是一条贯穿始终的脉络主线。它不仅是人文科学区别于社会科学和自然科学的个性所在,更是文学、史学和哲学等人文学科的共性所在,从而构成了人文科学的永恒主题。为什么早在古希腊时期就流行的传授"自由之艺"的人文教育活动,到了古罗马社会却长期备受冷落,直到西塞罗首次提出 humanitas 才日渐兴起,并作为一种教育理念被人们接受呢?这是因为古希腊城邦的文化中心——雅典一直流传着"认识你自己"的神谕,崇尚理性的雅典人接受了苏格拉底的人生警示——只有经得起审视的生活才是值得人过的。而古罗马上流社会只关心军事和政治,只关心有实用目的的知识。罗马政治家老加图在论儿童教育时,只提到了讲演、医学、农业、军事、法律等实用技术,对希腊式的教育持拒斥态度,很类似斯巴达人。西塞罗则不同,他看到的公民不只是一种社会象征,还是一种人之所以为人的人性本质,即高雅优美的人性品质。这也是苏格拉底式的灵魂拷问和生命审视,即人何以为人、人以何为人、人以何超人等自我反思的问题。

法国文艺复兴时期著名的人文主义者蒙田曾经说过:"世界上最重要的事情就是认识自我。"因此,任何人文学科都不同程度地进行着对人自身的终极追问和深层反思,从而体现了以自我为主题的理论内核,历史学的这一特征更为显著。叔本华就认为:"一个民族只有通过历史才能完全地意识到自己……在这种意义上,历

---

[1] 北京大学西语系资料组.从文艺复兴到十九世纪资产阶级文学家艺术家有关人道主义人性论言论选辑[M].北京:商务印书馆,1971:438-455.

[2] 中共中央马克思恩格斯列宁斯大林著作编译局.马克思恩格斯全集(第2卷)[M].北京:人民出版社,1975:119.

[3] 恩斯特·卡西尔.人论[M].甘阳,译.上海:上海译文出版社,1985:82,233.

史成了整个人类所共有的直接的自我意识。"①英国著名哲学家、历史学家和美学家科林伍德在《历史的观念》中更是反复强调:"历史是为了人类的自我认识……认识你自己就意味着,首先,认识成为一个人的是什么;第二,认识成为你那种人的是什么;第三,认识成为你这个人而不是别的人的是什么……因而历史学的价值就在于,它告诉我们人已经做过什么,因此就告诉我们人是什么。"②德国著名的文化哲学创始人卡西尔说:"历史学并不是关于外部事实或事件的知识,而是自我认识的一种形式……历史知识的目的正是在于对自我,对我们认识着和感觉着的自我的这种丰富和扩大,而不是使之埋没。"③

一、自我意识

从常识的角度来看,"自我"并非一个形而上的深奥概念,我们的日常话语也时常表达着"自我"的某种蕴涵。在中国长期流行的谚语中,"人贵有自知之明",就是指人的高贵之处在于具有自我意识,能够自觉地将自己作为审视的对象,将自身的个性特点与他人区别开来。这就是心理学上的"人生的第二次断乳",法国著名思想家卢梭将其称为"人的第二次降生"。这只是一个个体生命的自我,在很大程度上对应于这一特殊个体的人生。这是一种现象的自我,自我意识者可以从中看到自己的肉体和角色,却看不到自己的灵魂和人性,可以直观到一个生存的人,却透视不到一个生活的人。而人文科学视野下的"自我"是一个本质的自我或普适的自我,人文科学提及的"自我意识"通过追问个体生命的意义,对"我是谁"进行人性审视和拷问。

早在古希腊时期,雅典人的自我意识就已开始觉醒,他们经常朝拜的神庙的门楣上就刻着一条神谕:"认识你自己。"它庄严地向人们昭示,人对自我的认识,不是出于一种好奇心,而是人的基本职责。这是一个绝对命令、一个重要的价值法则。它不断地启示人类:认识自我,把握人与自我的关系,把握人与世界的关系,对于探询人生意义、实现人生价值具有重要的意义。人有自我意识,能够认识自我,这是人区别于动物的重要标志。文学用艺术的手段反映和表现人的自我意识、把握人与自我的关系,就成了文学价值的重要内涵。古今中外不少文学艺术作品因为关注人与自我的关系,艺术地展示了人对自我的把握而获得高度的文学价值。古希腊神话中有俄狄浦斯解答斯芬克斯之谜的传说。斯芬克斯蹲在一座悬岩上,以智慧女神缪斯教给它的难解之谜,来询问路过武拜城的人。假如过路人不能猜中谜底,它就将他撕得粉碎并吞食掉。俄狄浦斯来到武拜城,爬上悬岩,自愿解答隐谜。

---

① 莫蒂默·艾德勒,查尔斯·范多伦.西方思想宝库[M].《西方思想宝库》编委会,译编.长春:吉林人民出版社,1988:1119.

② 莫蒂默·艾德勒,查尔斯·范多伦.西方思想宝库[M].《西方思想宝库》编委会,译编.长春:吉林人民出版社,1988:1127.

③ 莫蒂默·艾德勒,查尔斯·范多伦.西方思想宝库[M].《西方思想宝库》编委会,译编.长春:吉林人民出版社,1988:1129.

斯芬克斯说出了一个自以为这个外乡人不能解答的谜语:"什么动物早晨用四只脚走路,中午用两只脚走路,晚间用三只脚走路?在一切生物中这是唯一的用不同数目的脚走路的生物。脚最多的时候,正是速度和力量最小的时候。"俄狄浦斯微笑着回答:"这是人呀!在生命的早晨,人是软弱而无助的孩子,他用两只脚和两只手爬行。在生命的中午,他成长为壮年,用两只脚走路。但到了老年,已是生命的迟暮,他需要扶持,因此拄着杖,作为第三只脚。"当然这是唯一正确的解答。这个文学传说的价值就在于它用幻想神奇的方式,把握了人与自我的关系。黑格尔对此有一精辟分析:"这个象征谜语的解释就在于显示一种自在自为的意义,在于向精神呼吁'认识你自己'。就像著名希腊谚语向人呼吁的一样。意识的光辉就是这样一种明亮的光,它使自己的具体内容,通过属于自己而且适合于自己的形象,透明地显现出来,而且在它的这种客观存在里所显现出来的就是它自己。"①

纵观几千年西方文学,自我意识更是一个经久不衰的主题。古希腊的文学中就记录了童年时期人类对自己的认识。古希腊神话中的神和英雄们,实际上就是原始初民自我形象的幻化和投射。神和英雄那种放纵原欲、追求自由的个性,都被看成人自身的属性,并且原欲和自由都是借助人的理性和智慧才得以实现的。因此,希腊神话和史诗中所指示的"人"是一个高于动物的、崇高的、独立的理性化形象。从希腊神话中只钟爱自己、蔑视周围一切、最终爱恋自己水中的倒影憔悴而死的美少年那喀索斯,到个人命运决定氏族命运、奋力与命运抗争、最后仍为命运捉弄的俄狄浦斯王;从《圣经·旧约》中那种在失去民族自救目标后的纯然自省、赎洗个人罪恶的"自我和谐"行为,到《忏悔录》中那种把禁欲和自找苦吃当作显示精神崇高手段的"自我受虐"的变态心理;从拉伯雷的"巨人意识"到莎士比亚的"哈姆雷特命题";从少年维特追求自由情感的悲剧命运到浮士德渴望获得生命最高价值的两难境地;从冉阿让"道德自救"的慈悲胸怀到聂赫留朵夫"灵魂自新"的痛苦过程,都不同程度地说明了西方文学表现的主题——自我意识。文学主人公都只把实现大我利益看成是检验自我力量的一种体验,自我无须得到社会的承认或别人的承认,只需得到自证。

如果说"文学是人学"主要表现为对"自我意识"的深层还原,那么其哲学理论内核的人文特征则在于它本身就是"自我意识"的高度抽象。在苏格拉底那里,"认识你自己"不只是一条哲学神谕,还是开创了西方主体性哲学先河的哲学宣言,"自我意识"由此成为西方哲学史上的一个古老而又常新的话题。在柏拉图的"理念世界"里,处处闪耀着"自我意识"的理性光辉。在黑格尔创立的史称最完善的"客观精神"体系中,世界万物的本体实质上就是主观自由的"自我意识"。在近代西方哲学之父笛卡尔那里,自我意识演绎出他的唯理论哲学的第一个命题——"我思故我在"。康德通过对自我的"理性批判",提出了标志着近代西方哲学重大转折的著名

---

① 黑格尔.美学(第2卷)[M].朱光潜,译.北京:商务印书馆,1986:77.

命题,即"人为自然界立法"和"人是目的而非手段"。其后的德国古典哲学的代表费希特更是将自己的哲学称为"自我哲学"。德国著名的文化哲学家卡西尔认为:"认识自我乃是哲学探究的最高目标——这看来是众所公认的。在各种不同哲学流派的一切争论中,这个目标始终未被改变和动摇过。它已被证明是阿基米德点,是一切思潮的牢固而不可动摇的中心。"①

二、自我实现

在一般的意义上,"自我实现"通常被视为一个源于现代生理学但常见于现代人本主义心理学的术语。1939年,德裔美籍神经病学家和精神病学家科特·戈德斯坦(Kurt Goldstein)根据自己在第一次世界大战期间作为脑外科医生服务的经历,写了一本名为《机体论》的临床经验总结的书。他通过对脑损伤士兵脑功能自我调整的研究,论证了机体内部潜能的自我实现。他认为,寻求自我实现是人们的主要动机,饥时求食、渴时求水这些行为都是基于生理性需求。知识的渴求、社会地位的争取,一般称为社会性需求,实际上也是扩展自我的一种表现。完全心理学意义上的"自我实现"一词则是由精神分析学家荣格最先提出,并于1954年开始使用的。他用自我实现来代表个体发展的最终目标。他认为,人在不断地进步,想从一个发展不甚完善的阶段进入一个比较完美的阶段。在自我获得充分实现时,个人人格的每一方面都有最好的表现,并且能互相协调,使个性得到最好的发展。当代最有影响的自我实现理论是美国著名心理学家马斯洛的人本主义心理学理论。其核心是指人通过"自我实现",满足多层次的需要系统,达到"高峰体验",重新找回被技术排斥的人的价值,实现完美人格。他认为,人作为一个有机整体,具有多种动机和需要,包括生理需要、安全需要、归属与爱的需要、自尊需要和自我实现需要。马斯洛认为,人在低层次需求被满足之后,会转而寻求实现更高层次的需要。其中,自我实现的需要是超越性的,追求真、善、美,最终导向完美人格的塑造,高峰体验代表了人的这种最佳状态。

其实,人的自我实现也是人文科学高度关注的问题。黑格尔认为,人类历史就被视为始于人类精神的"普遍目的",世界历史只不过是"世界精神"完成这一目的的工具和手段,"这个目的是发现它自己,完成它自己,并且把它自己看作是具体的现实"②。因此,"自我实现"便成了现代西方哲学新黑格尔主义理论的核心概念,只是后来由科特·戈德斯坦引入至生理学,最后发展成为一个心理学概念而已。新黑格尔主义认为,"自我"是整体化的人类共同主体精神的自我,"自我实现"是人类主体精神在社会及其社会关系中的道德价值实现,即人类"共同善"的实现。由于继承了黑格尔的理性辩证法理论,新黑格尔主义伦理学从人的理性和人为自身道

---

① 恩斯特·卡西尔.人论[M].甘阳,译.上海:上海译文出版社,1985:3.
② 莫蒂默·艾德勒,查尔斯·范多伦.西方思想宝库[M].《西方思想宝库》编委会,译编.长春:吉林人民出版社,1988:1118.

德建设的设定目的、理想和价值出发,认为人具有"个体自我"和"社会自我"双重人格。个体自我是在社会自我中实现的,社会自我融于个体自我之中。"自我实现"是超出个体自我的实在,伸向更远的目的境界。因此又被称为"实践的自我实现"。自我实现的具体过程表现为部分与整体、特殊化与同质性、有限与无限在道德价值实践中的统一。即使是对马斯洛的理论中关于"自我实现"极为简单、明了、形象、生动的解说,在很大程度上也源自法国著名存在主义哲学家萨特关于自我实现的一些哲学论断——"人无非就是人打算要做的东西,人实现自己有多少,他就有多少存在"[①]。而奥尔波特的"成熟的人"、罗杰斯的"充分起作用的人"、弗洛姆的"创造性的人"、荣格的"个体的人"、弗兰克的"超越自我的人"以及皮尔斯的"此时此地的人"等哲人的思想,都曾使马斯洛在关于"自我实现的人"的研究中颇受启发,从而真正领悟到萨特的"是英雄使自己成为英雄,是懦夫使自己成为懦夫"这一著名的"自我宣言"。

纵观20世纪文学的发展,特别是现代主义文学创作的实践,我们不难发现,文学不仅仅是一种对世界的认识活动,文学创造和文学接受应该是人类的一种实践活动,是人类自我实现的过程。[②] 正如卡西尔所说:"一个整体的人类文化,可以被称为人不断自我解放的历程。"[③]人类的全部文化都是人自身以自己的符号化活动创造出来的产品。通过这种创造活动,人才能超越"现实性"的规定,向着"可能性"的理想世界进军。我国著名的文学评论家刘再复曾在《论文学的主体性》中也认为,文学就是"人的精神主体学"。一方面,"作家内在精神主体的运动规律"就在于"作家主体性的真正实现,就是作家的自我实现",这样,作家"求诸自己,自己规定自己,自己实现自己";另一方面,接受者在接受过程中通过发挥审美创造的能动性,在审美静观中实现人的自由、自觉的本质,使不自由的、不全面的、不自觉的人复归为自由的、全面的、自觉的人。整个艺术接受过程,正是人性复归的过程,是把人应有的东西归还给人的过程,也就是把人应有的尊严、价值和使命归还给人自身的过程。因此,文学作品的人文价值就在于塑造一个个典型人物,体现人的自我实现。席勒戏剧《图兰朵》中的主人公图兰朵就是这样的典范,她在同父皇阿尔图姆和整个父权制度的斗争中发现了自我,在荣誉、自尊与爱情的冲突中找到了建立在平等自愿基础上的婚姻,最终走向成熟的自我实现。因此,从某种意义上说,"自我实现"也是文学的动因、目的和本质。

三、自我超越

"超越"一词作为一个认识论的学术概念,早在康德的《纯粹理性批判》一书中

[①] 曹锦清. 现代西方人生哲学[M]. 上海:学林出版社,1988:216-247.

[②] 张子良,陈乐平. 文学的本质:人性复归的特殊过程——"文学是人学"新解[J]. 探索与争鸣,1989(5):51-53.

[③] 恩斯特·卡西尔. 人论[M]. 甘阳,译. 上海:上海译文出版社,1985:288.

就已出现,康德把超越界定为某种超验的认知对象或某种超越感性甚至理性的认知能力。后来,人们在运用这一概念时,更多地运用到价值论。方东美先生指出,"超越"是人所追求并可能达到的一种形而上的境界,它"能突破一切现实的缺点,超脱理想的境界……一切理想的境界乃是高度真相含藏之高度价值"①。因此,马斯洛将其称作为超越型的自我实现,即超越个人层面的自我实现。完成自我超越的人更充分地发挥了自己的潜能,超越者能更多地拥有高峰体验和高原体验,有着对宇宙、人生的启示和感悟。从某种意义上说,自我超越也就是自我突破、自我完善、自我革命,是人类永不满足、不断进取和追求完美的表现。正是这种不懈的人文追求,决定了人文学科必然包含着自我超越的理论内核。

从"哲学"的本义来看,古希腊人的"爱智慧"就是人类理性进行自我超越的最早尝试。因为只有神才具有智慧而人并不具有,所以人应该"爱智慧",追求智慧,否则人的生活就是一种经不起审视的生活,而在古希腊人那里,经不起审视的生活是不值得过的。苏格拉底虽然明知人的生命是不可能不朽和永生的,只有其灵魂是永恒不朽的,但是他经常教导人们关照自己的灵魂,即"不做别的事情,只是劝说大家,督促大家,不管老少,都不要只顾个人和财产,首先要关心和改善自己的灵魂"②,追求自我超越。亚里士多德说:"我们应该尽一切可能,使自己升华到永生的境界,使自己无愧于我们身上所存在的最优秀的品质而生活。"③奥古斯丁号召世人要"走过自己"以达到与上帝同在,其实质就是要求人尽管没有神性,也应该超越理性去追求神性。

在现代西方哲学家中,强调"自我超越"的人更是屡见不鲜。叔本华尽管认识到"人生如苦海,世间像地狱",并且洞察到人要实现自我超越是非常艰难的,但是他依然强调人之所以为人,就必须超越充满欲望的感性的自我。尽管尼采在《查拉图斯特拉如是说》中一再提及"我教你成为超人",使自我超越变成一种极端任性的狂妄,并且连自己都追求得"走火入魔",最后悲壮地患有精神病,但是他自始至终坚信"人是应该被超越的"④。与唯意志主义相比,德国存在主义哲学家海德格尔的观点更加深刻并令人深思。他一方面肯定自我的存在,另一方面又强调人必须超越这种自身个体存在,以达到一种普遍的存在。这里的超越包括自我对世界的超越、自我对他人的超越和自我对现实的超越。黑格尔曾经说过,追求真理的勇气和对于精神力量的信仰是研究哲学的第一个条件。人既然是精神,则他必须而且应该自视为配得上最高尚的东西,切不可低估或小视他本身精神的伟大和力量。⑤ 黑格尔认为,理性之为理性,作为精神、意识最高的体现,最本质的东西,就是对自身不断的否定和超越。康德之所以宣称"人本身就是目的",也是因为"一个有价值的

---

① 方东美.原始儒家道家哲学[M].台北:黎明文化事业公司,1983:16.
② 北京大学哲学系外国哲学史教研室.西方哲学原著选读(上卷)[M].北京:商务印书馆,1981:69.
③ 伊迪丝·汉密尔顿.希腊方式——通向西方文明的源流[M].徐齐平,译.杭州:浙江人民出版社,1988:28-29.
④ 尼采.瞧,这个人——尼采自传[M].刘崎,译.北京:中国和平出版社,1986:6.
⑤ 黑格尔.哲学史讲演录(第1卷)[M].贺麟,王太庆,译.北京:商务印书馆,1959:1-3.

东西能被其他东西所代替,这是等价的。与此相反,超越一切价值,没有等价物可代替,这才是尊严"[①]。法国哲学大师萨特将他1934年写的第一部哲学著作命名为《论自我的超越性》。

总之,哲学对于形而上的本体追求,就像孙正聿先生所认为的那样,应该将其视为一种本体论,其立意在于为人们的思考和行动提供最高的支撑点。本体正是这样一种对人的理想性的崇高追求;本体论作为一种追本溯源式的意向性追求,作为一种对人和世界及其相互关系的终极关怀,它可能达到的目标,并不是它所追求的本或源。它的真正意义,也不在于它是否能够达到它所指向的终极存在、终极解释和终极价值而在于,它让人类在理想与现实终极的指向性与历史的确定性之间,既能永远保持一种必要的张力,又能不断打破这种微妙的平衡,从而使人类在自己的全部活动中保持生机勃勃的求真意识、向善意识和审美意识,永远敞开自我批判和自我超越的空间。[②]

从语言学的角度来看,早在康德之前,中西的话语中就有了"超越"这一字符。"超越"一词在中国语言中的本义是指人的一个行为动作,如跳跃、跨过、超出、越出等。西方语言中的超越的本义也是跨过分界线、超出……的范围。但是在西方的人文科学视野中,"超越"还具有鲜明的古希腊文化的形而上学的本体论色彩,即用在某种本质、终极、境界等对象上,意味着跨过此岸的有限性达到彼岸的无限性,即意味着人对生命的超越,这就是我们通常所说的终极关怀。西方的文学也是如此。在古希腊时期,尽管柏拉图否定文学对自我生命超越的本质,认为文学只培养人的卑劣的情感,不能传达真理和意义,从而把诗人赶出他的理想国,但他的学生亚里士多德肯定文学的自我超越性,认为文学比历史更真实,比哲学更富有哲理。在近现代,很多哲人对此认识更加深刻。他们都认为,文学寄托着人的存在意义和价值,表达着人的安身立命的需要,能给人类带来真正意义上的幸福。康德认为文学能使人的知、情、意达到完美的统一,席勒认为人沉浸于文学中就能获得完整,叔本华认为文学可以使骚动不安的意志得以安宁,尼采也据此肯定文学胜过理性和宗教,弗洛伊德认为文学的根本就在于它能把人的本我即本性解放出来并升华,海德格尔认为文学可以使被遮蔽的存在得以澄明。这些都是从文学的自我超越性着眼的,不仅把文学看作人类生命之旅的真实展现,也将其看作人类生命中的一块精神净土,甚至是拯救人类的灵药。正是由于文学的自我超越性,人们才可以俯瞰人类生命的过去,把握人类生命的未来,生命在文学显现中得以永恒。正如波兰著名美学家英伽登所说,文学的自我超越具有"形而上学"的性质,"是通常在复杂而又往往是非常危急的情景或事件中显示为一种气氛的东西,这种气氛凌驾于这些情景所包含的任何事物之上,用它的光辉透视并照亮一切"。"例如崇高、悲剧性、可怕、骇人、不可言说、神圣、悲哀、幸运等所闪现的不可言说的光明,以及怪诞、妖媚、轻

---

① 康德.道德形而上学原理[M].苗力田,译.上海:上海人民出版社,1986:87.
② 孙正聿.哲学通论[M].沈阳:辽宁人民出版社,1998:231.

快、和平等性质","不管这些性质的特有本性是什么……它们显示出生活和一般生存的深一层意义……它们本身就构成这种通常处于隐蔽状态的意义"。① 刘再复先生一再强调:"文学需要追求超越的境界,就像需要追求无穷的发现一样,只有独到的发现才能使文学远离世俗视角的平庸。"② 这无异于说,文学只有通过自我超越,表现出形而上学性质,才能达到它的峰顶。③

思考题

1. 试从中西方古代文化的角度来分析中西方"人文"之间的根本区别。
2. 试从"科学"的理知传统剖析中国古代科学的特征及缺陷。
3. 怎样理解文艺复兴运动的"人的发现"在某种意义上就是"人文科学"的伟大发现?
4. 怎样理解人之本性即普遍人性?
5. 为什么说人文科学中的"自然"是"人化自然"?
6. 简析柏拉图的"国家是放大的人"的人文意蕴。
7. 试从"性善论"角度谈谈你对"自我意识"的理解。
8. 试根据马斯洛的需求层次理论,分析"自我实现"的人所达到的人生境界。
9. 怎样理解"自我超越"在某种意义上是对自我生命的超越?

---

① 蒋孔阳.二十世纪西方美学名著选(下)[M].上海:复旦大学出版社,1988:260-263.
② 刘再复.论文学的超越视角[J].华文文学,2010(4):46-57.
③ 蒋孔阳.二十世纪西方美学名著选(下)[M].上海:复旦大学出版社,1988:263.

第一章

人文科学的基本问题

人文科学是与自然科学、社会科学相对应的人类科学体系的一个基本门类,它同自然科学、社会科学等科学门类既有密切联系,又有显著的区别。人文科学既有独特的研究对象、性质和特点,也有独特的构成要素、任务和作用,它们共同构成为人文科学的基本问题。

第一节 人文科学核心概念释义

一、"人文"一词溯源

"人文"一词较早见于《周易》。西周初年的《易经上·贲·象》曰:"贲'亨',柔来而文刚,故'亨';分刚上而文柔,故'小利有攸往',天文也。文明以止,人文也。观乎天文,以察时变;观乎人文,以化成天下。"[1]将作为自然的"天文"和作为人类文明成果的"人文"并列使用,意指通过观察天文,可以认识自然秩序;观察人文,可以教化世人遵从文明礼仪。在古代汉语中,"文"的本意,作为名词,指文(纹)理、文(纹)路;作为动词,指"刻纹"、"划纹"或作标记。因此,"文"或文化,就其一般意义而言,就是人的改造活动及其成果(结果)。人的改造活动不仅指向自然界,还包括人自身。换言之,"文"或文化活动实际上就是对自然和人自身的双重开发和培植。人文实际上就是对人的改造、塑造和培育。[2] 可见,"以文教化"是人文的初始含义或基本内涵。

然而,《周易》的文辞往往难以捉摸,研究者对"人文"一词也有不同的解读。李广柏在《中国历史上的人文主义思潮》一文中经过考证,发现诸多思想家均对"人文"做过解释。[3] 王弼关于"天文"、"人文"的注说:"观天之文则时变可知也,观人之文则化成可为也。"可见"天文"即天之文,"人文"即人之文。《周易》不仅有"天文"、"人文",还有"鸟兽之文",《周易·系辞下》曰:"仰则观象于天,俯则观法于地,观鸟

---

[1] 郭彧.周易译注[M].北京:中华书局,2006:117.
[2] 刘晓虹.大学与人文教育[J].华东师范大学学报(哲学社会科学版),2003,35(5):49-57.
[3] 李广柏.中国历史上的人文主义思潮[J].华中师范大学学报(人文社会科学版),2001,40(4):100-108.

兽之文与地之宜。"《庄子·应帝王》又有"地文"一词："乡吾示之以地文，萌乎不震不正。""地文"，即地之文。成玄英在《庄子疏》中对"地文"进行解释："文，象也。""象"就是显露于外的形象、现象。《后汉书·公孙瓒传论》曰："舍诸天运，征乎人文，则古之休烈，何远之有！"李贤注："天运犹天命也，人文犹人事也，《易》曰：'观乎人文以化成天下'。"李贤联系《周易·贲》的象辞，将"人文"解释为"人事"，即人世间的事态状况，仍是把"文"作"象"解，所指很广泛。随着时间的推移和历史的发展，"人文"的含义悄悄发生了变化。从昭明太子萧统在《文选序》中对"观乎人文"的引用来看，"人文"指的是人们作的文章。他认为，史前社会的八卦和所造文字作为文章之源，也属于"人文"的范畴。唐代李翱说得更明确："日月星辰经乎天，天之文也；山川草木罗乎地，地之文也；志气言语发乎人，人之文也。"白居易为了说明诗的重要，强调人之文以六经为首，六经又以诗为首。除了为首的"诗"与"六经"之外，其他的文章自然也包括在"人文"之内。由此可见，从词源来看，在古代汉语中与"人文"相并峙的是"天文"。人文最初与文明密切相关，其初始含义或基本内涵是以文教化，后演变为指人事条理，还特指文字、文章、典籍、礼乐法度等，并延伸出美的意思。

在英文中，没有与汉语相对应的"人文"一词。与汉语"人文"意义接近的词均源自拉丁文 humanitas。humanitas 在拉丁文中有人性、人情、万物之灵、文化教育的意思。后来，人们根据 humanitas 的意思，在英文中派生出 humanism 和 humanities 等词。一般来说，西方的"人文"是相对"神文"而言的，是欧洲文艺复兴时期新兴资产阶级反抗封建主义的一种新社会思潮，是贯彻于资产阶级上升时期的文化中的一种基本的价值理念和哲学观念，即人文主义、人道主义或人本主义。它要求在各个文化领域，把人、人性从宗教神学的禁锢中解放出来，强调以人为主体和中心，肯定人性和人的价值，要求享受人世的欢乐，要求人的个性解放和自由平等，推崇人的感性经验和理性思维。

综上所述，人文是一个动态的概念，它是指人类社会的各种文化现象。文化是人类或者一个民族、一个人群共同具有的符号、价值观及其规范。符号是文化的基础；价值观是文化的核心；而规范包括习惯规范、道德规范和法律规范，是文化的主要内容。人文就是人类文化中的先进部分和核心部分，即先进的价值观及其规范。其集中体现为重视人，尊重人，关心人，爱护人。

二、"人文科学"概念释义

1. 人文科学的产生和发展

人文科学是一门古老的学问，它的产生几乎与人类文化、文明的出现同步。从某种意义上说，人类最初的学问就是人文科学。无论是在中国，还是在西方国家，原始社会的人们在直接从事生产劳动的过程中创造的哲学、宗教、艺术等，实际上都是人文科学。在人类历史发展进程中，曾经有相当长的时期没有自然科学、社会科学等的划分，人类的学问被统称为哲学或人文科学。也就是说，古代的人文科学是把自然科学和社会科学包含在内的。后来由于社会分工和人类知识的积累、发展与分化,专门从事宗教神学、哲学和科学活动的僧侣、祭司、哲学家以及与之相对应的各门学问出现了。但直到中世纪,被教会神学统治着的科学发展十分缓慢,这时还没有自然科学、社会科学和人文科学的区分。

在12、13世纪的意大利,随着世俗性学校的出现,在"神学学科"之外,开始增设"人文学科"。当时的"人文学科"指以人和自然为研究对象的知识领域,包括语言、文学、艺术、历史、哲学以及自然科学。到了意大利文艺复兴时期,伴随着人类知识的不断积累、扩大和"专门化"的加快,人文科学开始有了新的意义。人文科学区别于自然科学和社会知识的独特性质已经变得很鲜明了。其主要表现在两个方面:一方面,此时的人文科学作为一种文学教育,与自然知识的教育和自然科学相区分,不再把数学、天文等自然科学笼统地包含于自身之中;另一方面,人文科学具有了对人和人的问题的更鲜明的意义。[1] 直到18世纪,随着人类三次科学革命的发生,科学才真正从哲学中独立出来,出现了脱离宗教神学、脱离哲学的完全独立的近代科学,并逐步分化出各门知识体系和各门学科。此时,自然科学和社会科学完全独立出来并自成体系,人文科学也有了其新的内涵和专门知识体系,从而形成了自然科学、社会科学、人文科学三大知识领域和科学体系,并构成为现代科学体系的三足鼎立之势。由此可见,人文科学古已有之,而自然科学、社会科学和人文科学及其各门学科的出现,或者说自然科学、社会科学和人文科学的分野,只是近代以来的事情,自然科学、社会科学和人文科学及其各门学科的出现,是社会分工和人类知识长期积累、发展与分化的结果。

当然,近代以来,由于受到唯科学主义思想的影响,人文科学被自然科学和社会科学挤入科学的后台,失去了其在文艺复兴时期的独立地位。[2] 自然科学的观念和方法占据了思维的中心,使人文科学不仅没有得到应有的重视和充分的发展,而且遭遇了"或者处于这些哲学家的视野之外,或者也是以这种自然科学模式来解释的"的境地。[3]

19世纪末20世纪初,垄断资本主义形成并逐步向国家垄断资本主义发展,其各种内在的矛盾,如生产与市场、自然与人类、社会与个人的尖锐矛盾,展露无遗。正是在这种背景之下,人们重新把目光投向古老的人文科学,希望从人类自身内在的人文精神和人类自身创造的文化财富中,从千百年来先贤圣哲为我们所描画的理想和所阐明的价值观中,找到前进的道路。[4] 在20世纪60年代后,人文科学合乎逻辑地获得了显著的发展,重新挤入科学、知识和文化的前台。现代人文科学的发展,不仅表现为大量人文科学的新学科、新分支和新流派的产生,新的学科领域

---

[1] 朱红文.人文科学方法论[M].南昌:江西教育出版社,2005:138.
[2] 朱红文.人文科学方法论[M].南昌:江西教育出版社,2005:136.
[3] 朱红文.人文科学方法论[M].南昌:江西教育出版社,2005:146.
[4] 朱红文.人文科学方法论[M].南昌:江西教育出版社,2005:149.

的不断开拓和建立,而且表现为"即使以前(在近代)被唯科学主义意识所占领的学科也开始重新回到人文精神、人文科学的家园和怀抱之中"①。

2. "人文科学"概念的出现

尽管人文科学古已有之,但作为学科学术分类,"人文科学"的概念实际上很晚才出现。据考证,"人文科学"、"人文学科"、"人文主义"等概念均来自于拉丁文humanitas,古罗马作家西塞罗就已经使用过这个词,西塞罗所用的humanitas指一种独特的教育大纲,是一种为培养雄辩家的教育纲领,成为古典教育的基本纲领。

公元2世纪,拉丁语学者格里斯也曾经使用过"人文学科"一词,他将"优雅之艺"称为"人文学科"。② 直到中世纪,只有"人文学科"而无"人文科学"的概念。在欧洲15、16世纪时开始使用"人文科学"这个名词。③ 当时的一些学者开始脱离神学传统,发掘古希腊、古罗马的文化遗产,研究古代的语言、文学、自然科学和哲学,认为这种古典文化以人和自然为研究对象,是一种与神学相区别的非神学的世俗文化,并用"人文学"来称呼这种新学问,并称这些学者为"人文学者"。19世纪初,西方学者针对唯科学主义使用了"人文主义"的概念,用"人文主义"这个词来概括文艺复兴时期的人文主义思潮,并将文艺复兴时期的人文学者称为"人文主义者"。

随着近代实验科学的不断发展,人文科学逐渐明确了自己特殊的研究对象,成为独立的知识领域。正是在这个时期,现代意义上的"人文科学"概念被西方学者广泛使用。特别是19世纪末至20世纪初,一大批人文科学家(大多为历史学家)和哲学家,如赫尔德、狄尔泰、文德尔班、李凯尔特、胡塞尔、卡西尔等人,都曾致力于"人文科学"的学术研究和探索,但是由于其视角不尽相同,"人文科学"的称谓有着"精神科学"、"历史科学"、"文化科学"、"人性科学"的区别,所以"人文科学"的内涵众说纷纭,莫衷一是。与此同时,西方各国相继出版了大量以"人文科学"命名的著作及其他人文科学著作,如《人文科学的逻辑:五项研究》(恩斯特·卡西尔)、《人文科学导论》(韦尔海姆·狄尔泰)、《人文科学认识论》(让·皮亚杰)、《行为辩证法:历史学及人文学科的哲学解释》(弗雷德里克·A.奥拉夫森)、《人科:作为复杂系统的人文科学》(玛利亚·博古特,林磊)等。"人文学科"、"人文科学"的概念直到20世纪80年代才进入以中国为核心的汉语文化圈。④

3. "人文科学"概念的内涵外延

在当今的学术界、教育界,"人文科学"是使用率很高的概念,但要说清楚"人文

---

① 朱红文.人文科学方法论[M].南昌:江西教育出版社,2005:160-161.
② 格里斯指出:"说拉丁语的人及正确使用拉丁语的人都没有赋予人文学科一般人所认为应该具有的意义,例如他们没有将希腊人称之为 philanthropiad(一种友爱精神)的概念赋予人文学科一词,但是,他们赋予人文学科一词希腊文 paideiad(优雅之艺的教育与训练)的含义。热切渴望追求优雅之艺的人可谓最具人性。在所有动物中,只有人类会追求优雅之艺的知识和训练,因此,优雅之艺被称为 humanitas,即'人文学科'."转引自石敏敏.希腊人文主义:论德性、教育与人的福祉[M].上海:上海人民出版社,2003:7.
③ 夏征农.辞海(1979年缩印本)[M].上海:上海辞书出版社,1980:305.
④ 尤西林.人文精神与现代性[M].西安:陕西人民出版社,2006:21.

科学"概念的内涵外延,并非易事。要解释"人文科学"概念的内涵外延,就有必要先说明"人文科学"与"人文学科"概念的区别。

无论是在中国还是在西方国家,研究者们对"人文科学"与"人文学科"概念的认识仍然存在着争议。在我国翻译的西方文献中,英文 humanities 一词有时被翻译成"人文科学",有时也被翻译为"人文学科"。即使在同一段落中,这两种译法也常常并行,将二者视为同义词。此外,包括我国和西方国家在内的一些学者,甚至一些权威书籍仍然将"人文学科"与"人文科学"不加区别地混同使用。例如,《新牛津英汉双解大词典》对 humanities 作的解释:"learning or literature concerned with human culture, especially literature, history, art, music, and philosophy(人文科学尤指文学、历史、艺术、音乐和哲学)"[①]。而《英汉大词典》将 the humanities 解释为"(尤指古希腊和拉丁的)语言文学;人文学科(通常包括语言、文学、哲学、历史等);关于人的学问,人学"[②]。《新英汉词典》也将 the humanities 解释为"人文学科;人学"[③]。正因为对"人文科学"与"人文学科"概念区别的难度很大,《简明不列颠百科全书》对"人文学科"词条做了看起来不可思议却是正确的、确切的解释:人文学科是指那些既非自然科学也非社会科学的学科的总和,是关于价值和精神表现的人文主义学科,它包括现代与古典语言、语言学、文学、历史学、考古学、法学、艺术史、艺术批评、艺术实践,以及具有人文主义内容和运用人文主义方法的其他社会科学。[④]《简明不列颠百科全书》虽然说明了人文学科与自然科学、社会科学的区别,但没有解释人文学科与人文科学的区别。

关于"人文学科"和"人文科学"概念的区别,许多学者已经做过具体的阐述。学者们一方面肯定了人文学科与人文科学二者有密切联系,另一方面也指出了这二者之间有明显区别。他们认为,人文学科与人文科学都以人类精神生活为研究对象,都是对人类思想、文化、价值和精神表现的探究,目的是为人类构建一个意义世界和精神家园,使心灵和生命有所归依,二者有着密切的联系。但是,在汉语中,人文学科和人文科学的词源意义是有区别的,前者是指人类精神文化活动所形成的知识体系,如音乐、美术、戏剧、宗教、诗歌、神话、语言等作品,以及创作规范与技能等方面的知识;后者则是关于人类生存意义和价值的体验与思考,是对人类精神文化现象的本质、内在联系、社会功能、发展规律等方面的认识成果的系统化、理论化,如音乐学、美术学、戏剧学、宗教学、文学、神话学、语言学等。实际上,前者(人文学科)形成在先,后者(人文科学)发展在后,前者是后者展开的基础,后者是前者

---

① 《新牛津英汉双解大词典》编辑出版委员会. 新牛津英汉双解大词典[M]. 上海:上海外语教育出版社,2007:1026.
② 陆谷孙. 英汉大词典(上卷)[M]. 上海:上海译文出版社,1989:1571.
③ 上海译文出版社. 新英汉词典[M]. 上海:上海译文出版社,2000:624.
④ 《简明不列颠百科全书》编辑部. 简明不列颠百科全书(第6卷)[M]. 北京:中国大百科全书出版社,1986:760.

的深化,二者虽各有侧重,但也很难截然区分。① 同时,从二者所属关系上看,"人文科学"属于第一等级,"人文学科"则属于第二等级地位,"人文科学"包括历史学、文学、哲学、艺术学、宗教学等人文学科的子学科。一般来说,人文学科是大学学院或研究院设置的学科之一,属于教育学的基本科目类别;人文科学则是人文学科这一独立知识领域各门学科的总称。显然,这也可以看出二者的区别。

在我国具有权威性的《辞海》中,对于"人文科学"的界定,也是比较模糊的。这从对"人文科学"和"社会科学"的解释近乎相同可以得到说明。《辞海》对"人文科学"的解释是:人文科学原指同人类利益相关的学问,以别于在中世纪教育中占统治地位的神学,后含义几经演变,狭义上指拉丁文、希腊文、古典文学研究;广义上指对社会现象和文化艺术的研究,包括哲学、经济学、政治学、史学、法学、文艺学、伦理学、语言学等。②《辞海》对"社会科学"的解释是:社会科学是以社会现象为研究对象的科学,如政治学、经济学、军事学、法学、教育学、史学、语言学、民族学、宗教学、社会学等,它的任务是研究并阐述各种社会现象及其发展规律。③ 比较《辞海》对"人文科学"和"社会科学"的解释,二者都以研究社会现象为内涵,都以经济学、政治学、史学、法学、语言学等为外延。显然,《辞海》对"人文科学"的解释实际上是不科学的,将"社会现象"纳入人文科学的内涵,且将"经济学、政治学、法学、语言学"等纳入"人文科学"的外延,与"社会科学"加以混淆。

可见,理清"人文科学"概念的内涵和外延很有意义。欧盟和美国的一些权威书籍和国际组织从外延上对人文科学的概念做出界定。按照《不列颠百科全书》的定义,人文科学包括现代与古典语言、语言学、文学、历史学、哲学、考古学、法学、艺术史、艺术批评、艺术理论、艺术实践以及具有人文主义内容和运用人文主义方法的其他科学。④ 这里主要是从人文科学概念的外延来说的。欧洲科学基金会(ESF)也从外延上对人文科学概念进行了界定,将人文科学的范畴划分为人类学、考古学、艺术和艺术史、历史、科学哲学史、语言学、文学、东方与非洲研究、教育、传媒研究、音乐、哲学、心理学、宗教与神学。⑤ 欧洲人文科学研究理事会将人文科学划分为艺术、历史、文学、语言学、哲学、宗教、人类学、当代史、传媒研究、心理学。⑥ 联合国教科文组织在20世纪70年代出版的《当代学术通观:社会科学和人文科学研究的主要趋势》"目录"中指出:人文科学包括社会和文化人类学、考古学、史前学、历史学、美学、艺术学、法学和哲学等子学科。⑦

---

① 刘大椿.人文社会科学的学科定位与社会功能[J].中国人民大学学报,2003,17(3):28-35.
② 夏征农.辞海(1979年缩印本)[M].上海:上海辞书出版社,1980:305.
③ 夏征农.辞海(1979年缩印本)[M].上海:上海辞书出版社,1980:1578.
④ 褚鸣.欧盟人文科学研究发展思路探究[J].国外社会科学,2008(2):100-103.
⑤ 褚鸣.欧盟人文科学研究发展思路探究[J].国外社会科学,2008(2):100-103.
⑥ 褚鸣.欧盟人文科学研究发展思路探究[J].国外社会科学,2008(2):100-103.
⑦ 联合国教科文组织.当代学术通观:社会科学和人文科学研究的主要趋势[M].周昌忠,等,译.上海:上海人民出版社,2004:1-2.

我国诸多学者对"人文科学"概念的内涵和外延做了有益的探索。有的学者指出,人文科学是以人的精神和价值世界为研究核心的科学,它关注的主要是人的内心世界与精神生活,它以人的精神自由、个性解放、情感完善为永恒追求的终极目标,是人类认识自我,走向内心世界的通道。① 有的学者认为,人文科学即关于人的价值及其精神表现的科学。② 还有的学者提出,人文科学是研究人文教育、文史哲艺的一般规律和方法,人文主义传统,人类理性和精神家园的科学。③

显然,我国学者对人文科学概念的界定,对正确理解人文科学概念的内涵和外延具有启示意义。根据中外学者的见解和权威机构、辞书等的解释,我们可以清楚地知道,人文科学概念的内涵和外延是明确的,只是因为立论的角度差异,才出现了各种不同的说法。借鉴中外学者和相关权威机构、辞书的见解,我们认为可以给人文科学下这样的定义:人文科学是研究人文世界(包括人的主观心灵世界和客观文化世界)的各种人文现象的发生原因及其发展变化规律的各门科学的总称。它包括历史学、文学、哲学、艺术学、宗教学、人类学等,并有不断向新领域、新学科拓展的发展趋势。

第二节 人文科学的对象、性质和特点

一、人文科学的研究对象

任何一门学科都有它特定的研究对象,特定的研究对象决定这门学科的性质、任务和方法。那么,人文科学的对象是什么?有没有一个与自然科学、社会科学相区别的,属于人文科学独特的研究对象?对此,国内学术界一直存在着争议。

陈先达认为,人文科学是以人类的人文创造活动为对象。人的人文创造活动不是科学,而是人类实践活动的一种方式,人文科学之所以可以称为科学,是因为它不是停留在个性化的人文创造和人文活动的层面,而是探求其中的规律。④

余金成主张,人文科学以整体社会关系为对象。他认为,人文科学从人与自然界的关系出发,把握整体社会关系的规定性,形成了基本价值判断:一是面对自然界压力产生的对自由的追求,形成个人全面发展目标;二是整合个体力量推动的对平等的需要,形成整体利益优先原则。⑤

李维武提出,人是人文科学、自然科学、社会科学的共同研究对象。他从人文科学、自然科学、社会科学研究的立足点与出发点来考察三者共同的研究对象——

---

① 朱聪明.浅析人文科学的内涵、特征及发展趋势[J].辽宁行政学院学报,2005,7(3):17-18.
② 黄楠森,等.人学词典[M].北京:中国国际广播出版社,1990:517.
③ 张永宏.论"人文科学"的学科定位[J].云南社会科学,2005(5):54-57.
④ 陈先达.寻求科学与价值之间的和谐——关于人文科学性质与创新问题[J].中国社会科学,2003(6):14-25.
⑤ 余金成.人文科学与社会科学的统一[N].光明日报,2010-02-23(11).

"人",但三者对"人"的研究重点是不同的。人文科学侧重于研究"人的文化生命"和"人的文化世界"。①

朱红文较早提出,人文科学的研究对象,简单地说,就是人文世界。② 他进一步分析说,人文世界并不是一个实在的世界,而是一种由主观精神与客观精神,个性与传统构成的,教化与创造相统一的精神过程。它既不能仅仅归结为个体的人,也不能仅仅归结为文化结构或文化系统。可以说,人文世界既属于人、属于现实的个人,又属于文化的传统。从人文世界的创造机制和形成过程看,它是人的创造性的结果。从人的存在状况以及人的创造力的来源看,人文世界是人存在和进行创造的前提。人文世界是个人的内在世界或精神世界与文化世界的统一。③ 吴鹏森等人与朱红文的观点基本一致,认为人文科学的研究对象是一些以人的内心活动、精神世界,以及作为人的精神世界的客观表达的文化传统及其辩证关系,它是一个精神与意义的世界。④ 王国席等人则与朱红文持完全相同的观点。王国席指出,人文科学的对象是人文世界,这是一个以人的内在精神为基础,以文化传统为负载的意义世界或价值世界。⑤

李武装则对将"人文世界"作为人文科学研究对象的观点提出异议,他认为"意义世界"是人文科学的研究对象。他解释说,"人文世界"由事实世界、价值世界、意义世界三个方面构成。事实世界属于自然科学的研究领域,价值(世俗价值)世界主要属于社会科学的研究领域,意义世界则属于人文科学的研究领域。之所以这么立言,是因为事实世界所构成的世界图式和价值世界所构成的世界图式都只表明人的现世性生存状态或伦理上、价值上的当下性,无法通达人类的"应然王国",而意义世界指向了人的超越性和灵魂的最深处,指向了人的无限性和"自由"。自由表明了人的存在的时间性,但它最终要变成一种规定,这种规定的排列组合即意义世界的图式。需要指出的是,意义世界不具有自明性,它需要不断阐释,意义世界同时会受到价值世界(世俗世界)的影响,所以它需要守护。而阐释并守护世界意义便构成人文科学的历史使命,阐释并守护世界意义的责任自然由人文知识分子或"公共知识分子"来承担。我们应对这一切负责。⑥

张永宏则提出了把"人文教育"、"人文"、"人文主义传统"和"人"等作为人文科学的学科对象的观点。⑦

纵观上述学者的观点,尽管存在不同看法,但学者们对人文科学有其不同于自然科学、社会科学而独立存在的研究对象,其认识是一致的,只是因为各自看问题

---

① 李维武.人文科学概论[M].北京:人民出版社,2007:11-15.
② 朱红文.论人文科学的对象[J].福建论坛(人文社会科学版),1995(1):15-21.
③ 朱红文.论人文科学的对象[J].福建论坛(人文社会科学版),1995(1):15-21.
④ 吴鹏森,房列曙.人文社会科学基础(第2版)[M].上海:上海人民出版社,2008:7.
⑤ 王国席.人文科学概论[M].合肥:合肥工业大学出版社,2007:115.
⑥ 李武装.论人文科学[J].西安欧亚学院学报,2007(4):32-34.
⑦ 张永宏.论"人文科学"的学科定位[J].云南社会科学,2005(5):54-57.

的角度不同和所强调的重点不同,所以提出了关于人文科学研究对象的诸多见解。应该说,这些见解都有其立论的事实依据和理论基础,都有一定的合理性,对于我们进一步理解和正确把握人文科学的研究对象具有重要的意义。

我们认为,人文科学有一个区别于自然科学和社会科学的独特的研究对象,可以将人文科学的研究对象界定为人文世界。换言之,自然科学以自然世界为研究对象,社会科学以社会世界为研究对象,而人文科学则以人文世界为研究对象。具体而言,自然科学是研究自然世界,即自然界的各种自然现象的发生原因及其运行变化规律的学问。通过对物理的、化学的、生物的等自然现象进行观察、实验和分析,运用实证、逻辑等方法进行探索,发现这些自然现象产生的原因,找到其运行变化的规律,使人类积累有关自然世界的系统知识和理论体系,更有效地适应和改造自然。社会科学则是研究社会世界,即人类社会的各种社会现象的发生原因及其发展变化规律的学问。通过对经济的、政治的、文化的、生态的等社会现象进行考察、整理和研究,运用社会调查、定量定性等方法进行研究,发现这些社会现象发生的原因,找到人类社会的组织结构、功能作用、稳定机制、变迁动因等发展演变的规律,使人类积累有关社会世界的系统知识和理论体系,更有效地管理社会和丰富社会生活。与自然科学和社会科学不同,人文科学关注的中心是人或人类自身,它是研究人文世界,即人的主观心灵世界和客观文化世界的各种人文现象的发生原因及其发展变化规律的学问。通过文本解读、对象理解和生命体验,运用历史、逻辑表达等方法进行研究,发现这些人文现象发生的原因及其变化发展规律,使人类积累有关人文世界的系统知识和理论体系,更有效地守护人的精神家园和追求精神理想,构建意义世界和价值世界。

人文世界主要表现在两个方面:一是人的主观心灵世界,是整个人文世界的基础与核心。人的主观心灵世界,即人的内在精神世界,是在实践活动中人自身主动的、有意识的长期选择的结果。它由人的需要、目的、理想、信念、思维、想象、体验、情感、意志、性格、认知活动和心理活动等要素构成。二是客观的文化世界,是人的主观精神的对象化,是人的心灵世界、内在精神世界的外在形式。客观文化世界,即"人化"世界,是建立在实践基础上,处理人与自然、人与社会的关系的结果,以及人自身精神活动创造成果。它由人化的自然界,如农田河坝、庄稼树木、草地花园、高楼大厦、城镇村庄等,人化的人类社会如经济制度、政治制度、文化制度、生态制度等,以及人化的人自身精神活动如史学、文学、道德、艺术、宗教、科学、哲学等要素构成。人文世界是主观心灵世界和客观文化世界的统一,它是一个精神世界、意义世界和价值世界。[①] 同时,人文科学也要关注社会经济、政治、文化、生态、技术等问题,涉及人类的社会制度,物质生活,人与自然、人与社会的关系。这从侧面说明了人文科学的对象与自然科学、社会科学对象的联系和渗透。但是,人文科学研究

---

① 张掌然.人文科学方法论问题研讨综述[J].武汉大学学报(哲学社会科学版),1996(3):17-22.

所涉及的经济、政治、文化、生态、技术等问题,与自然科学、社会科学关注的重点和着力点是完全不同的。与其说人文科学是在研究经济、政治、文化、生态、技术等问题,不如说是在研究这些问题赖以发展的人文背景和人文价值;研究存在于人类文明的深层精神结构之中,潜在而持久地制约着人类的经济、政治、文化、生态、人的观念、文化、意识、传统、宗教等,揭示这些精神因素的特质、历史、现状及发展趋势。人文科学是通过构建和更新人类文化价值体系,唤起人类的理性与良知,提高原有的精神境界,开发人的心性资源,开拓更博大的人道主义和人格力量等方式来推动历史发展和人类进步的。①

需要说明的是,作为自然科学、社会科学和人文科学研究对象的自然世界、社会世界和人文世界,三者之间存在既相互区别,又相互联系的辩证关系。

一方面,自然世界、社会世界和人文世界三者的区别是明显的,各自独立存在,不能相互替代。自然科学研究的自然世界是外部世界,是相对独立于人的客观的物质、现象和事件,客观性是其基本特征。社会科学研究的社会世界,是由人和人事组成的社会组织、社会群体、社会关系等,无论是历史的还是现实的社会世界,都兼有客观性和主观性的特征。人文科学研究的人文世界是人的精神活动及其创造的文化成果,即人的主观心灵世界和客观文化世界。无论是主观心灵世界还是客观文化世界,都具有主观性的基本特征。正如皮亚杰所言:"物理科学在我们通常的观察范围内研究对象时,可以把对象看作是相对独立于主体的。"他分析说:物理学"最大限度地"听从认识客体的规律,这就是说,客观性已成为可能,客体已相对独立于主体之外了。然而,人文科学的情况要更加复杂,因为对自身或对他人进行实验或观测的主体,既可能受到所观察现象的改变,又可能是改变这些现象的展开甚至其性质的根源。② 罗伊·布哈斯卡注意到自然科学与社会科学在"本体论的限制"方面的差异:社会结构不像自然结构,不存在独立于人的支配而活动的东西,不存在独立于人的活动的动因力概念,社会结构只可能相对地持续。

另一方面,自然世界、社会世界和人文世界又不是完全分离的,三者之间在内容上存在联系、渗透和交叉的关系。人文科学与社会科学乃至自然科学在研究对象上存在着相互渗透、相互结合的情况。③ 自然科学、社会科学、人文科学三者都以"人"为中心,围绕着人的生产活动、科学活动和精神活动展开,因人的各种实践的和精神的活动而具备丰富的内涵,在人的社会实践中创造成果并实现三者的有机

---

① 李建华,胡训军,周谨平.论人文科学的学科特质和体系分层[J].现代大学教育,2004(6):5-9.
② 皮亚杰.人文科学认识论[M].郑文彬,译.北京:中央编译出版社,1999:21-22.作者在此也注意到,在广义范围内,如相对论所研究的范围,观察者被所观察的现象牵引和改变,以致他知觉到的东西事实上与他所处的特殊地位有关。这一点,只要他不进行新的非中心化就不会发现。这时,高层次的非中心化,协调可能有的各个不同观察者的资料所固有的协变,提供了问题的解决办法。此外,在微观物理学范围内,人人都知道实验者的行动改变被观察的现象,以致"可观察之物"事实上是一个混合物,其中,有来自实验行动的改变:在这里,依然起协调作用的非中心化,从已建立的函数变化中抽取不变量,客观性仍然是可能的。
③ 欧阳询.人文科学研究的形而上学批判[J].南华大学学报(社会科学版),2013(6):36-39.

结合。其实,无论是自然科学、社会科学还是人文科学,它们本身都是人的实践活动(人的精神活动、生产活动、科学研究等)创造的文化成果。作为其研究对象的自然世界、社会世界或人文世界,都与人有着极其密切又十分重要的关系。事实上,自然世界、社会世界和人文世界都包含着人的因素。尽管它们各自研究的角度和重点不同,但是人这个中心使自然世界、社会世界和人文世界不仅不能完全分离,而且存在着密切联系并相互渗透。正如威尔逊曾经明确谈到的:"研究人类状况是自然科学最重要的前沿。反之,自然科学所揭示的物质世界又是社会科学和人文学科最重要的前沿。可以将契合论点概括如下:两个前沿是相同的。"①

人文科学的研究对象决定了人文科学的基本内容。那么,人文科学的基本内容有哪些呢?概括起来,主要有以下八个方面:(1)人文科学的学科性质;(2)人文科学的历史发展;(3)人文科学的学科分类;(4)人文科学的基本特点;(5)人文科学的价值体系;(6)人文科学的研究方法;(7)人文科学的发展规律;(8)人文科学的发展趋势。本书后面的章节,将围绕人文科学这八个方面的问题进行展开,以期对人文科学的基本知识、基本理论和基本方法等,进行详尽的论述并得到清晰的答案。

二、人文科学的性质

人文科学的性质是由其研究对象决定的。性质是指事物的本质,是一个事物所具有的区别于其他事物的根本属性。作为人文科学研究对象的人文世界,是人的精神活动及其创造的文化成果,是一个精神世界、意义世界和价值世界。人文世界的精神性、意义性和价值性,决定了人文科学所具有的区别于自然科学、社会科学的独特性质。

诚然,关于人文科学的性质问题,学术界一直存在着争论,有的学者甚至持相反的观点,提出人文科学根本不可能是科学的看法。比如,林毓生反对使用"人文科学"的概念,而用"人文学科"取代"人文科学",强调绝对不能把"人文学科"叫作"人文科学"。② 吴维民认为,人文科学这个概念历经数百年的发展,似乎已经走完了它的路程,完成了它向宗教神学宣战而后披荆斩棘前行的历史使命。他还认为,除自然科学(含技术科学)外,人与人组成的社会、社会关系、社会现象以及人类自身(人的自然属性属于自然科学研究范围)都应该是社会科学研究的范围,而人文学科将以研究人的思维、精神和观念属性方面的学科性质纳入社会科学的范围。③ 马红霞也提出,人文科学具有明显的"内容的主观性和强烈的文化特色","几乎谈不上什么客观性"。④ 这种认识上的偏差,有其历史背景和原因。事实上,从20世纪50年代到70年代,中国存在严重削弱甚至取消人文科学的倾向。直至20世

---

① 爱德华·威尔逊.论契合——知识的统合[M].田洛,译.北京:生活·读书·新知三联书店,2002:387.
② 林毓生.中国传统的创造性转化[M].北京:生活·读书·新知三联书店,1998:3.
③ 吴维民.大汇流——论社会科学和自然科学的结合[M].成都:四川大学出版社,1992:39-41.
④ 马红霞.浅析自然科学、社会科学和人文科学的本质差异[J].广东社会科学,2006(6):72-77.

80年代,人文科学的地位才逐步得到恢复和重新确立,在此过程中,人们逐步对人文科学性质有了正确认识。

认识人文科学性质的关键在于理解人文科学的科学性。而科学理解人文科学的科学性,必须坚持正确的科学观,即从科学经验出发去理解人文科学,理解人文科学与自然科学、社会科学的统一性。孟建伟曾明确指出,人文科学之所以能够成立并被称为"科学",是因为它依靠了科学的经验,即用科学的思想、科学的方法和科学的精神去探讨和研究人文领域的各种问题和经验,包括非科学经验以及艺术的经验。应当看到,非科学经验以及艺术的经验与关于非科学经验以及艺术的经验的研究,这二者之间是有明显区别的,决不能将人文科学简单地归结为非科学经验以及艺术的经验。[①] 人文科学之所以是科学,是因为以下五个方面。

第一,人文科学与自然科学、社会科学有共同的科学经验基础。近现代人文科学的产生和发展,在很大程度上是建立在近现代科学经验基础之上的。从某种意义上说,没有近现代的科学就没有近现代的人文科学。

第二,人文科学与自然科学、社会科学有共同的认识活动本质。人文科学与自然科学、社会科学在本质上都是一种认识活动,其思维方式是理性的,而且都以发现客观规律为己任,都有可能揭示规律性,并对客观规律性做出理论的、因果性的解释。

第三,人文科学与自然科学、社会科学有共同的科学研究领域。人文科学与自然科学、社会科学的划分是相对的,三者之间存在着不少交叉的领域,如心理学、地理学、人类工程学、环境经济学、医学伦理学等,这些领域既属于自然科学,又属于人文科学或社会科学。

第四,人文科学与自然科学、社会科学有共同的科学研究方法。尽管人文科学、自然科学和社会科学的研究方法有别,但人文科学与自然科学、社会科学的方法又不是完全分离和相互排斥的。例如,怀疑方法、实证方法、信息方法、定性方法、定量方法、统计方法和概率论方法以及抽象模型方法等,在人文科学、自然科学和社会科学研究中往往具有相通性和互补性。

第五,人文科学与自然科学、社会科学有共同的科学研究精神。科学研究精神主要包括六个方面:探索求知的理性精神;实事求是的严谨精神;批判创新的进取精神;互助共进的协作精神;自由竞争的宽容精神;敬业牺牲的献身精神。科学精神与人文精神是相通的,在内容上体现出诸多的重合性、一致性,它是人文科学与自然科学、社会科学研究的共同本质和灵魂。

值得注意的是,在理解人文科学的性质的问题上,一直存在着两种狭隘的科学观:一种是试图用狭隘的实证主义否定人文科学人文性的科学观,另一种是试图用狭隘的人文主义否认人文科学科学性的科学观。这两种科学观不仅对人文科学的性质及其定位都做了片面的理解,而且从根本上切断了科学与人文之间的关联,加

---

① 孟建伟.人文科学的科学性与人文性[J].中国人民大学学报,2003,17(5):13-20.

剧了所谓的自然世界与人文世界的分离和对立①,必须坚决予以克服和超越。

还须说明的是,一方面,人文科学与自然科学、社会科学的统一性,说明人文科学与自然科学、社会科学都是科学,具有科学性的共同特点;另一方面,人文科学与自然科学、社会科学的对立性,即人文科学与自然科学、社会科学的区别,能进一步说明人文科学的性质。人类面对的世界是包括自然世界、社会世界和人文世界在内的世界。人类为了认识世界和改造世界,不仅要认识自然世界、社会世界,还要认识人文世界。人类的科学知识是在认识自然世界、社会世界和人文世界的活动中,不断总结实践活动的经验并进行创造的结果。人类正是在认识自然世界、社会世界、人文世界的过程中逐渐形成了三种不同类型但又密不可分的科学,即自然科学、社会科学和人文科学。

尽管人类面对的自然世界、社会世界和人文世界是统一的世界,人类关于自然世界、社会世界和人文世界的不同类型的知识也是一个整体,具有内在的联系,自然科学、社会科学、人文科学的划分具有人为性和相对性,但是自然科学、社会科学、人文科学三者之间有着明显的区别。人文科学有其区别于自然科学和社会科学的独特研究对象、功能价值和研究方法等,不仅形成了一个独立的知识体系,而且与自然科学、社会科学并行发展,成为人类三大科学领域之一。从某种意义上说,人文科学和自然科学、社会科学是平等的,它们都是人类宝贵的、不可或缺的知识和思想遗产,在人类科学体系中都占有十分重要的地位,对人类福祉、社会进步和人的自我完善发挥着不可替代的作用。厚此薄彼不可取,相互攻评要不得。②

陈先达指出,自然科学、社会科学和人文科学是从学科区分角度对知识性质的划分,而不是对知识科学性和科学化程度的分类。以自然科学的特点作为衡量学科科学性的唯一标准,必然会认为社会科学最多是半科学,而人文科学是非科学。因为它们都不符合自然科学作为科学的标准。人类的全部实践和认识活动处于一种分裂状态,在对自然的认识中,人类可以达到必然性和因果性认识,而面对自己创造的世界,人类始终只能处于一种非科学的盲目状态。人对人类社会和人类自身无能为力,因为这是一个自由意志的领域。如果这样,人和人类社会就难以存在和发展,社会科学和人文科学也失去了产生和发展的依据。人对人类社会和人类自身认识的重要性,都证明这种看法是错误的。③

沈青松也谈到,从共时性角度看,自然科学与人文科学在人类学和知识论的结构上,虽有其差异性,但也有其连续性,两者决非断裂、异质而不相容,而是相辅相成的科学。从历时性角度看,近代科学在萌芽时期有人文主义的支持,在其后发展过程中亦有各种人文主义运动的伴随或对抗,现在,科技的发展回馈人文运动,从而产生新的人文主义。

---

① 王国席.人文科学概论[M].合肥:合肥工业大学出版社,2007:117-118.
② 李醒民.知识的三大部类:自然科学、社会科学和人文学科[J].学术界,2012(8):5-37,292.
③ 陈先达.寻求科学与价值之间的和谐——关于人文科学性质与创新问题[J].中国社会科学,2003(6):14-24.

根据上面的论述,我们可以对人文科学做这样的定位:人文科学是那些既非自然科学,也非社会科学的各门学科的总称,它具有独特的研究对象、功能价值和研究方法,在科学体系中处于十分重要的地位,与自然科学、社会科学形成三足鼎立之势。人文科学的科学性,人文科学与自然科学、社会科学的区别,不仅有助于我们进一步明确人文科学的学科定位,也有助于我们正确认识人文科学的性质。

三、人文科学的特点

任何事物都有其自身的特性,也有同其他事物的共性。特点是指人或事物所具有的独特的地方,它可以指事物内容、性质上的独特之处,也可以指事物形式、外形上的独特之处。人文科学与自然科学、社会科学相比,具有下面五个方面的基本特点:(1)科学性与价值性的内在统一;(2)社会性与个体性的内在统一;(3)理论性与实践性的内在统一;(4)批判性与传承性的内在统一;(5)时代性与民族性的内在统一。其中,科学性与价值性的统一,有助于理解人文科学与自然科学的会通;社会性与个体性的统一,有助于理解人文科学与社会科学的会通;理论性与实践性的统一,有助于理解人文科学理论发展的实践特征;批判性与传承性的统一,有助于建立体现时代精神和民族精神的新的价值体系;时代性与民族性的统一,有助于解决现代中国人文科学的主要矛盾(古今、中西之争)。

第三节 人文科学的构成要素

人文科学与自然科学和社会科学一样,具有独特的研究对象和学科性质,因而也有其独特的构成要素。人文科学的构成要素到底是什么?目前,国内外研究者的认识并不一致。

一、中外学者对人文科学构成要素的观点

中外学者从不同的角度提出了自己的观点。在国外,德国学者韦尔海姆·狄尔泰在《人文科学导论》中指出,人文科学包括三个层次。第一个层次,通过感知描绘存在,这些主张构成了知识的历史成分。第二个层次,说明被抽象分离出来的这一现实部分内容的一致行为,这些主张构成了人文科学理论成分。最后一个层次,表达价值判断和预定规则,它们包含了人文科学的实践成分。人文科学即由事实、命题、价值判断和规则构成。而且,历史、抽象理论和实践的关系作为一个共同特性,遍及人文科学。[①] 狄尔泰认为,当人文科学发展起来时,除了知识以外,它还包括一种与价值、理想、规则和未来的目标相联系的价值判断和命令系统的意识。对某一事实进行单一评估时,无法做出真实或虚假的判断,只能说正确或不正确,而

---

① 韦尔海姆·狄尔泰.人文科学导论[M].赵稀方,译.北京:华夏出版社,2004:27.

描述某一事实与其他事实的联系的价值判断就可以是真实的或虚假的。因此,只有当这一见解运用于由判断、主张和评价组成的理论定向时,我们才会有一个认识论的基础。①

我国学者李建华等则从人文科学的体系分层及其相应的教学理念的角度,提出了关于人文科学的构成要素的观点。他们认为,人文科学从知识的整体性、逻辑性及知识内涵的深度可分为三个层次:知识层、教材层和思想层。相对于每个人文科学层次,人文科学有着不同的教学理念。②李维武认为,就其最基本的内容论,人文科学的构成要素主要有四项内容:(1)人文学者;(2)人文精神;(3)人文方法;(4)人文著述。从内在结构上看,人文科学主要就是由这四项要素构成的。文学、史学、哲学这些人文科学的主要学科在构成要素上,都包括这四个方面的内容③。张永宏认为,人文传统的积累和当代人文研究的需求,给人文科学的产生提供了丰富内容,包括人文学科、人文主义传统、文史哲艺总论等,这些内容即构成了人文科学。④

中外学者关于人文科学构成要素的诸多见解颇有建树,对了解什么是人文科学具有重要作用,也给我们以启示。当然,这些观点也有不完善的地方。比如,"人文学者"是人文科学研究的主体,同时也是客体,它是否属于人文科学仍然值得商榷,"人文著书"、"人文教材"作为人文知识和相关理论的传播载体,是否属于人文科学本体内容,也值得研究。一般来说,科学是运用范畴、定理、定律等思维形式,反映现实世界各种现象的本质和规律的知识体系,是人类智慧结晶的分门别类的学问。科学就是讲求证据,逻辑严密的人类认知。它具有理性客观,可证伪,存在特定适用范围,普遍必然性等特征。"人文学者"、"人文著书"、"人文教材"等是人文科学研究及其学科发展必不可少的影响因素,或作为人文科学研究的主体和客体,或作为人文知识和相关理论的载体和形式,均有着十分重要的作用,但它们显然不是人文科学的构成要素。

二、对人文科学构成要素的理解

理解人文科学的构成要素,首先要说明人文科学与人文科学构成要素之间的关系。人文科学与人文科学构成要素之间的关系,是整体与部分、系统与要素的关系。一方面,人文科学与人文科学构成要素相互区别。人文科学作为以人文世界为研究对象的科学理论,是事物的全局,居于主导地位,统率着人文科学构成要素,具有其构成要素所没有的地位和功能;人文科学构成要素是事物的局部,处于被支配的地位,服从和服务于人文科学整体。另一方面,人文科学与人文科学构成要素

---

① 韦尔海姆·狄尔泰.人文科学导论[M].赵稀方,译.北京:华夏出版社,2004:27-28.
② 李建华,胡训军,周谨平.论人文科学的学科特质和体系分层[J].现代大学教育,2004(6):5-9.
③ 李维武.人文科学概论[M].北京:人民出版社,2007:32-33.
④ 张永宏.论"人文科学"的学科定位[J].云南社会科学,2005(5):54-57.

相互联系。人文科学是由相互联系和相互作用的人文科学诸要素构成的统一整体,整体由要素组成,离开了人文科学构成要素,人文科学就不复存在;人文科学构成要素是组成人文科学整体而相互作用的部分,部分是整体的部分,离开了整体,人文科学构成要素就不是整体的部分了。因此,人文科学与人文科学构成要素是辩证统一的关系。

一般来说,科学的构成要素包括科学事实、科学定律、科学假说、科学理论等。人文科学作为科学整体的一个部分,它与自然科学、社会科学一样,其构成要素也可以从科学事实、科学定律、科学假说、科学理论等方面去理解,也就是说,人文科学构成要素包括人文科学事实、人文科学定律、人文科学假说、人文科学理论等。人文科学事实是人们关于客观存在的人文现象的真实描述或判断;人文科学定律是反映人文现象之间的必然性关系的科学命题;人文科学假说是根据已有的人文科学知识和新的人文现象,对所研究的问题做出猜测性说明和尝试性解答;人文科学理论是关于客观存在的人文现象的本质及其规律性的相对正确的认识,是经过逻辑论证和实践验证,并由一系列概念、判断和推理表达出来的知识体系。这四者之间是一种既相互区别又相互联系的辩证统一关系。其中,人文科学事实是人文科学知识体系的出发点和归宿;人文科学定律是构成人文科学理论的基础;人文科学假说是人文科学理论的过渡形式;人文科学理论是人文科学的系统化体现。然而,人文科学又有着与自然科学、社会科学不同的学科特征,我们不能也不必完全照搬科学构成要素的范式来理解人文科学的构成要素,何况,科学构成要素的划分也是相对而言的。我们从另外一个角度来探讨问题,将人文知识、人文思想、人文精神、人文方法四个方面看作人文科学的构成要素。

1. 人文知识

知识是人类认识和改造自然世界、社会世界和人文世界的经验总结。它是人类在实践中创造并世代积累和传递下来的宝贵财富。联合国经合组织在《以知识为基础的经济》的报告中,把知识划分为事实知识、原理知识、技能知识、人际知识等类型。根据科学"三分法"的观点,我们可以把知识划分为自然知识、社会知识和人文知识三大类。单就人文知识而言(本研究不论及自然知识和社会知识),它是人类关于人文世界(人的主观的心灵世界和客观的文化世界)的属性与联系的主观反映和智慧结晶。它和自然知识、社会知识共同构成人类知识体系,是人类总体知识体系的一个重要组成部分。人文知识是主客体相互统一的产物,是存在于人的主观意识之外的人文世界,是人文知识产生的客体。但是,人文知识并不会自然产生,人文世界的属性与联系必须通过人类的实践活动反映到人的大脑中,并经过大脑的加工和处理,形成关于某一种或某一领域人文现象及其规律的认识,如人们对人类发展的历史现象及其规律的认识,成为历史知识;对哲学问题的认识和思考,成为哲学知识;对文学、艺术、宗教、道德、语言等现象及其规律的认识,成为文学知识、艺术知识、宗教知识、道德知识、语言知识等。狄尔泰曾经说过:"作为社会和历史得以形成的元素的生命单位,也就是精神物理学的个体,对于这些生命单位的研究构成了人文科学最基本的成分……在人文科学中,主体是真正的单位,是内在经验的事实。"① 可见,人文知识的产生,最重要的因素或起决定作用的因素是人,作为主体同时又作为客体的人具有主观能动作用,使我们对人文世界的认识成为可能,而人文知识的产生就是建立在主客体相互统一的基础之上。

我们知道,任何一门科学都是人类智慧的结晶,是运用一定的概念、范畴、定律、假说、原理、理论和规则等思维形式反映某一领域的各种现象的本质和规律的知识体系。人文知识是构成人文科学的基本要素,某一领域的人文知识体系,如历史知识体系、文学知识体系、哲学知识体系、艺术知识体系、宗教知识体系、道德知识体系、语言知识体系等,就形成历史学、文学、哲学、艺术学、宗教学、伦理学、语言学等分门别类的人文科学。可以说,人文知识是构成人文科学的基本细胞,没有人文知识这一构成要素存在,人文科学就没有形成的基础和前提。

2. 人文思想

人文思想又称人文理念,指人们对客观存在的人文世界进行思考而形成较成熟的人文观念、道德标准、价值取向等精神现象。人文思想一般是由人文学者提出并在其著述中记录下来的,如哲学思想、史学思想、文学思想等,它在人文科学中起着引领和主导作用。人文学者是从事人文科学研究的主体(同时也是客体),人文著述(人文教材)是记录人文学者人文思想的载体,二者在人文科学研究中占有十分重要的地位,但无论是作为主体(同时也是客体)的人文学者,还是作为载体的人文著述,都不能等同于人文思想本身。人文思想作为人文学者对客观存在的人文世界的主观反映,通过人文学者大脑的思维活动和加工整理,形成关于人文科学事实的概念、范畴,以及人文科学定律、假说、原理、理论等,得出对客观人文世界认识的结论,属于人文科学的构成要素。当然,人文学者通过认识客观人文世界形成的人文思想属于意识范畴,它存在于人文学者的大脑中,外人看不见,也摸不着,必须通过某种载体表现出来,而人文学者的人文著述(包括人文教材)就是记录人文思想的重要载体。李维武曾分析指出,人文著述具有三个条件:一是有物理的载体,如甲骨、金石、简牍、纸张、书籍、录音带、录像带、照片、软件、硬盘、网络等,也有一些内容是经过长期口耳相传得以保存的,这实际上是以人的大脑及感官为特殊的载体;二是有符号的记载,如语言、文字,这些符号表示一定的意义;三是有探讨、思考人的文化生命的内容。人文学者留存的人文著述,不仅记录和保存了人文学者的人文思想,而且为他人和后人解读、学习人文学者的人文思想提供了文本。通过对人文著述的解读,我们能读出前人与他人的思考,能读出人文科学的演变和传统,并由此启示解读者自己的创造。这种解读本身就是一种在新的条件下对原来"文本"意义的重释和重构,是一种创造活动。② 尽管人文学者及其所留存的人文著

---

① 韦尔海姆·狄尔泰. 人文科学导论[M]. 赵稀方,译. 北京:华夏出版社,2004:31.
② 李维武. 人文科学概论[M]. 北京:人民出版社,2007:42.

述本身不是人文科学的构成要素,但其中所反映的人文思想,后人对这些人文著述的内涵所作出的解释、说明,以及在此基础上所提出来的新观点、新思想都属于人文科学的构成要素。

人文思想是人类精神活动的产物,也是一个历史范畴。它是人的思维活动的结果,同时又是在人的实践活动中产生的。人文思想是在人类从自然界分离出来以后,通过有目的的手段认知和改造自然的劳动实践中产生和形成的。人类的劳动实践亦被称为文化实践,人们在劳动实践的基础上对客观事物的能动反映,便形成了文化。也就是说,文化源于人类的劳动实践,同样,文化的发展也是由人类的劳动实践推动的。人类劳动实践的内在矛盾就是文化生产与文化需求的矛盾,这对矛盾是推动文化进步的根本动力。人文思想作为人类文化的重要组成部分,它同样来源于人类的劳动实践,并随着人类劳动实践的不断发展、深化,经历了一个从远古时期的早期人文思想的萌芽、形成,到近现代人文思想的发展、成熟的过程。例如,我国从夏商周时期的礼乐文明、易文化传统,到秦汉至清朝时期的儒学、玄学、道教、佛学、理学、实学等,再到新中国时期的中国特色社会主义文化的发展,生动地诠释了中国人文思想的产生、演变和发展的历程。

3. 人文精神

如果说人文知识、人文思想是构成人文科学的基本要素,那么人文精神就是人文科学的内在灵魂,它是人文思想、人文知识、人文方法等产生的世界观、价值观的基础,因而人文精神是人文科学的重要构成要素。正是人文精神这一内在灵魂的存在和作用,不断地促进人文科学的发展和创新。

何谓人文精神?简单地说,人文精神在一定意义上就是人的精神。许苏民在《人文精神论》中给"人文精神"这样下定义的:人文精神是人性——人类对于真善美的永恒追求以及表现在这种追求中的自由本质——的展现,这种追求表现出人类对外在自然和内在自然(动物式的情欲)的自觉超越,这种自觉超越同时又意味着人能够以自身的尺度去从事自由的创造性活动,不断地从精神的必然王国向自由王国飞跃。因此,人文精神在本质上是一种自由的精神、自觉的精神、超越的精神。也正是因为如此,人文精神表现出一种既根源于人类的至性至情,又超越于实用理性之上;既体现了人类对于美好生活的追求,又体现了与宗教的彼岸世界迥然不同的目的观和价值观。[①] 许苏民认为,人文精神包含三个层面:第一,对于"人之异于禽兽"而为人所特有的文化教养的珍视;第二,对于建立在个体精神原则基础上的人的尊严、人的感性生活,特别是每一个人自由地运用其理性的权利的珍视;第三,对于建立在教养有素基础上的每一个人在情感和意志方面自由发展的珍视。每一个层面都体现了人对真善美的追求,它既表现为真善美的具体的历史的统一,又具有超越当下而展示人类精神文明前景的意义。[②] 在这里,许苏民既深刻又全面

---

① 许苏民.人文精神论[M].北京:人民出版社,2011:8-9.
② 许苏民.人文精神论[M].北京:人民出版社,2011:9.

地分析了人文精神的三个层面的内涵及其递进关系和发展过程,即从人禽之辨到人格尊严的维护和理性权利的珍视,再到人的自由发展的追求,体现了对人的终极关怀的价值取向。

事实上,人文精神反映的是整个人类文化的最根本的精神。它是一种普遍的人类自我关怀,表现为对人的尊严的维护、价值的追求、命运的关切和自由的向往,既有对人类遗留下来的各种精神文化现象的高度珍视,又有对人的自由和全面发展的理想人格的肯定和塑造。它以追求真善美等崇高的价值理想为核心,以人的自由和全面发展为终极目的。人文精神根植于历史和现实的人的实践之中,形成和发展于人类优秀文化传统的沃土之上,是人类优秀文化长期积淀凝聚的结果,是民族精神和时代精神的具体表现。李维武指出:"人文精神,就是把对人的文化生命和人的文化世界的肯定灌注于人的价值取向与理想追求之中,强调通过人的文化生命的弘扬和人的文化世界的开拓,促进人的进步、发展和完善,反对把人的存在归结为自然生命,也反对把人的存在归结为神的世界或人的文化世界的某一部分(如科学、技术、经济)。人文精神是一个历史的范畴。历史时代不同,民族文化不同,人的文化生命与人的文化世界不同,人文精神的内涵也不同……因此,我们对人文精神所做的界定,既包括了传统人文精神中至今仍然合理的内容,也包括了今天人文精神所要面对和回答的主要问题。"①

那么,人文精神到底体现在哪些方面?对此,有的学者做出了具体的分析,指出人文精神主要表现在:在处理人与自然、人与社会、人与文化的关系时,突出人是主体的原则;在认识和实践活动中,以人的各种需要的满足为最终诉求,强调人是目的的原则;在人与物的比较中,突出人高于物、贵于物的特殊地位,强调精神重于物质、人的价值重于物的价值、生命价值优先的人道主义原则和人本主义原则;在人与人的关系中,强调尊重对方的人格尊严,突出人人平等的原则。② 这种分析全面而深刻,值得我们借鉴。需要进一步指出的是,科学精神与人文精神是不可分离的。以严谨、求实、求真、质疑等为主要特征的科学精神,也是人文精神的重要组成部分。离开人文精神的科学精神,并不是真正意义上的科学精神;离开科学精神的人文精神,也将是一种残缺不全的人文精神。从某种意义上说,人文精神实质上是一种关注人生真谛和人类命运的理性态度,它包括对人格、个性和主体精神的高扬,对自由、平等和做人尊严的渴望,对理想、信仰和自我实现的执着,对生命、死亡和生存意义的探索,等等。③ 因此,将人文精神看作对人的自由和全面发展的终极关怀,使人生更精彩、更幸福,真正实现人生的真善美与终极关怀具有重要意义,这也是人文精神的根本特征和精髓。

---

① 李维武.人文科学概论[M].北京:人民出版社,2007:35-36.
② 张兴华,马章安.人文教育概论[M].北京:中国石油大学出版社,2007:59-60.
③ 张兴华,马章安.人文教育概论[M].北京:中国石油大学出版社,2007:60.

4. 人文方法

方法是主体认识客体的手段或工具，其同义词是技术。尽管方法本身也是一种"知识"，但这里的"知识"，不是前文所论述的一般意义上的知识。其实，知识可以从广义和狭义的角度来区分，狭义的知识即前文所论述的一般意义上的知识，而广义的知识除此以外，还包括方法或技术等。正因为如此，我们把人文方法作为人文科学的重要构成要素单列出来进行论述，这是有其重要意义的。也可以说，人文方法在人文科学构成要素中占有十分重要的地位。

人文科学研究需要有不同于自然科学、社会科学的独特方法。人们认识世界的目的是为了更好地改造世界，以满足自己的需要。而认识和改造世界需要正确的理论和科学方法的指导。正确理论属于前文所论述的知识，在此不赘述。科学方法是有效保证人们取得创造活动的积极成果，不断深化人们对客观规律的真理性认识的重要手段、工具或技术。因此，无论是人文科学的研究，还是自然科学和社会科学的研究，都离不开科学方法。尽管自然科学、社会科学和人文科学研究在方法上并无天然的分界，但三者的研究方法有着各自不同的特点。自然科学主要采用实证方法和理性方法，如经验归纳法、假设演绎法等；社会科学研究虽然也借鉴或采用诸多自然科学方法，但有其特殊的方法，如定性分析法、系统研究法等；人文科学虽然既有自然科学方法的借鉴，又有社会科学方法的采用，但它更多的是依靠直觉、体悟、情感、理解、意义、榜样、摹仿、感恩、回忆、发现等，需要形成适应研究对象和学科性质的特殊研究方法，比如哲学思辨法、历史考究法、文本解读法、对象理解法、生命体悟法、良心发现法等。

狄尔泰曾提出"理解"是人文科学的基本方法，在他的"精神科学"（我们把人文科学和社会科学称作"精神科学"）中，将"生命"、"体验"、"理解"、"意义"等作为核心概念加以论述，并界定和区分了"说明"和"理解"，指出"说明"是自然科学方法的特点，"理解"是人文科学方法的特点。他明确指出："人文科学的方法——它们的对象早在它们之前，就为人作为一个整体理解了……人们只需要考虑事实理解的功能（正如在人文科学中），考虑这种理解是如何在分析的影响下贯穿研究的不同阶段的，以便认识这些科学间截然不同的结构关系。"[①]卡西尔以其独特的人文科学观把康德的"纯粹理性批判"扩大为"文化的批判"，把人类理性的领域从"自然科学"延伸到"人文科学"，并从人文科学的对象、生成、方法等几个方面展现了人文科学的内在逻辑，从而形成了其独特的人文科学观。在卡西尔看来，人类文化是一种有待诠释的奇迹。但是，要从这一种印象导出更深邃的自我反省，人类不仅要对这一种问题的提出感到有所需求和感到合理，还要进一步地去创立一些能够回答这些问题的独特的和自足的程序或"方法"。[②]

可以说，人文方法本身就是人类在劳动实践中创造并世代积累和传递下来的

---

① 韦尔海姆·狄尔泰.人文科学导论[M].赵稀方，译.北京：华夏出版社，2004:108.
② 恩斯特·卡西尔.人文科学的逻辑：五项研究[M].关子尹，译.上海：上海译文出版社，2013:4.

经验总结。从这个意义上可以说，人文方法属于人文知识，这是二者的联系。但人文方法与人文知识又有区别，人文方法更多的是强调人们认识和改造人文世界所运用的手段、工具或技术。正是人们利用不同于自然科学或社会科学方法的人文方法，不断探索人文世界的奥妙，才形成历史学、文学、哲学、艺术学、宗教学、伦理学、语言学等分门别类的人文科学。因此，全面掌握和科学运用人文方法，对于开展人文科学研究和取得创造性成果，推动人文科学的不断发展，具有十分重要的意义。

第四节 人文科学的任务、作用和意义

一、人文科学的研究任务

以人文世界为研究对象的人文科学，其研究任务在于揭示人文世界发生的现象以及人文现象发生过程的实质，进而把握这些现象和过程的规律性，并预见新的现象和过程，为人们在社会实践中合理而有目的地利用人文世界的规律开辟各种可能的途径。具体地说，人文科学的研究任务主要有三个方面：第一，梳理人文科学的基本知识、基本理论和基本方法；第二，学会运用人文科学的基本方法；第三，探讨人文科学当前值得关注的问题。例如，马克思主义人文科学思想的当代意义，人文科学的基本理论和方法论，中西方人文科学思想的比较研究，人文科学发展的时代特点与价值评价，人文科学与人的全面发展与社会进步，等等。

二、人文科学的基本作用

人文科学不仅具有与自然科学和社会科学不同的研究任务，而且有其不能为自然科学和社会科学所取代的基本作用。人文科学的基本作用，是由人文科学的学科定位所决定的。人文科学关注的中心是人或人类自身，它以探讨人的主观心灵世界和客观文化世界的各种人文现象的发生原因及其发展变化规律为使命。因此，在人文科学的基本作用中，有三个方面的内容是最基本且重要的：(1)探讨人的本质；(2)建立价值体系；(3)塑造精神世界。这三个方面的内容实际上是相互关联的，共同构成了人文科学的基本作用。人文科学的这些基本作用，如果用一句话来概括，就是：人文科学是探讨人的本质、价值体系、精神世界等人的内在世界的学问。

三、学习和研究人文科学的意义

学习和研究人文科学，不仅能使学生从总体上去认识、把握人文科学的对象、本质特征、发展规律和价值意义，而且还可以给学生提供一种科学的人文科学观和方法论，具有重要的理论意义和现实意义。[1]

---

[1] 吴鹏森,房列曙.人文社会科学基础(第 2 版)[M].上海:上海人民出版社,2008:30-35.

第一,只有系统地学习和研究人文科学,才能更好地了解各门具体的人文科学在人文科学总体结构体系中的地位与作用。一般来说,具体科学在科学总体结构中的位置,与人们对客体结构的认识相联系。人文科学的各门具体科学都有自己特定的范畴和研究领域,各门具体科学正是通过其特定的范畴及其相互联系才构造出学科体系,反映人文世界某一研究领域的本质联系,反映某一领域的特定人文现象及其运动变化规律。人文科学是反映整个人文世界的本质,揭示人文世界运动变化规律的科学。人文科学总体结构体系是由各门具体的人文科学构成的,它不能先于或脱离各门具体的人文科学而存在,没有各门具体的人文科学就无所谓人文科学总体结构体系,各门具体的人文科学是人文科学总体结构体系的一个环节、一个部分。但是,人文科学总体结构体系并不是单纯地叠加或机械地堆积在一起,而是以一定的结构形式相互联系,相互作用,有机统一,从而形成人文科学总体结构体系。当然,人文科学总体结构体系和各门具体人文科学的划分是相对的,人文科学总体结构体系作为整体包容着各门具体的人文科学,但它又是作为科学整体结构(自然科学、社会科学、人文科学)的一个部分,从属于更高层次的科学整体。通过学习和研究人文科学,有助于我们更好地了解各门具体的人文科学在人文科学总体结构体系乃至科学整体结构中的地位与作用。

第二,只有系统地学习和研究人文科学,才能厘清人文科学研究领域重大的理论纷争,以科学的态度去对待各种学术流派和各门人文科学,自觉地提高人文科学研究的自我意识与水平,在重大人文科学理论认识上基本达成一致。例如,对于人文科学与自然科学有没有区别以及如何区别的问题,自18世纪意大利启蒙学者维柯把科学分为"人类科学"与"自然科学"两大类以来,特别是19、20世纪之交,一直是西方哲学家所关注和探讨的重要课题。到了20世纪20年代,中国学术界十分醒目地提出"人文科学有没有自己的特点"这一问题,并由此引发了一场关于科学与玄学的论战。之后,很多学者都对这个问题展开探讨,并逐渐形成了关于"人文科学有自己的特点"的共识。正如李维武指出,不论自然科学取得了多么伟大的成就,也不论自然科学向社会科学、人文科学作如何的渗透和影响,人文科学都将保持自己的特点,保持自己的性格。这是人文科学之所以为人文科学的一个不可动摇的基本点。[①] 通过学习和研究人文科学,有助于我们厘清人文科学研究领域诸多这类理论纷争,达成对重大人文科学理论认识上的一致性。

第三,只有系统地学习和研究人文科学,才能发现各门人文学科内部以及它们之间的分化、交叉、相互影响、繁衍增生的内在机制,从而更好地认识人文科学的共同特点和发展规律。人类的社会实践活动是丰富多彩的,各种社会实践活动又是相互联系、相互制约的。每一门科学理论都是从各自的角度抽取客观世界的一个方面进行科学的研究。这种分门别类的研究方法对于简化、纯化和深化人们的认

---

① 李维武.人文科学概论[M].北京:人民出版社,2007:235.

识大有益处,但是这种分门别类的研究很容易使人们的认识产生片面性。由于客观世界是统一的,无论是自然世界、社会世界还是人文世界,各领域、各因素都具有不可分割的内在联系。就人文科学而言,各门具体的人文科学的理论和方法都是既相互区别,又相互联系的关系,各门具体的人文科学之间分化、交叉,衍生出大量的边缘学科和交叉学科,不断丰富和发展了人文科学的理论体系。通过学习和研究人文科学,揭示这种内在联系的演化机制,发现和扶植新生的人文科学幼芽,推动人文科学的研究向深度和广度发展。

第四,只有系统地学习和研究人文科学,才能从历史渊源上厘清人文科学与自然科学、社会科学等的关系。在相当一段时期内,人们通常只是把科学分作两类,一类是自然科学,一类是社会科学,并将哲学、文学、历史学等人文科学划入社会科学。但是,这种划分并没有真正反映各门科学之间的本质联系,模糊了人文科学与自然科学、社会科学之间的界限,对人文科学所具有的独特对象、性质和特点视而不见。学习和研究人文科学,有助于我们从历史渊源上厘清人文科学与自然科学、社会科学等的关系,确立人文科学在科学总体结构体系中的重要地位,更好地发挥人文科学的独特作用,使人文科学更好地为建设中国特色社会主义服务,繁荣和发展我国的人文科学,实现中华民族伟大复兴和社会全面进步。

第五,只有系统地学习和研究人文科学,才能实现人的全面发展和人的现代化。人类的全部历史都是追求自身的发展与历史的进步。虽然衡量社会发展与进步可以有许多客观的标志,如科学技术的进步,经济的增长与振兴,社会的民主化,健康的生活方式,生活质量与生活水平的提高,精神文化的繁荣等,但所有这些最终都是围绕一个中心,即人的发展。离开了人的发展,社会的其他发展都会变得毫无意义。离开人的发展,科技的进步与经济的增长或是不可能,或是偏离正确的方向,不仅不能给人类带来福祉,而且可能给人类带来灾难。因此,在科学技术发展和经济增长的同时,我们要特别注意人的素质的提高,要适应我国高等教育改革发展的要求,进一步确立人文教育在整个高等教育体系中的应有地位,全面促进人文教育与科学教育的融合,使人文教育贯穿于专业教育的全过程,从而增进大学生的人文知识,提高大学生的人文素质,提升大学生的文化品位和格调,培养大学生的综合素质与创新精神。只有这样,才能培养出真正全面发展的人,才能真正实现人的全面发展和人的现代化,使大学生成为国家未来经济社会发展所需要的有用之才。

思考题

1. 谈谈你对人文科学的理解。
2. 人文科学的研究对象是什么?
3. 人文科学有哪些构成要素?各构成要素之间是什么关系?
4. 请你联系实际,谈谈学习人文科学的意义。

第二章

人文科学的历史发展

在对"人文科学"的概念和基本问题做出说明之后,还需要进一步考察人文科学产生和发展的历史。通过这种历史的考察,我们可以从总体上说明人文科学。按照时间轴从中西方全面论述人文科学萌生、发展、成熟的全过程,考察人文科学的起源、形成与发展。

第一节 划分人文科学发展阶段的原则

要研究人文科学的产生和历史发展过程,首先要解决如何分期的问题,而要确定分期的标准,又必须先从分期的基本原则入手,只有这样才能对人文科学的历史发展做出科学的说明。

研究人文科学的历史发展过程,是人文科学史的基本任务。人文科学史以人文科学的历史发展作为自己的研究对象,它是以探讨人文科学各学科的产生和有机构成,共同特点和历史发展规律为己任的。从总体上看,它是研究人文科学过去的历史,它只能通过联系各个历史时代的人类社会实践活动的基本特点来反映该时代人文科学各学科理论发展的总体面貌及特点,进而完成揭示人文科学发展的一般过程和发展趋势的任务。

总体上说,划分人文科学历史发展阶段应该坚持以下三条原则。

一、人文科学与人类历史同步发展的同步性原则

人文科学的形成与发展,基于一定时空体系内各民族人文的历史性的反映。人文科学不可能离开人类的历史实践活动独立存在和发展,它是在人类的历史发展进程中孕育、形成和演进的。

人类社会的形成和发展的过程,是以劳动为基础的人类共同活动和相互交往的社会过程。劳动是远古人类区别于动物的内在根据。此外,思维活动也是使人类社会这种新的物质系统从自然界中分化出来的基本动力。因此,尽管大多数人文科学门类是在最近二三百年才成为独立学科的,但其思想渊源几乎可以追溯到

远古时代。恩格斯曾经指出："历史从哪里开始,思想进程也应当从哪里开始。"[①]在原始社会,由于人们征服自然的能力极为有限,人类的思想和思维尚处在蒙昧阶段,所以形成不了完整的思想体系。但在其生活习惯、社会生活以及宗教信仰方面又不无闪现着一定的思想火花,映射出人类对自然界和社会环境的朦胧认识。正是这种尚未成形的思想体系,引导着人们与自然环境作艰苦的斗争,一步步地迈向人类文明的门槛。其后的思想演进,也与人类发展的各个历史阶段相适应。人文科学的发展在很大程度上受到社会实践水平和科学对象的制约。因此,随着社会历史发展,就会出现与之相适应的人文思想和社会理论。例如,人类进入奴隶社会,就出现了"敬天明德",建立奴隶主民主制和加强法制等思想;人类进入资本主义社会,资产阶级的人文社会科学就得到蓬勃发展。

根据同步性原则可知,人文科学史的分期应该大体上与人类社会形态的演进相一致。脱离了人类社会的演进过程,人文科学史的分期就失去了客观依据,也难以纵览整个人文科学发展过程的全貌。

二、人文科学自身发展的相对独立性原则

要研究人文科学发展史,核心是要看人文精神的形成与塑造。人文精神是一个民族在长期的共同生活和共同实践基础上形成和发展起来的,为民族大多数成员所认同和接受的思想品格、价值取向和道德规范。它是一个民族人文的心理特征、文化传统、思想情感等的综合反映。人文精神深深地融入一个民族的民族意识、民族品格、民族气质之中,是民族悠久历史文化的灵魂。人文精神伴随着民族的历史实践而变化,与这个民族的时代生活与时代特征相互依存、相互影响。

因此,人文科学的演进与人类社会的发展虽然具有同步性,却是两种并行的社会活动结果。也就是说,人类历史在其自身矛盾的推动下不断向前发展,有它自己的不完全受理论控制的发展道路。它是由各民族人民在实践中根据自己的意愿铺就的,而不是由理论家们写下的。理论科学虽然受到社会历史制约,但它在民族自身矛盾的推动下不断为自己开辟道路。人类历史只能提供环境和实验材料,社会思想和社会理论的行程主要是人文科学家们努力的结果。因此,划分人文科学史的演进阶段也应当考虑一个民族人文精神自我塑造、人文科学自身发展的"相对独立性",否则一部人文科学史就会沦为人类的历史发展史,无法体现出自身固有的特征。

三、人文科学发展的普遍性和特殊性相统一原则

显然,人文科学发展史解释的是整个世界人文科学演化和发展的规律及其进程,但是世界人文科学的发展又是通过总结各个国家、地区和区域的人文科学的发

---

① 中共中央编译局.马克思恩格斯选集(第 2 卷)[M].北京:人民出版社,1995:43.

展情况,找出其共同特性而体现出来的。这就要求在人文科学史的分期中,既要立足世界人文科学整体的普遍性进步,又要兼顾各个区域人文科学的特殊性发展状况。

由于人类社会的演进在各个区域的发展是不平衡的,所以人文科学理论的发展也是不平衡的。一般来说,经济和政治发展较快的国家和区域,其人文科学的发展相对要先进一些。各个民族所处的历史时代不同,文化交流的程度不同,人文科学的发展也会具有鲜明的地域性、民族性特色。

丝绸之路成为东西方贸易和文化交流的桥梁,然而这座桥梁只架到了西亚和欧洲大陆的个别地方,无法再跨过茫茫的海洋,延伸到其他的地区。直到15世纪,随着新航路的开辟和资本主义发展对市场和原料掠夺的需要,人们冲破了海洋的藩篱。人们的眼光终于从平面世界跃进到了球面世界,世界的文化才开始融合。到了17、18世纪,东西方文化出现了更大规模的交流。尽管如此,由于当时生产规模和经济活动的范围有限,社会实践的理论还仅限于各个国家内部,人文科学的水平也只是在个别领域和个别方面达到了对实践活动作思想理论说明和形成逻辑体系的程度。18世纪末19世纪初,随着工业革命在英国和欧洲主要国家的完成和马克思主义学说的出现,无产阶级和资产阶级的社会理论成为世界性的思想体系。在当代,虽然无产阶级与资产阶级两大理论体系还在不断进行斗争,但由于社会发展中全球问题的出现,人文社会现象中的趋同因素的增长,以及国际政治、经济、文化交往的日益加强,双方的相互影响和相互渗透在人文科学的各个领域几乎都有明显的表现。直到这个时期,东西方的人文科学,包括欧洲国家、中国、美国以外的其他地区人文科学,才作为世界人文科学整体一个有机组成部分而存在。因此,在划分人文科学发展阶段时,既要着眼于世界人文科学发展的整体趋势,掌握其演化规律,又要兼顾区域进化的局部特点,不强求一致。

根据上面所阐述的三个基本原则,我们可以把全部人文科学发展的历史划分为四个演进阶段,即古代人文科学的萌生、中世纪人文科学的缓慢发展、近代人文科学的崛起、现代人文科学的飞跃发展等四个时期。

第二节 古代人文科学的萌生

谈及人文科学的历史,首先就会面临一个问题:人文科学究竟何时萌生?这是一个至今仍见仁见智的问题。但不可否认的是,无论是在古希腊,还是在中国先秦,人文科学都已萌生、存在了。

一、远古夏商周人文思想的萌芽

在漫长的历史过程中,人类通过物质文明建设使自己越来越远地离开自然界,同时也创造了其他一切生物不可比拟的精神文明,完成了从猿人到人的转变,人类社会历史就开始了。

远古时代原始群是人类初期自然结合的社会组织形式。远古时代的人文社会思想的产生,经过了一系列的中间环节:首先是由社会的生活实践和生产实践产生传统习惯,接着由传统习惯形成祖制,祖制在进一步实践中得到加工和修改,最后才以文学作品和行政文书两种形式公布于众并长期流传下来。远古人类从对自然、对祖先的崇拜到对造物主的崇拜,反映了他们对自己周围世界所做的具体的、直观的思考。这种思考又是超越一切现实生活的、抽象的、理智的概括,为以后哲学的产生创造了前提。

语言和文字是远古时代人文思想萌芽的重要工具。语言是交流思想的手段,文字是精神的物质化和表征。文字发明伊始,道德思想、审美意识、创造精神、祖制原则和行政规范等就可以被长久地记录下来,人类生活、生产的宝贵经验不至于大量地流失。中国古代神话中的构木为巢、钻燧取火、结绳为网、炼石补天、怒射九日,反映了远古人们控制自然、征服自然的美好愿望。正如英国科学家贝尔纳所言,原始人类也具有人文科学,宗教仪式和神话就是他们的人文科学。[1]

(一) 古代第一批典籍中的人文社会思想萌芽

有学者认为,人文科学的构成主要有四个要素:人文学者、人文精神、人文方法与人文著述。[2] 人文著述对人文科学十分重要,是人文科学构成的重要要素之一。公元前3000年左右,世界五大文明发祥地就开始出现了人文思想的萌芽,第一批包含丰富人文思想萌芽的文化典籍应运而生,即是明证。

以人文思想萌芽为标准,古代文化典籍主要有三种:一是文学作品,如古巴比伦的《吉尔伽美什史诗》、古中国的《诗经》、古埃及的《阿顿颂诗》;二是历史方志,如古埃及的巴勒摩石碑、古印度的《梨俱吠陀》;三是法律碑文,如古巴比伦的《乌尔纳姆法典》和《汉谟拉比法典》。这些古代的文化典籍思想内容十分丰富,反映了当时的人们对宗教信仰、政治法律观念和伦理道德观念的基本看法。古代典籍所反映的人文思想,是人类社会进入文明时代的产物。

宗教信仰萌生于对自然界和自然现象的恐惧和无奈,人们幻想有神灵能为他们消灾降福。

法典是奴隶主统治阶级利用"神意"来强化统治的工具。例如《尚书·召诰》公开申明"有夏服受天命",即夏王是受天命来统治万民的。由于"天命"易于被群众所接受,所以奴隶主就把一切活动都与"天命"联系在一起,凡事皆"率民以事神,先是而后应",并将君王神化,称为"天子"。《汉谟拉比法典》宣称,汉谟拉比是受权于天神安努和苏美尔最高神恩利勒才成为四方最高统治者和最伟大的庇护王。神化王权是法典的普遍现象,这种制度对其政治、经济、生活方式等各方面都有严格的

---

[1] 约翰·德斯蒙德·贝尔纳.历史上的科学[M].伍况甫,彭家礼,译.北京:科学出版社,2015:137.
[2] 李维武.人文科学概论[M].北京:人民出版社,2007:32.

戒律,成为维护奴隶制社会以及后来封建社会统治的主要法律基础。

随着奴隶制度的确立,伦理道德观念也由原始社会同心协力、讲信修睦、天下为公的伦理准则变为了服从帝王和主人的效忠精神,"死谏"、"死守"成为奴隶社会的最高美德,有利于阶级统治的道德标准上升为主导地位。

(二) 商周时代专业著述中人文科学的发芽

古代社会科学的第一批专业著述出现在中国的商周时代。周王朝建立前后,中国经济上完成了"主业经"——以农业为根本,在政治上完成了"制工化"——以礼制为核心,奴隶社会进入到空前繁荣的时代,远古以来的华夏文化更加丰富并发展到一个新高度,诞生了中国历史上,也是世界历史上最早的一批文化专著。

《六韬》是阐述商周之交的吕望战略战术思想的专门著作。全书分6卷60篇。虽然《六韬》对军事活动的认识还不够深刻,但毕竟开创了中国军事思想史的先河。后来人们形容军事谋划,往往简称"韬略之计",足见其影响之大。

《吕刑》是周王朝大司寇吕侯奉命而作。吕侯在阐述制定新法的必要性时指出:法律的制定应该根据社会发展的实际需要来决定。只有"德威惟畏,德明惟明",国家才能长治久安。吕侯特别追述古代各朝法律的得失利弊,提到了滥用刑罚的教训和采用"威德并济"的两手治理天下的经验,重申了周初制定的"明德慎罚"这一原则的现实意义。

中国古代的《归藏》和《周易》是对问卦、占卜等企求更多"神启"和"天意"的宗教活动的理论总结。两部书涉及的内容相当广泛,从农业生产、婚姻生活、送葬祭祀、战争议和到"前王损益,阴阳盛衰"等各个方面,都有所涉及。商王朝时代的《归藏》早已失传,后人反知其为"左易",阴阳关系与今不同,是"首坤次乾"。《周易》则由于孔子的编修,至今保存完好。《周易》所包含的朴素的唯物辩证法思想及其宇宙观,既有其卜巫、迷信的外衣,又有极为广博、深邃的科学思想的精髓,是中国文化的"源头活水"或中西哲学交接的"原点",在世界和中国文化史上都占有重要的地位。

商周时期,宗教世界观仍占统治地位,商周奴隶主阶级继续用这一套宗教观念作为统治与奴役人民的精神武器。也正是在这种笼统模糊的神学世界观体系中,萌发了早期的朴素唯物主义和辩证法思想,成为中国古代哲学的开端。

人们在实践中取得的经验,对自然和社会的哲理认识,对思维规律、气质性格的归类概括和总结不断加入卜巫之中,当量的积累达到一定高度时,质变就发生了。

公元前8世纪左右,东西方出现了历史上第一批非官非商的劳动者——知识分子。他们在生产、经济和政治等社会实践之外,总结了以往及当时的经验知识,创立了最早形态的自然科学、人文科学、数学、思维科学与哲学思想,产生了文明时代的理论萌芽。尽管这一时期人文科学淹没在浓厚的神话传说中,与宗教信仰交织在一起,与哲学尚未分化,呈整体性形态,不可避免地带有主观感受、个体体验、思辨猜测、理想愿望的成分,因而具有浓厚的非客观性、非科学性的色彩,但人文科学在人类生活的各个领域已开始破土发芽。

二、"轴心时代"人文科学的发生

公元前800年至公元前200年,尤其是公元前600年至公元前300年,是人类文明的"轴心时代"。"轴心时代"发生的地区大概是在北纬30°上下,就是北纬25°至35°之间。这段时期是人类精神文明的重大突破时期。在"轴心时代",各个文明都出现了伟大的精神导师,如古希腊有苏格拉底、柏拉图、亚里士多德,以色列有犹太教的先知们,古印度有释迦牟尼,中国有孔子、老子,他们提出的思想原则,塑造了不同的文化传统,也一直影响着人类的生活。

西方人文科学发端于古希腊,中国人文科学产生于春秋末期和战国时代。在此期间,几乎所有关于社会问题的理论探讨都开始了。面对急剧的社会变革、争霸战争以及奴隶同奴隶主的矛盾斗争所带来的一系列社会问题,老子、孔子、苏格拉底、柏拉图、亚里士多德,这些早期的"智者"和"贤人"著书立说,游说讲学,就社会生活的各个领域展开深刻的思考,希望找到一剂救世的良方。在短短的数百年里,社会中便出现了政治、法律、管理、伦理、军事、经济、史学、教育、文艺、美学等人文社会科学思想。虽然大多数理论还处于零散的、萌芽的状态,但整个人文科学的发展从此有了一个确定的基础,个别学科甚至形成了一定的体系。

(一)西方人文科学的产生

古希腊是西方文化的摇篮,也是西方人文科学的摇篮。西方人文科学的萌芽,就是在古希腊孕育、发生的。

1. 古希腊的文学

古希腊人文科学的发端,首先是以文学的形式发生的。古希腊文学,最初以史诗的形式表现出来,而古希腊的史诗以《荷马史诗》为代表,凸显出了人的价值。

《荷马史诗》相传是由古希腊盲诗人荷马创作的,它包括两部长篇史诗《伊利亚特》和《奥德赛》。两部史诗都分成24卷。《荷马史诗》中已经出现了古希腊人关于"历史"的最初概念,而且在一些篇章中还出现了表示"历史"概念的词语。后来希腊语中的"历史"一词,就是直接从这个含义演变而来的。在史诗中,我们还可看到以人为本思想的反映,赞美人的智慧,嘲笑神的邪恶,赞美、歌颂人间,蔑视上天,这种以人为本的思想又常常同歌颂民族贵族英雄主义相结合。

古希腊文学的进一步发展,产生了希腊的悲剧和喜剧。而随着文学的发展,文艺学也产生了。亚里士多德是其代表人物,他的《诗学》是西方最早的一部文艺学著作,奠定了欧洲文艺学发展的基础,产生了深远的影响。

亚里士多德在西方文化史上首次构建了系统的美学理论,即《诗学》。《诗学》是西方美学的开山杰作,它从哲学的高度提炼魅力永恒的希腊艺术精神,以现实主义观点探索希腊艺术的历史演变,总结其发展规律和创作原则,高度肯定艺术的社会功用;以哲学的睿智建树了西方第一个比较系统、合理的美学理论,深刻论述了艺术的本质;以悲剧为代表的艺术创作原则,以及艺术认知社会人生、教化伦理道德、陶冶审美情操的功用,真切体现了希腊艺术追求真善美的精神,对后世西方美学思想、艺术理论有深远影响。[①]

2. 古希腊的史学

在《荷马史诗》的影响下,随着希腊城邦的繁荣,希腊出现了专业化的历史学家和历史学著作。在公元前5世纪至公元前4世纪上半叶,希腊出现了三大史学家和他们所写的三部史学著作:希罗多德的《历史》、修昔底德的《伯罗奔尼撒战争史》、色诺芬的《长征记》。

希罗多德,伟大的古希腊历史学家,史学名著《历史》的作者,西方文学的奠基人,人文主义的杰出代表。从古罗马时代开始,希罗多德就被尊称为"历史之父",这个名称也一直沿用到今天。他所著的《历史》一书,共9卷。该书也是一部文学作品,书中众多人物性格鲜明,语言生动,亦作《希波战争史》。

修昔底德,他在雅典长大,自幼受到良好的教育。他生活的时代正值雅典的极盛时期,也是古希腊文化的全盛时期。修昔底德写的《伯罗奔尼撒战争史》,是想通过叙述这场战争给希腊世界造成的影响,以及雅典等城邦在战争前后的成败兴衰的变化过程垂训后世。"范例历史学"这个概念,是伊索克拉底在读了修昔底德的《伯罗奔尼撒战争史》之后提出来的,是他对这部著作的概括性评价。

色诺芬,古希腊历史学家、作家,雅典人,苏格拉底的弟子,著有《长征记》、《希腊史》、《回忆苏格拉底》等。《长征记》是色诺芬最出色、流传最广泛的著作。一万三千名希腊雇佣军参加了远征,当他们渡过攸克星海(黑海)回到希腊时,只剩下五千余人。虽然他在书中对自己的作用做了夸张描写,但是它为后人提供了许多有关希腊雇佣军与波斯帝国的真实细节,而且还记录了雇佣军所经过的地区的地理风貌和人情习俗,有很高的史料价值。

3. 古希腊的哲学

哲学是古希腊对西方人文科学最杰出的贡献。提到古希腊哲学家,我们就不得不提到苏格拉底、柏拉图和亚里士多德。他们三人创立了今天的西方哲学思想。

苏格拉底,出生于雅典,是古希腊著名的哲学家,他被后人认为是西方哲学的奠基者。他和他的学生柏拉图及柏拉图的学生亚里士多德被并称为"古希腊三贤"。苏格拉底的学说具有神秘主义色彩,他认为,天上和地上各种事物的生存、发展和毁灭都是神安排的,神是世界的主宰。他反对研究自然界,认为那是亵渎神灵。他提倡人们认识做人的道理,过有道德的生活。他的哲学主要探讨研究的是伦理道德问题。他一生没留下任何著作,但他的影响是巨大的。哲学史家往往把他作为古希腊哲学发展史的分水岭,将他之前的哲学称为前苏格拉底哲学。在苏

---

① 亚里士多德.诗学[M].陈中梅,译注.北京:商务印书馆,1996:29.

格拉底以前,希腊的哲学主要研究宇宙的本源是什么,世界是由什么构成的等问题,后人称之为"自然哲学"。苏格拉底认为再研究这些问题,对拯救国家没有什么现实意义。出于对国家和人民命运的关心,他转而研究人类本身,即研究人类的伦理问题,例如,什么是正义,什么是非正义;什么是勇敢,什么是怯懦;什么是诚实,什么是虚伪;什么是智慧,知识是怎样得来的;什么是国家,具有什么品质的人才能治理好国家,治国人才应该如何培养,等等。后人称苏格拉底的哲学为"伦理哲学"。他为哲学研究开创了一个新的领域,使哲学"从天上回到了人间",在哲学史上具有伟大的意义。

柏拉图,西方客观唯心主义哲学的始祖。他把"理式"或宇宙间的原则和道理看作是第一性的、永恒普遍的,至于感官接触的世界,则是"理式"世界的摹本或幻影,无永恒性和普遍性,所以不仅是第二性的,而且是不真实的。柏拉图认为,自然界中有形的东西是流动的,但是构成这些有形物质的"形式"或"理念"是永恒不变的。柏拉图哲学思想的核心是理念论。理念是现实世界的原型、范式、本原,是唯一真实的存在。而被人们感觉到的经验事物和现象世界则是不真实的,不属于存在的范畴。理念世界是永恒不变的,而现象世界变动不居,只是理念世界的某种歪曲的摹本和虚幻的影子。

亚里士多德,柏拉图的学生,古希腊最渊博的学者。对哲学、逻辑学、心理学、自然科学、政治学、伦理学、修辞学、美学等都有研究,马克思称他为古希腊哲学家中"最博学的人物"。在哲学问题上,亚里士多德摇摆于唯物主义和唯心主义之间。亚里士多德注重寻求事物存在和运动变化的原因,他认为原因主要有四种:质料因、形式因、动力因、目的因。亚里士多德肯定认识的对象是客观存在的事物,认识来源于感觉,"要感觉,就必须有被感觉的东西"。在哲学研究中,他提出了不少关于辩证法的问题,恩格斯认为亚里士多德"已经研究了辩证思维的最主要的形式",称他为"古代世界的黑格尔"。

(二) 中国人文科学的发生

中国人文科学发生于春秋战国时期,这是中国古代社会从奴隶制向封建制转变的历史转折时期。这一时期孕育了新的文化精神,也孕育了中国的人文科学。

1. 中国轴心时代的文学

春秋末期和战国时代是中国古代文学的形成时期,这一时期的文学以诗歌和散文为主要形式。西周时期,我国第一部诗歌总集——《诗经》出现,后世把《诗经》奉为学习的最高典范。春秋战国时期,列国纷争,游说之士应运而生。在百家争鸣的政治文化环境中,我国产生了一批政治家和思想家,出现了大量以说理透辟、逻辑严密、言辞锋利、善用比喻为特点的论说散文,这些论说散文又称诸子散文。在诸子散文中,文学性最强的当数《庄子》《孟子》《荀子》《韩非子》。与诸子散文辉映一时的,是以记言记事为主的历史散文,如《左传》《国语》和《战国策》。战国后期,以屈原为代表的楚国诗人,创造了楚辞。屈原运用这种诗歌形式,创作了古代文学史上第一抒情长诗《离骚》,在文学史上与《诗经》并称"风骚",垂范于后世。

2. 中国轴心时代的史学

殷周时期出现了甲骨文和金文,有了简单的文字记载,为史学的产生提供了必要条件。中国古代史学历二千余年,取得了罕见的成就。《尚书》中的《盘庚》、《牧誓》等篇记载了殷周时期的一些重大史事,《雅》、《颂》反映周室东迁前各个历史阶段的社会情况和有关封国、征伐、农事等活动,它们与金文记载都表现出明确的历史意识。

西周末年至春秋时期,"国史"发展起来。春秋末年孔子修《春秋》,为中国史学上第一部编年体史书,开私人撰史的先河。战国时期私人撰史逐渐增多,政治形势走向统一的趋势在史书中也多有反映。在此不再赘述。

3. 中国轴心时代的哲学

在春秋时期,儒家代表了一种入世的人文精神,老子则在现实世界之外开辟出了一个"道"的世界,代表了一种超越的人文精神。从总体上看,宗法伦理是儒学理论的主干,人是其出发点与核心,对人的重视与对人伦关系的强调是儒家人生哲学的两重性格。

中国从上古时代至西周晚期,天命鬼神观念在思想领域一直居于统治地位,西周晚期开始由天命鬼神观念向关注人类社会,关注现实生活转变。老子是实现这一转变的伟大思想家之一。老子认为,人文精神是由主客合一达到的天人合一。老子的人文关怀,体现为不违拗事物本性、顺应自然的处事原则,体现为倡导社会自然秩序、尊重个体生存样态的价值取向。老子的主张体现了对个人的终极关怀,正是在这个意义上,我们说老子的思想瞄准了人类社会的终极目标,具有很强的现实性。老子的人文关怀倡导"自然无为",辅助社会自然地走向稳定有序;尊重个体生活样态,颠覆了传统的等级观念。老子认为,在"圣人"眼中,万物平等,众生平等,"圣人"不干涉百姓的生活,人们可以选择自己的生活方式,可以随自己的喜好做事情。这就为人们突破狭隘的视界,以平等的态度对待他人、关爱他人提供了理论前提和想象的空间。庄子继承了老子"自然无为"的思想,将老子的人文关怀理念进一步发扬光大。

除此之外,墨家的原子论式的思维方式、法家的历史进化观、名家的逻辑学、阴阳家对天道与人事的普遍规律的研究等,相互影响、相互争鸣、相互借鉴,从而促成了春秋末期与战国时代哲学的蓬勃发展,构成了中国哲学的"源头活水"。

三、古代中西方人文科学的特点

虽然孔子、老子、柏拉图、亚里士多德等著名的学者已开始广泛地涉猎人文科学的各个领域,使人文科学以独特的对象和表现形式出现在科学的舞台,但由于奴隶社会生产力水平还十分低下,受当时社会历史条件的局限,人文科学仍处于雏形状态。

这一时期的人文科学一般只是笼统的概括和浅显的分析,对许多社会问题的记录描述过多,论证较少,人文科学各学科的分类并不明显,学术概念和范畴也彼此共用,如中国的"礼"既是管理范畴又是政治概念,"仁"既是哲学概念又是伦理规范。西方也是如此,"正义"既是政治要求又是法律原则,还是划分战争种类的标准。中国的人文科学一开始就偏重于对伦理道德的研究,尽管法学派在一段时间内取得了很大成绩,迎合了统治阶级的口味,但礼学派的思想也在社会上留下了深刻的影响。以"礼"教人、"中庸之道",还是被看作处理社会问题的基本准则。西方的人文科学一开始就偏重于民主与法制的研究,"正义"的范畴得到充分研究,以"理"服人的风气很浓。因此,当欧洲封建主义兴起之后,统治阶级无法运用这些基本理论和基本原则,不得不将其一笔勾销并抬出"无理可争"的宗教神学作为自己的意识形态,从而导致了中世纪的奇怪现象:东方接续古代文明,繁荣了一千多年之久;而西方却被宗教神学统治,使人文科学的发展异常缓慢。

第三节 中世纪中西方人文科学的缓慢发展

"中世纪"指的是封建制度在各国形成、发展和衰亡的整个过程。虽然世界各国大体上都经过封建时代,但其进程极不相同:中国在秦汉之际已基本完成了封建化进程,而欧洲各国在公元5世纪才开始产生封建生产方式。

一、中世纪中西方人文科学的不同遭遇

中国的封建社会自秦汉以来,主要经历唐、宋、元、明、清各朝代,长达2000余年。在封建专制与诸侯割据、民族战争不断的情况下,阶级矛盾、民族斗争十分激烈。在这种背景下,中国封建社会有时发展得比较快,将阻碍社会进步的因素毫不留情地加以清除,促使社会进步的因素前进;有时发展得很缓慢,甚至出现停滞和倒退,对阻挡社会前进的各种障碍妥协迁就。封建社会进程中的这种快与慢、前进与倒退的现象,与封建结构中的活力和惰性因素的积聚有着密切的关系。

在中国古代人文科学中,法家学派与儒家学派在维护强权政治这个根本立场上是一致的。因此,当封建社会趋于稳定后,儒、法、道各家的理论都被统治阶级所利用。中国两千多年的封建统治的历史,正是以儒家思想为核心,各派思想互相补充的历史。人文科学的基本理论和核心思想被继承下来,并在此基础上得到进一步的发展,由此形成了中世纪东方精神文明的接续和发展。

在漫长的中世纪里,中国的人文科学出现了三次大的高潮,形成马鞍型的发展局面。第一次高潮是以西汉董仲舒"罢黜百家,独尊儒术"为标志的封建礼教研究的兴盛;第二次高潮是盛唐时期政体、法制、管理与经济问题的繁荣;第三次高潮是以宋代理性主义为主要倾向的"学问思辨",推动了各学科的深入发展。

在西欧封建制的确立过程中,政权和教权联合在一起,封建统治阶级与教会相

互勾结,以异端的罪名,对一切非教会思想观念和文化形式大加围剿。中世纪欧洲的人文科学只能在教会允许的范围内,以扭曲的形式缓慢地发展。天主教取得了独尊的地位,西欧陷入了神权统治的泥坑,导致欧洲古希腊罗马的人文科学研究几乎中断了10个世纪之久。

在西方中世纪,无论是文学、史学、哲学,还是文艺学,都打上了基督教的神秘主义、僧侣主义的鲜明印记。究其原因,是因为古希腊人文科学研究中所体现的自由、民主气氛不为封建专制主义所容忍。古希腊的民主议会可以处死一个执政官,而欧洲封建帝王和宗教领袖需要"神圣不可侵犯"的权威。因此,宣传盲从、虔信无知、逆来顺受的宗教就被抬上了供奉的宝座,人为的神化达到无以复加的程度,成为人间万物的最高主宰。欧洲中世纪的神权统治,使人文科学从自由讨论转变为强化统一,最后竟导致狂热的宗教崇拜和盲目的虚无主义。古代优秀的典籍被焚烧殆尽,古老的学园全被封闭,甚至在中世纪末期,竟不得不从东方重新输入本来就属于自己的古老文化遗产。直到文艺复兴(公元14—17世纪)时期,中世纪所造成的阻滞人文科学发展的困境才宣告结束。

二、中西方人文科学在中世纪的不同发展

由于社会历史条件大相径庭,这一时期,人文科学在东西方各国走着不同的发展道路,从而逐步地形成了各自不同的特色和传统,人文科学有了不同的发展。

(一) 中国文史哲之间的相结合、相沟通

中国在漫长的封建社会中创造了灿烂的文化,无论是文学、史学、哲学还是艺术,都成果丰硕,成就甚高,并且它们相互借鉴,从而形成了东方人文科学的接续和发展。

1. 文学

秦汉时期,司马迁的《史记》成为历史文学巨著,反映了当时帝国的强大繁盛。东汉由盛而衰,衰时之作,见于乐府民歌与文人五言古诗。

魏晋南北朝时期,文物风流,著于书法,"三曹"在诗歌上卓有建树,加上"七子",形成建安风骨。而诗人以陶潜为高出,田园之篇,树诗坛新帜,语言自然,意境淡远,对后代的影响很大。声律之学,应用于文学,为格律诗的兴盛奠定了基础。北魏郦道元《水经注》虽为地理巨著却又富于文学价值,成为后世山水散文的典范。

唐代诗歌之盛,实属空前。五言诗继续发展,七言诗风靡诗坛,律诗形式精炼,歌行语言奔畅。

五代至宋,长短句盛行,词的形式更便于表达思想感情。苏轼擅长写诗和写词,但词的成就大于诗。民族矛盾贯串始终,南宋尤为尖锐。陆游是伟大的爱国诗人,而辛弃疾是伟大的爱国词人,他们是"烈士暮年,壮心未已"。

元明清三代,戏曲以唱为主,说白为辅,诗文结合,主从不同。著名作家有关汉卿、王实甫、汤显祖、吴承恩、施耐庵、曹雪芹等。一些鸿篇巨制深刻反映了封建社

会后期激烈的矛盾和斗争,以及封建制度的彻底腐朽和最后走向灭亡的命运。蒲松龄的短篇小说集《聊斋志异》,借谈狐说鬼,褒贬人世,艺术成就很高,此外,一些故事对资本主义的萌芽有所反映。

2. 史学

在中国封建社会的漫长岁月里,史学的发展成果丰硕,成就显著。史学家辈出,其中最具代表性的人物有汉代的司马迁、宋代的司马光等。

司马迁,字子长,夏阳(今陕西韩城)人。司马迁的史学巨著《史记》,不但在中国史学史上有着极其重要的地位,而且开创了我国传记文学的先河,为我国古代文化建立了不朽的丰碑。它分为本纪、表、书、世家、列传五部分。《史记》全书前后历史跨度为三千余年,贯穿古今,不仅包括华夏的历史,还记录了少数民族和国外的历史,如种族来源、风情人物,内容之丰富,手法之新颖,堪称历代正史的典范,也可被称为百科全书式的通史。可以说,《史记》奠定了我国史学的基础。郑樵赞誉《史记》:"百代而下,史官不能易其法,学者不能舍其书。六经之后,惟有此作。"①近人梁启超称赞这部巨著是"千古之绝作",鲁迅誉之为"史家之绝唱,无韵之《离骚》"。

司马光,字君实,号迂叟,陕州夏县(今山西夏县)人。司马光主编的《资治通鉴》是宋代出现的一部巨大的编年通史,也是我国第一部编年体通史。它是一部足以与《史记》媲美并称的巨著。司马光编撰此书的目的是"专取国家盛衰,系生民休戚,善可为法,恶可为戒者","鉴前世之兴衰,考当今之得失"②,可以从中看到他的思想和司马迁的"原始察终,见盛观衰"如出一辙。

3. 哲学

中国哲学始于先秦,历史悠久。与同时期世界其他地区的哲学相比,中国哲学属于少数达到较高水平的哲学形态之一。进入封建社会后,由于科学技术在世界范围内长期处于领先地位,封建统治秩序相对稳定,所以中国哲学在殷周哲学的基础上继续发展,形成了历史久远、具有较高形态的封建社会的哲学。

秦汉以后儒学被奉为正统,无论是董仲舒的"天人感应论",还是王弼的"名教出于自然"的主张,都是通过各自的本体论为儒家的纲常伦理做论证。在宋明理学中,本体论、认识论与道德论的结合更为显著。张载以气为万物本原,宣扬"民吾同胞,物吾与也"的仁爱精神。"二程"和朱熹以理为本体,强调天理就是人伦的最高原则。在中国哲学中,认识论也往往和道德认识、道德修养相联系。孟子的"思诚",荀子的"虚壹而静",程朱的"格物致知",陆王的"发明本心",既是求知方法又是道德修养方法。中国哲学这些独特的概念范畴,如道、气、理、神、虚、诚、明、体、用、太极、阴阳等,凝结着中国思想家的智慧。在中国哲学长期的历史发展过程中,这些范畴被不断地充实、丰富,赋予新的内容,围绕这些范畴展开的深入的讨论,将中国哲学的理论思维水平不断提高。中国哲学对人类文化的发展做出了巨大的贡

---

① 郑樵.通志·总序[M].杭州:浙江古籍出版社,2007:1.
② 司马光.资治通鉴[M].北京:中华书局,2011:34.

献,并在全世界范围内产生了广泛而深远的影响。

综观中国封建社会的整个历史,随着中国人文科学的发展,文学、史学、哲学也形成了相对独立的学科。由于中国文化的特性,中国不乏兼通文、史、哲的人物。这种文史哲的结合与沟通,对中国封建时期人文科学的接续和发展起了重要的促进作用。

(二) 西方中世纪人文科学的缓慢发展

中世纪的欧洲,宗教神学上升到统治一切的地位,古代文明消失在中世纪的黑幕之中。欧洲学者大都成为宗教神学的代言人。在思想意识形态领域,哲学、政治学、伦理学、法学等一切学科都被合并到神学中,并以神学的形式出现,表现出万流归宗的特征。

14世纪以后,以文学艺术为前导的"神"、"人"大讨论揭开了人文主义运动的序幕。人文主义思潮的传播和自然科学唯物主义的产生,砸断了教会的神学枷锁,摧垮了经院哲学的统治,促进了思想大解放。人文主义精神确立,为近代资产阶级意识形态的形成奠定了思想基础,人文科学也得以形成,从而迎来了近代人文科学发展的新曙光。

1. 5—13世纪西方人文科学发展的神学化

1) 西方中世纪的文学

西方学术界对中世纪文学的认识和评价经历了一个转变的过程。在19世纪以前,人们普遍认为中世纪文学是辉煌的古希腊、古罗马文学和发端于意大利的文艺复兴文学之间的低谷。在这期间,经济停滞、倒退,政治反动,蒙昧主义猖獗,文学成为神学的附庸。但在19世纪早期,浪漫派作家们在中世纪哥特文化中看到了理想主义、英雄主义、对精神的崇尚和对女性的赞颂,中世纪文学得以被重新发掘。欧洲中世纪文学主要包括宗教文学、英雄史诗、骑士文学和城市文学。

(1) 宗教文学。

中世纪大部分宗教文学都是在圣经故事和使徒行传的基础上扩充的,价值不大。相反,一些基督教的神学家的宗教著述丰富了宗教文学的内涵。奥古斯丁被认为是基督教的先哲之一,他的著述在中世纪广泛流传,包括具有自传性质的《忏悔录》与宗教著作《上帝之城》。这两部作品尽管大量充斥着对上帝的虔敬溢美之词,但在西方文学上都起到了开风气的重要作用。另一位著名神学家圣托马斯·阿奎那的《神学大全》和《反异教大全》虽然是神学范畴,却在哲学上有很多的深刻见解,在文学理论上也有一定贡献。西班牙神学家贡萨洛·德·贝尔塞奥是教士诗的鼻祖,一生创作了许多圣母赞歌,代表作品主要有《圣母显圣记》。他的文风简练,很少使用拉丁语中冗繁的修辞。

(2) 英雄史诗。

中世纪欧洲是英雄史诗极度繁荣的时期,许多国家、民族最早的史诗都在这一时期出现。这一时期的英雄史诗大致可分为两类,一类反映蛮族各部落处于氏族社会末期的生活,这些民族尚未封建化,也未受基督教影响,代表作包括《希尔德布兰特之歌》、《贝奥武甫》以及《埃达》和《萨迦》。这类史诗和荷马史诗同是氏族社会末期的产物,都歌颂部落英雄,以神话传说或历史人物事件为依据,神干涉人的命运,人对诸神逐渐失去信任。这一类史诗具有异教精神,所以受到天主教会的严重摧残,许多史诗都被焚毁。另一类史诗虽然也以歌颂英雄为主,但表现的是欧洲各民族高度封建化以后的产物,原始神祇逐渐消失,封建君臣、主仆关系和骑士制度的痕迹得以体现。在基督教的影响下,英雄们的壮举往往表现为反对异教徒的斗争。这类史诗的代表作包括法国的《罗兰之歌》、西班牙的《熙德之歌》、德国的《尼伯龙根之歌》和古俄罗斯的《伊戈尔远征记》等。其中,《罗兰之歌》在中世纪地位极高,已经成了西欧封建社会理想英雄形象的象征。

(3) 骑士文学。

骑士文学是欧洲骑士制度的产物,也是中世纪欧洲特有的一种文学现象。在中世纪早期,骑士的地位非常低微。但是这种情况在11世纪开始改观,骑士阶层一跃成为欧洲一股强大的社会力量。中世纪的骑士制度恪守"忠君、护教、行侠"的信条,骑士们在学习武艺的同时也要学习礼仪、诗歌、音乐等。骑士要把荣誉看得高于一切,要在为封建主和"心仪的贵妇人"的冒险和效劳中获得功名。这些特征精确地体现在骑士文学中。尽管骑士文学中包含了种种宗教和封建礼法的因素,但曲折离奇的故事情节、神话般的浪漫情愫仍使这些文学作品本身对后世的西方文学产生了深远的影响。

(4) 城市文学。

从10世纪开始,随着手工业和农业的分工、商业的发展,西欧各国产生了城市,并形成了从事工商业的市民阶层。12世纪,市民阶层的力量逐渐强大,打破了教会对教育的垄断,开始开办非教会学校。中世纪城市文学的发展同城市斗争和"异端"思想有很密切关系,同时也适应了市民对文化娱乐的要求。城市文学多数是民间创作,有强烈的现实性和乐观精神,歌颂市民或农民的个人机智和聪敏,反映了萌芽中的资产阶级的精神特征。其表现手法是讽刺,语言朴素生动,有时流于粗俗。法国是西欧城市发展最早的国家之一,城市文学最发达。"韵文故事"是法国最流行的一种城市文学类型,其特点是故事性和讽刺性都很强。法国城市文学中成就最高的两部作品是《列那狐传奇》和《玫瑰传奇》。《列那狐传奇》以动物世界隐喻人类社会,对法国文学产生巨大而持久的影响,以至于在现代法语中"列那"一词已经成为一般名词,代替了"狐狸"这个单词。而《玫瑰传奇》则采用寓意手法,没有曲折的情节,描写梦境、典雅的爱情等主题,这是西方文学中第一部描写梦境的作品,对中世纪文学产生了广泛的影响,甚至影响到了20世纪的现代文学。

2) 西方中世纪的史学

欧洲进入封建社会后,基督教的史学和神学史观占据统治地位,古典史学的传统中断了。奥古斯丁和托马斯·阿奎那的宗教信条和神学体系被奉为官方哲学,束缚着人们的思想。总的来说，在这长达近 1000 年的时间里，西方史学的发展是迟缓的。

在历史时间、历史发展、历史学的性质与目的等方面，奥古斯丁为以后的中世纪史学定下基调。奥古斯丁发展了中世纪的历史时间观念，而历史时间观念的定型决定了中世纪历史写作的基本形式。他的史学目的是为了宣扬和维护自己的信仰，对中世纪史学性质完全隶属于神学的权威有巨大影响。我们可以从中发现不少对西方史学产生深远影响的重要史学观念，其中特别值得提出的是"发展"观念和"进步"观念。基督教神学家构造的整个人类历史，从上帝创世到末日审判，是一个单线的不断发展的过程，其终点是人类永恒的"千年王国"。虽然人类在现世要不断地赎罪，但其前景是无比美好的。人类历史发展的过程在宗教外衣的包裹下，正是朝着这个前景不断向前的一个"进步"的过程。这种历史"发展"和"进步"的观念，不仅比古希腊时的"循环论"、"灾变论"要先进，而且对西方史学的发展产生了长远的影响。

此外，中世纪史学发展还有一些值得注意的特点，如编年史和年代记体裁的出现。它们虽然逐渐取代古典时代流行的历史叙述体裁，但仍保留了不少有价值的史料。有些编年史还突破了狭隘地区性的局限而带有较宽广的横向目光，如艾克哈德的《世界编年史》。又如，回忆录作为历史作品体裁的发展，历史教科书和文选读本的流行，城市编年史带有较多的世俗特征等。

3）西方中世纪的哲学

中世纪欧洲哲学是欧洲中世纪哲学思想、理论的统称。其特点是基督教哲学占统治地位，哲学成为神学的工具。其发展、演变大致可分为三个阶段。

(1) 早期中世纪哲学。

以奥古斯丁为代表的教父哲学占统治地位。教父哲学吸收了新柏拉图学派和斯多阿学派的哲学思想。新柏拉图学派公开主张有神论，奥古斯丁在其影响下，把哲学与神学结合起来，以神为核心，以信仰为前提，系统地论证了基督教的基本教义。他认为，物质世界是暂时的，灵界是永恒的，神是无限而又永恒不变的超越存在。在神之中蕴含了万物的原型，灵魂只有与感官分离，才能认识真理，认识真理就是认识神。他的关于人性中的原罪、人的自由意志、神的恩典的理论，是以神与受造之物的关系为中心，以恩典为基督教世界观的体现。这种思想在此后基督教神学中居于统治地位。

继奥古斯丁之后，罗马哲学家波爱修翻译、注释亚里士多德著作，成为连接古代哲学与中世纪哲学的"桥梁"。他针对古代波菲利关于普遍与个别的问题，作了自己的回答。他认为，共相存在于具体事物之中，而共相本身却不是物质性的。波爱修之后的 300 年间，古典文化没落，只有部分人作了若干保存古典文化的编纂工作。直到 9 世纪，爱尔兰哲学家爱留根纳才再次探索哲学问题。他运用新柏拉图学派的哲学思想阐述基督教信仰，但对西欧哲学思想未产生重要影响。9 世纪末期以后,西欧不断遭受马札尔人、萨拉森人、北方维金人袭击,查理曼帝国瓦解,文化学术停滞衰微达一个世纪之久。

(2) 中期中世纪哲学。

自 11 世纪开始,理性思辨兴起,基督教神学的命题以问题的形式被提出来。教会学院的学者们以理性形式为教义做出各种证明和解释,产生了以抽象思辨和烦琐论证为特征的经院哲学。11 世纪中叶,法兰西都尔教堂学校校长贝伦迦尔认为,个别事物才是真实的,共相不过是名词,这种理论后来被称为唯名论。虽然贝伦迦尔遭教会谴责,但继起的一批游方学者到处讲学,用辩证方法向基督教传统信条挑战。11 世纪末,法兰西神甫罗瑟林提出,只有个别的具体事物才是真实的,"一般"只是代表许多事物的名词,不是客观实体。安瑟伦指控罗瑟林否认三位一体的神,他认为,观念就证明存在,人既具有神的观念,就证明神在现实中存在。这种以观念为实体的理论被称为实在论。他还用同样的方法论证基督教关于三位一体、道成肉身、圣母童贞、原罪等信仰,全面发展了实在论。12 世纪上半叶,罗瑟林的弟子阿伯拉尔依据亚里士多德哲学,认为共相不是实体,而是用以判断种属内同类事物的共性的词语。唯名论与实在论之争在 11 世纪末期至 12 世纪中期达到高潮。它促进了理性思辨的发展,并为其后哲学从神学中逐步分离做了思想准备。

12—13 世纪,阿拉伯哲学家与犹太哲学家在古希腊学术的基础上,吸收了古希腊哲学的伊斯兰教、犹太教哲学,并将它传入西欧,从而推动了 13 世纪西欧哲学思想的发展,出现各家争鸣的局面。基督教会当局及正统神学家以波拿文都拉为代表,尊崇奥古斯丁的哲学思想,认为一切知识都来自神的启示,只能依靠信仰,而不能依靠感官去认知。此外,他反对亚里士多德哲学,认为它威胁基督教信仰。在新兴大学中,希腊、阿拉伯、犹太与拉丁文明汇集激荡,亚里士多德哲学逐渐取得优势地位,罗马公教会的多米尼克修会僧侣于 13 世纪中叶,由大阿尔伯特开始,不是以信仰,而是以理性解释自然。托马斯·阿奎那进一步改变了自奥古斯丁以来基督教神学认为的理性来自启示的信仰,理性与信仰不可分的主张,明确区分信仰与理性的不同领域,并以感官为人类知识的来源,为经院哲学注入了新的内容。托马斯·阿奎那虽从存在出发,以感官为知识来源,确认理性有其活动领域,但基本上仍认为,理性与一切知识并非独立,而是信仰的补充,其作用只是支持基督教的信仰。

(3) 晚期中世纪哲学。

14 世纪初,随着城市手工业、商业进一步发展,市民阶级兴起,罗马公教会逐渐衰落,怀疑主义和人本主义思潮逐渐抬头。这时哲学家探讨的问题发生了变化,哲学讨论的问题转向神与世界和人的关系,例如,神的一体三位之间的关系,人的灵魂的功能,神恩的地位及其与人的善行、自由意志的关系,神是否预知人的自由意志的选择等。这反映出人们在神学体系中,力求扩大人的地位的思想。这一时期哲学思想的变化,为文艺复兴时期人本主义思潮的兴起做好了思想准备。

2. 文艺复兴与西方人文主义的新曙光

人文主义精神的核心是提出以人为核心而不是以神为核心,肯定人的价值和尊严。人文主义精神的确立,是在14世纪中叶至16世纪,在欧洲发生的文艺复兴时期。这一时期,人文精神的确立,促成了人文学科的形成,使文艺复兴时期的文学、史学与哲学都取得了一定的成就,从而使西方的人文科学迎来了中世纪以来发展的新曙光。

文艺复兴首先在意大利兴起,它的表现并不局限于文学和艺术,史学、哲学也是人文主义集中表现的领域。

杰弗里·乔叟(1343—1400)是英国中世纪诗人,也是英国文学史中伟大的诗人之一。乔叟开始写作时,意大利文艺复兴已经初现端倪。乔叟的代表作《坎特伯雷故事集》是英国中世纪文学成就最高的市民文学,对后世西方文学产生巨大的影响。薄伽丘的《十日谈》就大量采用了《坎特伯雷故事集》的写作方法。

自14世纪开始,人们在崇尚古典文化之余,发现了铭文、古代货币和勋章可以作为史料使用,比昂多(1392—1463)就是具有这种意识的先驱者。比昂多对古罗马表现出强烈的情感,他崇尚先人们留下的任何东西。为此,他撰写了三部关于罗马的著作:《著名的罗马》、《复兴的罗马》和《胜利的罗马》,这三部书可以被认为是将考古学作为一门学科的奠基之作。继考古学而起的是另一种史料批判形式,即文献校勘学。与这门学科紧紧联系的人物是洛伦佐·瓦拉(1407—1457)。他于1440年发表了《君士坦丁赠礼的辨伪》,一举推翻了"君士坦丁赠礼"的真实性,从而揭露出教会历史上虚伪的一面。当然,瓦拉的贡献不仅在于他证伪了"君士坦丁赠礼"这个文件,还在于深深刺激了历史学家们,使他们对历史真实更加重视,文献校勘学从此诞生,并且同时成为近代历史学当中一门不可缺少的工具学科。

马基雅维利(1469—1527)是意大利文艺复兴时期著名的史学家之一。他因著有《君主论》、《佛罗伦萨史》等名著而闻名于世。与马氏同一时代的意大利另一代表性人物是圭恰迪尼(1482—1540),其最重要的著作为《意大利史》。这两位史学家的思想代表了意大利文艺复兴时期史学的巅峰状态。

文艺复兴时期人文主义哲学主张以人为中心,一切为了人的利益。它研究古代文化和各种哲学流派,是以资产阶级人道主义为核心的反封建、反神学的新文化运动。人文主义的主要代表人物有柏拉图派的希腊人普莱索、贝沙里扬和意大利人 M. 费奇诺,亚里士多德派的 P. 彭波那齐等。

自然哲学的代表人物主要有库萨的尼古拉、B. 特莱西奥和 G. 布鲁诺。这些自然哲学家在15世纪下半叶兴起的近代自然科学的基础上,用自己的唯物主义反对经院哲学的唯心主义,用经验观察的科学方法反对经院哲学的推演方法,用辩证法的思想反对经院哲学的形而上学。不过,近代自然科学的发展才刚刚开始,对自然的研究往往与魔术、炼金术、占星术纠缠在一起,新科学尚未完全获得独立。值得注意的是,自然哲学家尼古拉和布鲁诺从认识论的角度探讨了如何把握对立统一的途径问题。尼古拉从当时自然科学的材料出发,在近代哲学史上第一个提出了对立面一致的原理。他把多样性的统一归结为对立面的统一,认为只有对立的统一才是最高的真理。他还明确主张,要把握对立面的一致,需要经过三个相辅相成的阶段,即"感性"、"知性"和"理性"的阶段。

文艺复兴时期人文主义思潮的新曙光,以及由此而确立的人文精神,促成了这一时期人文学科的形成。早在12、13世纪,欧洲一些国家出现了世俗性文学,在"神学学科"之外添设了关于人类自身事务的学科,即"人文学科"。它以人和自然为研究对象,以古希腊、古罗马的"人文典籍"为内容,开始从事有关人文科学的哲学问题和科学问题的研究,虽然目的还是为基督教神学寻找根据,但在客观上是研究人文科学内容的开端。从15世纪起,"人文学科"获得了比较精确和专门的意义,开始出现在大学和学院的文件中以及图书馆的分类表中。[1] 今天人文学科的基本科目——文学、史学、哲学,在那时的人文学科中已经大致具备。文艺复兴时期人文学科的形成,对人文科学在文艺复兴时期的蓬勃开展起了重要的促进作用。

文艺复兴时期的文史哲等人文科学,它们看重的都是现实的人,探讨的是人如何获得个性的自由,实现自己的理想和价值。这种人文精神促使了相应的文史哲等人文学科的形成,成为真正意义上的人文科学,这在西方人文科学发展史上具有极其重要的意义。

第四节　近代人文科学的崛起

近代在史学上通常指资本主义时代。世界近代历史时期,一般以1640年英国资产阶级革命为开端,终于1917年俄国十月社会主义革命。中国近代历史时期一般认为是自1840年鸦片战争至1919年五四运动。这一时期,西方人文科学方法的形成,以及中国以民族自我意识觉醒为内核的近代人文精神的产生,促成了近代中西方人文科学的崛起。

一、中国近代人文精神的发生与文史哲体现

中国近代人文精神,确切地说,是在19、20世纪之交发生的。中国近代人文精神富有中国近代社会特色,是近代中国时代、社会、历史使然。它以民族自我意识觉醒为内核,对封建专制制度富有强烈的批判性,提倡与尊重个性自由。这种中国特色的近代人文精神,成为中国近现代人文科学发生、发展的灵魂。同时,中国近代人文科学,不论是文学、史学,还是哲学,都从不同层面反映了这种人文精神。

(一) 文学方面

近代以来,西方帝国主义不断入侵,大规模的西学东渐,大一统的华夏民族和文化开始受到严峻的挑战与冲击。这不仅给民族的生存,还给民族文化与文学带来了一个严重的问题,即如何对付、迎接这种不可避免的挑战与冲击,并在挑战与

---

[1] 李维武.人文科学概论[M].北京:人民出版社,2007:75.

冲击中重新确立自己的方位,选择自己的出路。经过几代人的艰难探索和数十年的急遽变革,到五四时期,中国文化与文学终于出现了新的转机。如果我们把百余年来中国文学的演进历程视为一个不断走向开放的矛盾、艰难、曲折、坎坷的现代化进程,那么毫无疑问,这一进程发轫于近代。

19 世纪中叶前后,作家众多,流派竞起,中国文学呈现繁荣复杂的景象。首开文学新风气的是以龚自珍、魏源、林则徐等为代表的开明派。他们敏锐地看到清王朝内外严重的危机,积极建议改革内政,坚决主张抵抗外国资本主义的侵略,写出了许多富于时代色彩和历史意义的诗文作品。张维屏、陆嵩、朱琦等,则从不同角度写了某些具有现实意义的诗篇。后来,早期的改良主义者冯桂芬、王韬都曾反对或抛弃桐城派古文,王韬在报章中使用一般古文或文言文,使古文社会化或通俗化,具有划时代的意义。太平天国领袖们的诗文作品,批判封建色彩浓厚的陈词滥调,提倡朴实明晓的文风,直接为革命斗争服务。这些就是这个时期进步文学的主流。与此同时,传统诗文也出现了"宋诗运动"和桐城派"中兴"。"宋诗运动"继承乾隆、嘉庆间的"宋诗派",以模拟宋诗为贵,由程恩泽、曾国藩倡导,重要作家有何绍基、郑珍、莫友芝等。桐城派古文在这一时期产生了梅曾亮等著名作家,形成了"中兴"的局面。而经学家阮元,提倡以《文选》为范本,实际是提倡骈文,形成与桐城派古文对立的扬州派骈文。此外,词有"常州派"的发展。周济提出"诗有史,词亦有史"的主张,有进步意义。

19 世纪 60 年代到 19 世纪末,是帝国主义列强和封建买办相勾结,把中国变为殖民地半殖民地的时期。中国资本主义大致从这时开始得到初步的发展。甲午中日战争失败后,举国悲愤,中华民族与帝国主义的矛盾空前尖锐,斗争激烈而复杂。义和团运动爆发的同时,出现了相当广泛的改良运动。一部分由官僚地主阶级转化的上层资产阶级呼吁救亡图存,要求发展资本主义,建立资产阶级政治制度。在文学上的代表作家有黄遵宪、康有为、梁启超、谭嗣同、严复等,他们自觉地使自己的文学为改良运动服务。

从 20 世纪初到五四运动前夕,清代末年到民国初期,是中国资本主义得到进一步发展的时期,是资产阶级民主革命取得胜利又转为失败的时期。这一时期的诗歌的突出特点和成就,是以南社为中心,以南社诗人柳亚子、高旭、陈去病、马君武、周实等为代表,慷慨高歌民族民主革命。秋瑾是这时期最杰出的女诗人。以宣传革命思想为主题的散文,章炳麟取法魏晋古文,青年作家邹容则采取通俗化的古文。这一时期出现了揭露黑暗、同情革命的曾朴的《孽海花》和陈天华歌颂革命的未完成作品《狮子吼》。主张一般社会改良的著名谴责小说李伯元的《官场现形记》和吴趼人的《二十年目睹之怪现状》也出现在这一时期。戏剧说唱等方面,有汪笑侬改良京剧,黄吉安改良川剧,春柳社、众化团等文明戏即话剧团体出现,秋瑾、陈天华等用说唱形式宣传革命,以及一批有革命倾向的杂剧、传奇、乱弹等。

近代文学的成就在于它的反帝反封建的进步主流,它的反映现实、追求自由理想和提倡个性的精神和方法,它的语文合一、走向通俗化的探索和努力,为新文学运动准备了一定的历史条件。

(二) 史学方面

从鸦片战争到太平天国兴起前,史学家对民族危机表现了突出的时代感。龚自珍和魏源作为史学家,首先表示出这种时代感。龚自珍主要着眼于国内封建统治的腐败,他的著作猛烈地批判了封建专制制度的罪恶。魏源不仅仅如此,还着眼于外侮的严重性,发愤撰写了当时中国和东方仅有的世界史地巨著《海国图志》,提出"师夷长技以制夷"的主张。

从太平天国兴起到戊戌变法,史学家倡导变法和历史必变的思想。王韬的《法国志略》、黄遵宪的《日本国志》倡言于前,康有为的《俄罗斯大彼得变政记》、《日本明治变政考》、《孔子改制考》、《春秋董氏学》和谭嗣同的《仁学》宣扬于后,并成为戊戌变法的理论根据。

从戊戌变法失败到五四运动前夜,史学家致力于革命思想的宣传。邹容的《革命军》,陈天华的《猛回头》、《警世钟》,章炳麟的史论和政论,以及李大钊在五四运动前发表的论著,都是这方面的代表作。

20世纪初至五四运动前,"新史学"思潮兴起,它是中国近代社会发展的产物,也是对近代西方史学理论传入中国所做的积极回应。它的出现标志着中国传统史学向近代史学转变,是中国史学发展史上一次伟大的革命。

在整个近代,历史学研究的内容发生了变化,即从以研究统治阶级人物为重点转向以研究社会制度、社会生活和意识形态为重点。在史料运用方面也扩大了领域,古老的文化遗存、出土文献、佛道典籍、档案材料,以及域外材料和语言材料,极大地丰富了这个时期历史学的史料内涵。此外,运用新的有系统的形式编写的中外交通史、各种专门史和专门性的史学刊物相继出现。

(三) 哲学方面

1840—1919年是中国半殖民地半封建社会时期,是中国近代资产阶级哲学产生、发展、演变,以及马克思主义哲学在中国初步传播的发展阶段。

鸦片战争时期,以龚自珍、魏源等为代表的一批开明的地主阶级思想家活跃于思想界。他们以"三世"变易观为理论依据,针砭时弊,要求改革。魏源等人主张学习西方的先进技术,以抵御西方资本主义的侵略。太平天国革命时期,洪秀全、洪仁玕等人从西方基督教那里吸取了"上帝"观念和"平等"思想,借以宣传农民的革命要求。太平天国革命爆发以后,从旧的封建士大夫营垒里分化出一批具有新思想的知识分子。尽管他们在哲学上仍然墨守"道"不能变的观点,但他们提倡西学,主张变革,为中国近代资产阶级哲学的产生奠定了基础。

19世纪末,维新派的代表人物康有为、梁启超、谭嗣同、严复等最早在中国提出了比较系统的资产阶级哲学思想,他们是中国近代资产阶级哲学的奠基者。辛亥革命前后,资产阶级革命派孙中山等人进一步推动中国近代资产阶级哲学发展。

中国资产阶级哲学从产生时起，便紧扣住"中国向何处去"这个政治主题。资产阶级思想家们以西方进化论思想为理论武器，论证国家的独立、自强和发展。他们对进化论进行取舍、加工、改造，形成了中国资产阶级哲学独特的进化观。

康有为首先在自然观方面接受了进化论，他在万木草堂讲学时就开始向学生们讲授人类进化的知识。谭嗣同也积极宣传"日新"的进化观点，在《仁学》中抨击封建伦常名教是"据乱世之法"，指出变法维新首先必须变革三纲五常。1898年，严复译述了赫胥黎的《天演论》，并在其中加了许多按语，结合中国的实际需要，积极宣传达尔文的进化论。他认为，人类社会与生物界一样，也有生存竞争，中国人必须奋发图强。他还认为，人类的历史是进化发展的，"世道必进，后胜于今"，他主张中国必须改革，走西方国家的道路。章太炎早年在《原人》、《原变》、《菌说》等文中，阐述了生物进化的自然观，同时认为，人们只有团结一致，才有力量同命运抗争，在竞争中立于不败之地。清光绪二十九年（1903），他发表《驳康有为论革命书》，强调必须通过流血革命促进社会进化。

俄国十月革命后，马克思主义哲学传入中国。五四运动前后，以李大钊、陈独秀为代表的一批早期马克思主义者，开始从进化论转而接受马克思主义的唯物史观，撰写了相当数量的宣传唯物史观的文章。马克思、恩格斯、列宁的一些重要著作，也开始陆续被翻译成中文。与此同时，当代西方资产阶级各种流派的哲学，如孔德和斯宾塞的实证主义，叔本华和尼采的唯意志论，朗格和李普曼的新康德主义，布拉德雷和罗伊斯等人的新黑格尔主义，詹姆斯和杜威的实用主义以及新实在论等，也都被引入中国。

二、西方近代人文科学方法的形成与独立发展

近代西方人文科学在文艺复兴时期确立人文精神之后，又面临着一个方法问题。在近代启蒙运动、宗教改革以及西方各国资产阶级革命的影响下，西方思想家与哲人们经历了长期的探索，最终形成了西方人文科学的方法，为人文科学的独立发展与崛起奠定了坚实的基础。

（一）西方近代文学、史学、哲学的发展

1. 西方近代文学

17世纪至18世纪的古典主义文学浪潮是对文艺复兴人欲解放的一次反拨。文艺复兴时期的人本主义由于反对教会神学对人性的压制，十分强调人的感性欲望的解放。这一时期，高乃依的《熙德》、《贺拉斯》等悲剧从正面宣扬了建立在崇高理性征服个人情感基础之上的社会和谐；拉辛的《安德洛玛刻》、《费德尔》等悲剧则从反面表现了个人情感在压倒道德理性时带来的疯狂、混乱和毁灭；歌德的《浮士德》则达到了古典主义和谐理念的最高峰，塑造了一部上帝死后人不断克服虚无和欲望的魔鬼，创造和求索生命与灵魂的自由、纯洁、崇高、和谐、救赎、永恒的精神史诗。

18世纪的启蒙主义浪潮以法国为中心,以自由、民主、平等的资产阶级理性,挑战维护等级制度、拥护封建王权、宣扬忠君爱国的古典道德理性,要求建立一个以"天赋人权,人人平等,思想自由,民主法治"为中心的理性王国。启蒙时期的创作与宣传以哲学、政治学、社会学的论著和批判性的散文为主。小说方面有孟德斯鸠的《波斯人信札》、狄德罗的《修女》、卢梭《新爱洛伊斯》等,这些小说揭露了封建统治的荒淫、教会的压抑人性、等级制度的不公正,向社会呼吁民主、自由、平等的启蒙理念。卢梭的谴责文明、"返回自然"的思想,以及《忏悔录》等小说的写作,为浪漫主义的诞生奠定了基础。

法国大革命之后的血腥争斗,拿破仑战争带来的欧洲动乱,资本主义的剥削掠夺,贫富的两极分化,社会的道德沦丧,使启蒙思想家描绘的美好的理性王国之神话在残酷的现实中破灭。兴盛于19世纪前期的浪漫主义文学就是在启蒙理想破灭之后,人们对资产阶级文明悲观失望,开始向自然、异域、宗教、人道、情感、幻想中寻求美好理想和寄托的产物。这一时期,夏多布里昂通过《阿达拉》、《勒内》等作品向宗教情感和异域奇情寻找理想;梅里美通过《卡门》、《科隆巴》等小说的创作向原始、豪迈的自然人性寻求理想;雨果则通过《巴黎圣母院》、《悲惨世界》、《九三年》等辉煌巨著,开始在浪漫中关注现实,向"真、善、美"的人道主义寻求理想。随着社会矛盾的深化,人们发现,浪漫主义式的呼喊抗议无益于真正地改造社会和改变现实。面对道德沦丧,拜金主义、利己主义盛行,劳资矛盾空前激化的社会,19世纪中期,作家们开始以人道主义精神介入现实,对被资本主义腐化的社会关系进行激烈的讽刺和批判,要求改良社会结构和风气。这一时期,巴尔扎克的《人间喜剧》对资本主义社会关系展开了全景式的批判,狄更斯的《双城记》、《艰难时世》运用人道主义精神批判和反思了资本主义的社会风气和矛盾,托尔斯泰通过《安娜·卡列尼娜》、《复活》等经典作品,从批判现实走向了宗教关怀和人性救赎。

2. 西方近代史学

文艺复兴时期至18世纪启蒙运动时期,是西方近代史学中人神之战,人战胜神的时期。人文主义史学家把中世纪的宗教史学重新恢复为世俗史学,马基雅弗里、布鲁尼等著名史学家已从政治、理性等方面来解释历史的发展,但宗教改革时期的博学派史学又把神意引进历史,上帝仍然顽固地盘踞在历史学家的头脑中。直到18世纪理性主义史学兴起后,神意才彻底丧失了主宰历史的地位。这一时期的史学,为19世纪两大史学潮流奠定了基础。

第一,历史考证方法得到进一步发展。宗教改革时期,新、旧双方都抛出了大量的历史文献来论证自己的观点,历史考据有了扎实的史料基础。法国博学家马比昂、蒙福孔分别撰写了《古文书学六卷》和《希腊古文书学》,对史料考辨的原则作了系统的论述,并在具体的历史研究中实践了自己的方法,成为历史考据学的先驱。

第二,历史哲学开始产生。基督教史学率先开始对人类历史进行宏观叙述,但历史哲学作为一门学科出现于启蒙运动时期。意大利哲学家维科在《关于民族共同性的新科学原理》一书中论述了人类历史的三个阶段,创立了历史哲学。把历史哲学提高到科学阶段的是马克思主义,马克思主义在吸取前人文化遗产的基础上,提出了一种全新的世界观。

19世纪是历史学的大繁荣时期。当时,史学名家并起,史学流派林立,历史学已经成为一门独立的人文学科。19世纪的史学家按其思想的倾向分为五类:一是以兰克为代表的强调史料考证的客观主义史学;二是力图把自然科学方法引入历史的实证主义史学;三是不仅以研究政治为目的,而且用研究历史直接为政治服务的政治学派;四是极力强调历史的修辞笔法的文学派史学家;五是认为历史学的基本任务就是研究人类经济发展过程的经济史学派。前两种史学成为19世纪的史学主流,其中又以兰克史学为最重要。

3. 西方近代哲学

从英国资产阶级革命到20世纪初,西方近代哲学分为两个时期。

1) 西方近代哲学的开始

17—18世纪末是近代哲学的初期。这个时期,资本主义进一步发展,自然科学出现了分门别类的研究,现实世界成了可以由人类把握的对象,哲学的兴趣点集中在主体与客体的关系、思维与存在的统一等问题上。真正的近代哲学也就是从这里开始的。

意大利学者维柯在1725年出版的《新科学》一书中明确地提出了创立人类科学的任务,他是文化哲学的开启者。他认为培根的《新工具》为自然科学奠定了方法论基础,他希望《新科学》在人文科学中起到同样的作用。

培根是近代唯物主义经验论的代表,他把经验当作统一思维与存在的关键,在近代哲学史上最先提出思维的主体"人"应该主动干扰自然,使之服务于人类。他为近代哲学中统一思维与存在的要求和思维趋势奠定了基础。他的"二重真理"说在当时条件下起了打击神学的进步作用。

笛卡尔是近代唯理论的代表,他排斥一切外在权威,把人的思维当作哲学的开端。他的"天赋观念"说,主张单凭思维中的普遍性概念就可把握最高真理。他的怀疑一切的主张,就是清除成见,完全运用思维达到客观真理。笛卡尔的这些思想实际上是把人的理性认识当作统一存在与思维的关键。他提出"我思故我在",把思维和存在直接地统一起来。

斯宾诺莎是唯物主义者和唯理论者,他对笛卡尔二元论进行批评和发展,提出思维与存在不过是唯一实体的两种属性的学说。他认为,多样性的个别事物不过是唯一实体的变形,个别事物只有通过唯一实体才能得到认识和说明。

洛克发展了唯物主义的经验论,他尖锐地驳斥了笛卡尔唯心主义的"天赋观念"说,提出了自己的白板说,不过,他也强调人们能从感觉经验中抽象出普遍性的概念。洛克是温和的唯名论者,他认为感觉中的个别东西是第一位的。洛克还保留了笛卡尔割裂思维与存在的二元论的思想因素。

莱布尼茨是唯心主义的唯理论者,他站在笛卡尔的立场上,针锋相对地反对洛克的唯物主义经验论。在本体论方面,他表述了普遍与个别、统一性和多样性的关系的看法,认为万物的实体是"单子","单子"虽然彼此不能相互作用,但由于"前定和谐"联系在一个统一体即神之中。"前定和谐"说是对笛卡尔的二元论和斯宾诺莎的身心平行论的继承和发展。虽然"前定和谐"说包含着一和多对立统一的辩证思想,但这种统一的原则处于多样性的"单子"之外,和斯宾诺莎的普遍性、统一性与个别性、多样性的原则大不相同。

巴克莱是唯心主义的经验论者。他从洛克哲学所包含的二元论和不可知论走向了主观唯心主义。他提出"存在就是被感知",认为世界上除了感知的主体,即精神实体和被感知的知觉"观念"之外,什么也没有。

休谟也是唯心主义的经验论者,他比巴克莱走得更远,不但在实际上取消了物质实体,而且根据巴克莱提出的同样理由,取消了精神实体。他认为,真实存在的只有知觉,经验由知觉构成,知觉以外的东西都是不可知的,因此,一切玄学问题都不可能成立。休谟以自己的不可知论和怀疑论完全否定了统一性和普遍性的东西,把多样性和个别性当成最高原则。从洛克的"概念论"到巴克莱的极端唯名论,再到休谟的怀疑论和不可知论,17世纪至18世纪英国哲学中重个别性的原则发展到了巅峰。

2) 西方近代哲学的发展

自18世纪末的康德哲学起,近代哲学进入了发展期。

17—18世纪形而上学的、机械论的宇宙观,把人们的精神束缚于自然界因果必然性之下,个人的自由意志被抹杀,存在与思维没有得到统一。康德、费希特、谢林、黑格尔置身学院,在抽象的哲学范围内,再一次为维护人类精神的独立自主而斗争。他们给哲学规定的任务是,在思维第一性的基础上,力求使存在与思维统一起来。他们一致认为,世界的本质是精神性的,精神、自我、主体在哲学中都占中心地位,但在把握这种精神性的东西的程度以及如何加以规定和说明上,他们有所不同。他们都承认哲学所追求的最高真理是多样性的统一或对立面的统一,统一性是更根本的,但在这种最高统一体能否由思想认识来把握以及对这种统一体作如何理解上,他们有所不同。他们都认为唯理论与经验论各有片面性,企图在肯定思想概念的基础上把感性认识和理性认识结合起来,但在结合的方式与程度上,他们有所不同。

康德首先面临的是有关认识论的问题。他继承和发展了西方哲学史上关于认识过程的三分法,用感性、知性、理性三个环节构成了他的整个认识论体系。他结合休谟和莱布尼茨-沃尔夫学派的思想,主张知识既要有感觉经验的内容,又要有普遍性、必然性的形式。他认为,作为感觉经验外部来源的"物自体"是不可认识的,对知识起主导作用的是作为人类普遍意识的"自我"的"综合作用"。"自我"靠自己的"综合作用"把多样性的东西统一于普遍性、必然性之下,从而构成科学知识。就康德极力说明思维中普遍性、必然性的客观意义而言,他是企图在现象界内使思维与存在统一起来。但他认为,人心的综合决不满足于此种统一,人心还具有比知性更高的理性阶段,理性要超出有条件的知识、经验的范围之外,以达到无条件的最高统一体即理念。

　　费希特原本主张斯宾诺莎的机械的因果决定论,后来受康德的影响,认识到因果必然性只是现象,自我不是必然性的奴仆,而是独立自由的主体。他为了更彻底地伸张人的独立自主性,便站在主观唯心主义的立场,打破康德的二元论,取消了康德的物自体,认为世界上的一切皆由"自我"所创造。"自我"不是个人的我,而是普遍我,是道德的自由的我。"自我"、"非我"二者的统一,是一切事物进展的历程。世界上的一切事物不是按因果必然性联系起来的,而是趋向于道德自我,为完成道德自我的目的而存在。由此,费希特建立了主观唯心主义的思维(自我)与存在(非我)统一说。

　　谢林从费希特哲学出发,创立了自己的同一哲学。谢林不同意费希特把存在(非我)看作自我的产物。他认为,自然和精神、存在和思维、客体和主体,表面相反,实则同一,都是同一个"绝对"的发展过程中的不同阶段。"绝对"是浑然一体的"无差别的同一",是万事万物的根源。谢林继承了费希特变化发展的观点,认为整个世界的发展过程是正、反双方对立统一的过程。

　　黑格尔是集德国唯心主义之大成的哲学家。他创立了西方哲学史上最庞大的客观唯心主义体系,最早系统地、自觉地阐述了辩证法的一般运动形式,成为马克思主义以前辩证法高级形态的最大代表。一方面,黑格尔认为,多样性的东西、彼此分离对立的东西,都不是最真实的,只有普遍性、统一性才是最真实的。不过,这种普遍不是脱离特殊的抽象普遍,而是包含特殊在内的普遍,叫作具体普遍或个体;这种统一不是脱离矛盾、对立的抽象统一,而是包含它们在内的统一,叫作对立统一或具体统一。具体普遍、对立统一是黑格尔全部辩证法的核心。另一方面,作为一个客观唯心主义者,黑格尔又认为,只有精神性的东西才具有普遍性、统一性,单纯物质性的东西不可能有普遍性、统一性,因而也没有真实的存在。脱离精神无真实性和脱离统一无真实性原则是紧密结合在一起的,所以,最真实的无所不包的整体既是"绝对精神",又是对立的统一。

　　德国古典哲学的最后一个代表是唯物主义哲学家费尔巴哈。他机智地驳斥了康德割裂思维与存在的二元论和不可知论,他还批判了黑格尔的唯心主义的思维与存在同一说,进而分析了黑格尔的唯心主义和一般唯心主义的根源。他认为,自然界是唯一实在的;人是自然的产物,是肉体与灵魂的统一;自然、现实是可以被人认识的,思维从存在而来,思维可以达到存在。费尔巴哈以灵魂与肉体相统一的人为出发点,建立了形而上学形态的"人本学"唯物主义和以这种唯物主义为基础的思维与存在同一说,从而把人们的注意力从黑格尔等唯心主义者所宣扬的抽象自我或"绝对精神"中,转移到了有血有肉的人和现实世界上。而且,他不再把人看成是一架机器,这就是他比 18 世纪法国唯物主义者高明之处。

综上所述,这些思想家在同封建主义和宗教神学的斗争中,为人文科学方法的形成与发展留下了宝贵的遗产。

(二) 西方近代人文科学方法的形成与独立发展

从 17 世纪英国资产阶级革命到 19 世纪中叶,这个时期是资产阶级人文科学发展的新阶段。17 世纪到 18 世纪初,西方近代哲学家们经历了从自然科学方法的探讨到人文科学方法的新思考。从 18 世纪中叶开始,随着资本主义经济的高涨和自然科学的飞速发展,近代资产阶级的人文科学理论也迅速发展起来。19 世纪,人类对本身、对社会的认识发生了划时代的变化。人文科学经过长期的孕育发展,取得了独立的科学地位。政治学、伦理学、教育学等逐渐形成,社会学、文艺学、管理学等开始诞生,经济学、历史学从诞生到形成后开始分化,产生新的分支学科。与此同时,人文科学家们创造了一系列诸如工业、民主、阶级、意识形态、工业主义、商业主义、社会主义和资本主义等概念,标志着人文科学走上了独立发展的轨道。

1. 维柯:人文科学方法探索的先驱者

在人文科学方法的形成过程中,意大利学者维柯在 1725 年出版的《新科学》一书中较早明确地提出了创立人类科学的任务,他是西方人文科学方法的开启者。

维柯首先对科学进行了分类,把科学分为"人类科学"与"自然科学"两大类。他认为,这两大类科学都是人创造的。二者的不同在于,人类科学是人类知识发展的基础和早期产物,而自然科学则是人类知识发展的末梢与后期产物。维柯认为,二者相比,人类科学比自然科学要更胜一筹,因为人类科学所探讨的"民族世界",是一种比几何学的抽象概念要真实得多的存在。[①] 因此,维柯不同意用自然科学的方法研究历史文化,强调人类科学的研究要有自己的方法。他进而指出,人类科学研究的方法,不是归纳逻辑,而是诗的逻辑或想象的逻辑。他把诗的逻辑或想象的逻辑称为"诗性智慧"或"诗性逻辑"。维柯的这些思想,打破了 17 世纪以来以自然科学方法为普遍方法的思维定势,明确地提出了人文科学应当有自己的方法。

2. 狄尔泰:精神科学的创始人

生命哲学的代表人物狄尔泰,首先提出了与"自然科学"概念相异的"精神科学"概念,对自然科学和人文科学、社会科学进行了划界。狄尔泰把人文科学、社会科学统称为"精神科学"(又译为"人本科学"、"人类科学"、"人文科学"),指对人类精神及其产物作系统性的研究的学问。他主张将这些学科看作是一个与自然科学相区别的整体,也就是说,在狄尔泰看来,精神科学实际上包括了我们今天所说的人文科学和社会科学诸学科。

根据对精神科学的规定,狄尔泰对自然科学与精神科学进行了划界。在他看

---

① 维柯.新科学[M].朱光潜,译.北京:人民文学出版社,1986:145-146.

来,自然科学与精神科学有着各自不同的研究对象和研究领域。自然科学的研究对象是自然世界,这是可以观察、可以证实的因果关系,可以从外部得到解释。精神科学的研究对象是人,是社会的、历史的、文化的人,是人的文化生命和人创造的人文世界。整个人文世界都是由人类的文化生命所创造的,人类的全部创造都来自内在的生命及其外部世界的关系。这些都是难以观察、难以证实的内在世界,不能简单地从外部作解释。在这里,狄尔泰明确地要求把精神科学(人文科学)与自然科学划分开来,认为它们分别属于两个不同的领域。

狄尔泰进而指出,既然自然科学和精神科学有着各自的研究对象和研究范围,那么它们所运用的方法就各不相同。自然科学依靠理性、经验、逻辑来认识自然世界,从而求得客观的因果关系。精神科学则需要依靠领会、理解、体验,只有运用这些方法,才能发现人的文化生命、人的内在世界。[1]

3. 胡塞尔:人文科学建立的推动者

现象学的开创者胡塞尔,试图通过建立现象学来建立"人文科学"。胡塞尔的工作,在某种意义上说,就是要回答如何在经验世界中获得价值的问题。

在胡塞尔看来,科学所面对的实际上是两个不同的世界,这两个世界使科学也分成了两类,一类是"自然科学",另一类是"人文科学"。自然科学所面对的是"死"的客观世界,人文科学所面对的则是"活"的精神世界。[2]

胡塞尔认为,人之为人,是生命的存在,而不只是理性的存在;人生活在一个生活世界中,而不只是生活在一个理性世界中。为此,胡塞尔将笛卡尔的"我思故我在"的命题,改为"我生故我思"的命题,强调人首先是一种生命存在,然后才具有理性。

胡塞尔进而指出,研究客观的世界,需要自然的客观态度,他把这种态度称为"先验的哲学"。研究人的精神世界,需要运用现象学的还原方法。在这里,胡塞尔有意突出与强调人文科学的独立性。

经过维柯、狄尔泰、胡塞尔等哲学家的努力,西方人文科学开始在方法上与自然科学区分开来,这是西方人文科学发展中的一个重大进步,为人文科学的独立发展起到了重要的促进作用,从而为人文科学在现当代的飞跃发展奠定了坚实的基础。

第五节 现当代人文科学的飞跃发展

经历了古代、中世纪、近代三个时期的萌生、独立发展和崛起,人文科学在中西方都取得了不同程度的发展。进入现代以来,中国现代大学人文学科的形成与现代人文学者群的出现,标志着中国现代人文科学的诞生,促进了中国人文科学在现

---

[1] 李维武.人文科学概论[M].北京:人民出版社,2007:101.
[2] 胡塞尔.欧洲科学的危机与超越论的现象学[M].王炳文,译.北京:商务印书馆,2001:357.

当代的飞跃发展。由于世界范围内经济与科学技术的飞速发展,西方人文科学也进入飞跃发展的新时期。总体而言,这一时期人文科学与社会科学、自然科学并驾齐驱,已经成为人类科学整体中的一个相对独立的基本门类。各类人文科学类群的基础学科都确定了自己的研究对象和研究任务,并形成了由大批范畴和规律有机结合的理论体系,形成了人文科学一般方法和各学科特殊的研究方法。

一、中国现当代人文科学的诞生及其新发展

(一) 中国现代人文科学的诞生

中国现代人文科学的诞生,与现代人文学科的形成分不开。正是20世纪初中国北京大学人文学科的形成,为中国现代人文科学的诞生提供了具体的环境与支撑的条件,促使现代人文学者群体的出现,为中国现当代人文科学的新发展、新飞跃提供了人才支撑与精神营养。

杰出的教育家蔡元培于1917年初任北京大学校长,改革北京大学教育[①],这是中国现代大学人文学科的形成标志。蔡元培是一位有着自己的教育理念,并努力实践自己的教育理念的大学校长。在当时的北京大学,设有文、理、法、商、工五科,文科只有国文、哲学、英国文学三门,在学校教育中所占比重相当小。蔡元培断然停办了商、工两科,突出文、理两科,文科又增设中国史学、法国文学、德国文学、俄国文学诸门。自1919年起,蔡元培进一步采取分系制,废去文、理、法科之名称,改门为系,全校共设14个系,以便于各学科之间的交流。后来的历史证明,蔡元培的这一大刀阔斧的改革,为北京大学人文学科的发展奠定了坚实的基础,也为北京大学成为新文化运动中心和五四运动的策源地创造了前提条件。

此外,蔡元培还以"思想自由、兼容并包"的原则,大量聘请一流的人文学者,如聘请李大钊、陈独秀、胡适、钱玄同、梁漱溟、熊十力、杨昌济等到北京大学任教。这些人文学者的到来,为北京大学开设高水平的人文科学课程,培养一批优秀的人文学生提供了条件、打牢了基石,直接促使了20世纪上半叶中国一大批人文学者群体的出现。这一批人文学者群体,如王国维、鲁迅、郭沫若、冰心、茅盾、巴金、钱钟书、陈寅恪、顾颉刚、侯外庐、冯友兰、金岳霖、贺麟等,学贯古今、融通中西,在学术上超越前人,取得了划时代的成就,从而为中国现当代文学、史学、哲学的新发展和新飞跃奠定了基础。

总之,现代大学人文学科的形成与人文学者群体的出现,是中国现代人文科学诞生的一个重要环节,为现当代人文科学的新发展创造了前提,是中国人文科学发展史上的新篇章。

(二) 中国现当代文学的多元发展

早在中国现代文学的滥觞期,王国维便开始用西方的悲剧理论解读《红楼梦》。

---

① 李维武.人文科学概论[M].北京:人民出版社,2007:161.

此外，鲁迅、蔡元培等人将西方近代学术、文化、思想和文学资源大量介绍到中国。另外，"学衡派"也为此做出了突出贡献，他们站在中西方比较的高度来审视、整理传统文化，从文化的深层结构出发，看到了西方与中国文化的两重性。总之，五四时期所构建起来的新学融合了中西方文学，却又在知识体系上与传统时期中国的旧文学迥然不同，并区别于西学，从整体上呈现出一种多元性、开放性的特征。

鲁迅的《狂人日记》将悲剧意识与荒诞意识相结合，构成了作品绝望、严峻的独特意境，给人以现代性文学启蒙。郭沫若的《女神》中《凤凰涅槃》一诗，体现了挣脱现实与实现自我的期望，更体现了一种现代审美精神。此外，郁达夫的短篇小说《沉沦》也是五四时期创造的经典。随着时代的变迁，到20世纪三四十年代，中国现代文学进入一个更为广阔的发展空间。到20世纪40年代，毛泽东的《在延安文艺座谈会上的讲话》突出了文学为政治服务的观点。五四时期的经典文学经历了"革命文学"的批判，诞生了新文学的第三代经典，如赵树理的《小二黑结婚》等，它们属于左翼文学经典。

毛泽东在《新民主主义论》中提出要建立"民族的、科学的、大众的文化"，这与当时的革命背景有关。中国共产党领导的左翼文学发展到延安文学时期，通过革命化，将民族化与现代化联系起来。

20世纪八九十年代以来，人们对文学经典的观念发生了重大变化，对1949年以前的中国文化经典也有了新的看法。西方各种人文科学从学理上被横向移植。随着政治的开放，过去处于隔绝状态的中国文学与世界文学有了相互的交流，海外学者对之前的现代经典也有了新的评估。

发展到21世纪，中国文学各方面都取得了较大的发展，文化体制机制改革不断推进，文化事业呈现出大发展、大繁荣的局面。在文学创作方面，据不完全统计，中国目前每年诞生约8000部长篇小说。中国有悠久的诗歌传统，中国诗歌（新诗和旧体诗词）的作者队伍不断壮大，作品数量蔚为壮观。新媒体的运用为人们的交往和交流提供了新的方式，同时，这些新方式引起的各种形式的言说与书写尝试，冲破了文体成规，为散文和杂文的发展拓宽了空间。公众直接的表达需求和实践正在引起文体和语言上的巨大变革，对散文杂文写作产生了深远影响。作为最为直接地反映生活和时代的文体，报告文学在挑战与创新中前行，表现出顽强的生命力。

（三）中国现当代史学的更迭与开放

五四运动至1949年新中国成立，在中国史学30年的发展中，史学流派的更迭频繁而迅速。五四运动以后，历史研究的内容发生了变化。昔日历史研究以帝王将相和某些名人为主要研究对象，这时已开始扩大到以社会各方面为研究对象，撰写的史书有通史、断代史以及各种专史和专题论著。论著的形式也不同以往，主要是章节体的著述和专篇的论文。同时还出现不少专门性的历史刊物，如《历史语言研究所集刊》、各大学的学报等。这些为以后史学工作者继承和利用。在古代史和近代史的研究方面，傅斯年和蒋廷黻起到了倡导和推动作用。这个时期出现一些以考据为主要研究手段的学者,如王国维、陈寅恪、陈垣、顾颉刚等,他们对史学某些方面做出了重要贡献,在中国史学界产生了广泛的影响。

在20世纪三四十年代,还有一批马克思主义史学家运用唯物史观研究中国历史,在通史、社会史、思想史、近代史等方面,都取得了显著的成就。在通史方面,吕振羽著有《简明中国通史》,范文澜主编了《中国通史简编》,翦伯赞著有《中国史纲》;在社会史方面,吕振羽写了《中国社会史诸问题》等著作,邓初民写了《社会史简明教程》(后改称《社会进化史纲》)和《中国社会史教程》,侯外庐写了《中国古代社会史》(后改称《中国古代社会史论》);在思想史方面,吕振羽首先著有《中国政治思想史》,侯外庐建树最多,著有《中国古代思想学说史》、《中国近世思想学说史》、《中国思想通史》等,郭沫若、杜国庠等也有关于思想史的著作。

新中国成立后,广大史学工作者运用马克思主义的观点、方法,坚持历史唯物主义,倡导"实事求是"的严谨学风,不断开拓进取。虽然先后经历了形而上学的极"左"思潮、教条主义、狭隘的"为政治服务"以及影射史学等的干扰,但中国历史学仍然取得了丰富的成果。在史学论著、发掘和鉴定史料、考古以及对人民进行爱国主义教育等方面,史学界做了大量的工作,无论是数量和质量,还是广度和深度,都超过了以往任何时代。当代中国史学具有开放性,它已开始走出封闭,面向世界。

(四) 中国现当代哲学的拓展

中国现当代哲学的研究主题,可以按四个部分进行分类:(1)马克思主义哲学原理研究;(2)马克思主义哲学史研究;(3)中国传统哲学研究;(4)西方哲学研究。其中,马克思主义哲学原理研究是中国当代哲学的核心部分,其余的三个部分皆围绕这个核心部分展开,但又保持了自己的相对独立性。

党的十一届三中全会到现在近40年,这是马克思主义哲学原理在反思的基础上重新开拓前进的时期。这一时期,马克思主义哲学原理的重大事件的端绪,是关于真理标准问题的讨论:究竟是实践是检验真理的标准,还是"两个凡是"是真理标准?这场讨论实质上是两条思想路线的斗争。这场讨论以前者的胜利而告终,宣告了一场声势浩大的思想解放运动的到来,它以一种科学的精神,同现代迷信、语录标准、僵化模式及其最新表现"两个凡是"等蒙昧主义决裂。马克思主义哲学原理工作者正是在这场讨论的鼓舞下,结合新的实践和新的科学成就,扩宽了自己的研究领域并获得一大批成果。

随着改革开放和科学技术的发展,马克思主义哲学原理开辟了许多新的研究领域,探讨了许多新的问题:第一,改革传统的马克思主义哲学原理体系,建立新的马克思主义哲学原理体系,成为中国马克思主义哲学原理界的共识;第二,对哲学基本问题的探讨提出了许多新观点,加深了对传统马克思主义哲学原理体系的思考;第三,对主体客体问题的探讨提出了许多新观点;第四,对实践唯物主义的探讨提出了许多新问题;第五,对认识论有关问题的探讨提出了许多新观点;第六,对辩证法有关问题的探讨提出了许多新观点;第七,对历史观有关问题的探讨提出了许多新观点。对历史观有关问题的探讨涉及一个更深刻的问题,即如何看待历史本质,以及马克思主义历史观所实现的革命变革的实质。

随着我国改革开放的深入推进和综合国力的不断增强,人文科学的地位和作用更加凸显出来。在时代精神的推动下,中国人文科学已经开始出现三个值得注意的新趋向:第一,人们越来越自觉地注意发展跨学科的研究,包括人文科学内部不同学科的交叉综合研究;第二,人文科学越来越自觉地注意使自己的研究面向现代化,面向世界,面向未来;第三,人们越来越自觉地注意使自己的研究保持个性化特征。在这种发展趋势的引导下,我国当代人文科学发展势头大好。

二、西方现当代人文科学的飞跃发展

进入现代以后,西方出现了具有时代特色的各种社会理论、资本主义思想体系,形成了以美国为中心的西方社会思潮,同时,科学社会主义在曲折中发展,社会主义由单一模式向多种模式转变。第二次世界大战后,国际政治舞台上发生了深刻、巨大的变化,社会主义突破了苏联一国的范围,先后在欧洲、亚洲和拉丁美洲出现了十几个社会主义国家。随着社会主义和资本主义两大阵营的形成、演变,世界格局由两极对峙向多极化的方向发展。由此出现的许多社会新问题,又直接导致了西方人文科学的繁荣昌盛。

(一) 西方现当代文学的发展

西方现代派或现代主义文学是 19 世纪 80 年代出现的,20 世纪 20 年代至 70 年代在欧美繁荣,遍及全球的众多文艺流派的总称。它包括 19 世纪末的前期象征主义、唯美主义、印象主义流派,20 世纪前期的后期象征主义、意识流小说、未来主义、表现主义和超现实主义流派,二战以后的存在主义、黑色幽默、垮掉的一代、荒诞派戏剧、新小说、魔幻现实主义等流派。这些流派涵盖了文学艺术的各个领域。现代主义以反传统和非理性为主要标志,是现代世界文学中重要文学现象。

象征主义是西方现代主义文学运动中出现最早、影响最大的文学流派,它分为前后两个时期。第一次世界大战后,后期象征主义应运而生。20 世纪 20 年代,后期象征主义达到高潮。象征主义具有鲜明的特征:创造病态的"美",表现内心的"最高真实",运用象征暗示,在幻觉中构筑意象,用音乐性来增加冥想效应。它发展了前期象征主义的艺术特点,反对肤浅的抒情和直露的说教,主张情与理的统一,通过象征暗示、意象隐喻、自由联想和语言的音乐性来表现理念世界的美和无限性。象征主义的主要代表作家有法国瓦雷里、德国里尔克、美国庞德、爱尔兰叶芝和英国艾略特。法国诗人瓦雷里的代表作《海滨墓园》,思索人生的意义,礼赞永不停息的宇宙运动,抒发超越死亡意识后的欢欣、哲理的沉思与新奇,富有象征性的意象水乳交融,音韵和谐优美,意境深远。

意识流小说的主要作家及其代表作有爱尔兰的乔伊斯所著《都柏林人》、《青年艺术家的肖像》,英国沃尔夫的《墙上的斑点》、《到灯塔去》,法国普鲁斯特的《追忆逝水年华》。美国福克纳的《喧哗与骚动》,反映了美国南方望族康普生家的没落。小说创造了复合意识流方法,使运用意识流手法去发掘人物的内心生活方面达到了新的高度,着重表现昆丁的变态心理和班吉神经错乱的潜意识活动。

存在主义文学发源于20世纪30年代的法国,在第二次世界大战后达到发展的巅峰,是现代派文学中风靡全球的一种文学潮流,跟存在主义哲学关系密切。萨特是当代存在主义文学的集大成者。萨特存在主义的核心是"存在先于本质"、"自由选择"和"世界是荒谬的,人生是痛苦的"。[①] 存在主义文学的特征是理性多于形象,往往用文学作品形式来宣扬存在主义理论。

"荒诞派戏剧"是20世纪50年代兴起于法国,后迅速风靡欧美其他国家的一个反传统戏剧流派,因1962年英国著名戏剧理论家马丁·艾思林写的《荒诞派戏剧》而得名。它没有完整连贯的情节,没有戏剧冲突,舞台形象支离破碎,人物语言颠三倒四,表现的世界是荒诞的,认为人生是痛苦的,人与人的关系是无法沟通的。尤金·尤涅斯库的独幕话剧《秃头歌女》是"对一切传统戏剧的严重挑战",标志着荒诞派戏剧的诞生。

"黑色幽默"是20世纪60年代风行美国的一个现代主义小说流派。美国作家弗里德曼收集一些作家的小说片断,编成《黑色幽默》的集子,这一类型作品被称为"黑色幽默",这一文学流派便以"黑色幽默"的名称广泛传开了。弗里德曼被尊为"黑色幽默"的司令官。"黑色幽默"是一种用喜剧的形式来表现悲剧内容的文学方法。幽默加上黑色就成了一种展现绝望的幽默,因此,西方评论家把它称为"绞刑架下的幽默"。美国当代著名作家海勒被认为是"黑色幽默"的一面旗帜。

现代派文学经历了近一个世纪的发展变化,流派纷呈,虽然作家的政治、思想倾向很不一致,但也有一些共同的特点。现代派各流派都强调要表现"现代意识",它的中心是危机感和荒诞感。现代派文学的共同主题是表现现代人的困惑,反映西方资本主义世界的全面危机。现代派文学对垄断资本主义社会中的人与社会、人与自然、人与人、人与自我等社会关系的尖锐对立作了深刻的反映,表现了异化这一重要主题。现代派文学是西方资产阶级知识分子精神危机的自我表现。它深受唯心主义和非理性主义思潮的影响,具有虚无主义、神秘主义、悲观主义和个人主义的色彩。现代派作家热衷于挖掘人的潜意识,大量采用内心独白、自由联想的手法,表现人物意识的自然流动状态,力求深入探求并表现人物心理的复杂性,扩大了心理描写的范围。

(二)西方现当代史学的发展

第一次世界大战后,西方史学进入了一个新时期。主要表现在以下几个方面。

首先,20世纪兴起的文化史研究取得了迅猛的发展,历史观点从思辨的历史哲学向批判的与分析的历史哲学转变,史学研究的领域发生了重点的转移,以历史主

---

① 萨特.存在与虚无[M].陈宣良,等,译.北京:生活·读书·新知三联书店,2007:97.

义为特征的朗克的政治史传统受到了有力的冲击。

其次,第一次世界大战,特别是第二次世界大战后,世界各国之间政治交往的不断加深,使历史学进入反思阶段,而欧洲中心论被人们抛弃,历史学家们试图超越民族和地区的界限,建立起全球的历史观,撰写以世界为整体的世界史著作。

第三,在自然科学和社会科学,特别是行为科学的发展的影响下,西方史学从狭隘的政治军事转向探求社会历史的"结构"与"总体",从个人在故纸堆中梳理史料的手工业方法转为运用现代自然科学的最新技术,心态史学、历史人类学、结构史学、想象史学、比较史学等新的史学研究方法不断涌现,并成为世界性的潮流,其代表是法国的年鉴学派。

第四,第一次世界大战,特别是第二次世界大战后,马克思主义史学在苏联、波兰、匈牙利、南斯拉夫等东欧和南欧国家,以及亚洲中国发展迅速,使历史学的重点从记述个别"显要人物"的活动转向研究普通人与社会底层的力量,即农民运动、工业资本主义的发展以及工人阶级的形成方面。同时,在世界其他地区,尤其是西方,马克思主义史学的影响也有显著的加强,从而为西方史学增添了新的活力。

20世纪上半叶,传统史学仍有雄厚的实力,著名的"剑桥三史"《剑桥古代史》、《剑桥中世纪史》、《剑桥近代史》在20世纪的前期出版,说明了传统史学在那时具有很大的影响。在后期的大变革中,传统史学受到了严峻的挑战,因而加快了向新史学转向的步伐。二战后西方史学的转变是一种根本的转变,最基本的转变则是史学范型的变化。依据斯托亚诺维奇的观点,把自古迄今的西方史学分为三种范型,即鉴诫史学范型(从古希腊至近代初期的西方史学),叙述范型即兰克式范型和年鉴派范型。

从宏观的视角来看,对战后世界史学产生重要影响的有两种史学力量,一种是现当代的西方资产阶级新史学,另一种是现当代的马克思主义史学。在这里主讲马克思主义史学。20世纪上半叶,马克思主义史学的影响还很弱小,但是二战以后,情况便发生了转变。现当代西方马克思主义史学在许多方面体现出了一种新的研究趋势,在史学思想与方法等方面发生了变化。研究领域不断扩展,不再局限于革命斗争史和工人运动史,还涉及广泛的社会生活,如英国马克思主义史家对新社会史的研究,法国马克思主义史家对心态史的研究。

史学也逐渐科学化,代表则是美国的社会科学史学派,它通常被学术界认为是与法国年鉴学派、英国的马克思主义史学派鼎足而立的三大史学流派之一。此外,随着计量研究对历史研究领域的渗透,及计量研究向传统的经济史、政治史发起的挑战,新经济史学、新政治史学、新社会史学产生了。另外,随着全球化的发展,英国历史学家杰弗里·巴勒克拉夫在他发表的《处于变动世界中的历史学》一文中提出了"全球历史观"。

(三) 西方现当代哲学的发展

分析哲学、现象学和存在主义是20世纪西方现代哲学的重要代表和思潮。把握这三者的共同架构,可以帮助我们了解西方现代哲学的本质特点,深入地了解西方哲学的发展。

分析哲学自认为是哲学的哲学。维特根斯坦断言,从今以后,哲学将是一个全新的课题,而不是以往的继续。它将使人类思想的发展出现一个转折。于是,"哲学就是分析"这个形而上学的或哥白尼式的新方法诞生了。分析哲学认为,一切事物都是由语言来命名、知晓、表象和建构的,因此,语言的正确使用是观念和实在的根本所在,人们应当以语言和语言的正确使用为主体绝对,进行观念和实在的造就,获得真正绝对的知识基础。尽管分析哲学家们,如摩尔、罗素、维特根斯坦、艾耶尔、威斯登等,对语言如何造成思想的不幸影响,以及如何解决语言混乱有着各自不同的方案和动机,但他们都企图通过语言分析的方法,使全部似是而非的哲学问题得到本质的揭示,使它们的无意义性得到显现,从而使我们的思想按照正确的语言方案,通达概念和命题的真确所在。

从现象学来看,哲学就是绝对自明、普遍有效的本质认识。因此,现象学非常期望能够找到一种解决的方法,扩大直观的范围,通向理性直观和本质直观,从而达到人的生命本身和心灵的自我更新。

在海格德尔看来,存在问题源于发问和发问者本身。对于这个发问和发问者的本身,海格德尔将其称为"此在"。海格德尔的存在主义就是以"此在"为核心,通过"此在"的话语,"此在"的规定,"此在"的意愿,"此在"的操心,"此在"的企业等一系列新颖的、深奥的、晦涩的术语编织,使存在的本质和构造最终走向"人,诗意地栖居"这个存在的至高境界。萨特认为,一个虚空、干净、本来就存在着的意识是第一性的。因此,存在的基石就是意识,而意识的本身是虚无,并因其虚无而具有自由选择和无限建构的本质。意识以其不断流动的自由本质,建立内在结构和外在建构,从而使我们获得了生存和建构的自由本质。在萨特那里,意识虚无的自由本质,决定了存在的意义。

现代西方哲学的价值在于,他们以极其严肃、认真、精细的学术精神,探讨了语言、纯意识活动、此在,以建立主体绝对。这丰富了康德以来哲学对主体的开拓、发掘和清理,使我们更深刻地看到了主体的能动、作为和建构。哲学对主体绝对的开拓、发掘和清理是一项开放的、永远不会终止的任务,这种主体绝对的开拓、发掘和清理,将使我们更加深入到主体的各个方面,进而获得新的哲学视野。现代西方哲学有着它的价值所在和革命性意义,这种价值所在或革命性意义在于,它主张以人为核心的世界建构,要求以新的主体绝对的确立、更新和完善,获得人类精神的不断解蔽、敞开和绽出,并由此确立人的自由全面发展。

20世纪下半叶至21世纪初,西方哲学展现了丰富多样的概念空间。从21世纪初的西方哲学研究总体趋向看,西方哲学的未来发展可能会出现两种道路并存的局面:一条道路是把哲学的触角直接伸向生活和社会,力图通过具体分析社会生活问题或为这样的问题提供理论援助,从而对社会生活产生重要影响;另外一条道

第二章
人文科学的历史发展

路是依然坚持哲学的家园,力图通过批判地对待一切社会生活问题来凸显哲学的唯一作用。无论如何,当代西方哲学正面临着一个新时代的到来。

总之,伴随着历史的进步,人文科学还会不断展现出新内容,开辟新领域,显示新特点和新趋势,并对社会实践发挥其强大指导功能,表现出强大生命力。随着时代的变化,人文科学与社会科学、自然科学之间相互渗透,出现一派前所未有的整体化景象。专业化研究与综合性研究相互结合,定量化研究方法不断增强,应用性比重相对增加,前瞻性研究被广泛重视。此外,国际关系基本格局的演变问题,国际关系基本准则问题,人权与国家主权的关系问题,新形势下的战争与和平问题等也向人文科学提出了严峻的挑战。人文科学研究的这种趋势,在一定程度上体现了人类科学发展的基本潮流,也推动着人文科学结构体系的分化、综合和演进,形成了人文科学的基础理论研究、实践应用研究和未来发展研究的一体化特征。

思考题

1. 试述人文科学发展阶段的划分原则。
2. 试述"轴心时代"中国人文科学的发生及其表现。
3. 试述维柯对研究西方人文科学方法的贡献。
4. 举例说明西方近代人文科学的崛起。
5. 试述我国现当代人文科学发展的趋势。

第三章

人文科学的学科构成

人文科学是人类科学体系的一个基本门类,是由不同的学科部类和具体的学科门类所组成的科学系统。研究人文科学的学科构成,揭示人文科学的学科分类结构的规律性,对于把握人文科学的本质和学科特征,推动人文科学的研究和健康发展,具有十分重要的意义。

第一节 科学分类依据和分类系统

一、科学分类的依据和历史

1. 科学分类的依据

科学分类根据各门科学的区别和联系,确定每门科学在科学总体系中的地位和作用,揭示整个科学体系的内部联系和层次结构,从而把科学集合成不同的门类。李醒民在《论科学的分类》一文中指出:"科学分类就是依据某些带有客观性的根据和主观性的原则,划分科学的各个分支学科,确定这些学科的研究对象、内容和领域,明确它们在科学中的位置和地位,揭示它们之间错综复杂的联系,从而达到宏观把握科学的总体结构,微观领悟学科的前后关联的目的。"[①] 然而,科学分类不是主观任意进行的,而是有其客观的依据的,必须遵循一定的分类基准。从历史上看,西方学术界采用的分类基准大体有三类:(1)以研究对象或研究领域作为分类基准,这是历史上采用最多的一种分类方式;(2)以研究方法作为分类基准,这在子学科中采用得较多;(3)以人类认识能力或精神能力作为分类基准,这在历史上多被一些重视逻辑功能的哲学家采用。[②]

由于科学问题的复杂性和动态性,人们可以从不同的角度采用不同的标准对科学进行分类。虽然社会结构、研究对象或研究领域、研究角度、研究方法、学科性质等等都可以作为分类的依据,但科学地研究客观对象的矛盾和运动形式的特殊性及其相互联系,才是科学分类的客观基础。因为科学研究的区分,是根据科学对

---

① 李醒民.论科学的分类[J].武汉理工大学学报(社会科学版),2008,21(2):149-157.
② 姜振寰.科学分类的历史沿革及当代交叉科学体系[J].科学学研究,1988(3):12-23.

第三章
人文科学的学科构成

象所具有的矛盾的特殊性和普遍性,运动形式的多样性和统一性而进行的。恩格斯在谈到科学分类的基本原则时曾经明确指出:"每一门科学都是分析某一个别的运动形式或一系列互相关联和互相转化的运动形式的,因此,科学分类就是这些运动形式本身依据其内部所固有的次序的分类和排列,而它的重要性也正是在这里。"① 毛泽东在《矛盾论》一文中指出:"科学研究的区分,就是根据科学对象所具有的特殊的矛盾性。因此,对于某一现象的领域所特有的某一种矛盾的研究,就构成某一门科学的对象。"②

2. 科学分类的历史

科学的分类古已有之,正如科学的发展一样,科学的分类有自己发展的历史。但严格说来,古代只有知识分类,直到近代以后才出现了科学分类。事实上,随着社会的进步、科学的发展,科学的分类经历了一个从简单到复杂,由单一到分化,由分化再到综合的过程。科学分类,早在科学处于原始综合的时代就已经开始发生了。

1) 西方科学分类的历史

早在古希腊、古罗马时期,学者把科学知识分为文法、修辞学、辩证法、算术、几何学、天文、音乐等"七艺"。最早提出科学分类体系的是柏拉图。柏拉图把科学(知识)分为三类:一是辩证法(理性知识),是对纯粹思想本身的考查;二是自然哲学(物理知识),是对物理、数学、天文、生物的考查;三是精神哲学(伦理知识),是对伦理、社会、国家的考查。③ 伊壁鸠鲁也把科学分为三类:第一类是关于自然的学问,即物理学;第二类是关于认识方法的学问,即规范学;第三类是关于人的道德行为的学问,即伦理学。④ 亚里士多德提出的科学分类体系在古代西方影响最大。他将科学(知识)分为三大类:第一类是理论性的(纯粹认识活动)知识,包括数学、物理学、形而上学等;第二类是实践性的(社会活动)知识,包括伦理学、经济学、政治学、战略学、修辞学等;第三类是创造性的(创造活动)知识,包括诗学、艺术创作、演讲等。亚里士多德的这一分类体系门类齐全,逻辑严谨,影响深远。⑤ 自亚里士多德之后,特别是在中世纪的千余年间,宗教一统天下,科学分类标准基本上没有什么变化,科学分类几近停滞。

到了近代,最早对科学进行系统分类的是英国哲学家培根。他把科学分为史学、哲学(理学)、诗学三大类。培根的科学分类体系在近代科学史上居于突出的地位。法国百科全书派延续了培根的分类体系,将科学分类体系扩充为"人类知识体系表",并编排进著名的法国百科全书。之后杜威又据以编纂"杜威十进分类法",

---

① 中共中央马克思恩格斯列宁斯大林著作编译局.马克思恩格斯全集(第20卷)[M].北京:人民出版社,1971:593.
② 毛泽东.毛泽东选集(第1卷)[M].北京:人民出版社,1991:309.
③ 姜振寰.科学分类的历史沿革及当代交叉科学体系[J].科学学研究,1988(3):12-23.
④ 华勋基.论科学分类的历史发展及其现实意义[J].中山大学学报,1985(1):121-131.
⑤ 姜振寰.科学分类的历史沿革及当代交叉科学体系[J].科学学研究,1988(3):12-23.

成为今天西方乃至世界各国图书分类的基础。培根之后,西方许多学者对科学分类进行了研究。法国著名的哲学家、数学家、物理学家笛卡儿,他把科学分为无形世界的形而上学、有形世界的物理学和知识应用的应用学等三类。法国科学家、数学家和哲学家伽桑狄把科学分为逻辑学、物理学和伦理学。法国空想社会主义者圣西门把科学分为天文学、物理学、化学、生理学和数学。德国哲学家黑格尔把科学分为逻辑学、自然哲学、精神哲学等。①

到了19世纪,随着人类认识能力的提高和科学的发展分化,经典自然科学体系大体形成,社会科学也有了相应发展,许多哲学家提出了新的科学分类方案。英国哲学家斯宾塞根据对各门学科性质的研究,将科学分成三大类:①关于形式规律的抽象科学,包括数学、逻辑学;②关于要素规律的抽象具体科学,包括力学、物理学、热学、光学、电学;③关于结果规律的具体科学,包括天文学、地质学、生物学、心理学、社会学。②英国诗人和思想家柯尔律治把科学分为四大类:①纯粹科学,其中属于形式的有文法学、逻辑学、修辞学、数学,属于实在的有形而上学、伦理学、神学;②混合科学,包括机械学、水力学、气压学、天文学;③应用科学,包括实验哲学、热学、电磁学、光学、化学、音乐学、气象学、测量学、美术学;④复杂科学,包括历史、地理、辞典学等。

英国哲学家边沁和法国科学家安培把科学分为物质科学和精神科学两大类。他们在物质科学里,列入了天文学、地质学、物理学、化学、生物学等;在精神科学里,列入了历史学、语言学、法律学、经济学等。法国哲学家、社会学家孔德把科学分为七类,即数学、天文学、物理学、化学、生物学、社会学和道德科学。德国哲学家、心理学家冯特把科学分为形式性科学和实质性科学两大类,数学属于形式性科学,其他科学属于实质性科学。而实质性科学又被分为自然科学和精神科学两类。英国数理统计学家、哲学家毕尔生将科学分成抽象科学和具体科学两大类,前者是关于知识方法的学问,后者是关于科学内容的学问,二者由应用数学相统一。具体科学又分成研究无机现象的物理性科学和研究有机现象(社会现象)的生物性科学两类。德国哲学家李凯尔特不同意精神科学的提法,他用文化科学取而代之,提出了科学可以划分为自然科学和文化科学的观点。英国数学家、哲学家皮尔逊则把整个科学划分为三大块,即研究知觉模式的抽象科学,研究无机现象的知觉内容的物理科学,研究有机现象的知觉内容的生物科学。

恩格斯在科学分类史上第一次提出辩证唯物主义的科学分类思想。他根据当时科学的发展情况,把物质运动从低级到高级分为机械运动、物理运动、化学运动、生物运动和社会运动五种基本形式,与基本运动形式相对应,把科学分为力学、物理学、化学、生物学和社会科学五大类。这种既注重研究对象本身的性质,又注重各研究对象发展变化及相互联系的科学的分类思想,对于认识现代科学纷纭复杂

---

① 姜振寰.科学分类的历史沿革及当代交叉科学体系[J].科学学研究,1988,6(3):12-23.
② 姜振寰.科学分类的历史沿革及当代交叉科学体系[J].科学学研究,1988,6(3):12-23.

第三章
人文科学的学科构成

的学科体系,具有极为重要的指导作用。①

2) 我国科学分类的历史

早在殷商时期,就有按道德标准划分知识的"六德",即智、仁、圣、义、忠、和,按行为准则划分的"六行",即孝、友、睦、姻、任、恤,按教育内容划分的"六艺",即礼、乐、射、御、书、数等分类。春秋时期,孔子在讲学时也把社会知识分为德性、言语、政事、文学四科。到汉代,刘向、刘歆父子在编纂宫廷藏书时,将文献典籍分成"七略":六艺略(六经)——易、书、诗、礼、乐、春秋、论语、孝经、小学,诸子略——先秦至汉各学派著作,诗赋略——诗歌散文,兵书略——兵权谋、兵形势、兵阴阳、兵技巧,术数略——天文、历谱、五行、蓍龟、杂占、刑法,方技略——医经、经方、房中、神仙,成辑略——概述学术源流。班固著《汉书·艺文志》时则把当时的知识(科学)分为六类,即六艺略、诸子略、诗赋略、兵书略、术数略、方技略。南朝齐王俭将知识(科学)分为"七志",即经典、诸子、文翰、军书、阴阳、术艺、图谱。西晋时,秘书监荀勖著《中经新簿》,对"七略"的六分法体系做了调整,改为四部:一曰甲部,相当于"七略"的六艺略;二曰乙部,相当于"七略"中诸子、兵书、术数、方技四略总和;三曰丙部,由六艺中的"春秋"所附史书扩大而成;四曰丁部,即《七略》的诗歌略,并增以图赞和汲冢新发现的古书。东晋时,李充撰《晋元帝四部书目》,更换了荀勖所定四部的次序,使甲部记经部,乙部记史部,丙部记子部,丁部记集部,四部顺序由此确定。至唐代魏徵等编《隋书·经籍志》,明确以经、史、子、集四部分类法代替甲、乙、丙、丁四部分类法,并确立其次序。此后一千余年一直被沿用。当然,在四部分类为主流的古代中国,也有过不同的分类思考。宋代郑樵作《通志》有十二类分类法,包括经、礼、乐、小学、史、诸子、天文、五行、算术、医方、类书、文类。② 清朝乾隆时,纪昀等编纂《四库全书总目》,也是用四部分类法。《四库全书总目》分为经、史、子、集四部,经部十类,史部十五类,子部十四类,集部五类,类下又有进一步的类分,最终形成四部、四十四类、六十六属的三级类例体系。清代姚鼐把中国学问(科学)分为义理之学、考据之学、词章之学。

到了近代,曾国藩于同治年间主张增添经世之学(经济之学),从而把中国学问(科学)分为义理之学、词章之学、经济之学、考据之学五类。张百熙于 1902 年 8 月制订的《钦定学堂章程》(又被称为"壬寅学制")。壬寅学制仿照日本学制实行分科。壬寅学制分政科和艺科两种,前者为预备入大学政治、文学、商务三科者习之,后者为预备入大学格致、农业、工艺、医术四科者习之。其共同课程是伦理、中外史学、算学、物理学、英文、德文、法文、体操。政科另加经学、诸子、词章、中外舆地、俄文、日文、名学、法学、理财学;艺科则另加化学、动植物学、地质及矿产学、图画。

---

① 姜振寰.科学分类的历史沿革及当代交叉科学体系[J].科学学研究,1988(3):12-23.
② 王重民先生认为,郑樵的分类体系是"我国分类学史上的一大突进。可惜后人没有继续发展,直到西方资产阶级的分类表输入,才建成了更完整的体系。但郑樵实际上已经进入那种完整体系的大门"。参见王重民.中国目录学史论丛[M].北京:中华书局,1984:164.

壬寅学制未能实施,清政府又命张之洞等人重新制订学堂章程,并于1903年颁布了新的《奏定学堂章程》(又被称为"癸卯学制")。癸卯学制将高等学校的学科分为三类八科,第一类,预备入大学经学科、政法科、文学科、商科;第二类,预备入大学格致、工科、农科;第三类,预备入大学医科。这三类八科的共同课程为人伦道德、经学大义、中国文学、外国语(必修英语,选修法语、德语)及体操。第一类学科(文科)另加历史、地理、心理学、辨学、法学、理财学,也可根据选科需要增加算学、物理及拉丁语;第二类学科(理学)另加算学、物理、化学、地质、矿物、图画,根据选科需要可再加动物、植物、测量;第三类学科(医学)另加拉丁语、算学、物理、化学、动物、植物。① 这就打破了由经学、史学、诸子学、词章学构成的"四部之学"的传统学术格局,奠定了近代学术的分科基础。

1912年,中华民国教育部颁布新学制,即"壬子学制",规定大学分七科:①文科,分为哲学、文学、历史学、地理学四门专业;②理科,分为数学、星学、理论物理学、实验物理学、化学、动物学、植物学、地质学、矿物学九门专业;③法科,分为法律学、政治学、经济学三门专业;④商科,分为银行学、保险学、外国贸易学、领事学、税关仓库学、交通学六门专业;⑤医科,分为医学、药学二门专业;⑥农科,分为农学、农艺化学、林学、兽医学四门专业;⑦工科,分为土木工学、机械工学、船用机关学、造船学、造兵学、电气工学、建筑学、应用化学、火药学、采矿学、冶金学十一门专业。② 该学制对学科的划分,体现了时任临时政府教育总长蔡元培的科学分类思想。直到新中国成立前夕,我国都基本仿照美国的学科分类法,科学分类的研究也基本处于停滞状态,几乎没有新的发展。

二、科学分类的基本原则

虽然科学分类有其客观的基础和依据,但是科学分类是在分类主体主观认识的基础上进行的,因而只有遵循一定的原则,才能使分类具有科学性。恩格斯在《反杜林论》中曾经指出:"原则不是研究的出发点,而是它的最终结果;这些原则不是被应用于自然界和人类历史,而是从它们中抽象出来的;不是自然界和人类去适应原则,而是原则只有在符合自然界和历史的情况下才是正确的。"③恩格斯这段话体现了唯物主义认识论的根本原则,即关于认识的来源问题的原则。原则是从科学和科学发展史中抽象出来的,它是对自然界、人类社会和思维领域的客观存在的反映,各种理论原则只有在符合客观存在的事实时才是正确的。科学理论来源于实践,是对客观存在的正确反映。以科学理论原则为指导去探索科学分类的规律性,对于进一步完善现代科学分类法具有重要的指导意义。

---

① 钱曼倩,金林祥.中国近代学制比较研究[M].广州:广东教育出版社,1996:114-115.
② 钱曼倩,金林祥.中国近代学制比较研究[M].广州:广东教育出版社,1996:117.
③ 中共中央马克思恩格斯列宁斯大林编译局.马克思恩格斯选集(第3卷)[M].北京:人民出版社,1995:374.

第三章
人文科学的学科构成

我们在认真分析科学发展的历史和现状,具体深入地研究科学发展的特殊矛盾和相互联系的基础上,总结出科学分类应遵循主体和客体相统一、分化和综合相统一、历史和逻辑相统一、客观性和发展性相统一等基本原则。①

1. 主体和客体相统一原则

科学活动是人类认识和改造世界的一种特定活动,科学则是这种活动的结晶。科学研究的对象是科研人员(科技工作者)运用科学仪器和思维工具进行科学认识的客观事物和现象,具有客观实在性;科学研究的主体是从事科学研究活动的科研人员本身,通过科研人员的研究活动,获得对科学对象的本质和规律性的认识,并以逻辑思维的主观形式去反映客观对象。因此,科学既有强烈的客体性,又有鲜明的主体性。科学发展的历史既反映主体发展的历史,又反映客体发展的历史。科学分类必须反映主体和客体的统一性。

2. 分化和综合相统一原则

纵观人类科学发展的历史,在15、16世纪的文艺复兴以前,科学体系的发展基本上处于原始混沌的综合化阶段,同时科学分化开始萌芽。文艺复兴以后,科学体系的进化分化逐渐居于主导的地位,在分化过程中也存在着某种程度的综合化。19世纪中叶以来,科学体系的发展在高度分化的同时又出现了高度综合化的趋势,这种趋势逐渐居于主导地位。整个科学体系分化和综合,相互影响,交叉作用,综合成为高度分化的综合,分化成为高度综合的分化,每一类学科都包含着科学的分化和综合。科学分类必须反映科学分化和综合的内在关联性和统一性。

3. 历史和逻辑相统一原则

历史和逻辑相统一,是辩证思维构建科学知识体系和理论结构的主要原则和方法,也是进行科学分类的一项基本原则和方法。历史是指客观实在自身的历史发展过程和反映客观实在的科学认识的历史发展过程。逻辑是指人们运用逻辑方法对上述历史过程进行理论上的概括,在理论思维中再现历史的东西,以理性思维的形式揭示事物发展过程的内在本质。简言之,历史就是事物发展和认识发展的历史过程;逻辑就是人们运用概念进行思维的过程。历史和逻辑是辩证统一的,历史是逻辑的客观基础,逻辑是历史的理性概念,历史是逻辑的起点,逻辑是历史的升华。科学分类应是在两个相互关联的方向上发展的:一是朝符合科学对象本身由简单到复杂、由低级到高级的发展顺序性方向发展;二是朝符合人类对科学本身的认识发展的顺序性,符合人类的科学认识由浅入深、由片面到全面、由现象到本质的方向发展。只有坚持历史和逻辑相统一的原则,才能正确地评价历史上科学分类的历史地位,并在逻辑上再现科学这一特定人文社会现象的纵横交错、立体交叉的联系,从而正确地再现科学的整体面貌和未来的发展趋势。

4. 客观性和发展性相统一原则

客观性原则是唯物主义的基本原则,发展性原则是辩证法的基本原则。客观

---

① 杨玉琪,王文明,杨吉兴,等.人文社会科学概论[M].北京:当代中国出版社,2004:126-128.

对象本身和人类对客观对象的认识既具有客观实在性,又具有辩证发展性。人类科学史上对于科学的分类,同样既体现了唯物主义的客观性原则,又体现了辩证法的内在联系和辩证发展的原则。马克思主义的创始人及其继承发展者,正是批判地继承了科学分类史上的优良传统,把科学分类的客观性原则和发展性原则有机地统一起来,形成对科学分类的指导原则。根据这一原则可知,科学分类并没有固定不变的分法,也没有约定俗成的惯例。在进行科学分类时,必须根据现代科学发展的趋势、状况和特点,确定好科学研究的对象,选择好科学研究的角度和方法,把握好科学体系内部各学科的相互区别和联系,弄清楚科学在社会结构中的地位和作用,并运用现代的科学方法去进行,这样才是正确的、科学的态度和方法。否则,科学分类就会成为无源之水、无本之木,成为不切实际和没有科学依据的、主观武断的言论。

总之,正确的科学分类的原则,不是人的头脑里空想出来的,而是在客观地、全面地分析研究科学和科学发展的历史、现状与趋势,深入地认识科学体系的内在结构的特点,找出科学发展所固有的规律性的基础上制定出来的,它是科学的内在联系和运动固有规律的反映。正确反映科学客观实际的原则,对我们进行科学分类起着有效的指导作用。

三、现代科学分类概说

进入 20 世纪,科学分类一直受到各国学者的关注和研究。科学的飞速发展引起知识的极度膨胀,造成学科的极度分化,同时也催生了一大批交叉学科或边缘学科。学科的这种通过分化和交叉而增生的趋势方兴未艾。在这种情势下,学者们对科学的分类提出了诸多观点。魏屹东、王保红在《科学分类的维度分析》一文中就概括了科学的一维分类法、二维分类法、三维分类法、四维分类法、五维分类法、六维分类法、七维分类法等观点。[①] 除此以外,还有八维分类法、九维分类法、十一维分类法、十二维分类法等观点。在此,我们对现代科学分类的若干种观点做简要说明。

1. 二维分类法

科学的二维分类法有三种最主要的说法[②]:一是从科学的组织形式和社会建制的规模上,将科学笼统分为大科学与小科学;二是从科学的发展和社会功能上,把科学分为软科学与硬科学;三是从认识论角度把科学分为纯科学和应用科学,又称之为理论科学和实践科学,或基础科学和技术科学。此外,还有人把科学分为形式科学和事实科学或实证科学和非实证科学两大类。中国学者于光远把现代科学分为自然科学和社会科学两大类,同时还提出自然科学和社会科学二者之间还有边缘学科领域。数学是研究整个世界的量的关系的科学,哲学则是自然科学和社会

---

① 魏屹东,王保红.科学分类的维度分析[J].科学学研究,2011,29(9):1291-1298.
② 魏屹东,王保红.科学分类的维度分析[J].科学学研究,2011,29(9):1291-1298.

科学的概括和总结。狄尔泰则把科学分为自然科学和人文科学(精神科学)两大类。①

2. 三维分类法

科学的三维分类法也有不同的观点。从知识的客观性上考虑,科学通常可分为自然科学、社会科学和人文科学。美国学者科恩把科学划分为自然科学、社会科学、人文科学三大类。他按照一般约定,指出自然科学包括物理科学、生物科学、化学、地球科学、气象学,以及数学;社会科学包括人类学、考古学、经济学、历史、政治科学、心理学和社会学;人文科学则包括哲学、文学研究、语言研究、历史等学科。格兰泽尔和舒博特将科学分为自然科学、社会科学、艺术与人文,其中,自然科学又分为农业与环境、生物学、生命科学、生物医学、生理学、临床医学、神经科学、化学、物理学、地球科学、工程、数学。凯伯格提出从学术上可以区分出形式学科、经验学科和诠释学科。数学是形式学科,生物学和心理学是经验学科,文学是诠释学科。

毛泽东则把科学知识高度概括为自然科学、社会科学和哲学三大类。20世纪50年代,我国分类学界以毛泽东提出的知识"三分法"为基础,建立了一个科学三维分类体系,即自然科学、社会科学、哲学。其中,自然科学包括数学、物理学、化学、天文学、地学、生物学等基础理论,工业技术、农业技术、医药技术等应用技术;社会科学包括政治、经济、法律、军事、语言、文学、社会、地理、历史等。有的学者将科学分为形式科学、解释性科学和设计科学,其中,形式科学指如哲学和数学一类的研究;解释性科学主要指自然科学和一部分社会科学学科,如经济学;设计科学包括工程学、医学、管理学、现代心理疗法,等等。② 有的学者根据人的理性能力的区别,把科学分为记忆的科学、想象的科学、判断的科学三大类。有的学者则根据科学的社会作用,把科学分为基础科学、应用科学、工程科学三大类。

3. 四维分类法

随着知识的不断增长与融合,在自然科学、社会科学和人文科学之外又增加了交叉学科,从而形成了科学的四维分类法。比较典型的四维分类法是依据自然界、人类社会、认识活动、大脑这四种研究对象,将科学分为自然科学、社会科学、认识科学、思维科学。③ 有的学者基于20世纪70年代波普尔的"三个世界"理论,重新划分出"四个世界",即自然世界、社会世界、思维世界和知识世界,并且将四个世界对应于自然科学、社会科学、思维科学和知识科学。自然科学主要研究物理、化学、生物等有机界、无机界、微观世界、宏观世界和宇观世界;社会科学主要研究社会有机体、文化和人的活动世界;思维科学主要研究人的思想、主观精神和心理世界;知识科学研究认识结果、知识产品、技术与专利、科学理论和定律、图书报刊和文学艺

---

① 韦尔海姆·狄尔泰.人文科学导论[M].赵稀方,译.北京:华夏出版社,2004:5-6.
② 武夷山.学科之间:善与善的冲突与和谐[N].学习时报,2005-06-20.
③ 袁之勤.科学的分化和分类[J].科学学研究,1995(2):13-15.

术作品等组成的客观知识世界。① 有的学者从认识论和社会学角度,运用四个基本维度对所有的学科进行了划分。这四个基本维度即认识论角度的硬/软和纯/应用维度,以及社会学角度的会聚/分散和城市/乡村维度,把学科划分成了四个领域,即硬纯领域、软纯领域、硬应用领域和软应用领域,各个学科领域分别对应一定的学科群,从而把所有的学科归为四大学科群,即纯科学、人文和纯社会科学、技术学以及应用社会科学。② 还有学者将科学分为社会科学、自然科学、思维科学和工程科学四大部分。

4. 五维分类法

科学的五维分类法主张将科学分为形式科学、自然科学、技术科学、社会科学、人文科学五大类。形式科学以符号概念为主要研究对象,多用分析、推理、论证的方法,其目的在于构造形式的、先验的思想体系或理论结构。自然科学以自然界为主要研究对象,多用实证、理性、臻美的方法,其目的在于揭示自然的奥秘,获取自然的真知。技术科学以人工实在为主要研究对象,多用设计、试错等方法,其目的在于创制出新的流程、工艺或制品,它是自然科学在技术上的实际应用或应用科学的技术化形成的系统的知识。社会科学以社会领域为主要研究对象,多用调查、统计、归纳等方法,其目的在于把握社会规律,解决社会问题,促进社会进步。人文学科以人为研究对象,多用实地考察、诠释、内省、移情、启示等方法,其目的在于认识人、人的本性和人生的意义,提升人的精神素质和思想境界。③ 我国著名经济学家于光远则提出了将科学分为哲学、数学、自然科学、社会科学、综合科学(自然与社会的共同领域)五大类。④ 也有人将科学分为自然科学、社会科学、思维科学、工程科学、人文学科(人文科学)五大类。⑤ 还有人将科学分为自然科学、社会科学、思维科学、数学、哲学五大类。⑥

5. 六维分类法

科学的六维分类法是指将科学分为哲学、符号科学或形式科学、自然科学、社会科学、精神科学或心理科学、文化科学六大类。其中,哲学置于符号科学或形式科学之上,符号科学或形式科学置于其他四类之上。其中,哲学类包括纯哲学、元科学与前科学;符号科学或形式科学类介乎哲学与经验科学(实证科学)之间,包括语言科学、逻辑科学、数学科学、系统科学等;自然科学类包括纯科学(物理学与化学)与真正的自然科学(天文学、地球科学、生物科学),还包括体质人类学、人种学、人体科学等;社会科学类包括经济学、政治科学、社会学、文化人类学等;精神科学或心理科学类,主要指波普尔的第二世界,是关于人的纯粹意识、记忆、职能、思维、

---

① 何云峰.关于建构知识科学的问题[J].上海师范大学学报(哲学社会科学版),2003,32(1):8-12.
② 蒋洪池.托尼·比彻的学科分类观及其价值探析[J].高等教育研究,2008(5):93-98.
③ 李醒民.论科学的分类[J].武汉理工大学学报(社会科学版),2008,21(2):149-157.
④ 于光远.关于科学分类的一点意见[J].百科知识,1980(6):15-16.
⑤ 叶文宪.论学科的分类[J].西南交通大学学报(社会科学版),2001,2(4):90-93.
⑥ 赵宝余.论科学的分类[J].苏州医学院学报,1986(4):68-70.

创造等现象及活动;文化科学以精神产品为对象,主要包括波普尔的第三世界大部分,特别是艺术、宗教神学、价值科学、历史科学等。① 我国著名科学家钱学森把现代科学划分为数学、社会科学、自然科学、思维科学、系统科学和人体科学六大部类。② 也有人将科学分为控制论、文化科学、结构科学、哲学、自然科学、形态科学六大类。③ 还有人将科学分为自然科学、社会科学、思维科学、横断科学、综合性科学、哲学六大类。《中国大百科全书》把科学分为哲学、社会科学、文学艺术、文化教育、自然科学和工程技术六大类。

6. 七维分类法

科学的七维分类法也有不同的观点。有的学者将科学分为医学、生物学、自然科学、工程学、农学、人文和其他七类。④ 有的学者则将科学分为数学、物理与天文学、化学、生物与医学、地球科学、人文社会科学、高科技七类。也有人提出把科学划分为数学、自然科学、工程技术科学、综合科学、社会科学、人文科学、哲学七个基本部类。⑤

7. 八维分类法

科学的八维分类法是在联合国教科文组织于1976年制定的"国际教育标准分类"的基础上提出来的。该标准于1997年进行了修订,新修订的ISCED新增了一些学科,同时把相似的学科合并,最终由原来的21个学科,增加为25个学科。新ISCED将学科分为自然科学、工程学、农业科学、人文与艺术、社会科学(商业和法律)、教育、健康与福利、服务学8个门类。⑥

8. 九维分类法

科学的九维分类法是指把科学分为自然科学、哲学、数学科学、系统科学、思维科学、人体科学、军事科学、文艺理论、行为科学等九大类。还有的人提出把现代科学分为哲学、数学、自然科学、技术科学、应用科学、社会科学、综合科学(包括科学学、未来学、技术经济学、人才学、心理学、情报学等)、技术科学群(能源科学、空间科学、海洋科学等)、社会科学群(软科学、社会工程学)九大部类。⑦

9. 十一维分类法

1998年中华人民共和国教育部颁布的《普通高等学校本科专业目录》,将科学分为哲学、经济学、法学、教育学、文学、历史学、理学、工学、农学、医学、管理学11个门类(不含军事学),下设71个二级类、249种专业。

---

① 胡作玄.科学分类试论[J].自然辩证法研究,1991,7(5):13-22.
② 钱学森.论技术科学[J].科学通报,1957(4):97-104.
③ 国际科学院关于科学分类的新方法[J].国外社会科学,1986(4):75-76.
④ Kaneiwa K, Adachi J, et al. A comparison between the journal nature and science[J]. Scientometrics,1988, 13(3-4):125-133.
⑤ 徐亭起.我国科学分类法体系的研究[J].科学学与科学技术管理,1987(9):9-12.
⑥ 袁曦临.人文社会科学学科分类体系研究[D].南京:南京大学,2011.
⑦ 华勋基.论科学分类的历史发展及其现实意义[J].中山大学学报(社会科学版),1985(1):121-131.

10. 十二维分类法

2012年中华人民共和国教育部颁布的《普通高等学校本科专业目录》，将科学分为哲学、经济学、法学、教育学、文学、历史学、理学、工学、农学、医学、管理学、艺术学12个门类（不含军事学），新增了艺术学学科门类，未设军事学学科，在12个门类下设92个二级类、506种专业，其中基本专业352种，特设专业154种。

需要指出的是，人类认识活动是一个主观与客观、思维与存在的矛盾运动过程。由于人类的认识能力和实践活动是一个不断发展的过程，所以人类的认识活动总是受着时代和客观条件的局限。以上所介绍的现代科学分类法只是目前比较通行的几种观点，并不能囊括整个科学分类的全貌。自20世纪50年代以来，自然科学取得了突飞猛进的发展，使得现代科学技术一方面呈加速发展趋势，另一方面又出现了高度分化与高度综合的整体化趋势。随着技术科学化与科学技术化进程的快速发展，许多新兴学科、交叉学科和综合性学科应运而生，必然带来科学分类方法的新飞跃和科学分类的新结论。科学的研究是永无止境的，任何停滞不前或故步自封的观点都会阻碍人类认识水平的发展。

第二节　人文科学的学科分类

一、对人文科学学科划分的不同意见

关于人文科学的学科分类，国内外的许多权威机构和学者做了大量的研究，提出了诸多有价值的观点。

1. 国外有代表性的观点

《简明不列颠百科全书》对人文科学的注解：人文科学是那些既非自然科学也非社会科学的学科的总和。人文学科包括如下研究范畴：现代与古典语言、语言学、文学、历史学、哲学、考古学、法学、艺术史、艺术批评、艺术理论、艺术实践以及具有人文主义内容和运用人文主义方法的其他社会科学。[①]《美国百科全书》指出，人文学科是关于人类思想、文化的学科，原指对古希腊、古罗马文学作品的研究，现已扩大到包括对一切语言、文学、历史和哲学的研究。在现代课程教学体系中，人文学科包括建筑学、美学、舞蹈、戏剧、历史、语言、文学、音乐、哲学、神学。美国国会在建立国家人文学科捐赠基金时，对人文学科给出了范围。人文学科包括（但不限于）下列学科：现代语言和古典语言、语言学、文学、历史学、法学、哲学、考古学、艺术史、艺术理论和艺术实践，以及含有人道主义内容并运用人道主义方法进行研究的社会科学。[②] 在联合国教科文组织于20世纪70年代出版的《当代学术通观：

[①] 《简明不列颠百科全书》编辑部.简明大不列颠百科全书（第8卷）[M].北京：中国大百科全书出版社，1986：760-761.

[②] 尤西林.人文学科导论[M].北京：高等教育出版社，2002：190.

社会科学和人文科学研究的主要趋势》的"目录"中,人文科学卷包括社会和文化人类学、考古学、史前学、历史学、美学、艺术学、法学、哲学等学科①。而在联合国教科文组织制定的"国际教育标准分类"中,把艺术和人文学科列为一个门类,但艺术和人文是分开的,其中人文科学包括的主体是语言学、文学、历史、哲学、伦理和考古学。② 在经济合作与发展组织 2002 年修订的《弗拉斯卡蒂手册》中,对人文科学作了明确的划分,提出人文学科包含三大类,分别是历史(历史、史前学及史学,以及与历史学相关的考古学、古币学、古文字学、宗谱学等)、语言学和文学(古代语言和文学、现代语言和文学),以及其他人文科学,其他人文科学包括哲学(科学技术史)、艺术、艺术史、艺术评论、绘画、雕塑、音乐、戏剧、宗教、神学等。③

2. 我国学者的观点

《哲学大辞典》对人文科学作了这样的界说:人文科学源于拉丁文 humantitas,意为人性、教养。起源于古罗马西塞罗提出的教育纲领,后转变为中世纪基督教的基础教育,包括数学、语言学、历史、哲学和其他学科。文艺复兴时期,广义指与神学相对立的研究世俗文化的学问,主要研究语法、修辞、诗学、历史与道德;狭义指希腊语言、拉丁语言研究与古典文学的研究。④ 与《哲学大辞典》主要从外延上去界说不同,《中国大百科全书》从内涵上对人文科学作了描述。《中国大百科全书》指出,人文科学是研究人类的信仰、情感、道德和美感等的各门科学的总称。⑤ 张楚廷根据这两本权威书籍的界定,指出,除了《哲学大辞典》所列述的语言学、语法、修辞、文学、史学、哲学外,还应有一些学科也属人文科学。例如,与信仰相对应的宗教学,与情感(意志、认知等)相对应的心理学(尤其是人格心理学、认知心理学),与美感相对应的美学、音乐学、美术学、戏剧学以及雕刻等,与道德相对应的伦理学等,这些都属于人文科学。这是因为,以人性、教养、人的情感、美感、信仰、道德、思维为对象的学科就是人文科学,简而言之,人文科学乃直接以人为对象,着重是以人的文化面、精神面为对象的科学。人文科学明显地与自然科学(与作为自然科学之一的人的生理科学)相区别,也明显地与社会科学相区别。⑥

徐炼、张桂喜、郑长天等认为,人文学科包括语言学、心理学、哲学、美学、文艺学、伦理学、宗教学、文化人类学、史学。⑦ 叶孟理、李锐提出,人文科学包括哲学、伦理学、美学、艺术学、语言学、文学、史学、法学、宗教学、文化学。⑧ 罗炽、周海春主张,人文科学大致包括哲学、历史(艺术史、数学史、医学史、科学史和科技史)、语言

---

① 联合国教科文组织.当代学术通观:社会科学和人文科学研究的主要趋势[M].何林发,译.上海:上海人民出版社,2004:1-2.
② 袁曦临.人文社会科学学科分类体系研究[D].南京:南京大学,2011.
③ 袁曦临.人文社会科学学科分类体系研究[D].南京:南京大学,2011.
④ 冯契.哲学大辞典[M].上海:上海辞书出版社,1992:23.
⑤ 中国大百科全书出版社编辑部.中国大百科全书(简明版)[M].北京:中国大百科全书出版社,1998:3993.
⑥ 张楚廷.教育学属于人文科学[J].教育研究,2011(8):3-8,12.
⑦ 徐炼,张桂喜,郑长天.人文科学导论[M].长沙:中南工业大学出版社,1998:21.
⑧ 叶孟理,李锐.人文科学概论[M].南京:南京大学出版社,2002:11-12.

学(古代语言和现代语言)、文学、音乐、戏曲、艺术、考古学、宗教研究和神学。① 陈润华、李锐指出,人文科学包括哲学、史学、语言学、伦理学、美学、文学和艺术学等。② 陈文化等人认为,人文科学可分为人体科学、人本科学、思维科学、文化科学和人类史。③ 魏屹东、王保红主张,人文科学主要由哲学、文学、历史学三个学科构成,同时也包含由文史哲三个基础学科衍生而成的其他学科,如美学、宗教学、文化学、语言学、音乐学、艺术学、心理学、教育学、伦理学、神学、人类学、艺术史、考古学、等等。④ 刘大椿提出,人文科学主要包括音乐学、美术学、戏剧学、宗教学、文学、神话学、语言学等。⑤ 李醒民则说,人文科学主要包括现代与古典语言学、文学、历史学、哲学、宗教学、神学、考古学、艺术等具有人文主义内容和人文主义方法的学科。⑥ 袁曦临指出,人文科学学科群应包括哲学、宗教、语言学/文学、历史学、考古学,以及具有人文主义内容和采用人文主义方法的社会科学和其他各学科,如民族学、人口学、传播学、人文地理学和文艺学等。⑦

尽管国内外权威机构和学者对人文科学学科划分的观点存在分歧和争议,但这种探索是有重要价值的。从某种意义上说,上述国内外权威机构和学者对人文科学学科划分的结论是正确的和可取的。之所以存在不同的观点,是因为各自分析问题角度的差异。分析问题的侧重点不同,所得出的结论必然会有差异。但总体而言,国内外权威机构和学者对人文科学学科划分的基本结论是一致的,它为我们进一步探讨人文科学的学科构成提供了可借鉴的依据。

二、人文科学的学科构成

人文科学作为以人文世界(人的主观心灵世界和客观文化世界)为研究对象的科学,其研究对象决定了它的学科构成。应该说,凡是专门研究或主要研究人的主观心灵世界和客观文化世界的学科,都属于人文科学学科群。人的主观心灵世界,即人的内在精神世界,包括人的需要、目的、理想、信念、思维、想象、体验、情感、意志、性格、认知活动和心理活动等构成要素。人的客观文化世界,是人的主观精神的对象化,即"人化"世界,包括人化的自然界、人化的人类社会和人化的自身精神活动等构成要素。因此,我们认为,根据学科划分的原则、人文科学的性质和它的研究对象,借鉴国内外权威机构和学者们对人文科学学科划分的意见,可以对人文科学的学科构成做这样的界定:人文科学主要包括哲学、文学、史学、语言学、心理

---

① 罗炽,周海春.人文科学导论[M].武汉:长江出版社,2012:2.
② 陈润华,李锐.大学人文科学概论[M].北京:清华大学出版社,2012:4-5.
③ 陈文化,胡桂香,李迎春.现代科学体系的立体结构:一体两翼——关于"科学分类"问题的新探讨[J].科学学研究,2002,20(6):566-570.
④ 魏屹东,王保红.科学分类的维度分析[J].科学学研究,2011,29(9):1291-1298.
⑤ 刘大椿.人文社会科学的学科定位与社会功能[J].中国人民大学学报,2003,17(3):28-35.
⑥ 李醒民.知识的三大部类:自然科学、社会科学和人文学科[J].学术界,2012(8):5-33.
⑦ 袁曦临.人文社会科学学科分类体系研究[D].南京:南京大学,2011.

学、教育学、伦理学、宗教学、美学、艺术学、文化学、文化人类学、考古学、民族学等学科,其中,哲学、文学、史学是人文科学的基本学科,其他学科或与这三大基本学科并列或是由其衍生而成的分支学科,都属于人文科学的学科范畴。

需要指出的是,对人文科学的学科构成做这样的划分是相对的,并非上述所有学科都完全符合人文科学的学科属性和划分条件,有些学科,如教育学、文化人类学、民族学等学科,既有属于人文科学的学科属性,也有属于社会科学的学科属性,是介乎于人文科学与社会科学之间的学科。但是,从对人的存在本质、价值、意义和对人类的心灵世界与精神世界的关照、思考、守护的角度来说,把上述学科划分为人文科学是必要的和有重要意义的。当然,在许多属于社会科学的学科中,也包含着一些介于社会科学与人文科学之间的边缘性、综合性、交叉性的二级学科,如法学中的"法哲学"、"法理学",经济学中的"经济哲学"、"经济伦理学",政治学中的"政治哲学",社会学中的"社会哲学"等。这些学科的存在,反映出人类知识与思想本身具有的那种内在的统一性与整体性,一种学科分化基础上的新综合与新渗透[①],这是值得我们认真研究的新课题。随着现代科学的不断发展,人文科学的学科构成必然呈现出新的变化发展的过程和状态。

第三节 人文科学的主要学科

如前文所述,人文科学包括哲学、文学、史学、语言学、心理学、教育学、伦理学、宗教学、美学、艺术学、文化学、文化人类学、考古学、民族学等主要学科。人文科学所属各学科都具有相对独立的性质,它们本身又有着不同的层次学科,包括基础学科、分支学科、交叉学科和历史学科等,共同构成学科的完整性。对人文科学的有关层次学科的分解和概述,是理解和研究人文科学丰富性和完整性的一个重要课题。[②]

一、哲学

"哲学"一词,源出希腊语,意为"对知识的热爱"、"对智慧的亲近",即"爱智慧"。从外语词源学角度看,"哲学"是为指导人们追求和获取知识或智慧的学问。在古汉语中,没有"哲学"一词[③],但有"哲人"、"哲思"等词。许慎《说文解字》解释:"哲,知也。""哲"的原义为知识、智慧,或明智的、聪慧的。从汉语词源学角度看,"哲学"是使人明智或聪慧的学问。那么,哲学究竟是什么?这不仅是哲学家们关注的首要问题,也是决定他们的哲学能否成为独特的哲学理论的首要问题,还是决

---

① 刘鸿武.故乡回归之路——大学人文科学教程[M].昆明:云南大学出版社,2012:28.
② 徐炼,张桂喜,郑长天.人文科学导论[M].长沙:中南工业大学出版社,1998:29-31.
③ 据查,汉语中的"哲学"概念最早由清末学者黄遵宪(1848—1905)于1896年左右从日语中译介过来。而日语中的"哲学"概念由19世纪日本哲学家西周(1829—1897)借用汉语中的"哲"和"学"二字组合而成。参见杨方.哲学概论[M].长沙:岳麓书社,2010:27.

定他们的哲学具有何种程度的合理性的首要问题。① 因此,每个真正的哲学家都把回答"哲学究竟是什么"作为创建自己哲学观的前提。

哲学,就其对象而言,它是探究关于整个世界及其各个领域中普遍根本问题之究极道理的学问。② 这里所称的世界,是指形而上学语义上的世界,即人类可以思想的一切事物的总和。世界包括自然、广义社会和人类精神三大领域。其中,广义社会包括社会(历史)、经济、道德(人生)、政治、法律等;人类精神包括认知(思维)、语言、艺术(审美)、宗教、科学、哲学等。普遍根本问题指整个世界或其某个领域中的宏观的、总括的、深邃的、持存的问题。究极道理指某个学科中的前提性的、基础性的或终极性的、超越性的道理,不同于枝节性的、派生性的、局部性的、特殊性的理论,更不同于仅适用于一时、一地、一事、一物的个案认识。"正因为哲学就普遍根本问题探索究极道理,所以它是思辨性的、逻辑性的,而非技术性的、实验性的,它本性上是只需动脑而不必动眼或动手的学问,虽说动眼或动手可能对它有某种益处,它不受时间、地点和外在条件的限制。"③

古往今来,不少哲学家对哲学的本质问题进行探讨,不同的哲学家提出了不同的观点。在哲学的发展史上,哲学家们的哲学观曾经发生过历史性的重大变革。在西方,有古希腊罗马哲学、中世纪哲学、近代西欧各国哲学、德国古典哲学、现代西方哲学等具有划时代意义的哲学;在中国,有先秦哲学(儒家哲学、道家哲学、墨家哲学、法家哲学等)、秦汉至隋唐哲学、宋至清代中叶哲学、近代哲学、现代马克思主义哲学等具有划时代意义的哲学。概括起来,主要有十种哲学观:一是世界观说,二是认识论说,三是实践论说,四是普遍规律说,五是形而上学说,六是语言分析说,七是存在意义说,八是精神境界说,九是文化样式说,十是文化批判说。④

哲学作为人类把握世界的一种基本方式,它是一种不同于日常思维、艺术思维和科学思维的独特的思维方式。与一般思维方式相比,哲学思维的特殊性在于,它是"以思想的本身为内容,力求思想自觉其为思想",也就是"对思想的思想","对认识的认识",这就是"反思"。⑤ 第一,哲学思维是一种反思的思维活动,或者说是对思想的思想。哲学是以人类把握世界的各种方式(常识的、神话的、宗教的、科学的、艺术的)及其全部成果(知识形态的常识、神话、宗教、科学、艺术)作为反思的对象,去追问思维与存在相统一的根据,去考察人生与世界的终极意义,去揭示自我与社会的深层矛盾。第二,哲学思维是一种怀疑和批判的思维。哲学高于常识的地方就在于它从不故步自封,而是用怀疑和批判的利剑穿过常识所设置的障碍,去寻找万事万物的真理。第三,哲学思维是一种追根究底的彻底性思维。与常识和科学不同,哲学不满足于描述事实,它还想探求事物内在的普遍联系,寻求各种学

---

① 孙正聿.哲学通论[M].沈阳:辽宁人民出版社,1998:21.
② 杨方.哲学概论[M].长沙:岳麓书社,2010:53.
③ 杨方.哲学概论[M].长沙:岳麓书社,2010:54.
④ 孙正聿.哲学通论[M].沈阳:辽宁人民出版社,1998:27-45.
⑤ 孙正聿.哲学通论[M].沈阳:辽宁人民出版社,1998:133.

科中的,作为其研究出发点和基础的,作为其思维前提的一些基本的假说的解释。哲学思维是直达知识和思维前提的彻底性批判,对人类的知识和文化的各种形态构成的根据、评价的标准、规范的尺度等的合理性、合法性进行批判性的反思。①

无论哪种派别的哲学观,都不可回避地必须回答这样一个问题,即哲学的基本问题,又称哲学根本问题或哲学最高问题。对哲学基本问题的不同回答,形成了哲学中的两个基本派别和两条哲学路线。①针对思维和存在、精神和物质何者为本原问题的不同回答,形成了唯心主义和唯物主义两个基本派别、两条对立的路线。凡断定存在、物质是第一性的,是世界的本原,就属于唯物主义;凡断定思维、精神是第一性的,是世界的本原,就属于唯心主义。由于唯物主义和唯心主义都认为世界只有一个本原(物质或精神、思维或存在),因而是哲学的"一元论"。在哲学史上也曾有过所谓的"二元论",主张物质或存在、精神或思维同为本原,二者各自独立,并行不悖。但是,二元论往往需要设想一个凌驾于物质或精神、思维或存在之上的"上帝"的存在,它最终必然导致哲学唯心主义。从哲学史上看,唯物主义和唯心主义在自身的发展中,各自经历了不同的历史形态。唯物主义先后经历了三个基本发展阶段并构成了三种基本理论形态,即古代的朴素唯物主义;近代的机械唯物主义或形而上学唯物主义;马克思主义的辩证唯物主义和历史唯物主义。唯心主义有过许多派别,但归结起来有两种基本形式,即主观唯心主义和客观唯心主义。②针对思维和存在、精神和物质是否具有同一性问题的不同回答,形成了可知论和不可知论。绝大多数哲学家,包括所有的唯物主义哲学家和一些唯心主义哲学家都主张世界是可以认识的,即可知论。但是,唯物主义和唯心主义对这个问题的解决在原则上是不同的。唯物主义是在承认物质世界及其规律的客观存在,承认思维是存在的反映的基础上,承认世界是可以认识的;唯心主义则把客观世界看作思维、精神的产物,认为认识世界就是精神的自我认识。也有一些哲学家否认认识世界的可能性,或者否认彻底认识世界的可能性,他们是哲学史上的不可知论者。

哲学作为一门古老而又充满活力的人文学科,其学科体系随着人类认识的深入而不断发展和深化。具体地说,哲学的层次学科包括:①基础学科,即哲学原理,包括马克思主义哲学原理、西方哲学原理等;②分支学科和交叉学科,包括自然哲学、社会哲学、生命哲学、道德哲学、艺术哲学、经济哲学、政治哲学、法律哲学、科学哲学、教育哲学、文化哲学、宗教哲学、语言哲学、历史哲学、哲学人类学等;③历史学科,包括西方哲学史、东方哲学史、马克思主义哲学史、中国哲学史、佛教哲学史、基督教哲学史、哲学学科发展史等。

二、文学

在古代汉语中,"文学"的基本内涵是有关文字文献的知识或学问。"文学"一

---

① 朱红文.人文社会科学导论[M].北京:教育科学出版社,2011:117-119.

词最早出现在《论语·先进》中,曰:"文学:子游,子夏。"这里的"文学"泛指"古典文献",与德行、言语、政事相并列,为孔门四科之一。同时,《论语》中还有"夫子之文章,可得而闻也","君子博学于文,约之以礼,亦可以弗畔矣夫"等记载。在这里,"文章"、"博学"即关于文献方面的学问。可见,在中国古代典籍中,文学与"文章"、"博学"基本同义。到了汉代,文学由原来的泛指古典文献发展为指学术,当时主要指儒学。魏晋南北朝时期,"博学"逐渐从文学中剥离,而文学则富有新的含义。尽管如此,在不同时期里,文学即文章、博学的观念一直交叉使用,并作为狭义上的文学沿袭下来。《宋书·雷次宗传》记载:"时国子学未立,上留心艺术,使丹阳尹何尚之立玄学,太子率更令何承天立史学,司徒参军谢元立文学,凡四学并建。"① 在这里,"文学"的基本含义是学问,也开始有了"学科"的意义。清末民初学者章炳麟曾经指出:"文学者,以有文字著于竹帛,故谓之文;论其法式,谓之文学。"② 在章炳麟看来,凡以文字形式显示在竹帛上的文字形态,均为文学。"文学"作为一门独立的学科,始于张百熙在 1902 年 8 月制订的《钦定学堂章程》(称为"壬寅学制"),他将大学学科分为七科,其中,文学科位列第二。清政府于 1903 年颁布了《奏定学堂章程》,也把文学规定为高等学校八科之一。③ 此后,文学一直作为书籍文献、学问、学科等含义而存在。

在英语中,"literature"一词来源于拉丁文 litter。14 世纪,literature 出现在英语里,意为"通过阅读所得到的高雅知识"。此后,literature 的内涵不断丰富,并逐步演变为多种含义。《英汉大词典》中对 literature 的解释:①文学,文学作品;②[总称](关于某一学科或专题的)文献,图书资料;③写作,著述,文学研究;④(口语)[总称](商品说明书之类的)印刷品,宣传品;⑤[总称]音乐文献;⑥(古)学识,文学修养。④《新牛津英汉双解大词典》对 literature 的解释:文学作品;文献;(促销、建议用的)印刷资料、宣传单。⑤

文学的本质是什么?学者们从不同的观点与立场出发,对文学的本质作过各种界定。归纳起来,大体上有四个方面:一是从文学作品与世界(自然与社会)的关系讲解文学本质的"反映论"、"再现说"或"模仿说";二是从文学作品与作家的关系界定文学本质的"表现说"、"外化说";三是从文学文本的立场回答文学本质的"声律说"、"情采说"、"比兴说"、"意象说"、"意境说"、"层次说"、"结构说"等;四是从读者接受的立场解说文学本质的"象征符号"、"有意味的形式"以及"审美"、"教化"等社会功能的表述,从而有与阅读欣赏相关的"接受"、"阐释"、"体验"、"期待视野"、"再创造"等美学上的诸多解释。可见,学者们对文学本质的理解千差万别,没有得到一个大家都能接受的结论。

---

① 卢开万.读《宋书·雷次宗传》书后[J].魏晋南北朝隋唐史资料,1994(13):56-63.
② 郭绍虞.中国历代文论选(下册)[M].北京:中华书局,1963:370.
③ 钱曼倩,金林祥.中国近代学制比较研究[M].广州:广东教育出版社,1996:114-115.
④ 陆谷孙.英汉大词典(上卷)[M].上海:上海译文出版社,1989:1913.
⑤ 本词典编译出版委员会.新牛津英汉双解大词典[M].上海:上海外语教育出版社,2007:1237.

第三章
人文科学的学科构成

法国解构主义大师雅克·德里达(Jacques Derrida)曾经指出:全部科学文化都是在语言中形成的,由语言生成的哲学和文学都是隐喻的。如果一定要对"文学是什么"做出回答,只能"使我茫然认为,文学是一种允许人们以任何方式讲述任何事情的建制,文学的空间不仅是一种建制的虚构,而且也是一种虚构的建制,它原则上允许人们讲述一切。"① 他说:"文学性不是一种自然本质,不是文本的内在物,它是对于文本的一种意向关系的相关物……这种文本的文学特性记录在意向客体的一边,可以说,是在其知性结构中,而不仅是在纯理性行为的主观性一边。"② 在德里达看来,文学的本质相对地体现为文学性,这种文学性是不内在于文本之中,而是被阅读召唤和复活的文学特征。应该说,从文学特征的角度来理解文学的本质,有其独到之处,这也给我们以重要启示。

文学作为一种文化形式,是人们以象征性符号形式(语言文字)创造出某种精神成果的精神性实践活动。首先,文学是一种社会意识形态,它属于精神文化范畴。文学以语言文字为中介,对客观存在的人物和事件进行描述,但它不是如照相机般直观实在地反映外观世界,而是通过作家头脑的加工(观察、理解、想象和创造等),能动地反映客观存在的人物和事件。文学作为一种社会意识形态,是作家依据一定的立场、观点和方法对社会生活进行的艺术创造,具有认识性、倾向性和实践性。其次,文学是一种审美的艺术。文学不同于一般文化形式,具有特殊的审美属性,它是社会意识形态和审美艺术的统一。审美也是文学与音乐、绘画、戏剧、雕塑、舞蹈、书法、影视等艺术种类共同具有的特征。文学的审美特征,主要体现为情感性、形象性和超越性。最后,文学是一种语言的艺术。语言的媒介性质,为文学艺术的生成提供了物质符号基础。作为文学的媒介,语言深刻、全面地影响着文学活动的每一个环节,使文学呈现出间接性、精神性和韵律性的特点。沈君山曾经提出对文学本质的看法,他指出,文学是文字的艺术,文学是人生的语言化,文学是哲学的戏剧化,文学是人生的全面探讨。他认为,上列的每一个陈述都可以拿来作为文学的一个界说,甚至可以将之夸大成一个定义。但是,每一个单一的陈述却总让人觉得不足以笼括全局,因此,不如把四个定义合拢来看,或许能把握住较大的局面。③ 这种对文学的本质的认识是深刻而有意义的。

文学具有多种价值与功能。文学价值是文学作品满足人和社会需要的属性。文学价值越大,对人与社会产生的影响也越大。一部好的文学作品之所以能够具有神奇力量和巨大魅力,是因为人们可以从中得到心灵的震撼和美的享受。文学价值是作家和读者共同创造的,作家的创造为文学价值提供了基础,读者的阅读接受使文学价值成为现实,因此文学价值的生成包括两个重要环节,即文学价值的创造和文学价值的实现。文学价值具有多样性,就其具体内涵而言,文学价值分为人

---

① 徐珂.文学是什么——释德里达的"文学"观[J].外国文学研究,2000(1):16-21.
② 徐珂.文学是什么——释德里达的"文学"观[J].外国文学研究,2000(1):16-21.
③ 颜元叔,林文月,郭博文,等.人文学概论[M].上海:复旦大学出版社,2013:1.

文价值、伦理价值、审美价值、文化价值、交往价值、科学价值、商业价值等。就价值的意义和效果而言，文学价值又可分为正面价值和负面价值、积极价值和消极价值、短暂价值和长久价值、现实价值和未来价值、显在价值和潜在价值等。由于文学作品的要素与结构不同，其价值也会有相应的差异。值得注意的是，在文学诸价值中，文学的思想、伦理、认识等价值常常居于主导地位，被称之为文学的主导价值。文学作为一个总体概念，其主导价值就是某个时代和国家的主流意识形态的体现。文学价值决定文学功能，文学功能是文学价值属性的实际反映和体现，文学功能存在的内在依据是文学的价值。文学的功能有很多，最基本的有认知功能、教育功能、审美功能和娱乐功能，此外还有凝聚功能、益智功能、心理补偿功能等。文学的功能不是孤立的，各种功能都相互联系、相互渗透，具有整体性，体现在文学对人的情感、理想、信念、道德、人格等方面潜移默化的影响上。文学反映人生，文学批评人生，文学塑造人生，这是对文学功能的生动阐释。

文学以不同的形式表现作家的内心情感，再现一定时期和一定地域的社会生活。文学在其发展中形成了诗歌、小说、散文、戏剧文学、影视文学、网络文学等不同的形式和文学类型（体裁）。当然，文学根据不同的视角可以分为不同的类型。比如，按载体，分为口头文学、书面文学、网络文学三大类；按读者年龄，分为儿童文学和成人文学等；按读者群体及内容，分为严肃文学和通俗文学，或大众文学、民间文学、少数民族文学和宗教文学等；按作者所在的时代，分为古代文学、近代文学、现代文学和当代文学；按地域，分为亚洲文学（中国文学、马新文学、日本文学等）、欧洲文学（英国文学、德国文学、希腊文学、俄罗斯文学等）、美洲文学（美国文学、拉丁美洲文学等）、非洲文学（埃及文学、南非文学、中非文学、西非文学等）、大洋洲文学（澳大利亚文学、巴布亚新几内亚文学等）等；按内容，分为史传文学、纪实文学、奇幻文学、报道文学等；按表达体裁，分为小说、散文、诗歌、报告文学、新韵文、戏剧、歌剧、剧本、民间传说、寓言、笔记小说、野史、童话、对联和笑话等；按创作理念，分为浪漫主义文学和现实主义文学等。

文学作为人类一种重要的精神活动方式，属于典型的人文学科。具体地说，文学的层次学科包括：①基础学科，即文学理论，包括西方文学理论、东方文学理论等；②分支学科和交叉学科，包括文学批评、文学思潮、文艺美学、文艺心理学、比较文学等；③历史学科，包括中西方文论史、文学史、文学思想史、文学学科发展史等。

三、史学

在古代汉语中，"史"最初是指一种官职。据文献记载，早在黄帝时代就有史官。《世本·作篇》曰："沮诵、仓颉作书。沮诵、仓颉为黄帝左右史。"[1]据《周礼》、《礼记》等书记载，古代所置史官名称甚多，有大史、小史、内史、外史、左史、右史之

---

[1] 党怀兴，陶生魁．仓颉造字与汉字崇拜文化[J]．陕西师范大学学报（哲学社会科学版），2011(5):52-57．

第三章
人文科学的学科构成

别。史官职责亦各有异,大史掌国之六典,小史掌邦国之志,内史掌书王命,外史掌书使乎四方,左史记言,右史记事。《左传·昭公十二年》记有楚灵王称赞左史倚相之语:"是良史也,子善视之,是能读《三坟》、《五典》、《八索》、《九丘》。"①《说文解字》对"史"字的解释:"史,记事者也。从又持中。中,正也。"②即保持中正的态度来记事(记事是古代史官的主要任务之一)。著名学者王国维则解释说,"史"字原为盛放简策之器,后引申为簿书之意,从其字形看,即手持簿书之人,"史之职,专以藏书、读书、作书为事"③。也就是说,"史"是一批专门从事文字记录和整理典籍的人。

中国早期典籍虽然多不用"史"字冠名,但先夏时期就有四部著名典籍,名《三坟》、《五典》、《八索》、《九丘》,即史籍,"坟"、"典"、"索"、"丘"也是中国最早的史书名。其后,记事之史被称为"志",如《夏志》、《商志》、《周志》等。春秋时,孔子作《春秋》,是我国第一部较为完备的编年体史书,后有《吕氏春秋》、《晏子春秋》、《吴越春秋》等,于是"春秋"成为史书名。至汉代时,司马迁撰《史记》,班固撰《汉书》,记、书成为史书名。后又有称史书为历,如《吴历》、《晋历》等。在一段时间内,记、书、志等数名可并用,如前四史就包括《史记》、《汉书》、《后汉书》和《三国志》。而正史中除《史记》外,始于唐代初年成书的《南史》、《北史》,以"史"为名。

将历和史合为一词而曰"历史",始见于韦昭所撰《吴书》,其中有"(赵)咨曰:吴王浮江万艘,带甲百万,任贤使能,志存经略,虽有余闲,博览书传历史,藉采奇异,不效诸生寻章摘句而已"的记载。《南齐书》之《武十七王传·子响传》中,也有"二主议加于盛世,积代用之为美,历史不以云非"的说法。至明代万历时,袁了凡作《历史纲鉴补》,将"历史"一词用于书名,并在明代末年被人带到日本,后被日本学界翻刻该书。至日本更新学制,教育机构选用"历史"一词作为科目名称,影响深远。清末民初,我国学界先驱皮锡瑞、章炳麟、夏曾佑等受日本人影响,在其著书立论、传布新知时大量运用"历史"一词,从而使"历史"这个概念为国人所熟知。④ 梁启超明确提出:"历史者,叙述人群进化之现象而求得公理公例者也。"⑤在这里,他赋予"历史"一词"历史学"、"历史科学"等新的含义。

在西文中,history 来源于古希腊文的 historia 一词,意思是指叙说和叙述已经认识到的和已经研究过的事物。英语对 history 的解释有多种含义,《英汉大词典》对 history 的解释是:①历史;②过去,过去发生的事,过去事件的记载(或叙述),史,史册;③(事物的)发展过程,来历;④历史学,史学;⑤(可载入史册的)重大事件(或行动等);⑥(对自然现象等的)系统阐述,如博物学;⑦个人经历,履历,病历,病史;⑧历史剧,史剧;⑨故事,传说等。⑥《新牛津英汉双解大词典》对 history 的解释为:

---

① 邱永君.关于汉语"历史"一词之由来[N].中国社会科学院院报,2004-06-22(4).
② (汉)许慎.说文解字(校订本)[M].班吉庆,王剑,王华宝,点校.南京:凤凰出版社,2004:83.
③ 曹胜强.人文社会科学基础[M].北京:高等教育出版社,2014:114.
④ 邱永君.关于汉语"历史"一词之由来[N].中国社会科学院院报,2004-06-22(4).
⑤ 杜经国,庞卓恒,陈高华.历史学概论[M].北京:高等教育出版社,1990:2.
⑥ 陆谷孙.英汉大词典(上卷)[M].上海:上海译文出版社,1989:1527-1528.

①历史(尤指对与人类有关的过去事件的研究);②(人,物的)历史;③历史(对重要或公众事件、特殊趋势或制度按时间顺序的连续记录)。① 西方学者对"历史"的解释也各有说法,如意大利著名哲学家、历史学家克罗齐指出:"历史存在于我们每一个人身上,它的资料就在我们自己的胸中。因为只有在我们自己的胸中才能找到那种熔炉,使确凿的东西变为真实的东西,使语文学与哲学携手去产生历史。"②美国历史学家贝克尔说:"我们承认有两种历史,一种是一度发生过的、实实在在的一系列事件,另一种是我们所肯定并且保持在记忆中的、意识上的一系列事件。"他接着说:"事件的实在的一系列,在我们看来,只存在于我们所肯定并且保持在记忆中的、意识上的一系列之中。这便是为什么不得不把历史和历史知识等同起来的原因。为了一切实用的宗旨,对我们和对目前一时来说,历史便是我们所知道的历史。"③正是从这种观点出发,贝克尔对历史做出了一个他认为最简化的定义:历史是说过和做过事情的记忆④。

可见,"历史"一词的内涵十分丰富,中外学者对历史的解释虽有不同说法,但其基本含义是一致的。借鉴中外学者的见解,我们认为"历史"的内涵包括三个方面:第一,它指以往人类社会的客观历史过程,或过去发生过的事情的历史;第二,它指人们的历史认识或作为历史认识集中成果的历史著作;第三,它指历史学这门学科,从马克思主义观点来说,就是研究人类社会发生的各种历史现象并探寻其发生发展规律的科学。⑤ 这对历史内涵的理解是比较全面和科学的。

史学是研究人类社会历史发展的具体过程及其规律的科学。史学的研究对象是客观存在的历史。史学源于人类自身的历史性。人是一种历史性存在,历史是由人的实践活动创造的,而人的实践活动是一种历史性的活动。也就是说,只有在历史联系中,人才能取得自身的现实存在,而现实的人又总是人类历史的延续。马克思和恩格斯曾经明确指出:"历史不外是各个世代的依次交替。每一代都利用以前各代遗留下来的材料、资金和生产力;由于这个缘故,每一代一方面在完全改变了的环境下继续从事所继承的活动,另一方面又通过完全改变了的活动来变更旧的环境。"⑥马克思、恩格斯还指出:"历史可以从两个方面来考察,可以把它划分为自然史和人类史。但这两个方面是不可分割的;只要有人存在,自然史和人类史就彼此相互制约。"⑦李大钊也曾明确写道:"史学有一定的对象。对象为何?即是整

---

① 本词典编译出版委员会.新牛津英汉双解大词典[M].上海:上海外语教育出版社,2007:998.
② 贝奈戴托·克罗齐.历史学的理论和实际[M].傅任敢,译.北京:商务印书馆,1982:14.
③ 田汝康,金重远.现代西方史学流派文选[M].上海:上海人民出版社,1982:259-260.
④ 田汝康,金重远.现代西方史学流派文选[M].上海:上海人民出版社,1982:261.
⑤ 杜经国,庞卓恒,陈高华.历史学概论[M].北京:高等教育出版社,1990:2-3.
⑥ 中共中央马克思恩格斯列宁斯大林著作编译局.马克思恩格斯选集(第1卷)[M].北京:人民出版社,1995:88.
⑦ 中共中央马克思恩格斯列宁斯大林著作编译局.马克思恩格斯选集(第1卷)[M].北京:人民出版社,1995:66.

第三章
人文科学的学科构成

个的人类生活,即是社会的变革,即是在不断的变革中的人类生活及其产物的文化。"① 史学研究的对象不仅包括历史客体,还应该包括历史主体。史学是历史研究者和认识者通过对历史资料、历史证据、历史文献、历史方法等客观历史事实的记录、描述、研究、理解、阐述而形成的系统化的历史认识,其表现形态就是各种历史著作。史学与客观的历史事实不同,它是经过历史研究主体对客观的历史事实进行主观加工后,形成的含有主体烙印的历史知识。因此,史学不仅包括历史本身,还包括在历史事实的基础上研究和总结出来的历史发展的规律,以及总结研究历史的方法和理论。

历史观是史学的理论指导。历史观是指人们对历史的根本观点,是对历史的系统理论认识,主要指人们对社会的起源、社会生活的本质,以及历史总体运动和一般规律的理论概括。它是史学的灵魂,是史学理论的核心内容。古往今来,史学家和哲学家在探索历史奥秘的过程中,曾经提出各种历史观。在马克思主义唯物史观产生之前,由于历史条件的局限,在历史观上,不论是唯物主义者还是唯心主义者,都是"从观念出发来解释实践"。可以说,历史观被天命史观、英雄史观、神学史观、循环史观、进化史观等统治着。

马克思主义唯物史观的创立,宣告了在人类社会历史领域占统治地位的唯心史观的彻底结束。唯物史观是科学的历史观,深刻地揭示了社会发展的客观规律,揭开了人类历史发展的奥秘。它从直接生活的物质生产出发,阐述现实的生产过程。"这种历史观和唯心主义历史观不同,它不是在每个时代中寻找某种范畴,而是始终站在现实历史的基础上,不是从观念出发来解释实践,而是从物质实践出发来解释观念的形成。"② 李大钊曾经指出,马克思的唯物史观把从前的历史的唯物论者不能解释的地方,给以创见的说明,遂以造成马氏特有的唯物史观。③

史学的研究对象、任务和特点决定着史学的研究方法。史学方法是联结作为历史研究主体和历史研究对象的中介和桥梁。历史学家只有运用一定的史学方法才能作用于自己的研究对象,从而取得相应的研究成果。④ 然而,历史学家选择什么样的史学方法,取决于他对历史内容以及史学基本属性的理解,以及对史学与历史及现实社会关系看法。张岂之在《中国近代史学学术史》一书中,曾把近代中国史学方法体系归结为三种基本类型:以王国维、陈寅恪、汤用彤、柳诒徵为代表的近代考证方法,以胡适、傅斯年为代表的实验主义方法,以李大钊、陈独秀、郭沫若、吕振羽、翦伯赞、范文澜、侯外庐为代表的唯物史观方法。⑤ 这三种类型的史学方法各有特点,值得重视,但在历史研究实践中,采用单一方法都有其不足。常用的史学

---

① 李守常.史学要论[M].北京:商务印书馆,1999:85.
② 中共中央马克思恩格斯列宁斯大林著作编译局.马克思恩格斯选集(第1卷)[M].北京:人民出版社,1995:92.
③ 李大钊.李大钊全集(第3卷)[M].石家庄:河北教育出版社,1999:235.
④ 蒋大椿.新中国史学方法研究的基本历程[J].社会科学研究,1995(5):101-107.
⑤ 张岂之.中国近代史学学术史[M].北京:中国社会科学出版社,1996:225-253.

方法有以下几种:阶级分析法、比较研究法、系统研究法、计量研究法、归纳与演绎法、分析与综合法、文献研究与考古研究法、数量统计法、口述史学方法、跨学科方法、图表法等,历史研究通常会根据研究对象、任务、特点选择和综合运用多种方法。

史学自产生开始,历经数千年的发展,一直受到人们的高度重视。在我国,历代王朝不仅专门设有史官记载国家大事和整理典籍,并把史学著述与儒家经典立于同等地位,还有官修史学和私人著史的传统。在西方,古希腊和古罗马对史学也十分重视,出现了一批大史学家和史学名著。虽然在中世纪由于神学居于绝对统治地位,史学长期沦为神学的附庸,但自"文艺复兴"以后,史学又受到人们的普遍重视,成为一门历久不衰的基础学科。史学名家辈出,派别林立,建树颇丰。时至当今,史学越来越受到世界各国的重视,发挥着重要的作用和功能。具体说来,史学的功能主要表现在四个方面。

一是认识功能。

史学的认识功能是指历史知识在人们认识和改造客观世界过程中所起的作用。历史知识是人们认识现在和预见未来的必备条件。史学可以帮助人们认识人类社会历史发展的过程和规律,可以帮助人们通过认识历史进而最终认识自己,并运用历史规律和人类自身发展规律,自觉地进行创造历史的活动。

二是借鉴功能。

史学的借鉴功能是指它为人们的实践活动提供历史经验和教训。以古为鉴,可知兴替;以人为鉴,可明得失。人们在认识和改造客观世界的过程中,有成功的经验,也有失败的教训。这些经验教训对于后来者都是宝贵的财富,人们可以根据自己的需要,从中取得借鉴,作为行动的参考。

三是科学功能。

史学的科学功能是指它为许多学科的创建和发展积累了丰富的思想资料,影响和推动了其他各门科学的发展。史学作为科学整体的一部分,不仅"孕育、带动了一批史学的辅助学科及相关学科的产生与发展","为各门科学提供了一种根据事物或对象的方向,做顺时态的纵向考察,以把握其演进的全过程的研究范式",而且"具有一种广泛的包容性","具有一种黏合的作用……推动了诸学科的相互影响、渗透和发展,促进了相互边缘学科的形成和发展"[1]。

四是教育功能。

史学的教育功能应该是运用真实具体的历史形象和客观而又科学的历史评价,通过潜移默化的方式对人们的世界观和人生观产生积极的影响[2]。史学教育功能包括人文精神教育、伦理道德教育、理想信念教育、民主法制教育、爱国主义与国际意识教育、生态环境教育、历史眼光教育等,可以提升人们的精神和情怀,开阔视野和心胸,坚定理想和信念,规范思想和行动,促进求实求真。

---

[1] 陈润华,李锐.大学人文科学概论[M].北京:清华大学出版社,2012:49.
[2] 杜经国,庞卓恒,陈高华.历史学概论[M].北京:高等教育出版社,1990:126.

史学作为研究人类社会历史发展的过程和规律的人文科学，可以相对划分为"通史"、"断代史"、"国别史"、"区域史"、"专门史"等。具体地说，史学的层次学科包括：①基础学科，包括史学理论（史学本体论、历史认识论、史学方法论等）、史学概论等；②分支学科，包括通史（世界通史、中国通史等）、专门史（经济史、政治史、军事史、思想史、科技史、教育史、哲学史、文学史、艺术史等）、断代史（古代史、近代史、现代史等）、国别史（中国史、欧洲各国史、美国史、非洲各国史等）、史料学（目录学、版本学、校勘学、辨伪学、考据学、年代学等）等；③交叉学科，包括历史地理学、历史人口学、计量历史学、心理历史学、民俗史学、城市史学、社会史学、文化史学、解释学史学等；④历史学科，包括中西方史学史、史料学史、史学思想史、史学学科发展史等。

四、语言学

语言学是研究语言现象及其发展规律的科学。它是从实践中概括、总结出来的语言理论。语言学的研究范围包括语言的性质、特征、功能、结构和历史发展，以及其他与语言相关的问题。

要研究语言学，首先必须认识语言。语言是人类特有的精神文化现象，创造并使用语言是人类区别于动物的重要标志。语言是指什么？对此，学者们有不同的解释。张鑫友概括了语言的五种含义。①语言可以指一个人所说出的话。从这种意义上说，语言就是指某一特定场合下发生的一种具体的言语行为，或者说是某一场合下所使用的具体措辞。②语言有时候又可以用来指一个人所用语言的整体，比如说"莎士比亚的语言"、"鲁迅的语言"等，这就是说，语言也就是指某个人的个人方言。③语言也可以指某种特殊的语言文字变体或风格层次，比如说"科学语言"、"专用语言"等。④语言是指某个语言体系中能使该体系区别于任何别的语言体系的所有构成部分，包括语音、词汇、语法、文字等。⑤语言还有一种更为抽象的含义，即用来指所有人类语言的共性特征。它指的是区别于动物所使用的信息传递系统或人造语言的，人类自然语言所具有的本质性特征。

从本质上看，语言是人类用来交际的具有任意性的语音符号体系。首先，语言必须是一套体系。语言是一个有机整体，在这个整体里包含着多种成分，语言成分必须按照一定的规则组合排列，而不能随意地组合在一起。语言系统一般由语音系统、词汇系统、语法系统等组成，它们之间相互联系。其次，语言具有任意性。不同的语言用来指某种事物、行为、思想等的词汇各不相同。再次，语言具有符号性特征。词汇靠约定俗成的习惯同事物、行为、思想等发生联系，无论用何种词汇表达该事物、行为和思想，都不会改变其本身的性质。最后，语言是人类独有的。它与其他生物所有的信息传递符号体系有很大的差别。总之，语言是人类独有的，它是人们交流思想、传递信息和表情达意的重要工具，也是人类进行思维活动和积累知识的工具。语言具有多种多样的用途。具体地说，语言至少具有寒暄功能、指令功能、信息功能、疑问功能、表达功能、表情功能和言语行为功能。

语言是如何形成的？语言的起源至今仍是个谜。早在古希腊时期，这个问题便引起了学者们的关注。此后几千年间产生了多种关于语言起源的学说，如"神造说"、"人造说"、"进化说"、"摹声说"、"感叹说"、"劳动叫喊说"、"语根说"，等等。但迄今为止，这些说法都还缺乏科学依据。20世纪以来，随着科学的不断推进和相关学科的发展，人们对于语言起源的认识取得了一些新的进展。近年来不少学者将儿童的语言习得作为研究的突破口，以期加深对语言起源问题的理解。尽管这些研究成果都有待于继续探索，但是它们无疑为人们揭开语言起源之谜开拓了新的思路。

语言学作为一门以语言为研究对象的科学，它的历史可追溯到数千年以前。古希腊人对语言的研究就取得了许多成果，如希罗多德谈到方言差异和外来语现象，诡辩学派的辩驳演讲引发了修辞研究，《对话录》记下了苏格拉底、柏拉图的语言哲思，亚里士多德为逻辑和语法范畴的建立奠定了基础。至斯多葛学派，本质论与约定论、类比论与不规则论之争非常热烈，语音、词源、语法三个方面都有所研究。公元前1世纪，狄奥尼修斯·色拉克斯的《语法术》，确立"词"、"句"的概念，提出八大词类，对希腊语的结构作了描述。罗马人瓦罗撰成《论拉丁语》，将语言研究分为词源学、形态学、句法学。公元6世纪初，普利西安详尽地描写了古典拉丁语，他的《语法原理》广为流传。至中世纪，摩迪斯泰学派的语法研究达到峰巅。

自文艺复兴起，西方语言学开始多向发展。此前，具有独立研究传统的希伯来语和阿拉伯语已获重视。传教活动使得美洲、中亚、远东的语言陆续进入学界的视野。1660年安托尼·阿尔诺、克洛德·朗斯洛撰成《普遍唯理语法》。到17、18世纪，生物学和人类学的拓展促使学界思考语言起源问题，思想家如卢梭、孔狄亚克、赫尔德也都积极参与讨论。哈里斯、伯耐特、图克的著述中可见普遍哲学语法的线索，德国施勒格尔兄弟、洪堡特则创立了语言类型学。1786年被视为现代语言科学的起点，这一年威廉·琼斯在印度宣称，梵语同希腊、拉丁、日耳曼诸语言有亲缘联系，均源自某种业已消亡的古语。随之而起的梵语热一方面引发了印欧语言的比较研究，另一方面使欧洲学界得以认识古印度语言学。印度语言学自成一统，在语音、语义、语法以及语言理论方面都有特殊的贡献。

19世纪语言研究的主要领域是印欧语言的历史比较，其中，拉斯克比较了古北欧语和英语的语音、形变，探索日耳曼语言对应关系；"格里姆定律"用公式概括起日耳曼语言中部分辅音的音变规律；葆朴对多种印欧语言的动词变位作了系统的比较；施莱歇尔著有《达尔文理论和语言学》等；新语法学派追求精确的方法，深信音变规律"无例外"，以维尔纳的名字命名的定律，使音变显得更为规整严密；理论家保罗1880年著有《语言史原理》，将语言学归入历史科学。

进入20世纪，索绪尔著有《普通语言学教程》。博厄斯考察土著语言，为《美洲印第安语言手册》撰写导论（1911）。萨丕尔除语言研究外，还从文艺、心理、人类诸学入手,探讨语言本质,又沿洪堡特的思路阐发语言世界观。萨丕尔的理论由沃尔夫利用土著语料进一步提炼,发展为一种有影响的假说。布龙菲尔德专注于语言本体,尤重分析技术(如分布模式、直接成分分析等),其结构主义理论方法经哈里斯、霍凯特、特雷格等人拓展,成为20世纪上半叶美国语言学的主流。20世纪下半叶美国语言学的主流是转换生成语法,现多称生成语法或生成语言学。这个时期的语言学,领域越分越细,分支越来越多,边缘学科如社会语言学、心理语言学,传统学科如历时(历史比较)语言学、方言学,应用学科如词典编纂、语言调查,都在继续拓展。

在中国,汉字和汉语是中华民族的通用文字和语言。汉字已有几千年的历史了,今天所能见到的最早的汉字是殷商甲骨文,此后经历了西周金文、春秋金文、战国文字、秦代小篆、汉代隶书和魏晋以来的楷书。在先秦时期,我国古代语言学还处于萌芽阶段,没有语言学家,也没有语言学方面的专门著作。中国早期文献《尚书》《诗经》《左传》《周易》等是当时重要的语言学成果。春秋战国以来,出现了诸如老子、孔子、孟子、墨子、荀子、庄子、韩非、孙武、司马迁、班固等一大批语言大师,他们的代表作《道德经》《论语》《孟子》《墨子》《荀子》《庄子》《韩非子》《孙子兵法》《史记》《汉书》等都具有很高的语言学成就。如老子对名实的看法,"道可道,非常道;名可名,非常名。无,名天地之始;有,名万物之母"[①],老子是我国历史上第一个提出"名""实"不可分的人,也是我国语言学史上第一个比较科学地指出名称和客观事物之间关系的人。孔子提出正名的主张,"名不正则言不顺,言不顺则事不成",其政治含义是以周礼为尺度来正名分。荀子则着重讨论了词与概念、语言与思维、方言与共同语的关系,指出了"名"和"实"的关系是约定俗成的。"名无固宜,约之以命,约定俗成谓之宜,异于约则谓之不宜。名无固实,约之以命实,约定俗成谓之实名。"这一学说正确揭示了语言的社会本质,是我国古代语言研究的一块理论基石。

《尔雅》是中国第一部专门的语言学著作,是我国古代重要经书《十三经》之一,也是我国第一部汇释经典用语的训诂工具书。它汇集了从春秋战国以至秦汉间训诂研究的丰富成果,释古今之异言,通方俗之殊语,在中国文献学史上占有重要的地位。西汉杨雄的《方言》,是我国第一部方言词典。对古文字研究影响最大的著作是汉代许慎的《说文解字》。《说文解字》集先秦、两汉文字、训诂研究之大成,是我国第一部分析字形、考究字源、说解字义、辨识声读的字典。由于许慎对文字学做出了不朽贡献,后人尊称他为"字圣"。东汉刘熙的《释名》,是我国第一部探求语源的训诂著作,它仿效《尔雅》,按照意义分类编排,用音训的方法对事物命名的含义及原因进行解释和探索。张揖的《广雅》,依《尔雅》体例,凡所不载,悉著于篇。一向被认为是研究汉魏以前词汇和训诂的重要著作。

晋代吕忱的《字林》,是一部按汉字形体分部编排的字书,为补《说文解字》漏略

---

① 老子.道德经[M].苏南,注评.南京:凤凰出版社,2001:1.

而作,兼有异体字,是《说文》与《玉篇》之间的一部字书,在字书发展史上有很重要的地位。梁代顾野王的《玉篇》,是中国古代一部按汉字形体分部编排的字书,虽然属于字书,《玉篇》释字却以音义为主,先反切注音再释义,引证之外有时加以按语说明,异体字附后。唐代孔颖达的《五经正义》,是唐代颁布的一部官书。由于经书文字多晦涩难懂,记事又简略不详,给后人学习带来不少困难,出现了许多经书注本。《五经正义》从中选出比较好的注本,摒弃其余杂说,对前代繁杂的经学解释进行统一整理。《五经正义》是一部典型的以疏解经的著作。颜元孙的《干禄字书》是收录唐代俗文字的一部字书,以四声分类,每字分俗、通、正三体,研究我国古代文字字体演变过程以及汉字形体笔画规范。

宋代张有的《复古编》根据《说文解字》,辨别文字正俗。以四声分列诸字,正体用篆书,而注别体,俗体于其下。又辨别形体笔画相似的字,以免疑混。明代梅膺祚的《字汇》依据楷体,将《说文解字》部首简化为214部。按子、丑等地支分为12集。部首和各部中字,又按笔画多少顺序排列。共收33179字。除古书中常用字外,还收有许多俗字,收僻字不多。注音先列反切,后注直音。其编排体例所采用的偏旁分部检字法,一直为后世《正字通》、《康熙字典》等所遵循,成为中国字典、词典主要编排方式之一。张自烈的《正字通》是一部按汉字形体分部编排的字书,共12卷。所分部首与《字汇》相同,共214部。部首次序和每部之内的字次都按笔画多少来排。《康熙字典》根据《正字通》而修,更加详备。虽然《正字通》中所出方言俗语的意义,不免有贵古贱今之意,但《正字通》在字典史上仍有一定的地位,足资参考。清代段玉裁的《说文解字注》,是段玉裁积数十年心血写成,代表了中国语言文字研究的最高峰,被后辈学者推崇为著名的"段注"。

清末至中华人民共和国成立前,卢戆章等一批知识分子发起"切音字运动",这是一场重要的汉字改革,深刻触及了语言文字的诸多核心问题,拓展了传统文字学、音韵学、方言学、语法学的研究领域,促进了近代科学语言学的发展,具有重大的学术价值与应用价值。之后,北洋政府推行了注音字母运动。1918年11月,北洋政府教育部以政令形式公布注音字母,包括声母24个、韵母12个、介母3个,共计39个,同时规定了浊音符号与四声点法。

1930年,国民政府在将注音字母更名"注音符号"的同时,训令全国推行。注音字母是中国历史上第一套法定拼音方案,是传统基础上的创新,是外来理念民族化的成功实践,有效解决了困扰国人数千年的汉字注音问题。注音字母为统一读音、推行国语、普及教育做出了重要贡献,功绩难以磨灭。这一时期,陆费逵、钱玄同、黎锦熙等人围绕汉字简化理论,探讨、收集整理现有简体字并赋予其法定地位,系统简化其他笔画繁难的汉字,大力宣传推行使用简体字运动。简体字运动对历代以来的简体字进行搜集整理,赋予其集体认可的地位与新的流通价值,并在理论上充分论证了简体字的社会价值,在实践上大大拓展了简体字的应用领域,对深化汉字本体研究、普及民众教育做出了重要贡献。与此同时,涌现出了一批著名的语言学家和语言学著作,例如,张世禄的《中国音韵学史》(上下,1938年)是张世禄在音韵学方面最有影响的一部著作;王力的《中国语言学史》(1981年)对中国2000年来的语文研究和语言学遗产做了比较全面的叙述和初步的总结;岑麒祥的《语言学史概要》(1957年)中外兼顾,是中国人写的第一本世界语言学史。

20世纪50年代中期,我国一些大学仿照苏联高校做法,开始设置语言学史课程。20世纪90年代以来,语言学的各个分支学科出现了一系列回顾性的论著,如许嘉璐等的《中国语言学现状与展望》(1996年)、许威汉的《二十世纪的汉语词汇学》(2000年)、于根元的《二十世纪的中国语言应用研究》(1996年)、周荐的《20世纪中国词汇学》(2008年)、严修的《二十世纪的古汉语研究》(2001年)、陈昌来的《二十世纪的汉语语法学》(2002年)等。这些著作反映了当代中国语言学研究的最新成果。

语言学作为一门古老的人文科学,在其历史发展中形成了许多分支学科和交叉学科。具体地说,语言学的层次学科包括四个方面。

(1) 基础学科,包括普通语言学、共时语言学、历时语言学、比较语言学、类型语言学、语言学概论等。

(2) 分支学科,包括音韵学、文字学、训诂学、语义学、词汇学、语法学、造句学、修辞学、词源学、词典学、方言学等。

(3) 交叉学科,包括艺术语言学、公关语言学、社会语言学、神经语言学、人类语言学、民族语言学、数理语言学、计算语言学、统计语言学、实验语音学、语言符号学、语言心理学、语言伦理学、方言地理学、生态语言学等。

(4) 历史学科,包括语言学史、语法学史、语音学史、修辞学史、语言学学科发展史等。

五、心理学

"心理学"一词来源于希腊文,英文"psychology"是由两个希腊文字"psyche"和"logos"组成的。前者的含义是"心灵"、"灵魂";后者的含义是"讲述"或"解说"。两者合起来就是"对心灵或灵魂的解说",心理学即"灵魂的学问",这是心理学的原意。心理学起初包含在哲学之中,是哲学的组成部分,这个阶段的心理学也被称为哲学心理学。从人类诞生之日起,心理现象就伴随人类产生了。从古至今,无论是在中国还是在西方,人们一直都在关注心理问题。心理学从与哲学不分家,到成为一门独立科学并发展成熟,经历了一个长期的历史发展过程。

在西方,早在古希腊时代,哲学家德谟克利特、苏格拉底、柏拉图和亚里士多德等都从哲学的角度探索过人类的心理现象,提出了很多心理学思想。例如,柏拉图将苏格拉底提倡的"对灵魂操心"的观点发展为明确的灵魂学说,即关于人性即人的本性的理论,对后来的西方思想产生了多方面的影响。亚里士多德的《论灵魂》是西方心理学史上第一部关于心理学的专门著作,对后来心理学的发展产生了深远影响。此外,他的《论感觉》、《论记忆》、《论梦》等都直接与心理学相关。到了中世纪,由于经院哲学和神学思想占绝对统治地位,对心理学的探讨处于停滞状态。从文艺复兴到19世纪中叶,人的心理特性一直是哲学家研究的对象。尽管在这段时期内心理学仍是哲学的一部分,但英国的培根、霍布斯、洛克等人,以及18世纪末法国百科全书派的思想家,都试图纠正中古时代被神学歪曲了的心理学思想,并给予符合科学的解释。培根的归纳科学方法论对整个近代自然科学的发展起了很大作用,霍布斯提出人的认识来源于外在世界,洛克最早提出联想的概念,这些都推动了心理学的发展。法国百科全书派的拉梅特里在《人是机器》一书中干脆把人说成是一架机器,这些虽然不免有机械唯物论的观点,但都有进步意义。

到了19世纪,由于生产力的进一步发展,自然科学取得了长足的进步,为心理学成为一门独立的学科创造了条件。生理学已经成为一门独立的实验科学,在神经系统生理学和感官生理学的研究上,有了新的发展。与此同时,生理学所采用的许多科学方法也相继被运用到对个体行为的研究中,并取得重要进展。这些研究工作和实验手段,对心理学摆脱哲学的附庸地位,从对哲学的一般讨论转向对具体问题的研究,最终成为一门独立的学科产生了深远的影响。除此之外,天文学、物理学等学科的发展也对心理学的产生起到了重要的推动作用。正是在这种背景下,德国哲学家、教育家赫尔巴特首次提出,心理学是一门独立的科学,是教育者应掌握的首要科学,建议每个人都应了解心理学基础。

德国生理学家、哲学家冯特于1879年在莱比锡大学建立了世界上第一个心理学实验室,开始对人类的心理现象进行系统的实验研究,宣告了科学心理学的诞生。冯特的心理学是以德国的感官生理学和心理物理学为基础,吸取德国古典唯心主义哲学中的某些见解,采用心理化学的观点建立起来的。冯特认为,心理学的任务是研究心理复合体的构成要素及其构造方式和规律,也就是说,要回答以下三个问题:①心理有哪些要素;②心理复合体的结构是什么;③心理复合体的形成的规律是什么。冯特和他的学生铁钦纳提出,心理学的研究对象是意识经验,心理学应该采用实验内省法分析意识的内容或构造,并找出意识的组成部分以及它们联结成各种复杂心理过程的规律。这就是构造派心理学。构造派心理学是科学心理学诞生后第一个应用实验法系统研究心理问题的独立的心理学派别。冯特作为心理学史上第一位正式研究心理学的教授,因其重要贡献被誉为"心理学之父",他在1874年出版的《生理心理学原理》被认为是生理学和心理学上的不朽之作。构造心理学为心理学确定的研究对象过于狭窄和脱离生活实际,同时又把内省法看作心理学的主要方法,因而遭到欧美许多心理学家的反对。在铁钦纳在世的最后岁月,构造心理学便已逐渐式微,最后趋于瓦解,但它同时也从反面推进了心理学百家争鸣、学派林立的局面。机能心理学派、行为主义心理学派、格塔式心理学派、荣格心理学派、精神分析学派、认知心理学派、人本主义心理学派、皮亚杰学派、反省心理学派等相继兴起和发展。

在中国，早在春秋战国时代，儒家、道家、墨家、法家等诸子的心理学思想极其丰富。先秦儒家心理学思想主要体现在孔子、孟子、荀子以及《学记》和《乐记》之中。孔子提出了"性相近，习相远"的观点，认为人性是在先天"相近"的自然本性的基础上，由于后天的习惯而形成不同的社会本性；孟子从人性论角度提出了性善论，认为人生来就具有恻隐、善恶、辞让、是非四个"善端"，只要把它们"扩而充之"，就可以发展为仁、义、礼、智四种道德品质；荀子则主张性恶论，认为人性本恶，必须"化性起伪"，把人的恶性改变为善性。先秦道家、墨家、法家也提出了丰富的心理学思想。如老子提出"载营魂抱一""专气致柔""涤除元览"的观点，把精神与身体看作是统一的，认为过分地追求外物以满足自己的情欲是有害的，因而他主张寡情去欲；庄子从"形"与"神"的关系出发，用"心"这个概念来表达心身关系，以"用心若镜"的心物观为基础，探讨了"知虑""情欲""性""习"，以"反真"去"机心"保持纯朴，获得心理和谐；墨家在知虑心理方面，提出了知材、知接、虑求、恕明的观点，可以说这是认识过程的四个阶段。此外，墨家关于感知、思维和言语的论述，关于情感的观点，都具有重要的心理学意义；法家主张以法治国，加强君主的集权统治，把人心、人情、人性等心理方面的问题，看成是"正法之本"。

汉唐时期，人们对心理问题有了更深层的关注，这个时期形成了人性论、佛性论和形神论等理论，提出了涉及知虑、情欲、智才心理等多方面的普通心理学思想，出现了涵盖社会、教育、文艺、医学、运动、军事、政治、管理等多个领域的分支心理学思想。宋元明清时期，心理学思想不断发展，例如，刘智在《天方性理》中提出了大脑总觉作用和大脑功能定位的心理学思想；王清任在进行尸体解剖的基础上，正式提出了"脑髓说"，认为"灵性、记性，不在心在大脑"，被后世学者称为"中国医界之极大胆的革命论"。

中国现代的心理学思想主要来自西方。1889年颜永吉翻译的第一部汉译心理学著作《心灵学》在中国出版，这是向西方学习的开端。之后，我国心理学研究无论是在研究的主题上，还是在研究的方法上，都深受西方心理学思想的影响。20世纪前叶，中国心理学只是对西方心理学的简单复制与模仿。新中国成立后，我国心理学工作者开始系统地学习苏联心理学，确立以马克思主义的基本原理作为心理学研究的指导思想。十年"文革"动乱，心理学发展走向低谷，心理学被视为"伪科学"。改革开放以后，西方心理学重新受到重视，但心理学者们本着实事求是的态度，开始研究中国人，使心理学中国化的研究悄然兴起。同时，对西方心理学的一统模式进行反思，从本质上强调根据中国文化的不同特点，研究中国人的特殊心理，建立适合国情的真正意义上的中国心理学。在经历了1978年至20世纪80年代前期的重建期、20世纪80年代后期到20世纪90年代后期的稳步成长期、20世纪90年代后期以来的快速发展期，我国心理学在学科建设、学术研究、服务社会和国际交流合作等方面都得到空前的提升。

心理学是一门研究心理现象及其规律的科学。心理学的研究对象是心理现象,它揭示心理现象的发生、发展和活动规律,并对它们进行科学的解释。心理学主要研究人的心理现象,它包括个体的心理现象和群体的社会心理现象。心理现象无法进行直接观察,但通过对行为的观察和分析,可以客观地研究人的心理,因此,心理学还研究行为及行为与心理的关系。

何谓人的心理?从汉语字面上解释,心理就是心思、思想、感情等内心活动的总称。用现代心理学的语言解释,心理是脑的机能,是客观现实的反映,是感觉、知觉、记忆、思维、想象、注意、情感、意志、动机、兴趣、能力、气质、性格等心理现象的总称。感觉是最简单的心理现象,是认识活动的开端。感觉、知觉、思维、记忆、想象等,都是人们认识事物过程中所产生的心理活动,统称认知活动或认知过程。其中,感觉、知觉是简单的初级认知过程,思维、想象则是复杂的高级认知过程。

心理现象是心理活动的表现形式。心理现象非常复杂,但从形式上可以归纳为两类,即心理过程与个性心理。

1)心理过程

心理过程是指个体心理现象的动态过程,包括认识过程、情感过程和意志过程,反映正常个体心理现象的共同性。

① 认识过程。认识过程又称认知过程,是个体在实践活动中对认知信息的接受、编码、储存、提取和使用的心理过程,主要包括感觉、知觉、记忆、思维、想象、注意等心理过程。

② 情感过程。情感过程是个体在对客观事物的认识过程中表现出来的态度体验,如喜悦、愤怒、悲伤、快乐、忧愁等,它总是和一定的行为表现联系着。

③ 意志过程。意志过程是个体自觉地确定目的,并根据目的调节支配自身的行动,克服困难,以实现预定目标的心理过程,目的性、果断性、坚持性、有制性是意志过程的心理特征。

认识过程、情感过程和意志过程尽管是心理学研究心理现象的三个不同方面,但它们并不是彼此孤立的,而是相互联系、相互影响、有机统一,构成了个体的整个心理过程。

2)个性心理

个性心理是个体在社会实践中形成并经常表现出来的相对稳定的心理活动倾向与心理过程特点。由于个体的先天素质和后天环境不同,心理过程在产生时又总是带有个体的特征,从而形成了不同的个性。个性心理结构主要包括个性倾向、个性特征和个性调控等方面,反映个体心理现象的个别性一面。

① 个性倾向。个性倾向是推动个体进行活动的动力系统,是个性心理中最活跃的因素,可以反映出个体对周围世界的趋向和追求。它主要包括需要、动机、兴趣、理想、信念、价值观和世界观等。

② 个性特征。个性特征是个体身上经常表现出来的本质的、稳定的心理特征,是个体心理活动独特性的集中体现。它主要包括气质、性格和能力等。

③ 个性调控。

个性调控是个体对自己心理和行为的控制和调节。它以自我意识为核心。自我意识是个体发展到一定阶段出现的,个人借此对自己的心理和行为(个性倾向和个性特征)进行认识、评价、控制和调节,从而形成一个统一的个性心理结构系统。

尽管心理现象可分为心理过程和个性心理两大类,但它们又是紧密地联系在一起的。一方面,个性心理是在心理过程的基础上形成和发展的,并在各种心理过程中表现出来;另一方面,已经形成的个性心理又影响着心理过程,使人的各种心理过程总是带有个性特征。心理过程与个性心理的这种相互关系,从整体上反映了人的活动的共同规律和差异规律的辩证统一。

心理现象还可以从心理的意识维度上划分,可以被分为意识和无意识两类。

意识是指现时正被个体觉知到的心理现象,它是人类所独有的一种高级水平的心理活动。比如,我们在进行记忆活动时,能觉知记忆活动的目的、记忆的对象、采用的记忆方法、达到的记忆效果,甚至能觉知自己的记忆特点,改变记忆策略等,这样的记忆活动处于意识状态。从意识对象上看,可以把意识分为客体意识和自我意识。客体意识,是指个体对于周围世界的意识。自我意识,是指个体对自己以及自己和周围关系的意识。

无意识是指现时未被个体觉知到,也不能自我调节和控制的心理现象。以记忆为例,有时我们并没有某方面内容的记忆目的,也没有想着要记住它,却在不知不觉中记住了,甚至还很牢固。有时自己也不知道从哪里获得的记忆以及是否有某方面的记忆。在记忆心理学中,前者是无意识记忆,后者是内隐记忆。

心理现象的实质是什么?根据心理学长期研究,一般认为心理现象的实质可以从以下三个方面来理解。

第一,心理是脑的机能。人脑是心理产生的物质基础。大脑皮层是构成大脑两半球沟回的表层灰质,是神经元胞体集中的地方。根据各层神经元的成分和特征,以及机能上的差异,大脑皮层可以分为躯体感觉区、运动区、视觉区、听觉区、联合区等五个区域,它们都收受多通道的感觉信息,汇通各个功能特异区的神经活动。当相应的皮层区受损时,便不能完成相应区域的神经活动。一切心理活动都是有机体对外界或内部刺激的反射。在完成反射活动的全部生理结构中,人脑是不可缺少的核心部分。没有人脑,完整的反射活动就不能进行,心理活动就失去了物质基础。

第二,心理是客观现实的主观反映。按产生方式来说,人的心理活动是客观事物作用于人的神经系统,从而引起的一系列反射。按心理活动的内容来说,人的心理活动是人脑对客观现实的反映。没有刺激物,就没有反射;没有作用于人脑的客观事物,就没有人的心理活动的产生。没有被反映者,就没有反映,这是反映论的基本原理。人的各种心理活动,无论是简单的感觉、知觉,还是复杂的思维,都是对具体的客观存在的物或事件的感知。思维也是对感知到的"信息"进行加工的活动。即使是人的想象,就构成想象的元素来说,也是来自客观的东西。因此,心理是对客观现实的反映。但人的反映并不像照镜子那样机械、刻板,它总带有个人的特点,是主观的反映。人脑对客观现实反映总是受个人经验、认识水平、个性心理特征,以及当时的心理状态制约的。因此,人对客观现实的反映是有主观性的。

  第三,心理是在实践活动中发生发展的。一方面,劳动创造了人类,也创造了人的大脑。人的心理是在长期劳动中逐渐发展和丰富起来的。人脑的形成、发展和完善,为人类心理的产生准备了最重要的物质基础。科学研究表明,人脑的发展和完善主要表现为脑量的增长,脑内结构的复杂化,大脑新的机能区的增加。这些都是长期实践活动的结果。另一方面,人的心理发展是在具体的实践活动中发展的。科学心理学特别强调社会实践是人的心理发展的基础。没有人的实践活动就没有人的心理。现代人的大脑和生理发展要比其他动物高级得多,但如果没有具体的实践活动,其心理发展仍不可能达到相应的正常水平。人的实践活动不是盲目的,人的心理在实践中产生并发展,又反过来调节和指导实践。人的任何实际活动的产生,都以一定的需要、动机或目的为前提,即表现出人的心理的自觉能动性。因此,人的心理是在实践活动中人脑对客观现实的能动反映。这就是心理现象的实质。

  心理学作为一门主要研究人的心理现象的科学,虽然它的学科性质有自然科学的某些因素(部分借鉴和运用了自然科学的方法),但从其研究对象的整体特征来说,把它归并到人文科学领域是可行的。心理学在其发展过程中形成了许多分支学科和交叉学科。具体地说,心理学的层次学科包括:①基础学科,包括普通心理学等;②分支学科和交叉学科,包括神经科学、发展心理学、认知心理学、社会心理学、临床心理学、性心理学、妇女心理学、学前儿童心理学、老年心理学、行为心理学、犯罪心理学、消费心理学、教育心理学、管理心理学、人格心理学、生理心理学、性别心理学、比较心理学、实验心理学、进化心理学、生物心理学、工业与组织心理学等;③历史学科,包括心理学思想史(中国心理学思想史、外国心理学思想史等)、实验心理学史、比较心理学史、心理学学科发展史等。

六、教育学

  教育学一词,从其起源上看,意为照看、管理和教育儿童的方法。在古代汉语中,教育一词出自《孟子·尽心上》,其曰:"得天下英才而教育之,三乐也。"[①]《说文解字》的解释是:"教,上所施下所效也。""育,养子使作善也。"[②]教育学起初是依附于哲学的,并没有作为独立的学科而存在。在人类历史的相当长一个时期,教育学一直处于萌芽阶段,但是,在人类的早期阶段,教育就已经产生,比人类的文明历史要长久得多。"自从有了大脑,生物个体的经验可以得到保留和整理,并且可以传

---

 ① 孟子[M].万丽华,蓝旭,译注.北京:中华书局,2016:298.
 ② 许慎.说文解字(校订本)[M].班吉庆,王剑,王华宝,点校.南京:凤凰出版社,2004:434.

递,于是教育也随之产生。"①因此,在古代社会,虽然还没有专门的教育学术语,但许多思想家、哲学家和教育家在总结人类教育实践的基础上提出了丰富的教育思想。

《论语》汇集了我国古代伟大教育家孔子关于哲学、政治和教育方面的言论。孔子教育思想的内容包括教育目的、教育对象、教学内容、教学过程、教学原则、教学方法、为师之道和学习方法等诸方面,全面而深邃。对于教育的主要目的,孔子主张教人如何"求仁",即追求自身道德的终极完善;对于教育对象,主张"有教无类","中人以上,可以语上也;中人以下,不可以语上也";在教学内容,主张"子以四教:文、行、忠、信。"此外,还包括社会层面的国家、政治、战争、耕嫁、祭祀和个人修养层面的事父母、亲朋友、言行举止、生活习惯等;在教学方法上,提出循循善诱、因材施教、学思结合、知行统一、不愤不启、不悱不发、循序渐进、举一反三等著名论断;在学习方法上,主张学思结合、温故知新、不耻下问和重视榜样作用等。孔子的教育思想产生了重要的历史影响,为中国古代教育奠定了理论基础,是中华民族珍贵的教育遗产,在今天依然闪烁着时代的价值之光。

孟子的教育思想以性善论为基础,提出"君子所性,仁义礼智根于心";在教学原则上,发扬儒家"明明德"的思想,提出"求放心"的教育原则,"学问之道无他,求其放心而已矣";在教学方法上,提出"教亦多术""引而不发""因材施教"等多种方法;在教学内容上,以"孝悌""忠信""德""人伦"为教育的核心内容,同时教以治国之术,生产生活技能等;在教育目标上,认为教育的最终目的在于"明人伦";在学习态度上,主张既要持之以恒,又要专心致志。"虽有天下易生之物也,一日暴之,十日寒之,未有能生者也。""使弈秋诲二人弈,其一人专心致志,惟弈秋之为听。"他还主张要学思结合、自得理会。"尽信书,则不如无书。"

古希腊哲学家柏拉图的教育思想,散记在他的哲学著作《理想国》等书中。柏拉图的教育思想涉及国家管理教育、学前教育、普通教育、高等教育等方面。他主张,在教育的组织管理上,应由国家控制教育,采取公养公育的方法培养人才;重视学前教育,学前教育的内容主要是讲故事、做游戏、学音乐等;强迫儿童受教育,从6~16岁接受平等教育,根据个人的兴趣、爱好分别进入文法、弦琴、体操等校学习。其学习内容包括阅读、书写、计算、唱歌、音乐、体操、骑马、射箭等。这一阶段的教育目的是培养情感和道德,发展儿童灵魂中的低级部分,形成节制的品德。16岁毕业后,大多数人,尤其是手工业者、农民的子弟要进入社会做一个顺从的劳动者。而奴隶主子弟在17~20岁期间要接受较高一级的教育,这能培养他们的意志和勇敢,使之成为保卫国家的军人。国家对极少数具有潜能的奴隶主子弟进行高深的教育,20~30岁这十年,以研究哲学,即辩证法为主,兼学"后四艺"。辩证法是所有内容中的统率学科。柏拉图认为,只有精通辩证法,才能学好其他学科,并非人人

---

① 史宁中.关于教育的哲学[J].教育研究,1998(10):9-13,44.

都可以研究辩证法,而是只有成年人中那些具有抽象思维能力的人才能研究。这个阶段的教育结束后,学生可以担任国家的高级官吏。其中极少量天资聪慧的、造诣较深的人可继续受教育,用20年的时间来研究辩证法,用理智去衡量各种事物。这是最后阶段的教育,学生50岁毕业后可担任国家的最高统治者,同时也能成为哲学王。

亚里士多德则提出,理性的发展是教育的最终目的,主张国家应对奴隶主子弟进行公共教育,使他们的身体、德行和智慧得以和谐地发展。在教学方法上,他提倡重视练习与实践的作用;在师生关系上,主张不能对导师一味言听计从,唯唯诺诺,而要在继承的基础上敢于思考、坚持真理、勇于挑战。他那"吾爱吾师,吾尤爱真理"的品格,鼓舞着他把柏拉图建立起来的教学理论推向了一个更高的水平。亚里士多德的教学思想建立在他的人性论、认识论及其对于儿童身心发展考察的基础之上。他的教学目的是发展灵魂高级部分的理性。亚里士多德为哲学学校设立了"百科全书"式的课程。他主张学生在德、智、体、美等方面全面发展,并且在不同时期有所侧重。幼儿期以身体发展(体育)为主;少年期以音乐教育为核心,以德、智、美为主要内容;高年级要学习文法、修辞、诗歌、文学、哲学、伦理学、政治学以及算术、几何、天文、音乐等学科。但不管怎样,重心都应放在发展学生的智力上。他特别强调音乐在培养儿童一般修养上的作用。认为音乐具有娱乐、陶冶性情、涵养理性三种功能,它能使人解疲乏、炼心智、塑造性格、激荡心灵,进而通过沉思进入理性的、高尚的道德境界。在体育教学中,他不同意教师只让学生进行严酷甚至痛苦的训练,要教"简便的体操"和"轻巧的武艺",着重于让儿童身体正常发展。这些教育思想,反映了古代的思想家、哲学家、教育家们对当时教育问题的深刻思考和真知灼见。

近代教育学产生于17世纪。1623年,英国学者培根在《论科学的价值和发展》一文中,首次把"教育学"作为一门独立的科学提出。被人称为"教育学之父"的捷克著名教育家夸美纽斯于1632年写成的《大教学论》的问世,标志着近代教育学的产生。夸美纽斯在《大教学论》中首先论述了教育的目的和作用。他认为,知识、德行与虔信的种子是天生在我们身上的,应该从祈祷、教育、行动中去取得。夸美纽斯还明确主张要普及义务教育。他认为,学校应从婴儿期开始,一直继续到成年,全部期间应当分成四个明显的阶段,即婴儿期、儿童期、少年期和青年期。虽然夸美纽斯的普及义务教育实际上是对所有儿童授以学前教育和初等教育,中等教育只有那些有志于从事脑力劳动的男女才能享受,高等教育更是少数"智者"的权利,但在当时的历史条件下,他打破了封建主义的禁锢,主张人人有权利接受教育的主张,适合当时社会生产力的发展要求。再次,夸美纽斯提出要建立一种新的学校教育体系。他针对旧时学校存在的问题,明确提出要改良旧时学校。最后,夸美纽斯在教学内容、教学原则、教师和教材等方面提出了卓越的主张。对于教学内容,夸美纽斯主张"人人应该受到一种周全的教育,并且应该在学校里面受到。但是大家

第三章
人文科学的学科构成

不可以认为我们要求人人懂得（确切地或深刻地懂得）一切艺术与科学。这种知识的本身是没有用处的，并且人生短促，也没有人能够做到这一点……我们希望人人都去学习的是存在中的一切最重要的事物的原则、原因与用途"。对于教学原则，夸美纽斯提出"教导的严谨秩序应当以自然为借鉴，并且必须是不受任何阻碍的"①，从适应自然秩序的原理出发，提出了直观性原则、启发诱导原则、量力性原则、循序渐进原则、巩固性原则，以及因材施教原则等，直到今天，这些原则依然是教师在教学活动中遵循的基本原则。对于教师，夸美纽斯高度地评价了教师的职业，强调了教师的作用。对于教材，夸美纽斯认为"一部经营得法的印刷机备有各种活字，能够应付一切需要；同样，我们的教本也必须包括一种彻底教育所需的一切，务使没有一个人经过它们的帮助，学不到所有应学的东西"。并提出："应该有两种教本，一种包含教材是给学生的，一种是帮助教师，使他能够正确地处理他所教的学科的指导书。"②之后，教育学理论和学派不断发展。

1693 年，英国哲学家、教育家洛克出版了《教育漫话》，提出了完整的"绅士教育"理论。1762 年，法国思想家卢梭出版了《爱弥尔》，对当时流行的古典主义教育模式和思想，从培养目标到教学内容、方法，进行了猛烈、全面的批判，并首先开拓了以个体身心发展与教育相互关系为专题的教育研究领域，从而引起了人们从教育对象的角度去研究提高教育活动的有效性的兴趣。③ 1803 年，德国哲学家康德在《康德论教育》一书中明确提出了"教育的方法必须成为一种科学"和"教育实验"的主张，他还在哥尼斯堡大学开设教育学讲座，第一次将教育学列入大学课程。1806 年，被认为是"现代教育学之父"和"科学教育学的奠基人"的德国心理学家和教育学家赫尔巴特出版了《普通教育学》，这被公认为第一本现代教育学著作。该书的出版，标志着教育学已开始成为一门独立的学科。与赫尔巴特同时代的德国教育家第斯多惠倡导"全人教育"，并创造性地提出"文化适应性"原则，强调在教育过程中须考虑国家和民族所特有的文化、历史、经济条件等因素。

19 世纪中叶以后，马克思主义的产生，近代心理学、生理学的发展，为教育学的科学化奠定了辩证唯物主义哲学和自然科学的基础。19 世纪与 20 世纪之交，直接为教育学提供理论支撑的哲学、心理学、社会学等诸学科都有了新的进展，极大地推动了世界范围内教育的迅猛发展和深刻变革。1900 年前后，欧洲渐次出现了要求建立与旧式学校在教育目的、内容、方法上完全不同的新学校的呼声与实验，形成"新教育运动"。

20 世纪上半叶，对世界各国教育理论和实践影响最大的是美国哲学家和教育家杜威的实用主义教育理论，他于 1916 年出版的《民本主义与教育》是阐述这一理论的代表作。他不但提出了一系列以实用主义为指导，以儿童为中心，以经验为基

---

① 夸美纽斯.大教学论[M].傅任敢，译.北京：教育科学出版社，1999：64.
② 夸美纽斯.大教学论[M].傅任敢，译.北京：教育科学出版社，1999：233-234.
③ 孙俊三.教育原理[M].长沙：中南大学出版社，2001：42.

础,以活动为主要手段的教育观念,如"教育即生活""教育即生长""学校即社会""从做中学"等,主张学生在实际生活中学习,并且亲自主持了学校的实验工作,还到国外宣讲自己的教育思想和考察别国教育,对各国的教育实践产生了广泛的影响。苏联著名教育家凯洛夫主编的《教育学》于1939年出版,它继承了17—19世纪欧洲的传统教育思想,重视系统知识的教学,强调课堂教学和教师的主导作用,有别于西方资本主义国家流行的各种教育流派。

20世纪50年代以来,世界范围内的新的教育改革风起云涌,促进了教育学的发展,新的教育理论不断涌现。1956年,美国著名教育家布卢姆提出了"教育目标的分类系统"和"掌握学习"理论。20世纪60年代中期,美国教育心理学家布鲁纳先后发表《教育过程》(1960年)、《教学理论探讨》(1966年)等著作,提出了认知-发现学习理论。法国著名教育家瓦斯凯、乌理发表《走向制度教育学》(1966年)、《从合作班级到制度教育学》(1970年)以及洛布罗的《制度教育学》(1966年)等著作,提出了制度教育学理论。1970年,法国教育家郎格郎出版《终身教育引论》,提出了"终身教育"(针对学校)和"学习化社会"(针对学历社会)的概念。1972年,苏联教育科学院院士、副院长巴班斯基提出了"教学过程最优化"的思想。1975年,苏联心理学、教育学家赞科夫出版了《教学与发展》一书,阐述了他的实验教学论体系。70年代后,美国的鲍尔斯、金蒂斯、阿普尔、吉鲁,法国的布厄迪尔等,提出了批判教育学理论,并成为世界主流教育思潮。从20世纪90年代开始,有的研究者明确提出了建立比较教育学的学说,并得到联合国教科文组织的比较教育学专家的肯定。1990年3月世界全民教育大会在泰国宗迪恩召开,正式提出了全民教育的思想。

在我国,19世纪中后叶,先后有洋务革新家张之洞等提出了"中学为体,西学为用"的教育指导思想,维新派康有为、梁启超、严复等提出了"变科举、兴学校"的教育思想。20世纪初,"教育学"这个概念从日文转译过来。之后,教育学理论和教育实践在我国得到了很大发展。一方面,学者翻译出版了数量众多的国外教育学著作,英国斯宾塞的《教育论》、捷克夸美纽斯的《大教学论》、德国赫尔巴特的《普通教育学》等大量教育学著作通过留日、留美等学生和学者翻译过来。另一方面,我国许多教育家结合本国实际,不断地提出和实践新的教育思想,例如,民主革命家蔡元培提出了"尚自然,展个性"的教育思想,职业教育家黄炎培提出了"大职业教育主义"的教育思想,生活教育家陶行知提出了"教学做合一"的教育思想,乡村教育家晏阳初提出了"平民教育"的思想,梁漱溟提出了"乡农教育"的思想,儿童教育家陈鹤琴提出了幼儿园"活教育"的思想等。与此同时,本国学者著的大量教育学著作相继出版,如余家菊著的《国家主义教育学》、舒新城编的《教育通论》、庄泽宜著的《教育概论》等。所有这些成果,都是受到西方资产阶级教育思想和苏联社会主义教育思想的影响而形成的。

中华人民共和国成立后,我国基本照搬照抄苏联教育家凯洛夫主编的《教育学》。1957年,有的研究者提出了"教育学中国化"的问题,就"教育学中国化"的含

第三章
人文科学的学科构成

义以及如何中国化等问题做了具体阐述,意在以马克思列宁主义为指导,建设适合中国国情的社会主义教育学,见解十分难得。与此同时,我国教育理论界也开始了建设中国化教育学的探索。然而遗憾的是,不久反右派斗争开始,随后又发生了"文革",讨论和探索被迫中止。直到改革开放以后,教育学的中国化问题才被再次提出。20世纪80年代初,我国明确提出了建立具有中国特色的社会主义教育学,以适应有中国特色的社会主义政治、经济和文化发展的要求。20世纪90年代开展了教育学的元研究,取得不少成果,以华东师范大学教育学者为最。进入21世纪以后,我国教育学的发展趋势是:教育学问题领域逐渐扩大,教育学研究学科基础逐渐扩展,教育学研究范式逐渐多样化,教育学进一步分化和综合,教育学与教育改革的关系日益密切,教育学术的国际交流与合作日益广泛,等等。

教育学的研究对象是人类教育现象和教育问题,以及教育的一般规律。教育现象是教育的外部表现形式,教育问题是人们对某些具体的教育现象所进行的思考,教育规律是指教育与其他社会现象之间,以及教育内部各要素之间的本质联系和发展变化的必然趋势。[①] 教育是广泛存在于人类生活中的社会现象,是有目的地培养社会人的活动。为了有效地进行教育活动,必须对教育活动中出现的教育问题进行研究。教育问题的提出标志着教育学的萌芽,教育问题的发展是推动教育学发展的内在动力,教育问题的转换表明教育学研究传统和范式的变革,对同一问题的不同回答,就形成了不同的教育思想和教育观念及其派别。经过长期积累和现代教育实践的发展,人们需要深入研究的教育问题很多,诸如教育本质问题,教育、社会、人三者关系问题,教育目的、内容,教育实施的途径、方法、形式以及它们的相互关系问题,教育过程问题,教育主体问题,教育制度、教育管理问题,以及反映中国特色的各种教育理论和教育实践问题等。教育学通过对各种教育现象和问题的研究,探索和揭示教育活动的规律性联系,从而服务于教育实践。教育规律是教育、社会、人之间和教育内部各因素之间内在的、本质的联系,具有客观性、必然性、稳定性、重复性等特点。例如,教育与社会的政治、生产、经济、文化、人口之间的关系,教育活动与人的发展之间的关系,教育内部的学校教育、社会教育、家庭教育之间的关系,学生学习活动中的学习动机、学习态度、学习方法与学习成绩之间的关系,都存在着规律性联系。教育学的任务就是要探讨、揭示种种教育的规律,阐明各种教育问题,建立教育学理论体系。具体地说,教育学作为教育学科中的基础学科,不仅要从古今中外的教育理论与实践中总结概括出一个严密的理论知识体系,而且要为我国的教育改革与实践提供某种理论、技术与方法。因此,教育学的任务可以概括为理论建设和实践应用两个方面。

其一,构建教育学的基本理论。教育学要在总结概括古今中外的教育理论与实践的基础上,构建一个严密的理论知识的逻辑体系。这种逻辑体系的建构,既要

---

① 孙俊三.教育原理[M].长沙:中南大学出版社,2001:33.

批判和继承传统的教育理论,立足现实,构建面向未来的教育学逻辑体系,又要学习和消化西方现代的教育学理论,重视借鉴,构建具有中国特色的教育理论体系,还要学习相邻学科的研究成果和研究方法,建立科学的教育学理论体系,更要总结和升华教育实践经验,为教育理论的发展提供坚实的实践基础。

其二,指导具体的教育实践。教育学既是一门理论性很强的基础学科,也是一门实用性很强的应用学科。教育学既要研究教育问题,探索和揭示教育活动的规律,也要能够回到教育实践中去,指导具体的教育实践。一方面,教育学要为个体身心的全面发展提供某种规律性的东西,提供一些具体实施的原则和方法。这些规律、原则和方法一旦在教育实践中加以运用,便会极大地提高教育实践的质量和效益,提高个体的精神境界和文明程度,从而推动国家经济建设、政治建设、文化建设、社会建设和生态文明建设,加快实现中华民族伟大复兴中国梦的步伐。另一方面,教育学还必须为当代中国教育事业的改革和发展提供必要的理论论证和科学解释。它要为国家教育方针政策的制定提供重要的理论基础和决策参考,为教育制度、教育目的、教育内容、教育方法、教育评价的改革和发展提供必要的原则和方法,使整个教育改革建立在科学理论和方法的基础之上。此外,教育学还必须研究如何使教育理论迅速而有效地转化为实践应用。教育学理论只有被广大教育实践工作者掌握,才能真正成为教育改革与发展的实际力量。因此,如何在广大教育实践工作者以及未来的教育实践工作者中普及和提高教育科学水平,是教育学研究的重要任务。

教育活动是最复杂的一类社会实践活动,教育问题也是非常复杂的一类社会问题,因而教育学研究中存在着非常复杂的方法论问题,主要涉及教育学研究中的事实与价值、逻辑与历史、一元与多元问题。迄今为止,理性主义教育学重视教育学研究的逻辑性,忽视教育学研究的历史性;实证主义教育学重视教育学研究的事实性,排斥教育学研究的价值性;文化教育学重视教育学研究的价值性与历史性,忽视教育学研究的事实性;实用主义教育学着眼于具体问题的解决,从根本上回避教育学研究的方法论问题;马克思主义教育学在教育学研究方法论中坚持事实与价值、逻辑与历史、一元与多元的具体的、历史的辩证的统一。教育研究方法是按照某种途径,有组织、有计划、系统地进行教育研究和构建教育理论的形式,是以教育现象为对象,以科学方法为手段,遵循一定的研究程序,以获得教育规律性知识为目标的一整套系统研究过程。教育学的研究方法很多,基本的研究方法包括观察法、文献法、调查法、实验法、比较研究法、个案研究法、经验总结法、移植法、统计法、行动研究、校本研究等。

教育学作为一门主要研究人类教育现象及其一般规律的学科,其学科性质仍有争议。传统上,人们一般把教育学定义为社会科学,理由就是教育学所研究的对象属于一种社会活动。而我国现代著名教育学者张楚廷认为,教育学属于人文科学。他认为,无论从教育的历史与现实、教育的实际与理论、教育的使命与功能,还是从教育学自身,都说明教育学属于人文科学。以人为出发点,又以关于人的哲学为理论基础,并归结到人自身的发展,这就是教育学,这也正是教育学属于人文科学的缘由。对教育学学科性质的这一界定是有重要意义的。教育学是研究人的学问,它以研究人为出发点,以人的哲学理论为基础,它的核心问题是人的发展。教育乃人的教育,它来自人自身,又发展人自身,教育让人成为人,成为更智慧、更有能力、更高尚的人,教育的这一崇高使命,决定了其功能的伟大。人能以自己生命的意志和意识作用于自己的生命活动,并在这一作用下获得新的生命。教育学所常说的让人成为人,让人学会做人,实际上也就是通过生命活动使自己获得新生命。因此,把教育学划归到人文科学的领域是可行的。

教育学在其发展过程中形成了许多分支学科和交叉学科。具体地说,教育学的层次学科包括:①基础学科,包括普通教育学、教育学原理等;②分支学科和交叉学科,包括教育技术学、高等教育学、初等教育学、学前教育学、特殊儿童教育学、成人教育学、民族教育学、情报教育学、军事教育学、课程与教学论、比较教育学、教育社会学、教育心理学、教育经济学、教育政治学、教育管理学、教育法学、教育哲学、教育人类学、教育传播学等;③历史学科,包括教育史(中国教育史、外国教育史等)、比较教育学史、教育学学科发展史等。

七、伦理学

伦理学是研究道德的学问,又称道德学、道德哲学。从词源学的角度看,"伦理"、"道德"这两个概念的含义大体相近相通,在一定程度上可以相互替代。在我国古籍中,"伦"和"理"、"道"和"德"开始是作为独立概念使用的。"伦"的本义为辈,即指人与人之间的辈分次第关系。后来引申为类、比、序等含义。"理"的本义为治玉,后来引申为条理、规则、秩序、治理、整理等含义,它一般指事物和行为的律则和道理。"伦"与"理"二字连用,始见于《礼记·乐记》,其中曰:"乐者,通伦理者也。"[①]"伦理"一词,一般指处理人伦关系的道理或规则。"道"原指由此达彼的道路,后引申为正确规则之义。它一般指事物运动变化的规律、规则和最高原则,如"做人之道"、"治国之道",等等。"德"与"道"是关联在一起的,其本义是依据"道"去行动,还有品质、德行、德性的含义。把"道"和"德"二字连用,始见于战国时期的《荀子》:"礼者,法之大分,类之纲纪也。故学至乎礼而止矣。夫是之谓道德之极。""道德"既有"德行与德性的规范"之意,也有"符合规范的德行和德性"之意。今天所说的"道德"一词主要指调整人们之间关系的行为规范和准则,还指个人的思想品质、修养境界和善恶评价等。古汉语中没有"伦理学"这个概念,古时称之为"义理之学"或"性理之学"。那时它的范围比今天所说的伦理学要宽泛些,包括宇宙观、认识论在内,依附于哲学。我国古时虽无伦理学的概念,但伦理思想十分丰富。

---

① 盛广智.中国儒家文化名著[M].吉林:延边大学出版社,1995:407.

中国伦理思想萌生于远古、发端于殷商时期,历经数千年的发展,以儒家的伦理思想为代表,同时兼容并包了道家、墨家、法家和佛教等多种伦理思想。传说中的尧、舜、禹时代是我国伦理思想的萌生期。系统的伦理思想形成于周代,以周公为代表的西周统治者,创设了以"礼"为核心的思想道德规范体系。

春秋战国时期社会动荡混乱,思想文化领域百家争鸣。以孔子、孟子、荀子为代表的儒家提出了以"仁爱"为核心的伦理思想。孔子继承以"周礼"为核心的旧传统,形成以"仁"为主、"仁""礼"结合的"仁学"伦理思想体系。孟子继承了孔子以"仁"为核心的伦理思想,建立了以"四德"(仁、义、礼、智)与"五伦"(父子有亲、君臣有义、夫妇有别、长幼有序、朋友有信)为主要内容的道德规范理论。荀子在孔孟伦理思想的基础上,提出了一个以"礼"为核心的仁、义、礼三者统一的道德规范理论。以老子为代表的道家,主张把"道"作为万物本原和以"无为"作为人类活动最高原则的伦理思想。老子在《道德经》中充分讨论了"道"和"德"的含义、本质与特性,强调万事万物都是以"道"生,而由"德"蓄,因而万事万物都尊道而贵德。老子提出道德的本性就是自然无为。以墨子为代表的墨家强调把"兼相爱,交相利"作为人类道德生活基本原则的伦理思想。墨家伦理思想以"兼爱"为核心和基础,以"兴天下之利,除天下之害"为宗旨,重功利、讲力行是其重要特点。以商鞅、韩非子为代表的法家认为人性本恶,并提出"不务德而务法"的伦理思想。法家伦理思想是建立在自为人性论基础上的。法家虽然主张人性自为,但并不主张利己主义,而是主张废私立公,并以人们对于公私关系的处理作为评价行为善恶的准则。

秦汉至宋元明清时期,中国传统伦理思想几经变迁,但主流仍是儒家思想。汉代董仲舒以儒家伦理为核心,杂以黄老、阴阳、名、法等各家之说,构建了一个以君臣、父子、夫妇三者为经,以仁、义、礼、智、信五者为纬的伦理理论体系。东汉将人伦关系及道德要求概括为"三纲六纪"。"三纲"是指君为臣纲,父为子纲,夫为妻纲;"六纪"是指诸父有善,诸舅要义,族人有序,昆弟有亲,师长有尊,朋友有旧。"三纲六纪"等观念的确立,标志着封建时代的核心价值体系的形成。魏晋南北朝至隋唐时期,伦理思想经历了一个从多种道德观念长期斗争、冲突到融合、统一的发展过程。这个时期,儒家伦理思想受到玄学、道教和佛教的攻击,伦理思想领域出现了名教与自然、出世与入世、正统与异端之争,玄学崛起,道教创制,佛教东传,形成了与原有的儒家学说相互冲突又相互融合的伦理思想多元竞争的局面。隋唐逐渐形成了儒、释、道"三家"鼎立的格局。宋代是我国封建伦理思想的成熟和完备时期,宋明理学既继承孔孟的传统,又广泛地吸收了玄学、佛学等伦理思想的成果,构成了一个庞大的伦理思想体系。明末至清初是中国历史上的社会大动荡时代,这个时期的思想家提出了诸如"务得于己,不求合于人"的人生态度,"天下兴亡,匹夫有责"的道德观和"经世致用"的伦理思想。

鸦片战争至五四运动时期,在伦理学领域,新旧冲突、中西对峙、改良与革命的斗争十分激烈。这一时期,以地主阶级进步思想家龚自珍、魏源、林则徐等人为代表的"以实事程实功"的功利主义伦理思想,以洪秀全、洪仁玕为代表的"耕者有其田"的平均主义伦理思想,以洋务派张之洞等人为代表的"中体西用"的伦理思想,以康有为、梁启超、谭嗣同为代表的资产阶级维新派的伦理思想和以章太炎、孙中山为代表的资产阶级革命派的伦理思想。我国清末学者严复在翻译赫胥黎的《进化论与道德哲学》时,借用了日语的译意"伦理学",将其译为《进化论与伦理学》。自此,在我国,道德哲学或专门研究道德的学问,被通称为"伦理学",伦理学一词被广泛使用。

在西方,"伦理"、"伦理学"的概念最初是由亚里士多德通过改造古希腊语中的"风俗"一词所创立的。而"道德"一词由古罗马思想家西塞罗改译,用以表示国家生活的道德风俗与人们的道德个性,英文的 morality 则沿袭了这一含义。西方的伦理思想和伦理学研究是从古希腊开始的。在古希腊的"英雄时代",就有"英雄史诗"所反映出的伦理思想。雅典国家形成时期,毕达哥拉斯提出并论证了"美德即是一种和谐与秩序"的伦理思想,赫拉克利特提出了"美德即智慧"、"'逻各斯'(智慧)人人分有"的伦理学主张。代表古希腊美德伦理最高成就的是被誉为"三贤哲"的苏格拉底、柏拉图和亚里士多德。苏格拉底提出并证明了"美德即知识"这一西方伦理学史上具有划时代意义的命题。柏拉图认为真善美是人类追求的基本价值理想,它们统一于"最高善"的理念,由此建立起道德形而上学。亚里士多德主张伦理学本质上是一门基于人的"实践理性"的,关于人类善的生活的"幸福之学",道德伦理的本质特性是引导人们寻求最合理明智的方式即"中道",来追求和实现幸福的生活。继亚里士多德之后,古希腊伦理思想主要分离为两个派别,即以伊壁鸠鲁和卢克莱修为代表的快乐主义伦理学和以斯多亚学派为代表的道德怀疑论、悲观论(前期)和"世界主义"伦理学。

到了中世纪,在欧洲,宗教神学占据了统治地位,因而基督教道德也占统治地位,其核心是神道主义和禁欲主义,信仰、仁爱、希望是基督教三主德。基督教道德把信仰神作为最高的美德,认为人有原罪,只有靠神解救,才能得到来世的幸福。以托马斯·阿奎那为代表的经院哲学家进一步发展了基督教道德,将三主德扩充为七德,即信仰、仁爱、希望、智慧、公正、勇敢和节制,建立了系统的基督教伦理思想体系。文艺复兴时期的文化和伦理思想的主流是西方古典人文主义的复兴运动,其实质是以人道反对神道,以理性反对信仰,以世俗现实对抗天国来世。这一时期的伦理思想单纯而深刻,一切都围绕着人、人性、人道或人道主义的主题。

17世纪,英国经验主义伦理学成为西方近代伦理思想发展最早的理论成果,出现了培根、格劳秀斯、霍布斯和洛克等著名伦理学家。培根提出了"全体福利"的伦理主张,并宣称"知识就是力量","真理能够因出善德",善就是使人幸福,奠定了经验主义伦理学的基础。格劳秀斯最先建立了"自然法"这一西方现代思想的奠基性概念,霍布斯忠实地继承和发扬了这种自然法思想,并从人的自我保存和对人性的分析出发,建立了利己主义伦理思想体系。蔓德威尔坚决捍卫霍布斯的道德理论观,并提出了"私恶即公利","自私即美德"的伦理学说。洛克则对霍布斯的利己主义做了某些修正,主张以人的长远的最大快乐作为道德的内容和标准,从个人长远利益出发,把个人利益和社会利益统一起来,基本上奠定了边沁、穆勒功利主义伦理学的理论基础。18世纪英国伦理学家边沁全面总结和清理了英国自17世纪以来的全部伦理思想,把洛克等人的功利主义思想发展到顶峰,创立了一个以最大多数人的最大幸福为基础,坚持幸福的数量意义,主张从效果上进行道德评价的功利主义伦理思想体系。

与近代英国以经验主义为主要特征的伦理学相对照,18世纪法国启蒙运动的思想家提出了更具现代性的伦理思想。伏尔泰猛烈地抨击预定和谐道德论和天赋道德论,指出道德完全是从人与人的关系中产生出来的,与神没有丝毫的联系。人是善与恶、快乐与痛苦的混合物。人依靠自然法就能知道正义和美德,使个人利益和社会利益得到统一。卢梭认为,人作为自由主动的精巧机器,先天地具有自爱心和怜悯心。自爱心涉及自我保护,道德上的善和正义均出自人的自爱本性;怜悯心是一种对人类全体的相互保护起着协助作用的自然感情,怜悯心使人同情他人,爱他人,从中产生出仁慈和人道等道德规范。自爱心和怜悯心在良心的基础得到协调与统一。拉美特里、爱尔维修、霍尔巴赫等强调感性欲望在道德中的决定作用,主张在利己的基础上实现个人利益和社会利益的统一,即"合理的利己主义"伦理思想。狄德罗试图建立一种新的协调理性与情感、利己与利他、美德与幸福、自由与必然诸关系的伦理学体系,可谓18世纪法国伦理学说发展的一个缩影。

18世纪末19世纪初,德国古典哲学家继承并极大地提升和完善了近代欧洲大陆的理性主义哲学伦理学。康德认为,伦理学是一种人的实践哲学,属于实践理性的范围。他运用理性自律的方法,总结批判了以往各家学说,特别是批判了各种他律性伦理学,建立起普遍必然的道德原则,创设了一个以善良意志为核心的,以普遍立法、人是目的、意志自由三大绝对命令为表现形式的,强调纯洁的动机和至善的义务论伦理学体系。黑格尔以客观唯心主义为基础,吸收并改造了历史上各种伦理学派的长处,建立了自己的伦理思想体系。他把伦理学包括在法哲学中,认为法律是客观外在的法,道德是"主观意志的法",伦理是主观与客观的法的统一。道德是对法律的扬弃,是法的更高层次、更高阶段。道德作为主观意志的法,是人在自己内心里实现的自由。因此,道德的出发点是自觉,只有自觉的行动才能称得上是道德的行为。费尔巴哈则站在唯物主义的立场上,对宗教神学伦理和康德、黑格尔伦理思想提出了严厉的批评,把他们都归结为本末倒置的唯心主义伦理学。他主张从自然人性出发,把伦理学建立在人的幸福和爱的情感基础上,认为人的自爱利己的本性和追求感官的享乐就是道德的来源和基础。道德的基本原则就是对己以合理的节制,对人以爱。爱是一切道德化身,它能够消除社会生活中各种利益矛盾,使人类真正过上幸福美好的生活。马克思主义创始人把费尔巴哈的哲学看作是"道德古典哲学的终结"标志。

19世纪中叶,马克思主义产生的同时马克思主义伦理学也产生了。它是工人阶级在反对资产阶级的斗争中所显示出来的新的道德品质和道德规范的理论概括,也是批判地继承了人类伦理思想史上一切积极的有价值的成果。马克思主义伦理学是运用马克思主义世界观和方法论,从总体上和联系上考察社会道德现象,揭示道德的本质和各方面规律的理论科学。马克思主义伦理学认为,道德在社会实践中产生,又在社会实践中发展。道德在一定的经济基础上产生,又为经济基础服务。道德是调整人和人之间关系的一种特殊的行为规范的总和。在人类社会中,为了调整人和人之间的关系,产生了多种行为规范,如法律规范、政治规范,以及其他对人的行为发生约束和导向作用的各种规范。道德规范作为一种特殊的行为规范,它不具强制力,而是由人们约定俗成。道德关系是根源于经济关系的一种特殊的社会关系。马克思主义伦理学提倡集体主义道德原则和与之相应的道德规范。它一方面承认个人利益的合理性,另一方面又坚持个人利益服从社会整体利益,必要时甚至牺牲个人利益来维护社会集体利益。马克思主义伦理学是革命性与科学性、理论与实践、阶级性与超阶级性的统一,是伦理学史上的一次革命性的变革。

伦理学是一门关于道德的科学,它以人类社会的道德现象及其发展规律作为研究对象。以道德作为伦理学的研究对象是马克思主义伦理学对研究对象的科学界定和阐释。[1] 马克思主义从经济基础与上层建筑的关系以及道德作为社会意识的独特性上,来理解和把握道德这一人类社会特有的社会意识现象,认为道德是由经济基础所决定,以善恶、正当与否为评价标准,依靠社会舆论、传统习俗和内心信念维系,调整人与人、人与自然关系的原则规范,以及与此相关的观念品质、行为活动的总和。道德现象是人类社会生活所特有的,道德的主体是人,调节的范围主要是人与人(个人、群体和社会)、人与自然的诸种关系。道德常常表现为规范或调整人们行为的准则体系,同时又表现为践行原则规范所形成的德性品质、价值观念和精神信念,是一个由心理意识、原则规范和行为活动组合起来的知识和价值体系。道德表达着人们对自己的认识、反省和发展完善的要求,是人们共同生活和社会控制的重要力量。道德激励人们创造美好生活,不断发展完善自己,进而发展完善社会,推动人类文明不断向前发展。

根据对道德的上述理解,伦理学对道德的研究一般涉及三部分内容:一是道德的基本理论,包括道德的起源与发展、道德的本质、结构与功能等;二是道德规范体系,包括道德原则、道德规范、道德范畴等;三是道德活动或实践,包括道德心理与道德情操、道德行为、道德选择、道德价值与道德评价、道德教育与道德传播、道德理想与道德修养、道德建设等方面。这三部分内容相互联系,构成一个统一而完整的伦理学理论体系。

---

[1] 《伦理学》编写组.伦理学[M].北京:高等教育出版社,2012:3.

伦理学作为哲学的一个分支学科,包括诸多层次学科。具体地说,伦理学的层次学科包括:①基础学科,包括伦理学原理或伦理学概论等;②分支学科,包括理论伦理学、实践伦理学、描述伦理学、规范伦理学、元伦理学、应用伦理学、比较伦理学等;③交叉学科,包括道德心理学、伦理社会学、医学伦理学、经济伦理学、网络伦理学、生态伦理学、人权伦理学等;④历史学科,包括东西方伦理学史、道德演变史、比较伦理学史、伦理学学科发展史等。

八、宗教学

"宗教学"这个词是一个舶来品,而"宗教"一词在我国早已使用。[①] 在我国古代典籍中,"宗教"一词最早见于《宋史·儒林传》之《吕祖谦传》,有"(祖谦)荫补入官,后举进士。复中博学宏词科,调南外宗教"之语。此处宗教指官名。"宗"、"教"分别作为一词,在汉语中出现较早,应用广泛,尤多见于佛门。特别是南北朝至隋唐之际,佛教天台宗、华严宗之学者多从名、体、宗、用、教等五个方面注解经典。后"宗"与"教"逐渐被连缀成"宗教"一词,指佛教之教理。另外,在汉传佛教中,由佛弟子创立,且拥有信众的支派被称为"宗";佛祖释迦牟尼的学说被称为"教",合称"宗教",并有"自证为宗,化他名教"之说。由此看来,"宗教"一词源于佛教,亦是专指佛教。近代学界在翻译外来文献时,将英文 religion 译为"宗教",但在汉语中,"宗教"一词内涵外延,与英文 religion 的含义原本就不对等。再后来,"宗教"一词又被扩展为泛指所有宗教信仰,词义在不断变化、延伸。当今时日,"宗教"可简称为"教",而当时"教"与"宗教"不能混为一谈。而西文中"宗教"一词对应的是 religion,由拉丁词演变而来,为"再次"与"聚集"的结合,即一群人为了一个目的而聚集在一起,引申为有同一信仰、同一信念,并为信仰而相聚,并不畏生死的群体。简而言之,宗教是一种对社群所认知主宰的崇拜和文化风俗的教化。现在宗教是一种社会历史现象,多数宗教是对超自然力量、宇宙创造者和控制者的膜拜与尊敬,并给予信众以心灵依托且延续至死的信仰体系。对宗教进行研究的科学或学科则被称为宗教学。

宗教学作为一门独立的学科,产生于 19 世纪后期,是一门十分年轻的学科。然而,在宗教学产生之前,人类对于宗教的理性思考早已开始。[②] 早在公元前 8 世纪,赫西俄德将彼此冲突的神话系统化并整理了希腊传说和神谱,可以当作宗教学的萌发。公元前 6 世纪,希腊爱利亚学派的色诺芬尼曾发现,色雷斯人和埃塞俄比亚人分别按照各自民族的人来塑造他们的神。希腊历史学家希罗多德描述了野蛮人和外国人的宗教信仰,并推测了宗教起源、礼拜和神话之间的关系。他认为人向神奉献祭品,神向人赐福,这是一种互利互惠的关系。在解释生理现象、自然现象、社会历史发展时,他把神作为最终的原因。他还认识到宗教对希腊各民族的认同也

---

① 邸永君.汉语"宗教"一词的由来与衍变[J].中国宗教,2004(8):67.
② 陈霞.略谈宗教学的起源与发展[J].宗教学研究,2001(4):93-99.

起了相当的作用。苏格拉底前的思想家追问过神的特性、神话的价值,对宗教进行了理性的评价。帕米尼德和恩贝多克利就认为神是自然力量的人化。德谟克利特曾经在旅游中对外国宗教表现了浓厚的兴趣。柏拉图也对"野蛮人"的宗教进行过比较。亚里士多德系统地分析过人性退化与宗教的关系,在后来的历史发展中,他的分析被人们反复使用。

在亚历山大远征之后,近东、西亚和部分埃及地区出现了希腊化现象,希腊学者能够直接接触到东方人的神话、仪式和宗教传统。在雅典,伊壁鸠鲁对宗教进行过极端的批评。在他看来,神虽然存在,但他们是远离人类的,与人类没有关系。这种思想对罗马哲学家和诗人留克利希亚产生了很大的影响。古希腊神话作家尤希迈罗斯在他的《圣书》中阐述了他对神话的历史解释,认为神话传说中的神是对人类做出过重要贡献的国王和英雄。在罗马统治时期,西塞罗和瓦尔罗在《论神的本性》和《论预言》中对公元前后的仪式和信仰状况作了精确的描述。罗马帝国影响的扩大、亚历山大时期各宗教的融合、东方宗教传统的吸引力对研究不同国家的宗教产生了有利的条件。公元2世纪的希腊旅行家及地理学家保塞尼亚斯的《描述希腊》是宗教史学研究的丰富宝藏。希腊传记作家蒲鲁塔克在《论伊希斯和司阴府之神》中指出,宗教种类的多样性是表面的,各种宗教象征体现了宗教之间基本的一致。7世纪以后,伊斯兰教的兴起和它对西方的传播激起了西方中世纪对外国宗教的兴趣。1141年,彼得请人翻译了《古兰经》等,1250年开始设立学院研究阿拉伯文化。当时,伊斯兰教已经出版了大量研究其他宗教的书籍。蒙古人在小亚细亚出现以后,罗马教皇开始派遣使团来研究他们的宗教和习俗。这期间新柏拉图主义的寓言式解释和文艺复兴重新发现并估价了异教的价值。人文主义者们相信所有的宗教都有共同的传统,所有的宗教在价值上都是平等的。

1520年出现了第一部涉及面较宽的宗教史——《全人类的习俗、法律和仪式》,这部著作包括了对非洲、亚洲和欧洲宗教信仰的描述。15、16世纪的地理大发现为了解人类的宗教翻开了新的篇章。到美洲和中国的传教士出版了介绍"新世界"宗教习俗的书籍,并对这些宗教信仰与基督教进行了比较。一些传教士指出了西方人以前的错误。耶稣会士马特奥·里西等人在中国的传教活动对西方人理解宗教起了十分重要的作用。他们发现中国儒教没有神秘的东西,也没有教阶制度。儒家敬奉的神远离人类生活,儒家只教诲人们高尚的道德。在这些外国传教士看来,这种信仰十分理性。传教士们把中国的经典圣书翻译并介绍到欧洲,对自然宗教在欧洲的形成起了巨大的推动作用。

到17、18世纪时,一些欧洲学者开始对宗教进行系统研究,出现了一批描述宗教现象和宗教历史的著作,如赫尔伯特的《论异教》、休谟的《自然宗教史》和布罗塞的《论物神崇拜》等。18、19世纪之交,西方学者开始接触并研究古代印度、波斯和埃及的宗教经典。1771年,法国学者杜白隆法译了波斯古经《阿维斯陀》,此后又用拉丁文译出印度婆罗门教经典《奥义书》。19世纪中叶,在考古学、人类学和神话学等方面的资料收集和比较研究的基础上,现代意义上的宗教学产生的条件逐渐成熟。特别是对非欧洲语言的掌握和一系列宗教典籍的翻译,传教士、殖民地官员和旅行家提供的人种学描述,19世纪上半叶的东方研究和印欧语言学的建立,使得严格意义上的宗教学得以真正创立。

到1873年,英籍德国学者麦克斯·缪勒发表《宗教学导论》,率先使用"宗教学"这一概念,首次将宗教研究的视野从欧洲扩大到整个世界,将宗教学的研究对象从基督教扩大到伊斯兰教、佛教、道教等各种宗教形态,并确立了以比较为核心的宗教学研究方法,从而被称为宗教学作为独立的学科诞生的标志。之后,宗教学在西方取得了巨大发展,形成了多角度的研究方法,涌现了大批宗教学大师,并在大学里设置了宗教学教席和宗教学研究机构。1880年以后,法国、意大利、美国、德国创办了宗教学刊物。1897年在斯德哥尔摩召开了第一届宗教学国际会议。1900年在巴黎召开了第一届国际宗教史大会。随着这些活动的举行,宗教文献、辞典、百科全书等宗教出版物开始大量出现。宗教学在过去的百年时间里逐渐从一个研究对象变成了一个学科,其目的是使人类的宗教行为能够被理解。

宗教学作为一门独立的人文科学,具有与其他学科尤其是神学完全不同的学科性质。其一,无论从历史还是从现状来看,宗教学都是一个科学范畴而非神学范畴,追求的是理性和知识,而宗教神学则以信仰为根本目标。简而言之,是否接受宗教的价值观造成了宗教学与神学的基本分野。其二,严格科学意义上的宗教学只关注宗教的事实状态,并对其进行经验研究,而对于"宗教应该是什么样的"这种宗教观问题还是有所避讳的。但宗教学并不完全排斥宗教哲学,因为人们对于宗教现象的研究都隐含着某种宗教本质观。其三,对宗教现象的结构研究和历史研究是宗教学研究中两个基本的部分,缺一不可。通过这三个方面的论述,我们可以对宗教学的学科性质做这样的概括:宗教学是一门以客观存在的宗教现象为对象,分析宗教的要素、结构和社会文化功能,以求最终达到对宗教的本质和发展规律的系统性认识的人文科学。[①]

宗教学是认识宗教现象的本质,揭示宗教产生和发展规律的科学。要科学地认识宗教现象,首先就要认清宗教的本质。关于宗教的本质,不同的学者和思想家给出了不同的,甚至相互冲突的说法,这些说法大体可划分为这样几类。其一,宗教史学家和宗教人类学家们以信仰的对象("神")为中心来规定宗教的本质,根据历史事实和人类学事实,把宗教规定为信仰和崇拜"神"的体系,"神"的存在与形式,以及人与神之间的关系构成了宗教的本质结构,对"神"及其性质的认知决定着宗教组织和教头的宗教行为和宗教情感。其二,宗教心理学家以信仰主体的个人体验作为宗教的基础和本质,着重对宗教信仰者的内心心理过程进行考察,教头的宗教感受和宗教体验被视为宗教生活的本质和宗教的真正秘密。其三,宗教社会

---

① 刘东建,彭新武.人文社会科学概论(第3版)[M].北京:首都经济贸易大学出版社,2013:29-30.

学家以宗教的社会功能来规定宗教的本质,主要关注宗教的功能,即宗教对于社会和人们生活有什么作用和意义。

马克思和恩格斯在与上述三类定义近似的层面上论述过宗教的本质。①一切宗教都只不过是支配着人们日常生活的外在力量在人们头脑中的幻想的反映,在这种反映中,人间的力量采取了超人间的力量形式。这是围绕宗教信仰的对象论述宗教的本质,同时还揭示了宗教信仰对象(神)的社会根源和认识论根源。②宗教是那些还没有获得自己或是再度失去自己的人的自我意识和自我感觉。这是从宗教信仰的主体层面论述宗教的本质,将宗教视为人的自我意识和自我感觉的"异化"形式。③宗教是人民的鸦片。这是从宗教的社会功能及其发挥功能的方式论述宗教的本质,主要强调宗教的消极功能。总之,从宗教的本质来看,宗教是上层建筑的一部分,是上层建筑中的社会意识的一种特殊形态。宗教作为一种意识形态,不是对经济基础的直接反映,而是被一系列中间环节弄得模糊不清,做了折射的反映,是人类自我异化的反映形式。

宗教作为一种历史现象,它有一个产生、发展和消亡的过程。宗教是自然压迫和社会压迫的产物。早在原始社会,由于社会生产力水平极为低下,人们受到思维能力的限制,产生了对"超自然"力量的恐惧和崇拜,于是,原始宗教(自发宗教,自然宗教)产生了。原始宗教是人类文明史以前的宗教形态,它的主要形式包括自然崇拜、动植物崇拜、鬼魂崇拜、图腾崇拜、祖先崇拜、偶像崇拜等。真正的宗教形成于阶级社会。随着社会生产力的不断发展,阶级、社会分工的出现和人类思维能力的发展,原始宗教向神学宗教发展。神学宗教又被称为人为宗教或民族宗教。在阶级社会里,宗教的产生和发展,除了自然力量压迫之外,还有社会阶级的压迫。对于阶级社会强加在身上的苦难,人们感到绝望和无法摆脱,便把希望寄托于神或上帝,这是宗教产生和发展的最主要根源。从原始宗教向神学宗教的发展是人类宗教发展史上一次质的飞跃。随着人类社会生产力的不断发展和人类思维能力的不断提高,出现了世界宗教,这是人类宗教发展史上的一个新阶段。世界宗教指的是佛教、基督教和伊斯兰教这三大宗教。它们突破了民族、国家和地区的限制,发展成为世界上各民族、国家和地区的人们广泛信奉的宗教形式。之后,还出现了新兴宗教,如天理教、摩门教、巴哈伊教、创价学会等,但它们的影响相对较小,无法与世界三大宗教相媲美。宗教在其历史发展过程中,最终不可避免地要走向消亡,这是一个不以任何人的主观意志为转移的客观规律。当然,宗教的消亡与它的产生一样,也是一定历史条件的结果。废除私有制,是宗教消亡的先决条件。只有废除私有制,人类社会才有可能逐渐从苦难中解脱出来,社会生产力才有可能得到进一步的解放,社会经济才有可能得到进一步的发展,创造出更多的社会物质财富。宗教产生的根源消失,宗教也就必然消亡。

宗教学作为一门独立的人文科学,它包括诸多层次学科。具体地说,宗教学的层次学科包括:①基础学科,即一般宗教学或宗教学概论等;②分支学科,包括各大宗教分类概述、宗教仪礼学、宗教典籍学、宗教现象学、宗教行为学、宗教艺术学等；③交叉学科，包括宗教人类学、宗教社会学、宗教心理学、宗教地理学、宗教文化学等；④历史学科，包括宗教通史、各大宗教发展史、比较宗教史、宗教学学科发展史等。

九、美学

美学是一门既古老又年轻的科学。说它古老，是因为人类对美的探讨源远流长，审美观念和美学思想几乎与人类的起源一样古老；说它年轻，是因为美学作为一门独立的学科，它只是近代社会发展的产物。

在古代中国，"美"的概念早已有之。先秦时期即产生了不少美学派别，其中最重要的是儒家、道家、墨家和法家。它们互相对立又互相补充，奠定了整个中国古代美学的根基。

儒家美学的创始者和重要代表是孔子。他的美学思想建立在他的"仁"学的基础上。孔子从"仁"学出发，总结、概括和发展了前人的言论，第一次深刻地解释了美与善的关系、审美与艺术的社会作用等问题。孔子在《论语·八佾》曰："子谓《韶》：'尽美矣，又尽善也。'谓《武》：'尽美矣，未尽善也。'"①美是就艺术形式而言，善则是就艺术作品的内容而言。孔子把美和善结合起来评价艺术作品，这一点很值得重视。孔子强调美与善不能分离，强调艺术的感染作用，认为审美与艺术的作用在于感发和陶冶人们的伦理情感，促进个体与社会的和谐发展。孟子则提出了"充实谓之美"的论断。《孟子·尽心下》曰："可欲之谓善，有诸己之谓信，充实之谓美，充实而有光辉之谓大，大而化之之谓圣，圣而不可知之之谓神。"②孟子认为，美的人必须具有仁义道德的内在品质，并表现充盈于外在形式。孟子把人格的美看作是个体人格中实现了的善，即人格的美包含着善，又超过了善，从而深刻地发展了孔子的关于美与善的内在一致性的思想。荀子则指出："性者，本始材朴也；伪者，文理隆盛也。无性则伪之无所加，无伪则性不能自美。"③他这里已经涉及主体的能动活动同美的关系问题。

道家美学的创始人是老子，但其真正代表者是庄子及其学派。道家美学的全部思想建立在关于"道"的理论基础之上。老子在《道德经》中多处论述了他的美学思想，曰："天下皆知美之为美，斯恶已；皆知善之为善，斯不恶已。"④"胜而不美，而美之者，是乐杀人。"⑤"甘其食，美其服，安其居，乐其俗。"⑥庄子在《庄子·天道》中有"朴素而天下莫能与之争美"之说，在《庄子·知北游》中又云："天地有大美而不

---

① 盛广智.中国儒家文化名著[M].吉林：延边大学出版社，1995：22.
② 盛广智.中国儒家文化名著[M].吉林：延边大学出版社，1995：210.
③ 盛广智.中国儒家文化名著[M].吉林：延边大学出版社，1995：304.
④ 老子.道德经[M].苏南，注评.南京：凤凰出版社，2001：5.
⑤ 老子.道德经[M].苏南，注评.南京：凤凰出版社，2001：86.
⑥ 老子.道德经[M].苏南，注评.南京：凤凰出版社，2001：216.

言,四时有明法而不议,万物有成理而不说。圣人者,原天地之美而达万物之理。是故至人无为,大圣不作,观于天地之谓也。"庄子推崇的"大美",就是不言不议不说,是自然而然达于万物之理,即纯朴自然之美。道家主张对人世的利害、得失、是非、荣辱、祸福采取一种听其自然,不容于心的超越态度,认为这样就可以从人世的苦难中获得解脱,始终保持精神上的自由,达到美的境界。一方面,这种超越是精神上的主观空想,带有虚幻、消极和逃避现实的性质。另一方面,这种超越又恰好触及审美观的心理特征。

墨家和法家都从狭隘的功利主义出发,对审美与艺术采取蔑视以至否定的态度。墨家主张"非乐",即否定艺术,认为审美与艺术活动只能"亏夺民之衣食之财",无补于"兴天下之利,除天下之害"。它反映了古代小生产者的观念和狭隘眼界,但又有揭露批判剥削者的一面。法家以"功用"为判断事物价值的根本标准,攻击儒家所提倡的包括艺术在内的"文",认为它有"乱法"、"害用"等恶劣作用,反映了急功近利的要求。由于墨、法两家的狭隘功利主义的观点同人类文化艺术的历史发展背道而驰,因此,它们虽然对儒家进行了猛烈的批判,却不能动摇儒家美学的根本思想。

至两汉时期,美学思想得到进一步的发展。《淮南子》鲜明地把对美的追求,从儒道两家所强调的内在人格精神引向了广大的外部世界,表现了处在上升时期的统治阶级对征服外部世界的强大信心和力量,显示了汉代美学的新特色。董仲舒重申了儒家以"仁"为美的思想,把它和"天人感应"的理论结合起来,认为"仁"是"天"的属性、意志,天地的美就在于它无私地长养、哺育万物。司马迁猛烈地批判儒家"怨而不言"的美学观,认为对一切不合理的黑暗现象的愤怒、反抗和斗争是完全应当的,表现了中国古代人民的英雄主义精神。扬雄提出了"言"为"心声","书"为"心画"的说法。他在《解难》中提倡一种博大艰深、富于崇高色彩的美。王充则针对当时谶纬迷信的风行,集中考察了美与真的关系问题,提出了"真美"这一概念,反对"虚妄之言胜真美"。

魏晋南北朝是中国美学发展史上具有重大意义的转折时期。这一时期的美学思想不再像先秦以来那样,把主要的注意力放在说明艺术与政治、伦理、道德的关系上,而是开始具体深入地研究美与艺术自身所具有的特征。美学问题的探讨第一次获得了自己相对独立的地位和价值,并且扩大到艺术的各个门类和领域。同时出现了专门性的美学著作,如嵇康的《声无哀乐论》系统地论证了音乐美的本质在于"自然之和"。隋唐时期美学的发展,逐渐形成了奋发向上、刚健有力的审美趣味和审美理想。这一点在诗人杨炯的《王勃集序》中已有明显的表现。陈子昂对"汉魏风骨"的提倡,进一步从美学上概括了唐代上升发展时期的审美倾向。中晚唐至五代美学思想发展的趋势是儒家美学的实际影响逐渐削弱。

宋代美学直接继承司空图的美学思想,但去掉了虚幻的神仙色彩。它面向现实的人生,高度重视生活情趣,任情感自然流露和表现,推崇平淡天然的美,鄙视宫廷艺术的富丽堂皇、雕琢伪饰。如欧阳修主张文章应"得之自然",欣赏"宽闲之野,寂寞之乡"的自然美,要求绘画画出"萧条淡泊"之意,"闲和严静,趣远之心"。苏轼则从更广阔的视野和更深的哲理角度上观察了美与艺术问题。邵雍、程颢、程颐、朱熹等哲学家则把被他们加以客体化的、具有伦理道德性质的"理"提到了至高无上的位置,声称"名教之乐"胜于"人世之乐",对审美与艺术创作一般采取轻视贬低,甚至否定的态度,但在对人生终极境界的看法上,他们所追求的最高的道德境界又和审美的境界相通。元代的美学思想直接承接宋代,只在某些局部问题上有所深化,如关于绘画的某些理论著作表现出不同于宋代宫廷画院传统的、新的审美情趣和标准。著名画家和诗人倪云林提出的"写胸中逸气"、"逸笔草草,不求形似"的说法,突出强调了主体的情感、心灵在艺术中的表现,是宋代和禅宗相联的文人画的美学思想在艺术实践中的进一步发挥。

明代中叶,随着资本主义萌芽的出现和封建统治的日趋腐朽,中国古代思想的发展进入了一个新时期。这个时期在美学上形成了一股具有近代个性解放气息的思潮。其基本特点是把"情"提到一种新的水平和新的位置,主张在审美与艺术中无顾忌地、大胆地表现个人的真情实感,推尊自我,崇尚独创,反对当时的因袭复古之风。如李贽提出"天下之至文"是"童心"亦即"真心"的表现,美与艺术是与一切违背"真心"的虚假行径不能相容的。他还提出"以自然为美",即是以自然地表现人的"情性"为美,并且认为"情性"只要是自然地表现出来的,那就必然是"止乎礼义"的,"礼义"并不在"情性"的自然表现之外。明清之际的黄宗羲、王夫之,虽然思想和李贽等人不同,甚至有尖锐对立,但同样受到这种新思潮的影响,在美学上也十分强调"情"。黄宗羲认为,"情者,可以贯金石,动鬼神","凡情之至者,其文未有不至者也"。王夫之也把"情"放在很高的位置,认为"情之所至,诗无不至",诗之所以有"兴""观""群""怨"的作用,全在于其中"有一切真情在内"。王夫之还对"情"与"景"的关系作了深刻的阐明,认为"情景名为二,而实不可离",二者合一是创造艺术美的核心。清初王士禛所提倡的"神韵说"也深刻地触及艺术的审美特征,认为艺术创造"只取兴会神到,若刻舟缘木求之,失其指矣"。乾隆以后,封建统治阶级更加腐朽。在美学上,除陈廷焯的《白雨斋词话》、桐城派古文理论和刘熙载的《艺概》等包含有关艺术特征的某些可取见解外,因袭复古的思想占据统治地位,中国封建社会的美学已经日暮途穷了。

1840年鸦片战争后,随着帝国主义的入侵,西方文化不断输入,中国近代属于资产阶级范畴的美学思想开始萌芽。梁启超等人正式提出了近代资产阶级性质的美学观点,并产生了广泛影响。最早传播西方美学的是王国维。他先后发表了《红楼梦评论》、《古雅之在美学上之位置》和《人间词话》等美学论著,把近代西方美学的理论观点运用于中国文学欣赏和批评,认为人的本质是意志,意志是生活之欲,美和艺术的创造能解脱这种生活之欲的苦痛。在王国维美学思想中,境界说最为著名,他以"境界"一词来集中概括中国古典诗词戏曲的美学特征,比"神韵"说、"性

第三章
人文科学的学科构成

灵"说等更深入地触及审美经验中的核心问题。蔡元培在德国留学期间,研究了康德的哲学和美学以及西方美学史和艺术史,并从 1911 年辛亥革命后开始介绍西方美学思想。其独特贡献在于把美学与社会教育联结起来。同时他发表论文阐述美育方针,把康德的超功利的美学思想和中国"礼乐相济"的传统加以联系和发挥。鲁迅则主张通过审美和艺术改造国民的精神。在五四运动后,一些人探讨美、艺术与人生等问题,并陆续介绍了西方美学理论。宗白华等人运用西方美学的观点和方法,研究中国艺术和中国古代美学思想。朱光潜对西方近现代美学思想作了较系统的介绍和研究。瞿秋白对于马克思主义美学和文艺理论进行了更多的翻译介绍和研究。周扬翻译出版了俄国民主主义者车尔尼雪夫斯基的《生活与美学》(原名《艺术与现实的美学关系》)。

1942 年毛泽东发表《在延安文艺座谈会上的讲话》,将马克思主义美学原则与中国无产阶级领导的革命文艺运动的具体实践正确地结合起来,达到一个新的高度。《讲话》是为了解决中国共产党在文化战线上的方针、路线和政策问题,这些问题涉及马克思主义美学的根本原则,如文艺与时代、人民群众的关系,生活美与艺术美的关系等问题,毛泽东唯物地、辩证地作了创造性的阐明,包含对马克思主义美学思想的运用和发展。中华人民共和国建立以来,美学发展进入新的历史阶段,从 20 世纪 50 年代中叶到 60 年代初,开展以批判旧美学,建立马克思主义的新美学为课题的学术讨论,中心是从哲学上探讨美的本质、自然美以及美学对象问题。1978 年以来,在继续这些研究讨论的同时,近代心理学、社会学以及自然科学的理论被引进美学领域,有学者开始撰写中国美学史方面的著作。美学的研究和实施引起了社会上的广泛重视。

西方古典美学主要经历了古希腊、中世纪、文艺复兴、法国启蒙运动、英国经验主义、德国理性主义等几个主要阶段。公元前 6—公元前 5 世纪的希腊,是西方美学思想的发源地。毕达哥拉斯学派最早谈到美的问题,他们在数的和谐中寻找美,提出"美是和谐与比例"。苏格拉底则把美和效用联系起来,提出有用的东西才是美的。柏拉图在《国家篇》、《会饮篇》中,把美学思想贯穿在哲学思想中,广泛地探讨了美与艺术的问题,并严格区分出"什么是美"和"什么东西是美的"的不同之处,认为"美的事物时而生,时而灭",但没有理式,"这种美是永恒的,无始无终,不生不灭,不增不减。"[①]柏拉图的弟子亚里士多德否定了理式的孤立存在,转而从事物本身寻找美的根源。他还提出"美产生于大小和秩序"。古罗马继承了古希腊的美学思想,但也有创新和发展。西赛罗把美分为优美和威严两种不同风格;普洛丁对美的等级进行了划分,提出理智美是最高的美,自然的理式美,人的灵魂美,德行、学术、艺术的美是第二等级,而感性知觉(物质世界的现实美和具体的艺术作品的美)是最低级的美等,都丰富了美学的研究内容。那时的美学思想大多混杂在哲

---

① 柏拉图.文艺对话录[M].朱光潜,译.北京:人民文学出版社,1980:272-273.

学、宗教、伦理等观念之中,主要体现在修辞学、诗学、建筑学、音乐和绘画等理论中。

在漫长的中世纪,美学思想彻底沦为了宗教神学的附庸,上帝被视为唯一的、真正的和绝对的美,是"完美之美",是其他美产生的"至美",如奥古斯丁的美学思想便是其中的代表。虽然奥古斯丁继承了古代美学中那些广为传播的、具有代表性的基本观点,但他通过把美学和神学需要结合在一起,赋予老观点以新含义,建立了一套新的、带有宗教色彩的观念形态。文艺复兴时期美学思想的最主要的特点,是从中世纪神学的迷雾中走出来,面对现实的人,歌颂人的理性、智慧,歌颂人的世俗的美和欢乐。它充分肯定现实世界的美,把感性美提到首位,认为美存在于自然和人体中,但这个时期的美学思想依然附庸在艺术理论中,仍然没有形成理论体系。

18世纪法国启蒙思想家伏尔泰、狄德罗、卢梭等结合启蒙运动来思考美学问题。如伏尔泰认为,美是能够引起惊赞和快乐两种情感的东西,强调美的相对性,美并没有什么抽象的原形。狄德罗提出了"美是关系"的论点,认为只有"关系"的性质才能使事物成为美的事物,还在审美标准上提出了真、善、美的统一论。卢梭则认为美存在大自然中,提出了"回归自然"和重新使人成为完整的人的美学思想。英国经验主义美学则强调感性经验的重要性,把经验的事物作为研究美学的出发点。德国理性主义美学则与英国经验主义美学相对立。如莱布尼茨探讨了感觉经验、理性法则和天赋观念的关系问题,为把美的本质与人的本质结合起来做了必要的学理准备。鲍姆加通则于1735年首次提出需要建立一门学科来研究感性认识,给其命名为aesthetica,该词源于希腊语,词根含义为"感觉"、"感兴趣"、"感性的"。1750年,他以此概念为名的著作《美学》出版,第一次使用"美学"这个术语,并把美学初步界定为与逻辑学、伦理学平行的学科,这标志着美学作为一门独立的学科从此确立。鲍姆加通被公认为"美学之父"。此后,德国古典哲学家康德、席勒、谢林、黑格尔等赋予美学以更进一步的系统的理论形态,使之在他们的哲学体系中占有重要地位。

19世纪,一些资产阶级美学家在实证主义精神的支配下,力图使美学摆脱哲学而成为"经验的科学"。当然,以所谓的"经验的科学"自命的实证美学,并没有也不可能脱离哲学的支配,但美学在这一时期更加广泛地和独立地发展了。马克思主义哲学的产生,给美学研究提供了真正科学的世界观和方法论,改变了美学研究的面貌。马克思主义的经典作家们也提出了许多重要的原则性的美学观点,然而他们没有来得及使之系统化。因此,建立科学的马克思主义美学体系仍有待努力。应该说,运用马克思主义观点来研究美学,至今还处于探索阶段。

美学作为一门关于研究审美现象及其规律的科学,当然有自己的特殊的研究对象,也可以说,美学的研究对象就是各种审美现象及其发展规律。审美现象包括四个方面:一是艺术美,如唐诗宋词的美;二是自然美,如山川河流的美;三是科技美,如细胞结构的美;四是日常生活中的美,如服饰建筑的美。然而从美学史上看,各个时代的美学家们对美学研究对象和研究内容的看法一直存在不同意见。直至目前,关于美学的研究对象问题,国内外学术界都仍在讨论中。这种状况一方面反映了不同派别的美学家在美学基本观点上的分歧,另一方面也反映出美学这门科学还在形成和不断发展中。尽管这样,如今美学研究已经形成了丰富的内容,既重哲学的探讨,分析和论述美的根源、本质及其特征,美与真善、美与丑的关系,美的形式、形态和范畴等问题;重心理学的探讨,揭示和描述美感的形成、本质、特征及其表现形态,美感与快感的区别,美感的心理结构和排列组合方式,以及审美观念、审美理想、审美情趣、审美标准等问题;又重社会学的考察,探讨和阐述美的欣赏的主客观条件、对不同美的形态的欣赏的内容和方法,不同形态美的创造的一般规律;也不忽视审美教育,揭示审美教育的实质以及审美教育的一般规律,使审美主体具有一定的审美能力和审美理想。美、美感、审美教育以及对美的欣赏和考察,构成了一个有机的整体。[①] 可见,美学的研究内容极其广泛和丰富。

美学作为一门独立的人文科学,其基本问题就是美的本质、审美意识与审美对象的关系问题,它是哲学基本问题在美学中的具体表现。美学所要研究的基本问题包括两个方面的内容:一是美的本质、特征、美感和美的形态,它是美学理论的基础理论和主体内容。二是审美或审美活动。审美主体与审美对象是构成审美活动的两个基本要素,审美活动就是审美主体与审美对象之间相互依存、相互规定、相互激荡的矛盾运动过程。

就第一方面内容而言,"美"包括美的概念、美的本质、美的特征、美感和美的形态等内容。美学中使用的"美"的概念不外乎有三层含义:一是指具体的审美对象,即"美的东西";二是指众多审美对象所具有的特征,主要是形式和形象上表现出来的审美属性;三是指美的本质和美的规律。那么,到底什么是美,或者说美的本质是什么?从柏拉图的"美是理式"到黑格尔的"美是理念的感性显现";从阿奎那的"凡一眼见到就使人愉快的东西才叫美的"到康德的"审美乃超脱了任何(道德的或生物的)利害关系,对对象无所无欲的'自由的'快感";从狄德罗的"美在关系"到车尔尼雪夫斯基的"美是生活",等等,美学家们从不同的角度对美的本质做出了回答,提出了多种观点。有的学者根据马克思《1844年经济学哲学手稿》一书中关于"劳动创造了美""人也按照美的规律来塑造""美是人本质力量的对象化"等论述,把美的本质与人的本质、人的本质力量对象化联系起来加以研究,得出美的本质是人的本质力量对象化的自我确证。不是人的本质力量对象化的所有产物都是美的,只有体现了人的本质力量对象化的自我确证的对象,才具有审美价值,才能激发人的美感,这是通过人的审美与创造美的实践证实了的。只有确证着真、善、美,符合社会发展规律,符合人类根本利益,促进社会发展、人类进步的人的本质力量

---

① 刘东建,彭新武.人文社会科学概论(第3版)[M].北京:首都经济贸易大学出版社,2013:145.

对象化的自我确证的对象,才能成为人的审美对象,才具有美的属性。

总体地说,美是主体和客体的融合,感性和理性的纠结,内容和形式的统一,具有形象性、客观性、感染性、丰富性、相对性等基本特征。美感指的是人在接触到美的事物时引起的一种感动,是一种赏心悦目、怡情悦心的心理状态,是对美的认识、评价和欣赏。美感探讨人类美感的形成,美感的心理基础和心理要素,以及美感的内在结构,具体包括审美能力、审美需要、审美趣味、审美理想、审美态度和审美感受等。人类的美感来源于动物的本能,却超越了动物的本能。美感的历史起源是与人类的社会实践紧密相连的。首先,美感是适应人类社会实践的需要。其次,审美的实践活动不同于一般的实践活动,体现为精神上的满足。再次,人类的美感活动不断扩大发展,不断增加新的内容和意义。最后,美感有起点,但没有终点。美的本质存在于美的对象中,美感必须由具体的审美对象激发而产生。美表现在不同的审美客体上,表现为各种存在形态。美主要表现为美的存在形态(自然美、社会美、艺术美等)和美的表现形态(优美、壮美、崇高、悲剧、滑稽、喜剧、丑等)两种形态。

就第二方面内容而言,审美,也称审美活动。它是指人发现、选择、感受、体验、判断、评价和创造美的实践活动,是一种以生理活动为前提的心理活动。在审美过程中,人的生理功能和心理功能相互作用,最终形成审美感受,既符合认识活动中从生动直观到理性思维的普遍规律,又是一种形象的思维过程,伴随着具体的感性形象,丰富的联想想象、情感活动和审美意象的创造活动。审美是人的一种特性,是人类生存与发展所不可缺少的一种基本需要,是人的思想、实践和生活不可缺少的一项重要活动内容。审美活动能给人以美的享受,具有审美价值,能给人以知识和启迪,具有特殊的认知价值和伦理价值。

美学作为一门独立的人文科学,它包括诸多层次学科。具体地说,美学的层次学科包括:①基础学科,包括美学原理或美学概论等;②分支学科和交叉学科,包括哲学美学、心理学美学、符号学美学、艺术美学、教育美学、技术美学、音乐美学、文艺美学、建筑美学、旅游美学、医学美学、森林美学、生态美学、民族美学、现代交通美学、审美人类学等;③历史学科,包括中国美学史、西方美学史、比较美学史、美学学科发展史等。

十、艺术学

"艺术"一词本来泛指各种技艺。在历史发展的过程中,艺术的内涵逐渐扩大,由技艺不断向精神领域延伸,现代意义上的艺术则更多地倾向于人类的精神范畴。《现代汉语词典》对艺术的解释有三种含义:一是用形象来反映现实但比现实有典型性的社会意识形态,包括文学、绘画、雕塑、建筑、音乐、舞蹈、戏剧、电影、曲艺等;

二是指富有创造性的方式、方法;三是形状独特而美丽的。① 在英语中,art 有多种含义,其中最主要的含义:一是指美术(绘画、绘图、雕塑);二是艺术(绘画、雕塑、音乐、舞蹈、文学等);三是[总称]美术(作)品;艺术(作)品;四是(一门)人文科学;五是技术,技艺,(需要技术的)行业;六是方法,诀窍,本领等。② 艺术学是指关于艺术及其学科的研究,包括艺术本体论的研究、艺术学科问题研究等。

艺术学是一门古老而又年轻的学科。无论是中国还是西方,虽然艺术理论在人类历史上早就有之,但艺术学作为独立的学科,直到 19 世纪中后期才出现。在中国古籍中,虽然没有"艺术"这个概念,但有丰富的艺术思想。我国古代所说的"乐"不同于今天的音乐,它包括音乐、舞蹈、乐器、绘画、文学等,与今天的"艺术"概念接近。《尚书·尧典》有舜帝命夔"典乐,教胄子"的记载,其目的在于使贵族子弟"直而温,宽而栗,刚而无虐,简而无傲"。并明确提出了"诗言志,歌永言,声依永,律和声。八音克谐,无相夺伦,神人以和"的主张。③

孔子作为儒家学派的创始人,他积极倡导、传承和发扬前朝上代的音乐教育思想,对后代的影响深刻而久远。他不仅在音乐实践方面唱、琴、瑟、磬等样样精通,而且以"六艺"(礼、乐、射、御、书、数)作为培养学生的课程目标,将"乐"教内容列为第二位,可见其对乐的重视。孔子的艺术思想丰富而深刻,内容涉及乐与礼的关系,音乐的内容、功能、实践及对待音乐的态度等方面,为儒家学派音乐评价观的形成奠定了基础。如《论语·八佾》曰:"《关雎》乐而不淫,哀而不伤。"《论语·述而》曰:"志于道,据于德,依于仁,游于艺。"④这里的"艺"即礼、乐、射、御、书、数六艺。孟子对孔子的艺术思想做了创造性的发挥,他认为音乐是表现仁义的一种艺术形式。孟子还认为,"今之乐犹古之乐也。""仁言不如仁声之入人深也,善政不如善教之得民也。"⑤孟子还主张"与民同乐"。老子则提出了"音声相和","乐与饵,过客止","大音希声,大象无形","见素抱朴,少私寡欲"⑥等重要观点,体现了其原始美、自然美、纯朴美和辩证美交相辉映的艺术思想。

《礼记·乐记》和《荀子·乐论》则是古代专门论述艺术的文章,其内容丰富而系统,可谓我国古代艺术思想的瑰宝。《礼记·乐记》涉及乐之起源及其表现,礼乐之别及各自的作用、功能。"凡音之起,由人心生也。人心之动,物使之然也。感于物而动,故形于声。声相应,故生变。变成方,谓之音。比音而乐之,及干戚羽旄,谓之乐。""乐者,通伦理者也。""礼节民心,乐和民声,政以行之,刑以防之。礼乐刑政,四达而不悖,则王道备矣。""乐者为同,礼者为异。同则相亲,异则相敬。乐胜则流,礼胜则离。合情饰貌者,礼乐之事也。礼义立,则贵贱等矣。乐文同,则上下

---

① 中国社会科学院语言研究所词典编辑室.现代汉语词典(修订本)[M].北京:商务印书馆,1996:1491.
② 陆谷孙.英汉大词典(上卷)[M].上海:上海译文出版社,1989:165.
③ 尚书[M].慕平,译注.北京:中华书局,2009:30.
④ 论语[M].张燕婴,译注.北京:中华书局,2006:88.
⑤ 孟子[M].万丽华,蓝旭,译注.北京:中华书局,2016:295.
⑥ 老子[M].饶尚宽,译注.北京:中华书局,2006:5,87,102,47.

和矣。"①《荀子·乐论》指出:乐源自人心,能极尽情感之变化,乃"人情之所必不免"之物,"故乐在宗庙之中,君臣上下同听之,则莫不和敬;闺门之内,父子兄弟同听之,则莫不和亲;乡里族长之中,长少同听之,则莫不和顺。"它具有"入人也深,其化人也速","乐行而志清,礼修而行成,耳目聪明,血气和平,移风易俗"的作用,达到"天下皆宁,美善相乐"的效果。同时,还精辟地论述了礼和乐的关系,"且乐也者,和之不可变者也;礼也者,理之不可易者也。乐合同,礼别异。礼乐之统,管乎人心矣。"②

《吕氏春秋》之《仲夏纪·大乐》《仲夏纪·适音》《季夏纪·音初》等都论及音乐问题。如《仲夏纪·大乐》谈到"音乐之所由来者远矣。生于度量,本于太一。""天下太平,万物安宁,皆化其上,乐乃可成。成乐有具,必节嗜欲。嗜欲不辟,乐乃可务。务乐有术,必由平出。"③《季夏纪·音初》谈到原始音乐"东音""南音""秦音""北音"等的产生,并提出"凡音者,产乎人心者也。感于心则荡乎音,音成于外而化乎内","故君子反道以修德;正德以出乐;和乐以成顺。乐和而民乡方矣"。④

之后,我国历史上一大批哲学家、史学家、思想家和艺术家,如司马迁、董仲舒、刘向、嵇康、王羲之、顾恺之、万宝常、祖孝孙、李龟年、吴道子、欧阳询、褚遂良、颜真卿、柳公权、王维、周敦颐、关汉卿、王实甫、白朴、马致远、康有为、梁其超等,在其实践创造或理论著述中,对音乐、舞蹈、乐器、绘画、书法、雕塑、文学等艺术诸方面进行了广泛探索,反映了我国历史上各个时代的人们对艺术的追求和思想见解,为我国艺术学的产生和发展做出了积极贡献。

在西方,古希腊有着令人瞩目的灿烂文化和辉煌的艺术成就。古希腊艺术被称作艺术"最纯真的源泉",是西方艺术的源头和历代仿效的榜样。希腊的神话、荷马史诗以及戏剧、音乐、建筑、绘画、雕刻等是希腊艺术的宝库。希腊人的艺术观念十分宽泛,不仅音乐、雕刻、绘画、诗歌被称为艺术,手工业、农业、医药、骑射、体育、烹调乃至城邦的组织和政治的参与、战争都被归为艺术。古希腊十分重视艺术教育,当时学校的教育内容为"七艺",即"七种自由的艺术"的简称,包括文法学、修辞学、辩证法、算术、几何学、天文、音乐。古希腊的艺术思想以柏拉图和亚里士多德为代表,其论述涉及艺术的特性、功能起源和艺术教育的目的、内容、作用等。柏拉图认为,音乐可以滋润心灵、美化心灵。柏拉图因此提出"音乐教育比其他教育都重要,必须寻找一些艺人巨匠,用其人才美德,开辟一条道路,使年轻人由此而进,在不知不觉之间受到熏陶,在童年时就和优美、理智融合为一"。因此,儿童阶段文艺教育最为重要。亚里士多德作为西方艺术理论的创始人,不仅提出了一系列重要的艺术理论观点,而且写有系统的艺术理论专著。亚里士多德认为,艺术能够反

---

① 佚名.礼记[M].胡平生,陈美兰,译注.北京:中华书局,2016:149,153,157,158.
② 荀子[M].安小兰,译注.北京:中华书局,2007:196-197,200,203-205.
③ 吕氏春秋[M].张双棣,张万彬,殷国光,等,译注.北京:中华书局,2007:48-49.
④ 吕氏春秋[M].张双棣,张万彬,殷国光,等,译注.北京:中华书局,2007:66-67.

映现实,并且艺术对现实的反映,能够达到一种普遍性的、本质的认识。艺术对现实的摹仿,可以比现实更理想、更美。他指出,艺术起源于人的天性,它们在形式上与人的心理有一种相通相似的关系。亚里士多德强调艺术对人的理性的培养和发展的巨大作用。他认为,音乐之所以必须学习,不是只为了一种益处,而是为了许多益处,如为了教育;为了心灵的"净化";为了理智的享受,为了紧张劳动后精神的宽驰和休养。他指出,艺术与道德是相通的,正如美离不开善,艺术也离不开道德,但是艺术与道德有一个根本的区别,就是道德是行为,而艺术是生产。作为行为,道德只属于道德家自身,作为生产,艺术却属于艺术家之外的广大公众。他还提出了艺术"以创造为鹄"的著名论断。亚里士多德的这些艺术思想奠定了西方艺术理论的基础。

古罗马人是古希腊艺术的崇拜者和模仿者。古希腊艺术对古罗马产生了重大影响,但是由于不同的社会环境和民族特点,古罗马艺术也有其不同于古希腊艺术的独特之处。古罗马艺术的特点是强调艺术的实用主义,在内容上多为享受性的世俗生活,在形式上追求宏伟壮观,在人物表现上强调个性。古罗马艺术的突出成就,主要表现在建筑、壁画、肖像雕刻等方面。欧洲历史进入中世纪后,由于受基督教神学的制约,艺术发展也几乎处于停滞状态,不注重客观世界的真实描写,而强调精神世界的表现;在建筑艺术方面有很高的艺术成就,如拜占庭教堂、罗马式教堂和哥特式教堂各具艺术上的创造性。与宗教建筑相结合,雕刻、镶嵌画和壁画也取得了一定成就。

欧洲文艺复兴时期的艺术以坚持现实主义方法和体现人文主义思想为宗旨,在追溯古希腊、古罗马艺术精神的旗帜下,创造了最符合现实人性的崭新艺术,如意大利的达·芬奇、米开朗基罗和拉斐尔是文艺复兴艺术的三位代表。达·芬奇既是艺术家又是科学家,其杰作《最后的晚餐》、《蒙娜丽莎》等皆被誉为世界名画之首。米开朗基罗则在雕刻、绘画和建筑各方面都留下了最能代表鼎盛期文艺复兴艺术水平的作品。拉斐尔则以其塑造的秀美典雅的圣母形象最为成功。他的圣母像寓崇高于平凡,被誉为美和善的化身,最充分地体现了人文主义的理想。

17世纪的欧洲出现了巴洛克艺术,它发源于意大利,后风靡全欧。其特点是追求激情和运动感的表现,强调华丽绚烂的装饰性。这一风格体现在绘画、雕塑和建筑等艺术门类中。18世纪30年代,洛可可艺术在法国兴起并快速发展。它从建筑装潢扩展到家具、油画和雕塑领域,保留了巴洛克风格复杂的形象和精细的图纹,并逐步与大量其他的特征和元素相融合,其中就包括东方艺术和不对称组合等。这种艺术形式随后从法国蔓延到德国、西班牙等地区,并与当地的这种风格相融合。随着1789年法国资产阶级大革命的到来,进步的美术家们又一次重振了古希腊、古罗马的英雄主义精神,开展了一场新古典主义艺术运动。其代表画家是法国的大卫和安格尔。浪漫主义随着新古典主义的衰落而兴起。法国热里柯的《梅杜萨之筏》被视为浪漫主义绘画的开山之作,但这一运动的主将却是德拉克洛瓦,其绘画色彩强烈，用笔奔放，充满强烈激情，代表作有《希奥岛的屠杀》和《自由引导人民》等。法国吕德的《马赛曲》和卡尔波的《舞蹈》都是杰出的浪漫主义雕塑作品。

19世纪中期是现实主义艺术蓬勃兴旺的时期。法国画家库尔贝是现实主义的倡导者，他的代表作《奥尔南的葬礼》堪称绘画中的《人间喜剧》。勤劳朴实的农民画家米勒，以醇厚真挚的感情，歌颂了辛勤劳作的农民。讽刺画家杜米埃创作了大量思想深刻而形象夸张的石版画和油画。德国画家柯勒惠支以社会民主主义思想和鲜明的个人风格，创作了反映工人运动和农民革命的系列铜版画和石版画。法国雕塑大师罗丹的作品也具有一定的现实主义品质，等等。所有这些艺术成就的取得和艺术思想的发展，为艺术学的建立奠定了坚实基础。

艺术学作为一门独立的学科，直到19世纪中后期才正式诞生。从19世纪后半叶起，进化论对自然科学与人文科学界影响较大，艺术研究领域也不可避免。关于艺术的起源、民族文化心理、艺术发生学研究及其发生机制等问题成为主要课题，而原始民族的鲜活资料为学者们从事艺术研究提供了依据。在这样的学术背景下，一系列关于艺术起源与艺术演进史的相关论著纷纷问世。相关学者对艺术发生学和艺术人类学进行了研究。艺术发生学是从文化发生的语境中考察艺术的起源和演变。艺术人类学是从文化整体论的角度平等地看待人类在不同历史时期、不同民族地区、不同社会阶层中的各种艺术。人类学家通过探索不同族群文化的审美观念与艺术表现，来认识原始民族人与人之间的交往、沟通和行为方式，从而发现人类审美、艺术和社会文化之间的关系。

德国哲学家康拉德·费德勒极力主张将美学和艺术学区别开来，认为它们应当是两门相互交叉而又各自独立的学科，因此被称为"艺术学之父"。德国学者玛克斯·德索出版了《美学与一般艺术学》，他倡导将艺术学从美学中独立出来，作为与美学并列的一门科学来研究。他认为一般艺术学的课题在于从认识论上推敲特殊艺术学的前提、方法及目的，概括其最重要的成果，同时考察艺术性创作、艺术的根源、诸艺术的区分及功能等。这样，艺术学的研究方法、研究范围、研究对象就有了大体的轮廓，为艺术学的学科自觉和成长壮大奠定了基础。玛克斯·德索明确将艺术学与美学区分开来，从而确立了艺术的科学地位。在德国艺术学研究模式影响下，20世纪二三十年代，日本、苏联等国都相继开展了对艺术学的研究。日本先后出现了一批著名的艺术理论家和艺术批评家，如黑田鹏信、甘柏石介、高冲阳造、竹内敏雄、今道友信等，同时还产生了一些相关的学术专著。其中，黑田鹏信的《艺术学纲要》《艺术概论》等著作，对艺术的本质特征、起源、分类、内容、形式、风格、流派以及艺术创作与欣赏等艺术理论中的一些最基本和最重要的问题进行了系统的阐述，从而为在日本确立艺术学独立科学的地位做出了积极贡献。

与此同时，我国一批留学德国、日本的学者，如宗白华、滕固、马采、俞寄凡、邓以蛰、蔡元培、丰子恺等，由于受到西方一般艺术学运动和20世纪初日本艺术学成为独立科学的影响，开始对艺术学的研究产生了浓厚兴趣，相继出现了一些艺术学方面的译作和著作。滕固在《艺术学上所见的文化之起源》中提出"艺术学",这是国内学者首次使用"艺术学"术语。宗白华 1925 年从德国留学回国后致力于艺术学的研究和教学,先后到中央大学、南京大学、北京大学等校任教。他是德国"一般艺术学"思潮本土化的典型代表,他参照德国艺术学的理论架构,立足并植根于中国文化,将西方艺术理论与中国实际相结合,形成了独具中国特色的艺术学思想体系。1932 年,俞寄凡发表《艺术概论》,1941 年,马采发表《艺术科学论》,等等,这些研究成果的发表,促进了艺术学在我国的诞生。

然而,在 20 世纪 40 年代,这些艺术学理论被抗日战争、民族独立运动的大潮所淹没,我国的艺术学萌芽刚刚破土而出就被停止了养料的供给。到 20 世纪 50 年代至 70 年代,尽管建国初期在戏曲、音乐、美术几个主要艺术门类成立了专门的研究机构,如中央美院、中央音乐学院、中央戏曲学院等,但受当时社会环境的影响,艺术成为阶级斗争的工具,又被搁置在哲学、美学和文学的体系中,对艺术本体的思考被削弱,我国艺术学研究整体上处于滞缓状态,从而在很长的历史时期影响了艺术学的发展,使艺术学一直没有像相关学科那样获得应有的独立科学地位。直到 1978 年改革开放之后,艺术学的发展才出现新的转机。

1980 年,经国务院批准,中国艺术研究院正式成立,隶属于文化部,这是我国艺术学唯一的国家级科研机构,设立 10 多个研究所、室,几乎包括了我国所有重要的艺术门类,这在某种程度上为艺术科学的建设与发展提供了体制、机构上的有力保障。1983 年,艺术学被国家社会科学基金列为"单列学科"。20 世纪 80 年代中后期,艺术学界开始有学者明确呼吁要确立艺术学的学科地位。1990 年,艺术学成为文学门类下辖的一级学科,艺术学下设的二级学科包括 16 个艺术种类,但不包含研究艺术学基本原理和一般规律的艺术学理论。1997 年增设二级学科"艺术学"。1998 年教育部颁布《普通高等学校本科专业目录》,其中,艺术学设了 20 个专业方向:音乐学、作曲与作曲技术理论、音乐表演、绘画、雕塑、美术学、艺术设计学、艺术设计、舞蹈学、舞蹈编导、戏剧学、表演、导演、戏剧影视文学、戏剧影视美术设计、摄影、录音艺术、动画、播音与主持艺术、广播电视编导,但仍然放在文学大类目录之下。

2011 年 2 月,国务院学位委员会通过了将艺术学科独立升格为艺术门类的决议,3 月,国务院学位委员会、教育部公布了《关于印发〈学位授予和人才培养学科目录(2011 年)〉的通知》(学位[2011]11 号)。该通知正式把艺术学列为一个独立的学科门类,从而使艺术学从原来文学门类下的一级学科独立出来,作为与哲学、经济学、法学、教育学、文学、历史学、理学、工学、农学、医学、军事学、管理学 12 大学科门类并列的第 13 大学科门类。艺术学学科门类下设 5 个一级学科:艺术学理论、音乐与舞蹈学、戏剧与影视学、美术学、设计学(可授艺术学、工学学位)。艺术学在我国成为独立的学科门类才几年的时间,可见它是一门多么年轻的学科。

艺术是怎么起源的?这是一个自古以来困扰人们的永恒话题。历史上的许多学者在这一领域进行了不懈的探索和努力,从不同的角度提出了关于艺术起源的学说。比较有影响的说法有以下几种观点。

第一,模仿说。这是最古老的一种说法,以古希腊哲学家德谟克利特和亚里士多德为代表,他们认为艺术起源于对自然和社会生活的模仿,而模仿的本能植根于人的天性之中。德谟克利特首先提出艺术起源于对自然的模仿。亚里士多德认为,艺术模仿的对象是实实在在的现实世界,艺术不仅反映事物的外观形态,而且反映事物的内在规律和本质,艺术创作靠模仿能力,而模仿能力是人从孩提时就有的天性和本能。古罗马的卢克莱修、贺拉斯也提出了和亚里士多德相似的观点。继古希腊、古罗马哲学家之后,文艺复兴时期的达·芬奇、法国启蒙思想家狄德罗、俄国作家车尔尼雪夫斯基等人都不同程度地继承和发展了这一学说。这种理论直到十九世纪末仍然具有极大的影响。

第二,神示说。从古希腊的柏拉图开始,就把诗歌的产生解释为神的灵感在诗人身上的凭附。欧洲中世纪的托马斯·阿奎那则认为艺术起源于人的心灵,而心灵是上帝的形象和创造物。这种观点在文艺复兴时期很流行。薄伽丘认为,诗是一种实践的艺术,发源于上帝的胸怀。甚至具有唯物主义思想的哲学家培根,也流露出诗歌产生于上帝启示的观点。"神示说"随着近代文明的演进,逐渐失去了说服力。在 18 世纪时,便有一批哲学家,如赫尔德尔等人,驳斥了它的荒谬。

第三,游戏说。以德国著名美学家席勒和英国学者斯宾塞为代表。早在 16 世纪时,马佐尼在倡导模仿说的同时,提出"文艺是游戏"的观点。德国哲学家康德进一步把诗歌看成是"想象力的自由游戏"。到了席勒,艺术起源的"游戏说"正式形成。席勒认为,人在现实生活中受到物质与精神两方面的束缚,渴望运用过剩的精力去达到自由,这就是游戏,而艺术活动即在游戏中导源。19 世纪斯宾塞对席勒的观点作了补充,指出艺术和游戏的本质是人们发泄过剩精力的自由模仿活动,认为艺术活动或审美活动起源于人类所具有的游戏本能。著有《人类的游戏》等书的格鲁斯,批判地接受席勒的"游戏说",认为游戏不是因为精力过剩,而是对实用活动的准备和练习。"游戏说"曾经受到居约、普列汉诺夫等人的批评。在心理学家冯特提出"游戏是劳动的产儿"观点后,普列汉诺夫又在这个观点上部分肯定了"游戏说"。

第四,心灵表现说。把艺术看成是人类心灵(思想、情感等)的一种表现,早在古希腊哲学中就露出端倪。19 世纪,它广泛地为浪漫主义艺术家、理论家所提倡。雪莱在其《诗辩》中说,诗歌是"野蛮人表达周围事物所感发他的感情",是一种"想象的表现"。柯勒律治也认为,诗歌发源于并不反映现实而又能自身完美的想象力。俄国作家托尔斯泰认为,一个人为了要把自己体验过的感情传达给别人,在自己心里重新唤起这种感情,并用某种外在的标志表达出来,这就是艺术的起源。这些外在标志就是用动作、线条、色彩、声音以及言词所表达的艺术形象,通过这些艺术形象的传达,使别人也能体验到同样的感情。这样,作者所体验到的感情感染了观众或听众,这就是艺术活动。

第五,巫术说。这是西方关于艺术起源的理论中最有影响、有势力的一种观点。这种理论是在直接研究原始艺术作品与原始宗教巫术活动之间的关系的基础上提出来的。18世纪意大利哲学家维柯,最初谈到了原始诗歌与原始宗教的密切关系,但他还没有明确地指出诗歌起源于巫术。19世纪以来,以泰勒、弗雷泽、哈特兰特为代表的人类学家,对现存的原始部族的巫术进行了深入研究,为艺术起源的"巫术说"提供了丰富材料。法国考古学家雷纳克在这些资料基础上,提出艺术起源于原始人交感巫术的论点,认为原始艺术实际上是巫术的一种,目的是祈求狩猎的成功。这一论点在20世纪以来颇为流行,当代许多美学家如吉德逊等人都加以赞同。马林诺夫斯基等民族学家则提供了某些原始部族只有艺术并无巫术的资料,使得"巫术说"难以自圆其说。

第六,劳动说。明确地认为艺术起源于劳动的观点,实际上始于19世纪晚期。德国的毕歇尔在《劳动与节奏》中指出,劳动、音乐和诗歌最初是三位一体地联系着的,它们的基础是劳动。梅森认为最原始的诗歌是劳动诗歌,其目的是为了加强劳动的效果。德索在《美学与艺术理论》中也谈到了诗歌与劳动的关系,但他认为劳动诗歌的目的不是为了加强劳动,而是为了使劳动变得更轻松。普列汉诺夫在其名著《没有地址的信》中,通过对原始音乐、原始歌舞、原始绘画的分析,以大量人种学、民族学、人类学和民俗学的文献证明,系统地论述了艺术的起源及其发展问题,并且得出了艺术产生于劳动的观点。恩格斯曾经指出,首先是劳动,然后是语言和劳动一起,成为两个最主要的推动力,在它们的影响下,猿的脑髓就逐渐地过渡到人的脑髓。

除了上述各种观点之外,19世纪以来,还有其他一些关于艺术起源的学说。如法国艺术史家丹纳认为,文学艺术的起源和发展,决定于种族、环境和时代三个要素;英国生物学家达尔文认为,艺术(特别是音乐)起源于从鸟类动物就有的性的吸引;芬兰艺术学家希尔恩认为,艺术本身就是一种综合性现象;当代美国史前考古学家马沙克认为,最早的艺术乃是原始人记录季节变换的符号体系,等等。

艺术是一种特殊的社会意识形态,艺术生产是一种特殊的精神生产,这决定了艺术具有形象性、主体性、审美性等基本特征。艺术的形象性又称艺术形象,它是指艺术家通过对客观存在的各种现象加以艺术性的选择、综合、概括,创造出来的具有思想性和审美意义的具体生动的图式或状貌。艺术总是以具体的、生动感人的艺术形象来反映社会生活、表达艺术家的思想和情感。正如普列汉诺夫所说,艺术既表现人们的感情,也表现人们的思想,但是艺术并非抽象地表现,而是用生动的形象来表现,这就是艺术的最主要的特点。① 艺术形象种类繁多,各具特色,可以通过不同的方式去感受,例如,雕塑、绘画等艺术形象,可以通过感官直接感知;音

---

① 普列汉诺夫.没有地址的信[M].曹葆华,丰陈宝,译.北京:人民文学出版社,1962.

乐、文学等艺术形象，必须通过音响、语言等媒介间接感知；电影、电视、戏剧等艺术形象，则必须调动人的多种感官去综合感知。所有这些艺术形象都是客观与主观的统一，内容和形式的统一，个性与共性的统一。主体性是艺术的另一个基本特征。艺术要用形象来反映社会生活，但这种反映绝不是单纯的"模仿"或"再现"，而是融入了创造主体和欣赏主体的思想情感，具有鲜明的主体创造性和创新性特点。因此，主体性作为艺术的基本特征之一，体现在艺术上生产的全过程，包括艺术创作、艺术作品和艺术欣赏。艺术创作的主体性，指艺术并不是客观对象如实地投影在人脑的产物，而是在主体的积极参与下才得以共同形成的。艺术作品作为艺术家创造性劳动的产物，必然打上艺术家作为创作主体的鲜明烙印。艺术欣赏更是一种主体性体验。欣赏者的生活经历与性格气质不同，审美能力和艺术素养不同，在审美感受上就形成了鲜明的个性差异，使艺术欣赏打上欣赏主体的烙印。审美性也是艺术的一个重要特征。审美性是区分艺术品与非艺术品的重要尺度。没有了审美性，人们就不会对艺术产生共鸣，更谈不上艺术的价值和意义。艺术的审美性是人类审美意识的集中体现，是内容美和形式美的统一，是真、善、美的结晶。

　　艺术作为人类创造的精神产品，能够影响人的精神，陶冶人的情操，净化人的灵魂，最终对社会产生多方面的作用。因此，艺术具有重要的社会功能，主要表现为以审美价值为中心的审美娱乐、审美认识和审美教育等。审美娱乐是指人们通过对艺术的鉴赏，满足自己的审美需要，获得心灵的自由与精神的愉悦。艺术是一种能满足人的精神需要的产品，具有审美价值，当人们欣赏它的时候，就会获得精神上的美感。在艺术创作和艺术欣赏中，艺术家和读者、观众或听众往往会处于一种忘我的状态，沉醉于艺术世界，从中获得快乐、振奋和满足。这正是艺术的审美娱乐功能。审美认识是指人们在艺术鉴赏中获得的对社会、自然、人生以及哲学、宗教等方面的认识。艺术不仅具有审美价值，也拥有认识价值。不过，艺术的审美认识功能必须通过其审美价值才能实现。没有审美价值，再丰富的知识也无法成为艺术，也就不可能发挥审美认识作用。审美教育是指人们在艺术鉴赏中自然而然地接受某种思想、观念、情感或倾向的影响。艺术的审美价值使它成为最有力的传播媒介。因此，艺术往往承担着教化的作用。艺术具有教化功能，但艺术不是道德教材或布道书，它的教育功能隐藏在审美价值之后，如宗教巧妙地利用艺术的审美教育功能，创造了宗教艺术，等等。总之，艺术的审美娱乐功能、审美认识功能和审美教育功能是相互联系的，不能截然割裂。其中，审美娱乐是艺术最基本的功能。没有审美娱乐，审美认识和审美教育也就失去了立足之地。艺术的本性在于艺术的审美特征，艺术的社会功能必须建立在艺术的审美特性的基础之上。艺术只有具备了审美价值和审美特性，它的社会功能才有可能得以实现。

　　艺术学作为一门独立的人文科学，它包括诸多层次学科。具体地说，艺术学的层次学科包括：①基础学科，包括艺术原理或艺术概论等；②分支学科，包括美术学、音乐学、舞蹈学、戏剧学、影视学、曲艺学、杂技学、设计学等；③交叉学科，包括艺术哲学、艺术社会学、艺术人类学、艺术管理学、艺术教育学、艺术心理学、艺术市场学、艺术传播学、艺术史学等;④历史学科,包括中国艺术史、西方艺术史、比较艺术史、艺术学科发展史等。

除此之外,人文科学还包括文化学、文化人类学、考古学、民族学等其他重要学科,它们都有自己独特的研究对象、研究内容和研究方法,也有其各自的层次学科,这均属于人文科学的学科构成的重要组成部分。限于篇幅,本书就不一一介绍了。

思考题

1. 什么是科学分类?科学分类应当遵循什么样的原则?
2. 现有科学有哪些分类法?从中你得到什么启示?
3. 人文科学有哪些主要学科?它们在人文科学中处于什么样的地位?

第四章
人文科学的基本特点

从历时态的维度看,人文科学的基本特点隐伏于人文科学的发展史中,故需研究者进行归纳和总结;从共时态的维度看,人文科学的基本特点凸显于人文科学与自然科学、社会科学的异同中,故需研究者展开比较和分析。既要历史地看待人文科学的基本特点,又要逻辑地看待人文科学的基本特点,必须以唯物辩证法为指导思想,因为唯物辩证法是关于自然、人类社会和思维的运动与发展普遍规律的科学。但自20世纪80年代初以来,在种种主客观条件的制约下,当代人文科学基本特点的研究出现了严重的形而上学的倾向。例如,人文科学研究对象与人文科学本身的基本特点简单等同,人文科学与自然科学的基本特点二元对立,以及运用抽象、静止的眼光看待人文科学的基本特点等。因此,本章将以唯物辩证法为世界观和方法论,从人文科学与自然科学、社会科学相会通的角度,厘清和昭示人文科学的科学性与价值性、社会性与个体性、时代性与民族性、理论性与实践性、批判性与传承性的内在统一关系。

第一节 人文科学基本特点的形而上学批判

在一种"技术统治"占绝对优势,人文精神日渐式微的时代语境中,人文科学基本特点研究不仅显示了人文科学的个性与独特价值,肯定了人文科学的合法性存在,而且让世人愈来愈关注人生价值,关注精神生活,取得了举世瞩目的成就。但与此同时,研究者缺乏一种科学的世界观与方法论,产生了一些严重的形而上学倾向,主要表现为:人文科学研究对象与人文科学本身的基本特点简单等同,人文科学与自然科学的基本特点二元对立,以及运用抽象、静止的眼光看待人文科学的基本特点,等等。

一、人文科学研究对象与人文科学基本特点之简单等同

在一些学者看来,人文科学研究指人文学者的人文创作活动及其产品,如研究哲学、考证历史、写作小说、创作诗歌、拍摄电影等。这些创作活动及其产品,从表现形式看,都是依托个人主体进行的,因此也就必然会体现创造者个人的价值观

第四章
人文科学的基本特点

念、创作风格、思维方式与理论水平,具有独一无二性。当然,模仿、剽窃、抄袭等行为,是不能视为人文创作活动的,因为它们不仅缺乏原创价值,而且会败坏社会风气。同时,按照西方哲学解释学的观点,对人文作品的解读和诠释也是一种人文创造活动,一种在新的条件下对原来"文本"意义进行重释和重构,在解读中,解读者不仅读出了过去,也读出了现在;不仅读出了别人,也读出了自己。[①] 所以人们常说一百个《哈姆雷特》读者心中有一百个哈姆雷特,一百个《红楼梦》读者心中有一百个林黛玉。因此,人文创作活动具有个体性、主观性、体验性、直观性、非实证性、差异性等基本特点。

既然人文创作活动有上述基本特点,那么,以人文创作活动及其产品为研究对象的人文科学是否也具有同样的特点呢?在上述学者眼里,答案是肯定的。例如,刘大椿认为:"从研究方法角度看,自然科学是以实证、说明为主导的理性方法,而人文学科更多地使用内省、想象、体验、直觉等非理性方法。"[②]再如,库德里亚夫采夫在分析人文社会科学方法论的五个特点时,如"社会科学家研究的现象和过程的多因素性","社会科学研究客体的可变性"[③]等,也是把人文科学的研究对象的特点直接等同于人文科学方法论的特点。之所以如此,主要是因为他们采用了这样一种致思路向:一定的学科,总是与特定的学科对象联系在一起的。而且,特定的研究对象直接决定着这类学科的性质和方法。[④]

不可否认,特定的学科对象会对这类学科的性质和方法产生重大的影响,但也绝不是起着直接决定的作用,以致把研究对象的特点与这类学科的特点相混同。实际上,人文创造活动与对人文创造活动规律的研究是有根本区别的。如果说人文创造活动必须强调内省、想象、体验、直觉,那么,人文科学的研究中,尤为重要的是"去粗取精,去伪存真,由此及彼,由表及里"的理性工夫,也就是说,需运用科学理性、科学精神、科学方法去处理人文创造活动这一感性材料,以便透过纷繁复杂的文化观念,把握社会生产实践的本质内容与根本规律。恩格斯曾深刻地指出:"我们所研究的领域越是远离经济,越是接近于纯粹抽象的意识形态,我们就越是发现它在自己的发展中表现为偶然现象,它的曲线就越是曲折。如果您划出曲线的中轴线,您就会发现,所考察的时期越长,所考察的范围越广,这个轴线就越同经济发展的轴线接近于平行。"[⑤]由此观之,人文科学具有社会性、客观性、经验性、实证性、统一性等特点。

[①] 李维武.什么是人文科学?[J].武汉大学学报(哲学社会科学版),1999(4):49-54.
[②] 刘大椿.人文社会科学的学科定位与社会功能[J].中国人民大学学报,2003(3):28-35.
[③] B.H.库德里亚夫采夫.社会科学和人文科学方法论的特点[J].国外社会科学,1995(11):38.
[④] 赵景来.人文科学若干问题研究述要[J].社会科学战线,2006(3):259-266.
[⑤] 中共中央马克思恩格斯列宁斯大林著作编译局.马克思恩格斯选集(第4卷)[M].北京:人民出版社,1995:733.

二、人文科学与自然科学的基本特点之二元对立

文化学告诉我们,世界上任何一个民族,自从有了人类社会,就会产生文化实践活动,相应地也就产生了人文思想。这是因为,"人文"这个概念本身就蕴涵着"人的(人本的、人道的等)+文化、文明的"意思,而人文学科正是人文思想积淀到一定程度的产物,是人类精神文化活动直接形成的知识体系,如神话、宗教、伦理、音乐、美术等。因此,人文学科与人文思想、人文精神一样,古已有之。但人文科学就截然不同了,这一概念的兴起是在以自然科学为标本的唯科学主义思潮产生,并在一切思想知识领域取得霸权地位的时期。部分学者指出,正是针对唯科学主义,现代性的"人文主义"才在19世纪作为术语概念以德文问世[①]。由此可以看到,在人文科学的发轫时期,创始人物如狄尔泰、李凯尔特等德国学者在驳斥唯科学主义、论析人文科学的合法性上,主要采取了两种方式:一是区分自然科学与人文科学的研究对象,认为自然科学的研究对象是大自然,而人文科学的研究对象是人类文化或精神,从而标示人文科学的相对独立性;二是受近代认识论和方法论的影响,强调人文科学不仅要有相对独立的研究方法,如理解、体验、对话、重构等方法,而且要体现人的主体性、自由性、目的性、不可预料性等。总而言之,人文科学是作为自然科学的对立物,也是对唯科学主义的反驳而兴起的。

从19世纪下半叶开始,人文学界展开了对唯科学主义思潮的批判。在之后的思想发展史中,西方陆续产生了柏格森的生命哲学、白璧德的新人文主义和法兰克福学派的社会批判理论等人文主义思潮,中国的东方文化派、现代新儒家、马克思主义者也纷纷站在人文主义的立场,驳斥科学主义及其资本主义文明。但通过学理分析可以发现,除马克思主义外,其他所有人文主义思潮均在批判唯科学思潮的过程中,走向了另一个极端,陷入了片面,即只见人文科学的人文价值性,而不见人文科学的科学性及其与价值性的内在统一性。例如,张君劢在20世纪20年代初的"科学与人生观论战"中指出,科学是客观的,人生观是主观的;科学为论理的方法所支配,而人生观则起于直觉;科学可以以分析方法下手,而人文观则为综合的;科学为因果律所支配,而人生观则为自由意志的;科学起于对象之相同现象,而人生观起于人格之单一性。[②] 半个多世纪之后,加拿大哲学家查尔斯·泰勒仍有着相似的主张:自然科学与人文科学的最根本区别就是,前者是对事实的认识,后者是对价值的认识。而对事实的认识是去背景化的,是与主体无关系的;对价值的认识则直接与主体有关,与主体的文化背景有关,所以是背景化了的。[③] 一种二元对立的思维方式与话语体系由此可见一斑。

在以往的人文科学基本特点研究中,为什么二元对立的形而上学思维方式占

[①] 尤西林."人文"的科学性与现代性[J].陕西师范大学学报(哲学社会科学版),2004(5):50-53.
[②] 张君劢,等.科学与人生观[M].合肥:黄山书社,2008:33-35.
[③] 金吾伦.库恩和泰勒关于自然科学与人文科学之区别的争论[J].哲学动态,1993(10):13-15.

据了主导地位呢？究其原因，主要有以下三个方面：①从其产生与发展的过程来看，人文科学一直处在以自然科学为标本的唯科学主义的包围之中，因此，为了突破重围，它不得不凸显自身的独特之处，并进而说明这些独特之处正是自己存在的合法性理由。②缺乏科学的世界观，不能从社会生产实践的向度把握生活世界的整体性，因而也就不明白"在自然科学、社会科学和人文科学的学科三分法中的'自然'、'社会'和'人文'概念，并不是实体意义上的，而是一种思想的抽象，是方法论的概念，各自择取和反映所把握到的人类生活世界的一个方面"①。③缺乏历史主义方法论的自觉，实际上，马克思主义经典作家"将历史科学规定为唯一的科学，这门科学具有两个向度，或者说，我们可以从两个不同的角度去研究历史科学。第一个角度是自然的角度，其理论表现为自然科学，也就是自然史；第二个角度是社会的角度，其理论表现为人类史"②；而且科学哲学内部的历史主义学派库恩等人也认为，无论是在人文科学领域还是在自然科学领域，两种不同的科学范式具有不同的文化底蕴，是不可通约的。

三、运用抽象、静止的眼光看待人文科学的基本特点

如上所述，为了凸显人文科学的个性与特质，学术界通常采取的方法是把它与自然科学、社会科学进行比较、区分，包括研究对象、研究方法、研究目的、功能作用等方面。诚然，这种横向比较法通过对比的方式能让人产生一种清晰明了的感觉，同时又能在自然科学、社会科学与人文科学的各自畛域中构建自己的特点体系。但不容忽视的是，横向比较法同时带来了因界限分明而衍生畛域之见的弊端，从而人为地破坏和割裂生活世界和人生经验的整体性。此外，由于遮蔽历史主义维度，它采用了一种抽象静止的理论理性研究径路。实际上，不管是自然科学、社会科学还是人文科学，在研究对象、研究方法、研究手段、研究目的、功能作用等层面，都有一个演变和转换的过程。

那么，当代的学术界究竟是如何抽象、静止地看待人文科学的基本特点呢？归纳起来，主要有以下三种表现。

第一，抽象地看待人文科学的研究对象。从19世纪下半叶狄尔泰、李凯尔特等人初创人文科学到现在，中外学界几乎一致认为，人文科学的研究对象是人类精神活动，或者说是人文精神、人的本质等，即便是马克思主义者也认可"人文科学是关于人的精神活动及其产品的科学"③。但与其他一切唯心主义者之间的最大不同就是，马克思主义者认为人类精神活动、人文精神与人的本质等，都是基于现实的社会历史实践，都从既有的事实出发，而并不局限于无法验证的主观的人的精神领

---

① 朱红文.后现代主义、现代性与社会科学[J].天津社会科学，2004(2):52-58.
② 孙云龙."生活"的发现与历史唯物主义的形成——《德意志意识形态》研究[M].上海：复旦大学出版社，2011:189.
③ 陈先达.寻求科学与价值之间的和谐——关于人文科学性质与创新问题[J].中国社会科学，2003(6):14-24.

域。马克思认为,人并不是抽象的栖息在世界以外的东西。人就是人的世界,就是国家,社会。① 因此,人文科学与社会科学乃至自然科学在研究对象上存在着相互渗透、相互结合的一面。

第二,抽象地看待人文科学的方法与手段。从 20 世纪 20 年代初发生"科学与人生观论战"以来,中国的现代人文主义者在论述人文科学方法与手段的过程中,采用的基本范式是哲学解释学。他们认为,人文科学只能综合,不能分析;只能描述,不能概括;只能体证,不能归纳;只有单一,没有同质;只有主体体验,没有客观实在。因而他们在方法论上只强调解读、创造、对话、重构、理解、语境等。从表象来看,哲学解释学方法对于文本而言似乎具体而真切,可谓善法,但究实而论,不得不承认它是抽象而幻化的。因为它把文本的意义简单地看作只存在于上下文关系之中,而不是存在于理论与实践的关系之中,并把人文创作的形式特点与人文科学研究的内容特点简单地等同起来。因此,人文科学与自然科学及其研究方法存在着根本一致之处,即皆以事实为依据,以规律为对象,以实践为标准。

第三,抽象地看待人文科学的价值与功能。价值与功能,对于任何事物而言,都是其合法性存在的理由,也是其本身所追求的目标。在当代中国,关于人文科学的价值与功能,主要有两种研究路径:一种是抽象化的理论理性路径,如刘鸿武认为,人文科学的根本功能和作用在于满足人类在精神方面的需要,提供关于生活意义、价值理想、人生目标方面的知识与思想,为人类提供一个精神的家园和心灵的故乡②;一种是现实化的实践理性路径,如 2004 年的《中共中央关于进一步繁荣发展哲学社会科学的意见》指出,要充分发挥我国哲学社会科学认识世界、传承文明、创新理论、咨政育人、服务社会的重要作用。③ 相较而言,唯有现实化的实践理性路径才能科学正确地揭示人文科学的价值与功能。

总而言之,在当代学术界关于人文科学基本特点的研究中,产生了诸如人文科学研究对象与人文科学本身的基本特点简单等同,人文科学与自然科学的基本特点二元对立,以及运用抽象、静止的眼光看待人文科学的基本特点等形而上学倾向。平心而论,这些倾向的产生有一定的历史合理性,因为在中国 20 世纪 50 年代至 70 年代,人文学科一词从我国消失了,人文科学涵盖的各学科,全部被纳入哲学社会科学。④ 故自 20 世纪 80 年代初以来,当代的人文科学研究皆偏重于人文科学与自然科学、社会科学之间的比较,凸显人文科学在研究对象、方法、价值以及构成要素方面的个性与特质,为人文科学的合法性存在提供理据。但是,在中国社会与科学经历了三十多年的快速发展之后,不仅生活世界本身提出了工具理性与价值理性、事实世界与价值世界重新融合的要求,而且新兴学科、交叉学科的兴起也模

---

① 中共中央马克思恩格斯列宁斯大林著作编译局. 马克思恩格斯全集(第 1 卷)[M]. 北京:人民出版社,1956:452.
② 刘鸿武. 人文科学引论[M]. 北京:中国社会科学出版社,2002:295.
③ 关于进一步繁荣发展哲学社会科学的意见[N]. 人民日报,2004-03-21.
④ 姜义华. 中国人文科学五十年[J]. 同济大学学报(社会科学版),1999(9):12-18.

糊了自然科学、社会科学与人文科学三大学科的研究对象。当上述研究思路不合时宜时，我们需要一种科学正确的世界观与方法论，即唯物辩证法作为指导思想。

第二节　唯物辩证法视域下的人文科学基本特点

对人文科学基本特点的形而上学倾向展开批判，目的是为了"去蔽"，像胡塞尔所说的那样"回到事情本身"，以便人文科学的真正特点得到显示。在科学的世界观与方法论——唯物辩证法的视域中，人文科学的科学性与价值性、社会性与个体性、时代性与民族性、理论性与实践性、批判性与传承性等是内在统一的。其中，科学性与价值性的统一有助于理解自然科学与人文科学的会通；社会性与个体性、理论性与实践性的统一有助于理解社会科学与人文科学的会通；时代性与民族性、批判性与传承性的统一有助于解决现代中国人文科学的主要矛盾，即古今中西之争。

一、科学性与价值性的内在统一

人文科学的科学性，是指人文科学与自然科学、社会科学一样，以事实为根据，以规律为对象，以实践为标准。人文科学的价值性，是指真善美等崇高的价值理想，即人的自由和全面发展。在理论研究中，诸多学者并不认同人文科学的科学性，因而称人文科学为人文学科或人文学，但对于人文科学的价值性，即"人文精神"，他们极其推崇，视之为人类的精神家园和终极关怀。这种割裂人文科学的科学性与价值性的做法，在理论上是错误的，在实践中也是有害的。

人文科学的科学性与价值性是如何内在统一的呢？要理解这个问题，就须站在"人是社会的人"的立场上，亦即站在人类精神活动植根于社会整体生活的立场上，把人文科学归属于广义的社会科学。而在广义的社会科学中，确实存在着贯穿一切历史阶段和一切社会生活方面的根本规律，即生产力决定生产关系，经济基础决定上层建筑。因此，在一定的社会历史发展阶段，总会涌现代表先进生产力和生产方式的阶级、阶层批判和反抗落后的阶级、阶层。与之相应，在人文科学和社会科学领域，也必然会产生先进阶级阶层与落后阶级阶层的各自代言人之间的论争，比如19世纪中后期马克思通过撰写《政治经济学批判》、《资本论》等著作对资本主义经济学家李嘉图等人进行的批判，中国新文化运动时期"尊孔"与"反孔"的较量，等等。站在历史唯物主义的立场上，可以明确地断言：各种阶级阶层所力倡的道德价值观本身有着科学与不科学、合理与不合理之别。对于个体而言，情况似乎变得更加复杂，因为不同的阶级立场、知识背景、家庭出身以及个人的性情等，都会深刻影响着他们的人文关怀与价值选择。

总而言之，人文科学的科学性与价值性是内在、直接的统一。其中，人文科学的科学性是其价值性的基础与保障，人文科学的价值性是其科学性的必然结论。因此，要提高道德能力与道德素质，最佳途径就是根据历史唯物主义的立场、观点与方法,增强自己的历史洞察力,分辨社会历史发展的正确方向,从而做出符合广大人民根本利益的价值选择。

二、社会性与个体性的内在统一

人文科学的社会性与个体性,是指人文科学在研究对象、研究方法与功能价值等方面兼有社会性与个体性两种性质。在形而上学主义者那里,不管是唯物主义的形而上学还是唯心主义的形而上学,要么忽视了人文科学的社会客观性一面,要么忽视了人文科学的个体主观性一面,未能科学地实现二者的统一。鉴于此,本节以唯物辩证法为理论武器,从研究对象、研究方法与功能价值三个方面具体考察人文科学的个体性与社会性及其统一关系。

人文科学的研究对象是人类整体生活中的精神活动和作为其客观表达的文化传统。就人类精神活动而言,它的主体必然是相对独立的个人,"人们的社会历史始终只是他们的个体发展的历史"[①]。虽然个人的精神活动内容与方式均会受当时的社会生产生活方式的影响,但纵然是属于同一阶级、阶层的人们,他们的精神状况也会因教育背景、人生经历、家庭生活、个人性情甚至偶然的机遇而大相径庭。因此,研究人类精神活动及其产品的人文科学,要重视对象的个体性、差异性、复杂性,而不应采用机械的唯物主义与唯心主义"两军对垒"的研究范式。诚然,人文科学作为科学,更重要的方面是透过这些偶然性寻找背后的必然性,即规律。而人类一切活动包括精神活动之所以具有规律性,主要是因为经济基础的决定作用。正是在这个意义上,陈先达说道:"由于人的社会性,因而真正具有科学性的人文科学的结论,都有相应的社会科学理论为依据。"[②]

在人文科学的研究方法方面,西方的狄尔泰、柏格森、伽达默尔,中国的张君劢、熊十力、牟宗三等人一致认为,唯有直觉、体验、内省等方法,才能体现人文科学研究主体的个体性与独特性,才能发掘人文著作的生命意义。不可否认,在一个"技术统治"占绝对优势,人文精神日渐式微的现代世界里,他们的主张的确能够起到补偏救弊的作用。并且这些方法在中国传统哲学中能够得到积极的回应,如儒家的"返身内求"、道家的"修心达道"、佛教的"即心即佛"等,各家各派的旨趣亦是挺立"自我"在理想人格修养中的主体地位。平心而论,通过直觉、体验、内省等方法来彰显和弘扬个人的主体性,只是一种望梅止渴甚至是饮鸩止渴的做法。因为这些方法不仅神秘玄虚,而且内容空泛,极易沦落为"卡里斯玛"人物(韦伯语)控制人类思想的工具。因此,在人文科学研究中,须借助实证主义方法论展开对社会组织与社会关系的研究,辨别所谓直觉、体验与内省的本质内容,从而真正地立定个

[①] 中共中央马克思恩格斯列宁斯大林著作编译局.马克思恩格斯选集(第4卷)[M].北京:人民出版社,1995:532.

[②] 陈先达.寻求科学与价值之间的和谐——关于人文科学性质与创新问题[J].中国社会科学,2003(6):14-24.

体的主体性。

对于人文知识的功能价值,无论是传统中国还是古代西方,都加以高度重视。儒家认为,"君子如欲化民成俗,其必由学乎!"(《礼记·学记》)在古代西方,英文的 humanities 直接来源于拉丁文 humanitas,而拉丁文 humanitas 继承了希腊文 paideia 的意思,即对理想人性的培育、优雅艺术的教育和训练。[①] 由此观之,古代人文知识的功能价值包括了两个层面:一是个体修养层面,尤其是道德修养,用孔子的话来说,即"为己之学";一是社会教化层面。与古代人文知识相比,以马克思主义为指导思想的现代人文科学,在个体与社会两个层面更能发挥积极的作用,并且能把二者有机结合起来。因为现代人文科学通过正确地揭示社会发展的基本规律,可以为个人的自由、全面发展指明方向,做出有助于经济社会发展的价值选择,从而实现自我价值。同时,人文科学以人的精神活动及其产品为对象,它直接作用于现实的个人。人文科学直接作用于个体必然作用于人类,因为处在一定社会结构中的个体是类存在物。民族同样是由个体组成的,作用于个体,实际上也就是作用于民族,作用于人类自身。[②]

三、时代性与民族性的内在统一

人文科学的时代性,是指人文科学研究要站在时代的前列,回答时代所提出的重大问题,体现时代精神。人文科学的民族性,是指人文科学研究要重视对传统人文资源的批判性继承,体现民族精神。对于人文科学而言,时代性与民族性是一对矛盾范畴,既相互对立、冲突,又相互转化、统一。就对立方面而言,主要表现在:从时间维度看,时代性着眼于当代与未来,而民族性着眼于过去的传统;从思维方式看,时代性推崇创新思维,而民族性强调守成思维;从民族文化比较角度看,时代性侧重于异中求同,而民族性侧重于同中求异。就统一方面而言,时代性内容在一定条件下可以转化为某一民族文化的有机组成部分,而先进的民族文化或文化要素在世界历史舞台上又往往代表着时代发展的趋向。

任何一个民族的文化发展,都要面临时代性与民族性问题,即便是古代民族亦是如此。例如,在中国传统文化中,关于文化的时代性问题,就有荀子的"法后王"、司马迁的"通古今之变"、王船山的"在势之必然处见理"等;关于文化的民族性问题,就有孔子的"华夷之辨"、《左传》的"非我族类,其心必异"、清末的"天朝上国"等。但直到资本主义社会产生之前,无论是中华民族(不是传统儒家所谓的"汉族中心主义")还是其他任何民族,其由低级社会形态发展到更高一级社会形态的过程,如由奴隶社会发展到封建社会等,几乎都是在封闭的民族内部展开的,民族文化之间的碰撞与交流只是局部的、零散的,所以文化发展的时代性与民族性一直处

[①] 吴国盛.科学与人文[J].中国社会科学,2001(4):45.
[②] 陈先达.寻求科学与价值之间的和谐——关于人文科学性质与创新问题[J].中国社会科学,2003(6):14-24.

于分离状态,尚未结合在一起。

严格来说,在中国文化思想史中,文化的时代性与民族性的关系作为一种问题意识,产生于西方列强用坚船利炮叩开中华民族的大门之后,并且古今中西之争后来日益占据了中国近现代思想界的主导地位。这一论争引发了三大文化思潮,即西化思潮、文化保守主义和马克思主义。以胡适、陈序经等为代表的西化派,片面地强调文化的时代性,并把西方化简单地等同于现代化;以梁漱溟、杜亚泉等为代表的文化保守主义派,则往往偏重于文化的民族性,有意无意地消解中国传统文化的现代化。由此可见,无论是西化派还是文化保守主义派,都割裂了文化的时代性与民族性的统一关系,究其根源,可以归结为缺乏科学的世界观与方法论的指导。

那么,以唯物辩证法作为世界观和方法论的中国马克思主义者,又是如何将文化的时代性与民族性进行统一的呢?在马克思主义者毛泽东、艾思奇等人看来,马克思主义及其主张的共产主义社会代表了中国未来文化发展的方向,但马克思主义必须与中国具体革命实践相结合,同时还必须"从孔夫子到孙中山,我们应当给以总结,承继这一份珍贵的遗产"①。艾思奇说:"马克思主义者没有完全否认中国社会的特殊性,反对把握中国社会的特殊性。马克思主义者一方面要坚持马克思、恩格斯所发现的关于社会发展的基本的科学规律,承认它有一般的指导作用,同时一刻也不能忘记,这些规律在不同的国家,不同的民族之间,因客观条件的差异,而有着各种各样的特殊的表现形式。"②改革开放以后,以邓小平同志为核心的党的第二代中央领导集体重新解放思想、实事求是,以实践作为检验真理的唯一标准。在1982年中国共产党第十二次代表大会上,明确地提出了"建设有中国特色的社会主义"这一基本命题,并逐步形成了有中国特色的社会主义理论体系。进入21世纪,党和国家又明确地提出:"繁荣发展哲学社会科学的总体目标是,努力建设面向现代化、面向世界、面向未来,具有中国特色的哲学社会科学。"历史实践证明,唯有以发展的马克思主义为指导思想,才能实现人文科学的时代性与民族性的有机统一。

四、理论性与实践性的内在统一

人文科学的理论性,是指对人类的精神活动及其产品进行理论性的概括和说明、严密的分析和论证,而绝不能停留在对过程的叙述和细节的描绘上。人文科学的实践性,是指人文科学研究及其理论须植根于社会实践之中,随着社会实践的发展而不断发展、创新。正是有了理论性,人文科学才具有相对的独立性,包括独立的研究范式、话语系统和理论方法,才产生了一脉相承的哲学史、思想史、文学史等。正因为有了实践性,人文科学才能"接地气",才能贴近群众、贴近生活、贴近实际,从而切实地推动社会的进步和文化的发展。当然,人文科学的理论性与实践性

---

① 毛泽东.毛泽东选集(第2卷)[M].北京:人民出版社,1991:534.
② 艾思奇.论中国的特殊性[A].蔡尚思.中国现代思想史资料简编(第4卷)[C].杭州:浙江人民出版社,1983.223.

并不是相互平行、互不相干的,而是相互依存、相互作用、相互转化的。因此,马克思主义提出的人文科学的根本方法,即是理论与实践相统一的方法。

在马克思主义产生之前,尽管有的学者也强调人文科学的理论性与实践性的内在统一,但最后都毫无例外地没有达到这一目标。例如,明代大儒王阳明说道:"圣学只一个功夫,知行不可分作两事。""知之真切笃实处即是行,行之明觉精察处即是知。"(《传习录》)但众所周知,王阳明属于"心学"一派,终将"行"消解于"知"之中,落入主观唯心主义的窠臼。近代德国哲学家黑格尔认为理论与实践有着不同的特点与作用:"理智的工作仅在于认识这世界是如此,反之,意志的努力即在于使得这世界成为应如此。"[①]可见,前者是认识作用,后者是改造作用。同时,黑格尔还指出实践是主观见之于客观的活动,他说:"这种包含在概念中、和概念相等并且自身包括对个别外部现实性的要求的规定性,就是善。"在这里,"善"是"对外部现实性的要求",即可理解为人的实践。对此,列宁给予了很高的评价:"在黑格尔那里,在分析认识过程中,实践是一个环节,并且也就是向客观的(在黑格尔看来是绝对的)真理的过渡。因此,马克思把实践的标准引进认识论时,是直接和黑格尔接近的。"[②]但归根到底,黑格尔关于理论与实践的统一是建立在唯心主义基础上的,因此他得出了这样的结论:一切直接存在都是要消失的,唯有理念才是世界的真实本质。

人类思想史证明,只有马克思主义者才能真正地坚持人文科学的理论性与实践性的内在统一。究其原因,主要在于:在马克思主义者看来,实践是人的生存方式,或者说人的本质在于实践,人与外部世界通过实践而发生相互作用,即主体客体化与客体主体化的双向运动。主体客体化是指人通过实践使自己的本质力量转化为对象物,赋予对象物以人性(人文)。在这一过程中,人的内在本质力量通过实践以静态的形式凝聚在对象物中,对象物按照人的要求发生结构上的改变。客体主体化是指人通过实践使对象客体转化为主体的生命结构或主体的本质力量因素。在这个过程中,人不仅把一部分对象作为生活资料加以利用或消费,使之转化为主体生命活动的一部分,而且还"对来自客体的信息进行加工,使客体信息经过大脑思维的整合转化为主体精神世界的构成部分"[③]。因此,在研究人文创作活动及其产品时,不能只限于纯粹理论中,从理论到理论,而是要理论联系实践,进行深入的调查研究。

五、批判性与传承性的内在统一

人文科学的批判性,是指人文科学研究不迷信权威、不迷信定论,能有主见地、理性地反思相关研究成果的不合理因素。人文科学的传承性,是指人文科学对相

---

① 黑格尔.小逻辑[M].贺麟,译.北京:商务印书馆,1980:420.
② 中共中央马克思恩格斯列宁斯大林著作编译局.列宁全集(第55卷)[M].北京:人民出版社,1990:181.
③ 汪华岳.新编马克思主义哲学原理(第2版)[M].北京:高等教育出版社,2011:45.

关研究成果的合理因素的批判继承,并加以发扬光大。合而言之,就是"取其精华,去其糟粕"。倘若缺乏批判性,人文科学就会停滞不前,日益阻碍社会的进步和文化的发展;倘若缺乏传承性,人文科学的发展创新只能从零开始,而不能站在前人的肩膀上超越他们。显然,对于人文科学的发展而言,批判性与传承性犹如车之两轮、鸟之两翼,相辅相成,不可偏废。

实际上,在古代中国,人文学者高度重视人文科学的批判性与传承性的统一。比如,孟子说道:"尽信书,则不如无书。"(《孟子·尽心下》)这句名言之所以为后世津津乐道,就在于孟子的理性主义的态度,不对前人的精神产品作僵化的教条主义的理解。再如,朱熹常告诫学生:"且自勉做工夫。学者最怕因循。"[①]虽然中国古代学者大力提倡怀疑、批判的精神,但他们所采取的方式极为隐秘、含蓄。正如有的学者所指出的,中国古代学者注疏经典之时,皆寓维新于守旧之中,故同时蕴涵了旧学与新知这两种不同的成分。[②] 纵观中国文学史,注疏传统大致可以划分为两个明显的阶段:第一阶段以"五经"为中心,"五经"就是《诗经》、《尚书》、《礼记》、《周易》、《春秋》五部经典;第二阶段以"四书"为中心,"四书"就是《大学》、《中庸》、《论语》、《孟子》四部经典。

近代以来,中国的人文科学一直面临着古今中西之争,人文科学的时代性与民族性、批判性与继承性交织在一起。一方面,对于中华民族的传统人文资源,应在马克思主义的指导下进行批判性继承,真正地实现古为今用、推陈出新。另一方面,对于走在时代前列的现代西方人文资源,也应在马克思主义的指导下进行批判性继承,真正地实现洋为中用、中西合璧。关于这一点,列宁早已指出:"有人在这里说,不向资产阶级学习也能实现社会主义,我认为,这是中非洲居民的心理。我们不能设想,除了建立在庞大的资本主义文化所获得的一切经验教训的基础上的社会主义,还有别的什么社会主义。"[③]抽象地看,非马克思主义者亦特别强调批判性继承这一原则,如张君劢在1922年提出"中国文化方针"时,就说道:"现时人对于吾国旧学说,如对孔教之类,好以批评的精神对待之,然对于西方文化鲜有以批评的眼光对待之者。吾以为尽量输入与批评其得失,应同时并行。中国人生观好处应拿出来,坏处应排斥他,对于西方文化亦然。"但平心而论,非马克思主义者皆未真正掌握批判性继承这一原则,因为他们是站在唯心主义的角度,抽象地看待人文科学的批判性与传承性的内在统一,而不能站在人类社会历史实践的角度,全面准确地评判中西文化的利弊得失。

最后需要指出的是,对于唯物辩证法的理解,不能仅停留在认识论范畴,而认为辩证法就是用一种联系、发展、矛盾的观点看问题。因为认识论范畴内的辩证法只是一种主观辩证法,即"概念辩证法",而主观辩证法是客观辩证法的反映。恩格

[①] 黎靖德.朱子语类(第4卷)[M].长沙:岳麓书社,1997:2475.
[②] 林庆彰.中国人的思想历程[M].合肥:黄山书社,2012:131.
[③] 中共中央马克思恩格斯列宁斯大林著作编译局.列宁全集(第34卷)[M].北京:人民出版社,1985:252.

斯说:"马克思把存在于事物和关系中的共同内容概括为它们的最一般的思维表现,所以他的抽象只是用思维形式反映出已存在于事物中的内容。"[①]在人类社会中,"事物"和"关系"都不是自在的,而是自为的存在。因此,客观辩证法的本体论基础就必须建立在社会生产实践上。而社会生产实践既是物质的,也是精神的;既是客体的,也是主体的;既是个人的,也是社会的,因此,自然、社会、人类精神三者通过社会生产实践,内在地结合在一起,相互渗透,相互交融,构成了一幅真实的"生活世界"图景。分别以自然、社会与人类精神为研究对象的自然科学、社会科学与人文科学,无论在研究目的、研究方法、功能价值或构成要素方面,都不是泾渭分明的,而是异中有同、同中有异的。因此,人文科学的基本特点是科学性与价值性、社会性与个体性、时代性与民族性、理论性与实践性、批判性与传承性的有机统一。

第三节 人文科学基本特点的保持与转变

在 20 世纪初的中西文化论争中,中国早期马克思主义者如陈独秀、李大钊等人,尖锐批评梁漱溟等文化保守主义者所持的"中外之别"立场,而坚定认为中西文化的差异是一种"古今之别"。但时至今日,党和国家的政策文件主张"以民族文化为主体,吸收外来有益文化"。由此可见,在人文科学的发展中,人文科学的基本特点会因经济、政治与大众文化等因素的影响而发生某种程度的改变。因此,人文科学的基本特点既有一个保持的问题,又有一个转变的问题。

一、人文科学基本特点的保持

人文科学的基本特点,是从人文科学的本质含义引申出来的,切实体现了人文科学的性格。因此,保持人文科学的基本特点,对于人文科学极其重要。只有保持了人文科学的基本特点,才能保障人文科学的合法性存在,才能为人文科学的发展提供广阔的平台。具体理由有以下三点。

第一,人文科学有自己的研究对象、研究方法和功能价值,与自然科学的研究对象、研究方法和功能价值大不相同,与社会科学的研究对象、研究方法和功能价值也有所不同。因此,只有保持人文科学的基本特点和性格,才能使人文科学深入地研究自己的研究对象,才能正确地使用自己的研究方法,才能有效地发挥人文科学的功能价值。以现代教育学为例,虽然要对学习过程和学习资源的设计、开发、运用、管理与评价进行研究,要对教育投资的有效利用以及教育在经济社会发展中的作用进行研究,但毋庸置疑的是,对学生的全面发展和学生综合素质的提高的研究,仍是现代教育学的核心部分。

---

① 中共中央马克思恩格斯列宁斯大林著作编译局.马克思恩格斯选集(第 4 卷)[M].北京:人民出版社,1995:666.

第二,与人文科学的基本特点相一致,人文科学研究有着不同于自然科学研究或社会科学研究的基本要求。人文科学基本特点中的价值性、个体性、民族性,可谓是人文科学研究的基本要求。只有遵循这些基本要求,人文科学研究才能保持自身的特性,才能获得源源不断的活力,进而取得丰硕的成果。反之,如果这些基本要求被忽视、被否定,那么人文科学研究必定不能正常开展,甚至出现停滞状态。以意大利文艺复兴运动为例,虽然但丁和彼特拉克两位先驱都研究古经典,都倡导以人类精神解放为主旨的人文主义,然而,"但丁富于情感,彼脱拉克(彼特拉克)沉于理智,一个是一团烈火的燃烧,一个是一泓泉水的清冽",从而形成了各具特色的文艺复兴思想。

第三,现代科学发展的重要趋势是,一方面高度综合,一方面又高度分化。面对高度综合的趋势,人文科学、自然科学与社会科学很有必要在研究视角、研究方式以及话语表达等方面进行互补融合。比如,正式启动于1996年的"九五"国家科技攻关重点项目——"夏商周断代工程",将自然科学、社会科学和人文科学的研究手段和研究成果相结合,设置了9个课题44个专题,组织了来自考古学、历史学、测年技术学、天文学、文献学、古文字学、历史地理学等领域的170名科学家进行联合攻关,旨在研究和排定中国历史上夏、商、周三个历史时期的确切年代。面对高度分化的趋势,人文科学、自然科学与社会科学又必须保持各自的基本特点,借用中国传统术语来说,就是力求"和而不同"。例如,人文科学虽然与自然科学一样,均属于科学的范畴,但不能像自然科学一样具有严格的确定性和因果性,不能像自然科学一样做出十分准备的预测,而必须考虑到人类的主观意识及其偶然性。因此,毛泽东曾经明确指出:"马克思主义者不是算命先生,未来的发展和变化,只应该也只能说出个大的方向,不应该也不可能机械地规定时日。"①

二、人文科学基本特点的转变

毋庸讳言,在人文科学的发展中,人文科学的基本特点也会发生转变。具体说来,就是人文科学的某些基本特点,或变得清晰起来,甚至备受推崇;或变得模糊起来,甚至被消解。究其原因,主要有三个方面:一是人文科学这一概念是一个历史范畴,其内涵与外延并非一成不变,如在1937年的中国学术界,人文科学主要包含心理学、哲学、社会学、经济学、政治学、教育学、地理学等学科,而在当代的中国学术界,社会学、经济学、政治学与地理学都被排除在人文科学的范围之外。二是自然科学、社会科学对人文科学进行渗透,使人文科学出现了某种程度的自然科学化或社会科学化倾向,进而使人文科学的某些特点变得模糊起来。三是受经济、政治、大众文化等因素的影响,人文科学的基本特点会发生某些转变。

例如,人文科学的个体性越来越淡薄。以中国近现代哲学为例,20世纪上半期

---

① 毛泽东.毛泽东选集(第1卷)[M].北京:人民出版社,1991:108.

第四章
人文科学的基本特点

的哲学著述多为个人著述,个性化色彩极浓,如梁漱溟的《东西文化及其哲学》、熊十力的《新唯识论》、冯友兰的《新理学》、艾思奇的《大众哲学》等,皆是如此。而20世纪下半叶以来,尤其是近30年来,或为了集众人之所长,或为了贪功求名、急于求成,丛书采取集体写作的形式,即便是单独的一本书也往往由不同的学者分章撰写,然后由一两位编者集结成书。在这种情势下,人文科学的个性化特点必然很难彰显,同时也会有支离之感。

又如,人文科学的功利性愈来愈受到推崇。按理说,人文科学的外在价值是由其内在价值派生出来的,内在价值是第一位的,外在价值是第二位的。因此,人文科学首先追求的应是人的自由发展和人生的修养,然后再考虑转化为外在的功利价值。若反其道而行之,把人的自由发展和人生的修养作为手段,而视经济的发展和政治的斗争为目的,只会使经济和政治的发展误入歧途。改革开放三十多年来,在我国各地举办的文化节、祭拜大典以及文化名人纪念活动中,最主要的理念和口号是"文化搭台,经济唱戏",以致不断传出关于炎帝、舜帝、诸葛亮、曹雪芹等名人故乡之争的闹剧。这不仅不是在拯救和复兴中国优秀传统文化,反而是用"GDP至上"观念绑架和中国优秀传统文化。

再如,人文科学的趋俗化倾向日益严重。在西方,人文科学发生趋俗化倾向的转变,主要是在文艺复兴时期。古希腊、古罗马时期的人文科学,强调的是通过对古典著作的学习,使人得到熏陶、培养;进入中世纪,神学变得"高大上",人文科学也由此成为神学的附庸;到了文艺复兴时期,由于"人之发现"和"世界之发现",人文科学开始真正出现趋俗化倾向,既标举理智上的"自然之研究",又凸显情感上的"自然之享乐"。[①] 直到现在,随着人的物欲的高涨和工具理性的高扬,西方人文科学的趋俗化倾向逐渐走向极端,正在消解人的存在与活动的意义,使人沉沦于日常生活的平庸、琐碎。

有学者指出,这种转变对人文科学的基本特点来说,"只是一种范围的变化,而不是内核的变化"[②]。因此,人文科学的个体性、功利性以及趋俗性发生变化,只是人文科学适应社会历史大环境所作出的局部调整,体现了一个时代的精神。换句话说,在社会主义市场经济的初级阶段,随着经济建设中心地位的确立和思想观念的解放,我国的人文科学研究必然重视功利性和趋俗性,这与"文革"时期的我国人文科学强调阶级性和理想性有别。从这个意义上说,人文科学出现功利化和趋俗化倾向,未尝不是一种进步。不过需要特别注意的是,决不能让上述转变占据主导地位,而须始终保持和维护人文科学的基本内核,即人文科学要致力于探讨人的本质、建立价值体系以及塑造民族精神。

---

① 蒋百里.欧洲文艺复兴史[M].北京:东方出版社,2007:10.
② 李维武.人文科学概论[M].北京:人民出版社,2007:262.

思考题

1. 人文科学有哪些基本特点？
2. 怎样理解科学性与价值性的内在统一？
3. 怎样理解社会性与个体性的内在统一？
4. 如何看待人文科学特点的转变？

第五章
人文科学的价值结构

人文科学作为知识理论体系或者创作的作品,是一个客体,对于人和人类社会这个主体,具有多层面的价值。它的价值的实现有其总体方式、一般过程、客观规律和发展趋势。

第一节 人文科学价值的本质

价值、科学价值和人文科学价值是有区别的,各有确定的含义、种类和特点,同时,它们相互之间紧密联系,具有一致性、共同性。价值是一般、普遍,科学价值是价值之个别、特殊,人文科学价值相对于科学价值,又是更小范围的个别、特殊。三者依次是普遍、特殊、个别的关系。

一、价值与科学价值

价值是一个抽象的哲学范畴,专属于客体,是客体的价值,是客体对于主体的价值。科学作为客体,也有其对于主体的价值。

(一)价值

关于什么是价值,众说纷纭。学者们从不同角度,对价值进行了不同分析与界定。

西方不少学者从主观看法、情感意识的角度解释价值。新康德主义者李凯尔特说:"关于价值,我们不能说它们实际存在着或不存在着,而只能说它们是有意义的,还是无意义的。"[1]罗素说:"当我们断言这个或那个具有'价值'时,我们是在表达我们自己的感情,而不是在表达一个即使我们的个人感情各不相同但却仍然是可靠的事实。"[2]艾耶尔认为,价值陈述"不是科学的陈述","不是在实际意义上有意义的陈述,而只是既不真又不假的情感的表达"。[3] 这些看法或者把价值与有意义相联系,或者认为价值只是人们的感情,都否认了价值是一种客观存在,把价值与

---

[1] 李凯尔特.文化科学与自然科学[M].涂纪亮,译.北京:商务印书馆,1986:17.
[2] 罗素.宗教与科学[M].徐奕春,林国夫,译.北京:商务印书馆,1982:12.
[3] 艾耶尔.真理、语言与逻辑[M].尹大贻,译.上海:上海译文出版社,1981:116.

价值认识、价值评价混淆起来,属于主观唯心主义的解释。

苏联的一些学者对什么是价值作了一系列有益的探讨,如图加林诺夫认为,价值是人们"满足欲求与各种利害要求"的"各种对象、各种现象及其各种性质"。日本的一批学者如粟田贤三、吉田千秋、龟山纯生、岩崎允胤、北村实等,分别从不同的角度深入讨论了什么是价值,粟田贤三认为价值是"对于人们的有用性",岩崎允胤提出"艺术的价值首先在于创造"等系列有益见解。① 显然,这些解释都没能抓住价值的本质。

我国理论界关于价值的讨论热潮在20世纪八九十年代。学者们对于价值本质的界定,大致上可分为"需要"说、"关系"说、"意义"说、"属性"说、"效应"说。

1. "需要"说

"需要"说从主体需要的角度,认为价值是客体能够满足主体的一定需要。张岱年认为,价值是客体能够满足主体的一定需要。② 这种界定抓住了价值与主体需要的紧密联系,但侧重于强调价值的主体需要含义。李德顺认为,价值是指客体的存在、作用及变化对于主体需要及其发展的某种适合、接近或一致。③ 这种界定在主体需要的基础上,突出了客体的作用和变化与主体需要及其发展的关系,向"关系"说迈进了一大步。

2. "关系"说

"关系"说从主客体关系的角度,认为价值是主体需要与客体属性之间的关系。李连科认为,价值是客体与主体需要之间的一种特定(肯定或否定)的关系。④ 杜齐才认为,价值表示客体(一切客观事物)与主体(人)的需要关系,表示客体属性对主体需要的肯定或否定关系。⑤ 这种看法直截了当地说明了价值与主客体的肯定关系或否定关系,但这种关系只是价值的一种初级本质,还没有归纳出主客体之间肯定关系或否定关系背后的深层本质。

3. "意义"说

"意义"说从客体对于主体作用与意义的角度界定价值。袁贵仁认为,在生成方面,价值是人的本质力量或主体性的对象化;在功能方面,价值是客体对于增强人的本质力量和提高人的主体性、自由度的作用和意义。⑥ 这种界定进一步抓住了主客体肯定关系或者否定关系形成的基础和前提,即人的本质力量的对象化或者主体性的对象化,但是没有突出价值形成过程的实质性阶段,即客体主体化阶段,因而没能紧扣客体主体化来界定价值的本质。有的学者简单地通过客体对于主体需要的意义来界定价值,但没有注意"意义"还有"含义"之意,难免有用词过宽的不

---

① 王玉樑,岩崎允胤.中日价值哲学新论[M].西安:陕西人民教育出版社,1994:139-142,560-572.
② 张岱年.论价值的层次[J].中国社会科学,1990(3):3-10.
③ 李德顺.价值论[M].北京:中国人民大学出版社,1987:13.
④ 李连科.哲学价值论[M].北京:中国人民大学出版社,1991:62.
⑤ 杜齐才.价值与价值观念[M].广州:广东人民出版社,1987:9.
⑥ 袁贵仁.价值学引论[M].北京:北京师范大学出版社,1991:66.

足。王永昌的解释弥补了这一不足,他认为,价值是指外界客体对主体的存在和发展所具有的一种积极的作用和意义。① 这一解释的合理之处在于该"意义"有"积极意义"或者"消极意义",撇开了"含义"之嫌,但仍然没能通过深入主客体关系来界定价值的本质。

4. "属性"说

"属性"说从客体属性的角度界定价值。李剑锋认为,价值就是客体能够满足主体需要的那些功能和属性。司马云杰认为,价值是客观事物满足人的需要的一种属性。② 这种界定把价值解释为功能,强调了价值的潜在性,但忽略了价值的现实性、实在性的基本特征;强调了客体的固有属性与价值的关系特质存在的矛盾;把关系这一初级本质规定性表述为客体固有属性,既有片面性,又有表层界定之嫌。

5. "效应"说

"效应"说认为价值是客体对于主体的效应。王玉樑认为,价值的本质是客体主体化,是客体对主体的效应,主要是对主体发展、完善的效应,从根本上说是对社会主体发展、完善的效应。真正的价值,在于使人类社会发展、完善,使人类社会更加美好,从而上升到更高境界。③ 这种界定已越来越被理论界、学术界接受和认同。"效应"说揭示了价值的基本含义和深层本质。

1) 价值的基本含义和深层本质

第一,价值的基本含义在于,它是客体对主体的效应,是对主体生存、发展和完善的效应。价值的含义有不同层面:从客体对主体不同需要形成的效应看,价值是客体对主体生存的效应,是客体对主体发展的效应,也是客体对主体完善的效应,这是逐步递进的效应关系;从主体的不同层面看,价值是客体对个人、群体(集体)和社会生存、发展与完善的效应;从个人层面看,价值是客体对个人生存、发展、完善的效应,这是社会进步的重要标志;从群体层面看,价值是客体对群体生存、发展、完善的效应,这是群体利益所在,是集体主义的根本要求;从社会层面看,价值是客体对社会发展、完善的效应,是使人类社会发展完善、前进上升、更加美好的效应,社会层面主体的含义是价值内涵的主旨与真谛。

第二,价值的深层本质在于,主客体互动过程中的客体主体化。在主体与客体相互影响、相互制约、相互作用和相互转化的过程中,主体以自己的本质力量影响和作用于客体,使客体打上主体的烙印,实现主体的意志,体现主体的本质力量,使主体客体化,为客体促成主体生存、发展、完善的效应奠定基础;客体以其结构、功能和属性及其变化,适应主体的生存、发展与完善,转化为主体的一部分(或者内化为主体的情感、观念、意志、知识理论,内化为主体精神的一部分,或者转化为主体

---

① 王永昌. 价值哲学论纲[J]. 人文杂志,1986(5):19-26.
② 司马云杰. 文化价值论[M]. 济南:山东人民出版社,1990:1.
③ 王玉樑. 价值哲学新探[M]. 西安:陕西人民教育出版社,1993:163.

组织精神财富的一部分),使客体主体化,使客体发挥和实现对主体生存、发展、完善的效应。因此,价值的哲学本质就是客体的主体化。

第三,价值是一个哲学范畴。哲学价值是从各个领域、各门学科的价值概念中抽象出来的一般概念、普遍概念,各门具体学科使用的是个别,或者是特殊的价值概念。哲学的价值概念与各门具体科学的价值概念是一般与个别的关系、普遍与特殊的关系。

第四,价值的上述含义与本质综合了理论界、学术界多种价值界定的合理成分。价值作为客体对于主体生存、发展、完善的效应,涵盖了"需要"说强调的客体满足主体需要的要旨,涵盖了客体满足主体生存、发展、完善需要的合理之处。该界定体现了"关系"说界定的主客体特定关系的精髓,即客体与主体的效应关系。该界定避免了"意义"说、"需要"说、"关系"说的不足,涵盖了这些界定中客体对于主体生存、发展和完善的意义之效应、作用之效应,实现了的功能之效应。该界定还避免了"属性"说的片面性和表面性,由属性的外在性与表面性而深入到主客体关系中客体主体化的本质。

2) 价值的分类

"效应"说也蕴含着价值的种类与外延。由价值的内涵与本质可以看出,价值作为客体对于主体生存、发展、完善的效应,从不同的角度,可以区分为不同的种类。

第一,按照价值客体的不同、价值是否物化的外在形态的不同,以及客体满足主体生存、发展和完善的需要不同,我们可以把价值区分为物质价值、精神价值和人的价值。物质价值是物化的看得见的价值,是物质客体对于主体生存、发展和完善形成的物质方面的效应,是有形的价值。精神价值是客体对于主体生存、发展和完善形成的精神方面的效应,是客体对于主体没有物化形态的但能够把握的价值,是无形的价值,是精神客体的价值。人的价值是人作为客体,对于主体生存、发展、完善形成的效应。人既有物质价值,也有精神价值。

第二,按照价值的性质不同,我们可以把价值区分为正价值、零价值和负价值三种不同类型。正价值是客体主体生存、发展和完善已经形成的积极的效应。零价值是客体对主体生存、发展和完善还没有形成效应,或者说,形成的效应为零。负价值是指客体阻碍主体生存、发展和完善的消极的效应。

第三,按照价值实现与否,我们可以把价值区分为现实价值与潜在价值。现实价值是已经实行了的价值,是客体发挥了的功能。潜在价值是尚未实现的价值,是客体本身具有的功能。

第四,按照价值内容的不同,我们可以把价值区分为审美价值、历史价值、科学价值。审美价值是客体对于主体形成的审美效应。历史价值是客体主体化的历史记忆,是客体对于主体生存、发展和完善的历史记忆。科学价值是客体对于主体科学研究等方面的效应。

3）价值具有多方面的特点

第一，价值具有客观性。客体对于主体生存、发展和完善的效应，是主客体之间的一种客观关系，不以认识者、评价者的意志为转移。价值的主体、客体、中介等组成要素是客观的。价值活动和价值实现过程是客观的，具有可感受性、可验证性。

第二，价值具有鲜明的主体性。主体在价值组成要素中居于支配地位，起着主导作用。价值活动的目的、目标是依据主体需要确定的，具有主体需要的目的性和活动的目标性。主体生存、发展和完善的需要是价值活动的驱动根据和主体动力，也是价值评价的依据和标准。

第三，价值具有本质的单向性。在主客体相互作用的价值活动中，主客体之间的关系是双向的。主体作用于客体的过程，即主体客体化过程，是价值实现的准备过程；客体作用于主体的过程，即客体主体化过程，是客体满足主体生存、发展和完善的过程，这一运行方向才是价值的本质方向。

第四，价值具有过程性和历史性。价值是活动结果，更是一个实现过程，要经过各个阶段与环节，有准备、开始、结束的过程。任何价值都是在一定历史条件下形成或实现的，历史条件制约价值实现的具体状况，呈现鲜明的历史性。

（二）科学价值

科学是事物本质及其发展规律的知识体系。它分为自然科学、社会科学和人文科学三大类型。科学一般通过一定成果表现出来，自然科学、社会科学和人类学、民族学、民俗学、伦理学等人文科学的成果一般表现为知识体系、理论体系。文学、艺术等门类的成果既有知识体系、理论体系，也有知识与理论支配和渗透的作品。科学与技术相联系，现代技术是科学的应用形式。[①]

科学价值有两个不同方面的指谓，一指客体的科学价值，即客体满足主体科学需要方面的价值。这是从客体价值内容来讲的，是客体对于主体科学认识、科学研究、科学利用等需要及其效应而言的，指客体对主体有科学认识、科学研究、科学利用、科学鉴赏等方面的价值，如潮汐现象对于人们认识、研究月地关系的科学价值，赵州桥对于人们研究桥梁建设的科学价值等。这种意义上的科学价值是与审美价值、历史价值等并列的价值，是客体各种价值中的一种。

二指科学的价值，即科学作为客体，对于主体生存、发展和完善的效应。为了区别于第一种意义的科学价值，应在"科学"与"价值"之间加"的"，表明二者的从属关系，是"科学的价值"，是"科学"作为客体的价值。科学的价值是客体价值的具体化，客体价值是科学客体的价值的抽象表述。客体的价值是普遍、一般的，科学这个客体的价值是特殊、个别的，二者是普遍与特殊的关系、一般与个别的关系。

---

① 这里，撇开科学的这些复杂层面及其不同的成果形式，仅用"科学"、"人文科学"来指称和表征同类，讨论其价值。

科学的价值多种多样。从科学的门类分析,科学的价值具体化为各大领域、各门类、各学科的价值,领域层面如自然科学的价值、社会科学的价值、人文科学的价值,门类层面如自然科学中天文学的价值、化学的价值、物理学的价值、生物学的价值等。从各大领域中的科学价值依次类推各门类、各学科中科学的价值,使科学的价值呈现不同学科的多层面性。从科学对于主体效应的总体角度分析,科学对于主体生存、发展和完善不同层面的具体效应,呈现不同的价值,使各门科学及其成果具有多层面的共同价值,如各门类自然科学都具有经济、文化、教育、社会、生态、政治等多层面的共同价值。

第一,科学转化为技术,科学技术转化为生产力,推动生产力发展。科学技术革命推动生产力飞跃发展,引领经济快速发展,具有极其重要的经济价值。

第二,科学本身就是文化,科学的发展与繁荣,促进各层面文化快速地科学化发展,具有突出的文化价值。

第三,科学为教育的发展提供越来越丰富的内容和越来越新颖、多样的手段与方法,不断提高人的素质与能力,促进人的全面发展,具有重要的教育价值。

第四,科学的发展、技术的进步,正在改变人们的生产方式、生活方式、交往方式和思维方式,正在加快农业、工业、国防等各领域的信息化和自动化进程,促进社会各层面的全面发展,迅速改变着社会面貌,是社会发展的推进剂和加速器,具有重要的社会价值。

第五,科学技术也是保护和改善生态环境的重要手段,具有重要的生态价值。

第六,是否拥有先进的科学技术,是否占领了尖端科学技术的制高点,关系着军事国防的强弱、国家的安危和政权的稳定与否,已属于国家政治层面的重要问题,具有重要的政治价值。

二、人文科学价值的规定性

人文科学价值强调人文科学这个客体的价值,它同其他科学一样,具有自身的构成要素、内涵外延和基本特点。

(一) 人文科学价值的构成要素

1. 静态要素

人文科学的价值有其价值主体、价值客体、价值中介等静态构成的规定性。

1) 人文科学的价值主体

人文科学的价值主体可以简单地分为社会主体、群体主体和个体主体三大层面。社会主体一是泛指整个人类社会,人文科学的价值就是人文科学对于整个人类社会的价值;二是指许多国家组成的社会,如欧盟、东盟等,或者结成战略合作伙伴关系的国家集团等,人文科学的价值就是人文科学对国家或者国家集团的价值;三是指一个国家形成的社会,人文科学的价值就是人文科学对于该国的价值;四是专指大的民族,如中华民族这样的多民族社会等,人文科学的价值就是人文科学对于民族主体的价值。群体主体的指向更加宽泛,层面更多。从家庭、家族到宗族、民族,从学校、企业到政府机关、国家军队等。人文科学的价值就是对这些不同层面群体的价值。个人主体是指单个的人,人文科学的价值就是人文科学对于个体的价值。价值主体是人文科学价值的首要因素、主导因素。价值主体的需要是组成人文科学价值的主体根据,是实现人文科学价值的主体动力,是评价人文科学价值的主体标准。

2) 人文科学的价值客体

人文科学的价值客体有狭义与广义之分。狭义的人文科学价值客体是指人文科学本身。人文科学分门别类,多种多样,不同的人文科学,都是价值客体,对于主体,都有其相应的价值。广义的人文科学价值客体泛指人文科学和人文成果。人文成果主要有:人文科学研究的学术成果,表现为学术著作、学术论文等;人文科学类的资料文献、教材等;人文类作品,包括人文活动策划方案、文学作品、艺术作品等。其中,第一类成果是人文科学的表现形式,是人文科学价值客体的典型组成部分。这三类成果合称人文成果,是人文科学价值客体的组成部分。

3) 人文科学的价值中介

人文科学的价值中介是指人文科学价值主体与价值客体之间相互作用的中间环节和手段等。中间环节,一指联结价值主客体的中介组织机构,如进行人文科学教育教学的组织机构、人文思想的宣传机构、人文科学成果的经营机构等;二指主客体相互作用过程中的工具、手段、方法等。手段有物质手段和精神手段,物质手段中有物质工具和物质刺激等;精神手段中有指导思想、基本理念、运作方法、语言等。

人文科学价值的主体、客体、中介三大要素相互依存、相互制约、相互作用,构成统一整体。价值主体在价值系统中,居于主导地位,起着支配和决定作用;价值客体是该系统不可或缺的对象,处于被支配的地位;价值中介是连接主客体的桥梁,价值主体通过价值中介使价值客体发挥其功能,实现其价值。价值主体、价值客体和价值中介是构成并影响人文科学价值实现的三大实体要素。静态的三大要素同人文科学价值实现的动态因素结合,构成人文科学价值实现的动态过程。

2. 动态因素

人文科学价值实现的动态因素有价值目的、价值目标、价值途径、价值条件和价值实现的阶段、环节、机制、方法、环境等。

1) 人文科学的价值目的

人文科学的价值目的是指人文科学的价值是什么,毫无疑问,是为了满足主体对人文科学方面精神生产和精神生活的需要,是为了价值主体更好地生存、发展与完善。

2) 人文科学的价值目标

人文科学的价值目标是指人文科学价值实现的预期结果,或者将要起到的作用,或者将要形成的影响,是价值活动将要实现的效果。

3) 人文科学的价值途径

人文科学的价值途径是指人文科学价值实现的途径,是人文科学实现其价值目的和价值目标的道路、路径和总体方式。

4) 人文科学的价值条件

人文科学的价值条件是指影响和制约人文科学价值实现的各种主观条件和客观条件的总称,如政治条件、经济条件等。

5) 人文科学价值实现的阶段

人文科学的价值阶段是指人文科学价值实现过程中各个时段及其将要完成的任务。

6) 人文科学价值实现的环节

人文科学的价值环节是指人文科学价值实现过程中各要素的联结点、各阶段的衔接点、运行中的关键点等。

7) 人文科学价值实现的机制

人文科学的价值机制是指人文科学价值实现过程中各要素之间、各层面之间、各阶段之间、各环节之间的联结方式、制约方式、互动方式等。

8) 人文科学价值实现的方法

人文科学的价值方法是指人文科学价值实现过程中运用的各种方法。

9) 人文科学价值实现的环境

人文科学价值实现的环境是指人文科学价值实现过程中的历史时代背景和特定社会环境背景,如特定时代社会政治、经济、文化、科技、交通、生态等方面的宏观环境和社会氛围,以及相应的微观环境和微观氛围。

人文科学价值的动态因素是紧密联系的,其中,价值目的和价值目标是由价值活动主体拟定和掌控的,是人文科学价值实现的动力与依据;价值途径是价值活动主体实现人文科学价值的基础;价值实现的条件、阶段、环节、机制是价值主体实现人文科学价值不可或缺的重要因素,这些因素同价值环境等因素交织在一起,影响人文科学价值的实现。人文科学的价值就是这些动态因素与静态要素有机结合、相互作用的结果。

(二) 人文科学价值的内涵外延

人文科学价值的静态要素和动态因素及其相互关系蕴含着丰富的内容和相应外延。

从人文科学价值的静态要素看,人文科学价值的内涵主要在于,价值主体在借助价值中介作用于人文科学的过程中,促使人文科学形成了对主体生存、发展和完善的一定效应。它的深刻内涵和本质就是人文科学客体的主体化。这一内涵和本质外在地表现在三个层面:第一,经过主体的努力,人文科学以意识的形式被主体创造（或创作）出来，表现为观念体系、知识体系、理论体系等；第二，人文科学的价值表现为归属于主体的成果，该成果最终将转化为社会意识形态；第三，人文科学的内容（或精神）被主体认知、掌握，转化为主体的精神部分，即转化为主体的情绪情感、情操修养、思想观念、信仰意志、知识智慧等精神力量。

从人文科学价值的动态要素看，人文科学价值的内涵主要在于，价值主体基于自身生存、发展和完善的价值目的和价值目标，借助价值中介，作用于人文科学这个价值客体，在价值实现过程中，采用一定的机制和方法，在一定的环境氛围中，将客体价值实现的各阶段、各环节有机衔接起来，有序地实现价值目标，达到满足价值主体生存、发展和完善的价值目的。它的深层内涵和本质在于，人文科学价值活动过程及其结果的合目的性，主要是活动结果的合目的性。它的内涵外在地表现为三个方面：第一，人文科学的价值是一个系统，它由系列静态要素和动态因素组成；第二，人文科学的价值是一个过程，有其运行的目的、目标、途径、条件、阶段、环节、机制、方法、环境和结果；第三，人文科学的价值是一种目的性结果，该结果与主体生存、发展和完善需要的目的及其预期目标相吻合。

（三）人文科学价值的基本特点

人文科学的价值除了客观性、主体性、过程性、历史性等共同特点之外，还具有自身的独特之处。

第一，人文性与普适性的统一。人文科学价值的客体是人文科学，具有鲜明的人文性。人文科学作为科学，是关于人文事象的本质及其发展规律的学问，在人文领域具有真理的普遍性。对于它的需求者，人文科学都具有相应价值，具有价值的普遍适应性。人文科学的价值就是人文性与普适性的统一。

第二，民族性与地域性的统一。人文科学价值的主体是一定民族的人，民族又是居住在一定地域的，具有一定的地域性，人文科学的价值是相对于一定地域、一定民族而言的，对于特定地域、特定民族的人们的生存、发展和完善，具有一定价值，因而呈现出一定的民族性和地域性，是民族性和地域性的统一。

第三，时代性与历史性的统一。人文科学的价值是在一定时代和历史条件下形成与实现的，历史时代不同，人文科学的价值就不一样，因而具有鲜明的时代性和历史性，是时代性和历史性的统一。

第四，认知性与实践性的统一。人文科学的价值作为人文科学对于主体生存、发展和完善的客观效应，是一种价值事实，是能够被主体认识、了解和把握的，具有可认知性。人文科学是人们在自己的生活与实践中创造或创作的，也是人们在自己的生活与实践中认识、学习与掌握的，生活和实践是人文科学价值形成的基础、实现的基础，具有鲜明的实践性。人文科学在实践中创造，在实践中学习，在实践中认知，在实践中检验、丰富和发展，具有鲜明的认知性和实践性，是二者动态的有机统一。

第二节 人文科学价值的构成

人文科学的价值是多方面、多层次的,具有横向多方面的重要价值和纵向多层次的重要价值。

一、人文科学价值的分类构成

人文科学价值的种类多种多样,如文化价值与教育价值,经济价值与政治价值,理论价值与实践价值,工具性价值与目的性价值等。

(一) 人文科学的文化价值与教育价值

人文科学是历史的总结与升华,是时代与社会的文化,是重要的教育内容和教育手段,具有重要的文化价值和教育价值。

1. 人文科学的文化价值

人文科学是社会文化现象,人文科学的发展繁荣具有重要的文化价值。人文科学从历史、伦理、宗教信仰、文学、艺术等不同角度出发,多形式地反映人与世界,反映人们的生产、生活状况,反映人们的意愿和向往,展示人们的情趣与追求。一定时代的人文科学,体现了人们特定的生产方式、生活方式、交往方式和思维方式,体现了该时代人们的审美观念、伦理情操和精神境界,是该时代文化集中而直接的表现,是时代精神的精华,具有极为鲜明而重要的文化价值。广义的文化价值具体表现为历史文化价值、道德文化价值、宗教文化价值、艺术文化价值等。

2. 人文科学的教育价值

人文科学对社会文化成果、社会文化氛围和社会文化环境,具有一系列突出而重要的教育价值。一是熏陶价值。一定社会的人文科学总是该社会影响人们习性、情操、修养的文化氛围,总是熏陶人们生存发展的精神文化环境,总是潜移默化地影响人们情感意志和行为方式的精神力量,具有鲜明的熏陶价值。二是认知价值。古代的人文著述和近现代人文科学的知识理论体系,既是人们认知世界的结晶,也是人们认知世界的知识背景和方式方法,为人们提供认知图景和认知工具。三是教育价值,人文科学的知识理论是教育的内容,人文科学的方式方法是教育的方式方法,人文科学的工具手段是教育的工具手段,具有多层面重要的教育价值。

(二) 人文科学的经济价值与政治价值

人文科学的意识形态属性较强,具有鲜明的经济价值和政治价值。

1. 人文科学的经济价值

人文科学的经济价值表现在两方面。一方面,某些人文科学具有直接的经济价值。例如,艺术门类中音乐、舞蹈在演艺类文化产业发展中日益凸显的重要的经济价值;工艺设计、建筑艺术、雕塑、绘画等,直接转化为社会精神生产过程和物质生产过程中的重要经济价值。众所周知,"印象刘三姐"、"魅力湘西"等演艺业获得的巨额票房价值,工艺设计图纸付诸实施而形成的显著经济效益等。这是当前大力发展文化产业和促进文化大发展、大繁荣所要努力实现的人文科学的重要价值。另一方面,某些人文科学具有间接的经济价值。这是指人文科学通过影响经济因素而形成的经济价值。经济因素有很多,如经济活动中的人力资源因素、社会生产管理因素、市场因素、分配因素等。人文科学被劳动者掌握,转化为劳动者的情感、意志和智慧,成为优秀的人力资源,投入生产过程中,转化为生产力的能动因素,直接成为推动社会经济发展的首要因素,显现其经济价值。人文科学的美学、伦理学、宗教学、艺术学等具体学科,以不同方式影响社会生产管理、市场交易、利益分配等,表现出间接的经济价值。

2. 人文科学的政治价值

人文科学还具有一定的政治价值。人文科学各学科以社会经济发展状况为背景和基础,从不同的角度,以不同的方式,反映社会经济和社会生活,反映人们意愿,体现时代精神,意识形态属性鲜明,属于思想上层建筑,具有比较鲜明的政治价值。第一,有的人文科学比较直接地反映和服务于社会政治生活。人文科学的不少分支学科直接地反映社会政治生活和社会政治关系,如伦理学中的政治伦理学、行政伦理学等分支学科,探讨和揭示政治伦理关系、行政伦理关系等;艺术学中音乐、舞蹈、雕塑、绘画,以不同形式比较直接地表达作者和人民群众支持或反对、颂扬或鞭挞的政治态度,为社会政治服务,为巩固特定政权或者推翻特定政权服务。古今中外的国家政权也总是利用人文科学为巩固自己的地位、维护自己的统治服务。第二,人文科学从人文的各个角度,以价值观念、审美观念及知识理论等丰富内容,尤其是以多彩的形式,影响、熏陶人们的心性和行为,间接服务于国家政权和社会政治生活,体现出间接的政治价值。第三,人文科学为经济基础服务而显示其政治价值。政治是经济的集中表现,为夯实和巩固经济基础服务,就是为巩固和完善国家政权服务,经济价值上升到政治层面,就显示出它的政治价值。

(三)人文科学的理论价值与实践价值

人文科学作为观念、知识、思想的理论体系,具有重要的理论价值和实践价值,尤其具有认识世界、改造世界和利用世界的方法论价值。

1. 人文科学的理论价值

人文科学的理论价值须从古代和近现代两个时间段分别把握。古代关于人文方面的研究,没有确定的研究对象,还不是现代意义的科学,如中国古代的"四书五经"、古希腊柏拉图的《理想国》等,用现代科学的界定方法考察古代人们关于人自身、人与人、人与自然、人与社会关系的系统看法及其著述,带有鲜明的经验性、猜测性,不少著述的立足点是唯心主义的。但是,古代的人文著述及其各种学说和思想观念,无论是文学作品、艺术作品,还是百科全书式的综合性著作,无论其世界观是唯物主义的,还是唯心主义的,其价值在于,它们都是人们从特定角度对人、对人化世界看法的概况与总结,是相关的知识体系,都有它突出而重要的知识价值;都属于人们对人、对人与世界关系和本质等问题的探讨,都有其不同层面的理论价值。即使是唯心主义的佛教经典,也有系统的知识价值和宗教理论价值,还有鲜明的抑恶扬善的伦理价值和深奥玄秘的哲理价值。古代人文类著述中流传至今的大量作品都是经过千锤百炼的精品力作,是民族的、人类的文化瑰宝,具有突出而重要的知识价值和理论价值,或者具有突出而珍贵的艺术价值。

近现代的人文科学呈现为分门别类的科学体系,如史学、美学、艺术学、人类学、民族学、民俗学、宗教学、语言学等,研究对象越来越细,分支学科越来越多,理论体系越来越严谨,科学性越来越强。就其知识性而言,各分支学科的知识体系越来越全面、系统,知识价值越来越突出。就其理论性而言,各分支学科的理论研究越来越深入,不断把理论视野、理论见解和学科建设推向学术的新前沿,理论体系越来越新颖、越来越完善,研究成果及其理论价值和学术价值与时俱进。就其科学性而言,人文科学不少门类的许多分支学科,越来越注重运用自然科学的研究手段和研究方法研究人文现象,呈现量化研究和精确化描述的趋势与潮流,自然科学属性越来越明显,心理学及其诸多分支学科就是如此,使心理学的多个分支学科自然科学化。这就使人文科学研究成果在自然科学界的认同程度越来越高,使人文科学的知识价值、理论价值和科学价值越来越突出。

2. 人文科学的实践价值

人文科学的实践价值表现在许多方面。一是人文科学为实践提供价值观念、审美观念和信仰追求等方面的人文指南和人文理论依据。二是人文科学为实践活动提供精神动力和人文智力支持。人文科学的知识理论武装实践主体,为实践主体提供行为的情绪情感、意志毅力等精神动力,提供如何处理人与人、人与自然、人与社会关系的人文智慧等智力支持。三是人文科学为实践提供人文类思维方式、实施蓝图和操作方案。实践活动是人的活动,人是按照自己的思维方式开展实践活动的。人文科学体现的是人文类思维方式。人文科学的思维方式,影响实践主体的思维方式和操作方式。人文思维方式一旦被实践主体内化与运用,就成为实践活动的人文方式,如以人为本的人文思维方式转化为实践过程中的人文关怀方式等,制约和支配实践活动全程。四是人文科学为实践提供方法支持,具有方法论价值。

3. 人文科学的方法论价值

人文科学本身就是方法论,人文科学同其他科学一样,都是在一定方法论支配和指导下形成和发展的,其成果必然渗透着主体观察、认识和研究人文事象的相应方法。不同人的人文科学成果渗透着不同的方法,不同学科的人文科学成果渗透着不同学科的方法,各种方法汇集成人文科学的方法论集成。因此,人文科学本身就是人文方法的集合,具有人文方法论的重要价值。人文科学的方法论价值,因人文学科的不同而不同,如历史学的史学方法论价值、人类学的方法论价值、伦理学的方法论价值、宗教学的方法论价值等。人文科学各学科的方法论,总体上有五大内容:一是平等博爱的人文关怀方法;二是以人为本的人文引导方法;三是以史为鉴的人文反思方法;四是自律为主的人文控制方法;五是尚善尚美的人文研究(创作)方法等。这些方法的价值,总体上集中表现在以人为本,引导人、激励人、规范人、支配人追求真善美等方面。

(四)人文科学的工具性价值与目的性价值

人文科学的文化价值和理论价值是它的工具性价值,实现其教育价值、经济价值、政治价值和实践价值,使自身得以生存、发展和完善,是人们弘扬人文科学的最终目的,具有目的性价值。人文科学对于主体,具有目的性和工具性双重价值。

1. 人文科学的工具性价值

人文科学具有突出而重要的工具性价值。人文科学是人们认识世界的重要工具,是认识人类生活和实践的重要工具,具有认识世界、认识生活、认识实践,并使之内化的重要工具性价值。人文科学也是人们描述和再现人和人类社会图景,描述生活和实践愿景,拟定计划和设计方案的工具。具有重要的描述、再现、计划、设计等方面的工具性价值。人文科学揭示人与人、人与社会、人与自然的必然联系和偶然现象,是人们遵循必然、把握偶然、利用机遇的重要工具,呈现其工具性价值。人文科学从文化、历史、民俗、信仰、伦理、审美等角度,揭示人的本质、人际关系和社会关系及其发展规律,对于人们准确把握自我,和睦家庭关系和邻里关系,改善人际关系,协调社会关系,促进社会和谐和团结进步等方面具有工具性价值。总之,人文科学具有认知、思维、方法等方面的工具性价值。

2. 人文科学的目的性价值

人文科学具有鲜明而突出的目的性价值。人区别于动物,就在于人能够有意识、有目的地、能动地反映、改造和利用世界,使自己得以生存和更好地发展和完善。人文科学的使命与任务,就在于从不同角度揭示人区别于动物的目的性,揭示人类生存、发展和完善的共同目的,揭示人类在自己目的支配下,认识、改造、利用客体的历史、本质及其规律,用以指导自己的行动,使客体不断满足自己生存的需要,不断促进自己的全面发展与逐步完善,不断实现自己的目的。人文科学的鲜明特质,就在于以人的目的为核心,展开相关内容,形成相关理论体系。人文科学的目的性特质,使人文科学具有鲜明而突出的目的性价值。目的性价值表现在目的的导向价值、目的的激励价值、目的的凝聚价值、目的的行为规范与约束价值等方面。

人文科学的工具性价值与目的性价值既不相同,又紧密地交织在一起。目的性价值是人文科学的根本价值,工具性价值是人文科学的手段价值。工具只是手段,工具性价值是达到一定目的,实现一定目标。目的性价值在于使人们的行为具有自觉性、持久性等,能够顺利达到目的,实现目标。人文科学的直接目的是揭示人文现象的本质和发展规律,而揭示出来的人文现象的本质规律,也只是人们认识、改造和利用人文事象的工具。就此而言,二者又具有一致性。但二者是有区别的,人文科学的终极目的是人类的生存、发展和完善,这一终极目的的价值就在于指导实践,提高人类行为的自觉程度、主动程度。人文科学的工具价值在于以人文科学为手段,实现主体的生存、发展和完善。因此,人文科学在最终目的层面上同其工具性价值也具有差异性和一致性。

二、人文科学价值的层次构成

人文科学的价值既有内容方面的分类构成,又有主体层次、空间层次、时序层次、显隐层次、表里层次等层次构成。

(一)主体层次构成

从主体角度看,人文科学对于不同主体,有其不同的价值,由此形成它的主体层次构成。价值的主体是人,人有个人、群体和社会三大层次。人文科学价值的主体层次就是指它对于个人主体的价值、对于群体主体的价值、对于社会主体的价值三大基本层次。

1. 人文科学对个人主体的价值

人文科学对个人主体的价值主要在于,一是个人主体通过学习人文科学的知识理论,扩展知识背景,丰富观念意识,充实个人头脑。二是人文科学的新知识、新理论,可以帮助个人更新知识,更新观念,去除旧的观念意识,净化心灵,提高理论水平和思想境界,提高个人素质。三是人文科学帮助个人主体约束个人行为,促使个人主体自我发展和自我完善,加快个人的社会化。

2. 人文科学对群体主体的价值

人文科学对群体主体也具有重要价值。群体是指若干个人按一定社会关系结成的组织,表现为家庭邻里、村社乡镇、行政机关、学校、企业等。群体包括组织松散的集合体,也包括组织严密的集体。群体是连接个人与社会的桥梁,是微缩的社会,是扩大的个体。群体同个人一样,是价值活动的主体,人文科学的价值包括对群体的价值。人文科学对个人的价值是对群体价值的微观表现,对社会的价值是对群体价值的延伸与扩展,是对群体价值的宏观展现。因此,人文科学对个人和社会的价值,可以看作对群体价值的缩小或放大。

3. 人文科学对社会主体的价值

人文科学对社会主体的价值,也就是它的社会价值。人文科学的社会价值是多面的。一是它引导社会行为的导向价值。人文科学作为科学知识、价值观念等,从伦理、审美、信仰等角度,引导人们朝有利于社会发展的方向发展,从总体上引导人们朝真、善、美的方向想问题、办事情,起着引导人们行为的导向作用。二是它统一社会成员的思想,凝聚人心的凝聚价值。三是它激励人们的激励价值与强化价值。人文科学倡导的审美意识、价值观念、信仰追求等,既具有激励人们形成一定行为动机的激励价值,又具有激励人们强化自己审美爱好、坚定自己行为意志的强化价值。四是它约束人们行为的规范价值。人文科学以系统的观念、知识形式等,支配、约束和规范人们的行为,形成相应的社会规范价值。五是它促使社会成员社会化的价值。人文科学从审美爱好、伦理道德、宗教信仰等方面,熏陶、教育社会成员,尤其是青少年,使青少年成为具有人文素质的社会成员,从而呈现显著的成员社会化的价值。六是协调社会关系,促进社会发展的协调价值和控制价值。人文科学从不同角度、不同层面主张协调人际关系和社会关系,使人们在社会和谐的人文环境中自觉活动,不断实现社会主体对全社会的科学管理和有效控制,呈现其重要的协调价值和控制价值。

(二) 空间层次构成

从空间维度看,人文科学的价值有其空间层次的宏观价值和微观价值、整体价值和局部价值等。

1. 宏观价值和微观价值

人文科学的宏观价值是指它对主体宏观范围内的价值,如对全社会的价值;对整个国家的价值;对中华民族的价值;对整个行业的价值;对整个地域人们的价值等,也就是对主体整体性、全局性的价值。人文科学的微观价值是指它对主体微观范围内的价值和微小价值,如对主体某一方面的价值、某一层次的价值;对主体某一成员的价值;对个别事物的价值等,也就是对主体局部的、部分的、个别的价值,对主体的细微价值、细小价值。人文科学的宏观价值和微观价值是相对而言的,有其确定性,但没有僵化的界限,二者在一定条件下相互转化。

2. 整体价值和局部价值

人文科学的整体价值是指人文科学各门类各学科整体的、全局的价值,即人文科学各门类各学科、各部分各层次共有的价值、共同的价值。人文科学的局部价值是指人文科学的某一门类、某一学科对主体的价值,甚至某一学科中某一要素、某一文化因子对主体的价值。例如,人文科学的某一知识点、某一观点、某一组成要素对主体的价值;人文科学某一学科文化特质对主体的价值;人文科学某一参照系或者某一参照因子对主体的价值等。人文科学整体价值和局部价值的区别既是明确的和绝对的,也是可变的、相对的。

(三) 时序层次构成

从时间维度看,人文科学的价值有其时序层次的历史价值、现实价值与未来价值,近期价值、中期价值与远期价值等。

1. 从价值的历时性角度分类

从价值的历时性角度,人文科学价值的时序层次可分为历史价值、现实价值与未来价值。

1) 历史价值

人文科学具有极为重要的历史价值。一是指整个人文学说发展史的历史价值。人文学说由百科全书式的综合性观念与知识体系,到近现代分门别类的学科体系,再到现当代进一步综合化发展的历史过程,这一综合—分化—综合的曲折历程,具有重要的历史价值。二是指单一学科发展史的历史价值。任何人文学科的孕育、诞生和成熟,都是对人文历史特定方面的总结与升华,都是对特定人文历史的继承与弘扬,都具有厚重的历史价值。三是指人文科学在古代、近代历史上已经起到的作用、已经形成的价值。例如,古希腊人文思想的价值;欧洲人文复兴时期,人文科学倡导人本思想,反对和批判宗教神学,使人们从神学禁锢中解放出来,对于资产阶级革命所起的舆论作用,对于自然科学的迅速发展的作用等,已经形成了重大的历史价值,这是人文科学古代、近代的历史价值。四是指人文科学在现当代正在实现的价值,包括现阶段刚刚实现的价值,都正在成为历史,具有现当代的历史价值。

2）现实价值

人文科学的现实价值,一是指相对于潜在价值或功能,相对于未来价值,它是一种已经实现了的价值,不是一种可能状态的价值,不是潜在价值或功能,即已经把人文科学潜在的、可能的价值或者功能,变成了对主体的实际效应,变成了客观的、实实在在的价值。这个意义上的现实价值包括它的历史价值。二是相对于历史上的人文科学价值,相对于人文科学的历史价值,它的现实价值是指现当代人文科学已经实现了的价值,已经变成现实的价值。三是指人文科学在现当代已经具备现实可能性的价值,在近期能够实现的价值。

3）未来价值

人文科学的未来价值是一种只有在将来才可能产生的价值,是一种具有抽象可能性的价值,即具备了实现的根据,但根据尚未展开,实现的条件尚不充分,只有等到条件充分成熟的时候才能实现的价值。例如,价值主体有需要,但主体需要还不强烈,还不紧迫;人文科学这个价值客体具备了满足主体需要的某些功能,但学科理论还欠系统,理论研究还欠深入,应用性还不强,学科发展还不成熟,功能还不成熟、不健全、不系统,或者还比较稚嫩,功能也没能最大化,与主体需要还不对应等;价值中介不健全、不系统、不充分、不成熟;价值实现的条件不具备或不充分等。只有根据充分展开,学科发展成熟,功能最大化,中介齐全,条件具备的时候,人文科学的未来价值才可能实现。

由此可见,人文科学的历史价值、现实价值和未来价值既相互区别,又可以在一定条件下相互转化。在把握和处理三者关系时,要把它的历史价值转化为当今的现实价值,努力使其价值最大化。依据其历史价值和现实价值,依据其过去和现在,把握人文科学价值实现的规律,预见其未来价值,实现其未来价值。

2. 从未来价值实现的时期分层

按照未来价值实现的时期不同,人文科学的价值可分为近期价值、中期价值与远期价值。人文科学尚未实现的现实价值一般属于近期价值,即在最近一段时间可以实现的价值。它的中期价值一般是指在三五年内能够实现的价值,它的远期价值一般是指五年,甚至十年之后才能实现的价值。人文科学的近期价值、中期价值和远期价值,除了实现时期上的区别之外,还有各自实现的依据、条件的不同。它的近期价值是一种根据充分、条件基本具备的预期价值。它的中期价值和远期价值的依据与条件依次减弱。在实现人文科学近期价值的过程中,要为实现中期价值和远期价值做好相应准备。

(四) 显隐层次构成

从显隐角度看,人文科学的价值可以划分为显性价值和隐性价值。

1. 显性价值

人文科学的显性价值,一是指人文科学对主体外显的效应、外露的效应、表层效应、有形的效应等。这种意义的显性价值,突出地表现为物质价值。二是指人文科学对主体的显著效应、突出效应、特殊效应、重要效应、重大效应等,这是相对于它的一般效应、共同效应、微弱效应而言的。

2. 隐性价值

人文科学的隐性价值,一是指人文科学对主体的内隐效应、深层效应、无形效应等。这种意义上的隐性价值,突出地表现为精神价值。二是指人文科学对主体的一般效应、共同效应、微弱效应等。这种价值的特征主要是内在、无形和一般化,往往被显性价值遮盖、屏蔽。

人文科学价值的显性和隐性的区分既有其确定性,又有不确定性。当界定的标准确定不变时,人文科学的显性价值与隐性价值的区分是分明的;当标准变更时,隐性价值可能变为显性价值,显性价值可能变为隐性价值;当标准变换时,显性价值与隐性价值的区分就模糊不清了,显即隐,隐即显。

(五) 表里层次构成

从表里角度看,人文科学的价值可以划分为表层价值与深层价值。

1. 表层价值

人文科学的表层价值,一是指人文科学满足主体表层需要的价值,如帮助主体解决表层问题的价值;二是指人文科学表层知识、观念对主体的价值;三是指人文科学外在形式对于主体的价值等。

2. 深层价值

人文科学的深层价值,一是指人文科学对于主体深层需要的价值,如人文科学对于主体解决深层次问题、根本问题的价值;二是指人文科学中世界观、人生观、价值观等深层次内容及其精神实质、精髓等层次对主体的价值;三是指人文科学知识理论及其一般内容中的方法论对于主体的价值。

把人文科学的价值区分为表层价值与深层价值,既要重视和实现其表层价值,又要重视和实现其深层价值,更要注重把握和实现人文科学中的世界观、人生观、价值观、审美观的价值,注重把握和实现人文科学中的人文精神和方法论的价值。

三、人文科学各层面价值的关系

人文科学横向的分类价值和纵向的层次价值紧密联系、相互渗透,往往交织在一起,构成对主体的整体价值。

　　人文科学各层面、各种类的价值有其确定的划分标准和明确的界限,是相互区别的,必须防止相互混淆和任意替代。界定分明,可以有所侧重地选择性实现其中的某一或某些价值。

　　人文科学各层面、各种类的价值只是理论上的分析,在现实生活中,在学习与运用中,在实现其价值的过程中,各层面、各种类的价值实际上是紧密联系、相互交织的。

　　人文科学各层面、各种类的价值相互渗透。既有同一层面的横向渗透,也有不同层面的纵向渗透,更有各方面、各层次、各种类之间的彼此渗透,如人文科学社会价值中渗透群体价值和个人价值,近期价值中蕴含着中期、远期价值的因素和成分等。在重点实现其中某一价值或某些价值的过程中,我们要充分利用这种渗透性,兼顾实现人文科学尽可能多的价值、尽可能大的价值,使其价值实现方案更优化,价值实现更大化,价值实现程度更高层次化。如在实现人文科学群体价值时,兼顾实现其个体价值与社会价值;在实现其近期价值时,为实现中期、远期价值做好准备;在实现其文化价值与教育教育时,兼顾实现其经济价值、社会价值、生态价值与政治价值等。

　　人文科学各层面、各种类的价值相互补充。一是横向各方面、各种类的价值相互补充;二是纵向各层次、各种类的价值相互补充;三是横向各方面、各种类的价值与纵向各层次、各种类的价值相互补充,呈现横向互补、纵向互补、纵横互补的互补格局。此外,还有同一学科、不同价值的互补和不同学科、不同价值的互补等。这种价值互补格局启迪我们,在实现人文科学价值的过程中,可以利用某一价值或某些价值,促成另一价值或另一些价值的实现;可以利用互补现象,促成人文科学诸多价值的共同实现或同步实现;可以利用各学科正价值的互补而扬其长、补其短,并有效防止负价值的萌芽与出现。

　　人文科学各层面、各种类的价值相互作用。一是实现了某一价值或某些价值,为实现其他价值积淀条件,促成相关价值的实现。例如,实现人文科学的教育价值,为实现其文化价值、经济价值和政治价值积淀条件,做好舆论准备和人才储备等。二是人文科学某一价值在实现过程中,影响并带动相关价值的实现。例如,实现人文科学的经济价值,获得明显的经济效应,就会在不同层面和不同程度上带动文化效应、社会效应的发挥;将歌舞、民俗、文化等多学科知识、理论、方法融于一身的《印象刘三姐》、《天门狐仙》、《魅力湘西》等演艺品牌,在获取了大舞台演艺文化的巨大票房价值的同时,也在一定程度上实现了民族文化与民俗文化的娱乐价值、教育价值和社会价值等。

　　人文科学各层面、各种类的价值在相互依赖、相互渗透、相互补充、相互作用中形成价值的统一。

第三节 人文科学价值的实现

人文科学的价值是在一定条件下,经由一定路径、阶段和环节,采用一定方式、方法和措施,遵循一定原则与规律,由潜在变成现实。

一、人文科学价值实现的基本条件

人文科学价值的实现,依赖于主体的主观条件和努力,依赖于客体条件、中介条件的准备与积淀,依赖于环境、氛围的营造。

(一)主体条件

人文科学价值的实现,依赖于主体,依赖于主体的素质、能力,依赖于主体多层面与时俱进的主观条件和客观条件。

人文科学价值实现的主体,一是指人文科学成果的生产主体,如人文科学的研究主体和人文作品的创作主体,包括相应的辅助人员;二是指人文科学成果和人文作品的消费主体,如人文科学成果的学习主体与传承主体,人文作品的欣赏主体等;三是指人文科学成果的评价主体;四是指人文科学成果的经营主体;五是指人文科学成果的保护主体。人文科学价值实现的五层面主体,可以是个体、群体或社会,这与人文科学的价值主体基本一致。

人文科学价值实现的主体不同,其所依赖的主客观条件就不一样。

人文科学成果的生产主体,是人文科学的研究者、人文作品的创作者,以及研究者和创作者的辅助人员。研究者、创作者以及辅助人员必须具备专业理论功底;必须熟悉相关研究的学术动态;必须具有创新能力;必须具有应用人文科学知识、理论的能力;必须具有高尚的学术道德和职业的奉献精神;必须具备研究、创作的物质条件和相应环境等。

人文科学成果的消费主体必须具备共同的一般条件。一是必须具备学习、传承的素质和能力,包括感觉、心智与身体等方面的素质和能力;二是必须具备人文成果欣赏的基本素质和相关能力,如人文科学的一定文化知识水平,人文成果的分析、欣赏的能力等;三是必须具有人文思想沟通交流的素质和能力等;四是必须具备相应的物质条件和人际关系等。

人文科学价值的评价主体,必须熟悉人文科学的知识理论,必须熟悉人文科学的研究现状,必须熟悉人文作品创作的历史和现状;必须具有欣赏、分析、评价、鉴定人文成果的素质能力,必须熟悉评价人文成果的手段、方法与技巧,必须熟悉人文成果评价的法律法规和相关条例;必须具有客观、公正、廉明的胆识和魄力,必须具有良好的职业道德和敬业精神等。

人文科学价值的经营主体,必须具备人文科学方面的知识功底;必须熟悉人文科学研究过程和人文作品创作过程的经营业务,必须具备文化企业经营管理的素质能力,必须熟悉市场经济规律和文化市场,具有市场开拓能力;必须具有投资、融资能力,必须具有风险意识和抗御风险的能力等。

人文科学成果的保护主体,必须具备鉴定人文成果的素质能力;必须熟悉人文成果的经济、法律、行政等保护手段,熟悉相关业务;必须具备保护人文成果的胆识和敬业精神等。

(二) 客体条件

人文科学价值的实现,依赖于人文科学及其研究成果、人文科学资料文献、人文科学类教材和普及读物、文学艺术作品等价值客体各层面条件的成熟程度。

人文科学及其研究成果作为价值客体,要实现其价值,使其价值更大化,它必须有人文领域确定的研究对象,有专属的范畴概念,有独特的研究方法;它的知识体系、理论体系必须系统、完善;它的观点、论点必须正确鲜明,论据可靠,论证充分,内容层次清楚,结构严谨,语言表达通顺流畅等。它的研究成果作为客体,要实现其价值,除了必须具备人文科学的条件外,还必须具有学术性、原创性、新颖性。

人文科学类的资料文献作为价值客体,要实现其价值,必须分类整理,校勘无误,方便检索查阅,纸质化保存,信息化处理,数字化存储,网络化传输,电子化阅读等。

人文科学类教材作为价值客体,要实现其价值,必须使其知识体系完善,理论阐述简洁,历史源流清晰,观点正确,事实确凿,考证无误,行文简洁,要点突出,易读、易识、易记,人文风格鲜明等。

人文科学类普及读物作为价值客体,要实现其价值,必须使其准确、简洁、明快、形象、生动,通俗易懂,图文并茂,可读性强等。

文学作品和艺术作品作为价值客体,要实现其价值,必须使其健康、新颖、生动、形象、活泼,可读性强,吸引力强,可观赏性强等。

人文科学价值的实现,还依赖于上述客体的主体化程度。一是依赖于上述客体同主体特定层面人文需要的符合程度。如果客体状况与主体需要层面不一致,甚至相背离,不仅不会实现价值,而且可能导致负价值。只有客体状况与主体需要相符合,才可能实现客体的价值。这是人文科学价值实现的先决条件。二是依赖于上述客体及其条件同主体需要紧迫度的吻合程度。主体需要越紧迫,人文科学的发展情况又与之相吻合,适应了这种紧迫需要,就容易实现价值。否则,就难以实现价值。三是取决于上述客体同主体人文意识背景的异同状况,如果人文科学知识理论的内容和形式与主体意识背景一致,就容易形成认同感,就比较容易实现它的价值。如果不一致,而主体又具有意识的求异性,也比较容易实现它的价值。否则,实现它的价值就困难得多。四是依赖于上述客体主体化的转化程度。客体主体化是价值实现过程,客体向主体转化到什么程度,它的价值就实现到什么程度。

人文科学价值的实现还依赖于实践的可操作程度。这就要求人文科学价值的

第五章
人文科学的价值结构

实现具有较强的现实可行的操作性方案,具有齐全的中介、良好的环境等。

(三) 中介条件

人文科学价值的实现,依赖于中介组织,依赖于科学先进的工具、方法等中介条件。

人文科学价值的实现,依赖于研发、经营、出版、销售等人文科学产品的系列组织,这些组织是联结人文科学价值主体与客体的中介;依赖于这些组织把人文科学产品的研发、生产、经营、销售、消费等环节连接成上下游一体化和横向一体化的立体网链,在网链管理下高效地实现人文科学的价值;依赖于完善这些组织,依赖于优化这些组织的网链结构,依赖于强化网链结构的功能等。

人文科学价值的实现,依赖于一定工具,必须使工具齐全、系统、先进。齐全就是要使人文科学产品研发、生产、经营、交换、流通、消费诸环节所需要的各种工具齐全,如研发与生产阶段所需要的资料与信息齐全、设施与设备齐全、资金足够等。系统是指各种类工具的结构必须优化、系统化,功能最大化等。先进是指用当代计算机技术、信息技术、网络技术、通信技术等先进技术装备的工具,运用电子化、数字化、网络化、自动化的手段,实现人文科学的价值。

人文科学价值的实现,依赖于一定的方法,必须使方法恰当、科学、合理。恰当一指根据人文科学的具体学科,根据主体需要,根据中介因素,运用恰当的方法;二指方法运用的成本恰当;三指方法运用的可感知效果与期望值比较后形成的感觉恰当[①],实际效果满意面宽、满意度高。方法科学、合理,指运用的方法符合价值主体的需要,符合人文科学价值实现活动的客观规律;价值实现的各种方法连接有机、运用有序;运用方法的学科性强、多学科方法的综合性强等。

人文科学价值的实现,依赖于中介条件自身的有机结合,依赖于中介条件将主体条件、客体条件有机结合,并不断优化相互结合的结构,提高价值实现的有机性、有序性和有效性。

(四) 环境条件

人文科学价值的实现,依赖于良好的政治、经济、科技、文化、社会、生态等方面的环境条件和浓厚的人文氛围。

1. 人文科学价值的实现,依赖于良好的政治环境条件

一是依赖于进步优越的政治制度,二是依赖于生机勃勃的政治体制,三是依赖于民主宽松的方针政策,四是依赖于廉洁高效的行政行为,五是依赖于公正严明的法制条件,六是依赖于人文关怀的政治氛围。这些政治环境条件为人文科学价值的实现提供了有效的政治保障。

2. 人文科学价值的实现,依赖于良好的经济环境条件

一是依赖于多种所有制并存的经济制度,激活多层面主体多方式实现人文科

---

① 陈佳贵.企业管理学大辞典[M].北京:经济科学出版社,2000:354.

学价值的积极性、主动性和创造性。二是依赖于宽松开放的经济体制,激活多元主体经营人文产品,实现人文科学的价值。三是依赖于良性循环的经济秩序、融资环境和市场环境,维护人文科学价值实现的正常运行,维护人文科学价值经营主体及其相关者的利益。四是依赖于良好的人文产品的消费环境条件,真正实现人文科学对于各层面消费主体的价值。五是依赖于国家、集体和个人雄厚的经济实力,作为人文科学价值实现的经济保障与物质保障。

3. 人文科学价值的实现,依赖于良好的科技环境条件

当代社会,科学技术已经成为第一生产力,已经成为左右人文科学发展及其价值实现的重要因素。现代科学技术正在为人文科学的发展及其价值的实现,提供越来越先进的手段与方法。科学技术越先进,科技环境越优越,人文科学的发展就越快,它的价值潜力就越大,它的价值就越容易实现。科技条件和科技环境对人文科学价值实现的重要性越来越突出。

4. 人文科学价值的实现,依赖于良好的文化环境条件

文化是人类物质生产和精神生产的过程,及其创造的物质财富和精神财富的总和,是人类生存、发展和完善的过程及其结果的总和。它的核心是人类生存、发展和完善的需要,它的主干是人类生存、发展和完善的方式,它的外在形式是生产生活过程及其创造的物质财富,它的灵魂是人文精神。文化的构成多种多样,包括人文科学、社会科学、自然科学等丰富内容。这些内容构成人文科学价值实现的背景,制约人文科学价值的实现。我们要实现人文科学的价值,就必须重视和利用社会科学、自然科学的作用,就必须重视和发挥人类创造的物质财富和精神财富的重要作用,就必须重视物质生产过程和精神生产过程,尤其是生产方式、生活方式、交往方式、思维方式的重要作用,就必须重视人类生存、发展和完善需要的重要作用,就必须重视人文精神这个灵魂的重要作用。

5. 人文科学价值的实现,依赖于良好的社会环境条件

一是依赖于友善的人际关系环境条件,二是依赖于诚信的行业关系环境条件,三是依赖于协调的社会关系环境条件,四是依赖于良好的社会政治、经济、法制等综合性社会环境条件,五是依赖于融洽的社会氛围等。

6. 人文科学价值的实现,依赖于良好的生态环境条件

人类的生存、发展和完善离不开生态环境,同样,人文科学价值的实现也离不开生态环境,是在生态环境中进行的,并受生态环境的影响和制约。生态环境由人、山、水、动物、植物、大气、矿物、土地等构成。要实现人文科学的价值,就必须重视和利用好生态环境各要素的作用,保持良好的生态环境,在良好的生态环境中实现人文科学的价值,达到天人合一的佳境。

(五) 条件变幻

人文科学价值实现的条件多种多样,在价值实现过程中会出现多种预料不到的情况,需要我们积极面对。

1. 积极面对人文科学价值实现条件的缺失

人文科学价值实现依赖的主体条件、客体条件、中介条件、环境条件多种多样,这多种多样的条件在价值实现过程中很难同时具备、及时具备、随时具备。目前,人文科学价值实现过程中急缺的条件主要有:人文科学各学科的领军人才,宗教信仰类大师级人才,文学艺术类大师级人才,人文科学的数字化建设人才,民族民间人文资料文献收集整理的高素质人才,人文科学建设的现代化设施设备,人文科学类发展资金等。强令这些条件同时具备、及时具备、随时具备,其条件成本是相当昂贵的,既没必要,也没可能。缺失是正常的、经常的,这就需要我们积极培养人才,发现人才,使用人才;事先预计条件的缺失;科学统筹条件,超前准备条件等。

2. 积极面对人文科学价值实现条件的变化

人文科学价值实现过程中,各种条件随时都可能出现变化,一些条件消失了,刚刚适应的条件又没有了,新的条件又出现了,这是条件变化的常见现象。当前,人文科学价值实现过程中面临着条件的诸多变化。例如,客体条件中,民间传统人文资料,尤其是传统口碑资料正在迅速消失;民间传统的人文物象正在遭受毁灭性冲击,日益减少,如传统民居建筑人文物象正在被现代砖瓦房取代等。中介条件中现代科技手段日新月异,人文科学研究手段相对滞后等。这就需要我们及时准确地把握各种条件的变化,预计条件可能的变化及其带来的危害,积极争取有利的变化,防止不利的变化。

3. 积极面对人文科学价值实现过程中的不利条件

人文科学价值实现过程中面对的各种条件可以区分为有利条件和不利条件。目前,人文科学价值面对的不利条件较多,如西方价值观念对我国人文科学价值实现的巨大冲击,市场经济对我国传统人文的强劲冲击,现代建材、建筑技术和修建方式对民族民间建筑人文的强烈冲击,优秀传统人文的流失,基层人文工作者面临高科技压力的不利局面,人文科学研发资金缺乏,设施设备落后等。人文科学价值实现过程中总会遇到各种不利条件,我们必须直面现实,努力把不利条件转化为有利条件,减少不利条件的影响和制约。

唯物论者是条件论者,人文科学价值的实现,依赖于主体、客体、中介、环境等方面各层次、各种类的条件,我们既要重视和保护好这些条件,又要选择、优化和完善条件,还要积极创造条件,及时更新条件,充分利用条件,发挥这些条件的重要作用,使人文科学形成的价值更大化。

二、人文科学价值实现的总体方式

人文科学价值的实现,必须拟定系统目标,遵循总体原则,确定基本途径,择用重要机制,运用科学方法,形成总体方式。

(一)人文科学价值实现的系统目标

人文科学价值的实现,必须具有正确的价值取向和明确的奋斗目标。

1. 正确的价值取向

价值取向是价值实现的指向、方向。人文科学价值实现的方向是由主体需要、客体因素、中介条件和总体环境综合考察而确定的。

主体需要是价值实现的根本取向，主体的人文需要是人文科学价值实现的根本取向。人文科学就是要朝着主体生存、发展和完善过程中人文需要的方向发展，就是要指向主体生存、发展和完善的人文效应。主体的人文需要多种多样，人文科学的各个学科要实现自己的价值，就必须选择主体人文需要的特定层面、特定种类，针对性地实现自己的价值。现阶段，我国的人文需要就是要促进全国文化的大发展和大繁荣。人文科学就要朝着这个大方向努力，取得相应的显著效应，实现自己的价值。

价值取向受客体因素制约，客体因素是价值取向的客体依据。人文科学这个客体的因素众多，如学科门类多种多样，要实现人文科学的价值，就必须考虑学科因素，发展优势学科，形成优势效应，使价值更大化。

价值取向还受中介因素和环境因素的影响与制约，中介因素和环境因素是人文科学价值取向的参考因素。在人文科学价值实现过程中，必须以主体需要为总方向，参照客体因素、中介因素和环境因素，确定详细具体的价值取向。

2. 明确的奋斗目标

人文科学价值的实现必须有明确可行的奋斗目标。整个人文科学价值的实现、具体人文学科价值的实现，甚至其中具体的价值实现活动，都必须有明确可行的奋斗目标。目标是落实价值取向的，是价值活动过程中所要实现的客体对主体的效应状态。目标展示方向，体现目的，内含动力。目标确定了、明确了，而且现实可行，价值实现过程才能方向明，动力足，才能有效避免盲目性，才能为价值实现的目标管理提供依据。

人文科学价值的实现，必须确定总的目标，尤其是复杂的价值实现工程。总目标是旗帜，统帅横向的子目标和纵向的阶段性目标，使整个价值实现过程有条不紊地同步推进和逐步施行。人文科学价值实现的总目标，是实现人文科学对人类生存、发展和完善的人文效应。从人们生活角度看，是提高人们的人文生活质量；从产业角度看，是促进文化产业的大发展；从社会角度看，是促进文化的大发展和大繁荣。以此类推人文学科及其某一方面、某一活动价值实现的总目标。

人文科学价值实现的总目标之下，必须有各门类及其学科、各部门、各科室等价值实现的子目标，如门类子目标、学科子目标、部门子目标、科室子目标等。子目标既有横向并行关系，也有纵向从属关系。子目标是落实并支撑总目标的，实现各个子目标就是为了实现总目标。总目标和子目标是相对而言的，从纵向看，撇开上级目标，子目标相对于下级目标可以称为总目标，可以把某一学科某一价值实现活动的目标称为总目标，可以把实现某一人文事项的价值目标称为本项目的总目标等。

人文科学价值实现的目标系统中还包括总目标与子目标时序性分解的阶段性目标。人文科学价值实现过程很难一蹴而就，必须划分为几个阶段。为有效实现子目标与总目标，必须拟定各个阶段的目标，并使各阶段目标紧密衔接，上一阶段为下一阶段做好准备，由一个阶段有序地过渡到另一个阶段，从而实现子目标与总目标。人文科学价值实现的目标是由总目标统帅下的横向子目标、纵向子目标和时序性阶段性目标组成的目标系统。

(二) 人文科学价值实现的总体原则

人文科学价值的实现必须遵循主体性原则、客观性原则、可行性原则和持续性原则等总体原则。

1. 主体性原则

人文科学价值的实现必须遵循主体性原则。这是在人文科学价值实现过程中必须遵循的首要原则。该原则强调必须重视各层面价值主体的需要，审视各层面价值主体需要的构成及其轻重缓急，突出价值实现与主体需要的针对性、应急性等。该原则要求在人文科学价值实现过程中，注意各层面主体的各个要素，强调必须调动和发挥各层面主体的主动性、积极性和创造性，尤其是充分调动和发挥价值实现者的主体主动性、积极性和创造性。

2. 客观性原则

人文科学价值实现必须遵循客观性原则，这是价值实现过程中必须遵循的基本规则。该原则是指在人文科学价值的实现过程中必须尊重价值诸要素的客观性，从诸要素的客观实际出发。遵循该原则，一是要遵循人文科学自身功能的客观性，从人文科学自身功能的实际出发。人文科学有什么样的功能，能发挥哪些功能，能在多大程度上把它的功能转化成为现实的价值等，这是价值实现过程中必须考虑的客观前提。二是要遵循人文科学工作者素质能力的客观性，从人文科学工作者素质能力的实际出发。三是要遵循中介、环境、条件的客观性，从价值实现过程中各种中介、条件和环境的实际出发。四是要遵循人文科学价值实现的客观规律。只有遵循规律，从各方面的实际出发，才可能实现人文科学的价值，使其价值更大化。

3. 可行性原则

在人文科学价值实现过程中必须遵循可行性原则。该原则是指人文科学价值实现的方案要具有科学依据，要具备各种相关条件，具有现实可行性。遵循该原则，要求价值实现的目标现实可行，选择的路径恰当，机制合理，时机得当，方法科学，各种相关条件具备或者基本具备，避免操之过急和盲目冒进。

4. 持续性原则

人文科学价值实现过程中必须遵循持续性原则。该原则一是强调人文科学成果的价值，不仅要当代人可以实现，还要使子孙后代可以永续利用，能够不断地实现其价值。二是指遵循该原则必须考虑其时序性，使人文科学价值实现过程一个阶段接着一个阶段,继起性持续进行。三是指必须考虑人文科学价值的时效性和长效性,在实现其近期价值之后,持续实现其中期价值与远期价值。

(三) 人文科学价值实现的基本途径

人文科学价值实现的总体途径是实践与生活。一方面,人文科学是在实践与生活过程中孕育形成并创造的,各学科的成果在实践与生活过程中研究、创作出来,并在实践和生活过程中检验、丰富、完善和发展;另一方面,人文科学在实践和生活过程中形成对主体的效应,从而实现其价值。实践和生活是人文科学价值的基础性的形成途径、创造途径和总体性实现途径。

人文科学价值的形成途径、创造途径主要是人文科学成果的研究途径、创作途径和经营途径等。研究、创作和经营是人文科学成果的生产创造过程,是研究者、创作者、经营者的主体客体化过程,是人文科学潜在价值的形成过程、创造过程。研究者、创作者和经营者也是享用者,该过程也是人文科学成果价值的初步实现过程,研究、创作、经营既可视为人文科学价值的基础性形成途径和创造途径,也可视为人文科学价值的基础性实现途径。

人文科学价值的实现途径主要是传承途径、传播途径和享用途径等。传承途径主要表现为学习、教育等具体途径。通过学习、教育,人文科学知识理论被人们接受、掌握,被转化为人们的意识观念等精神力量,实现其教化育人和武装人们头脑的重要价值。传播途径表现为交流、传播等具体途径。通过交流、传播,共享人文科学成果,扩大人文科学成果的影响面,使更多的人了解人文科学的成果,把人文科学的潜在价值转化成为更多、更大的现实价值。享用途径主要表现为表演、娱乐、观赏、阅读等方面。在表演、娱乐、观赏、阅读过程中,人们享用文学艺术类人文成果,实现其娱乐欣赏价值、审美价值和伦理价值等。

人文科学价值实现的上述途径可以简单地概括为内化途径、外显途径和物化途径。内化途径是指把人文科学的具体内容内化为学习者、受教育者、娱乐者主观意识的组成部分和精神力量的途径,如学习、教育与娱乐等。外显途径是指把人文科学的具体内容外在地显现出来的途径,如表演、交流、传播等活态途径和物化途径等。通过表演、交流、传播等活态途径,把人文科学的知识理论鲜活地显示出来,实现其价值。物化途径是指把无形的人文科学以有形的物质载体的形式外在地展示出来的途径。该途径使抽象的人文科学理论知识具有物质的、有形的直观载体,如把人文科学知识理论装潢成书籍、画册、光碟、广告牌等,便于阅读观赏,实现其价值。

(四) 人文科学价值实现的重要机制

人文科学价值的实现,依赖于实践催生、主体研习、差异驱动、潜移默化、自相适应等系列长效机制。

1. 实践催生机制

实践催生机制是利用实践需要、实践手段催生、实现人文科学价值的机制。实践既是人文科学价值实现的基础与途径,也是人文科学价值实现的重要机制。实践作为人文科学价值实现机制,主要表现在实践需要催生人文科学价值的形成与实现。生产实践、科学实验和处理社会关系的实践都需要人文科学提供理论依据、人文智力支持和人文精神动力,需要人文科学发挥应有的指导作用。实践需要越紧迫,人文科学价值的实现就显得越重要。要实现人文科学的价值,就要善于利用实践机制,及时发现实践的需要,适时针对实践的需要,创造并实现人文科学的价值。实践手段,尤其是新的实践手段,也是催生人文科学价值实现的重要机制。借助先进的实践手段,就能够快捷、高效地实现人文科学的价值。

2. 主体研习机制

主体研习机制是人们通过学习、运用、探索、研究实现人文科学价值的机制。研习是学习、运用、探索、研究等的代表性简称。人文科学价值的实现,依赖于人们努力学习、研究、探索与运用,在学习、研究、探索与运用中,丰富知识,获取动力,掌握方法,发现问题,解决问题。学习、研究、探索与运用是实现人文科学价值的重要主体机制。运用这些机制,要掌握和运用人文科学观察问题的人文角度、人文视野,分析问题的人文层面的世界观与价值观,解决问题的人文方法与人文技巧等,其中的关键就是把握与运用人文科学的立场、观点和方法。拓展人文科学的潜在价值,要在学习与运用中采用探索与研究机制,深入探索与研究,发现问题,弥补不足,提出新的见解与主张。

3. 差异驱动机制

差异驱动机制是利用差异、差别实现人文科学价值的机制。人文科学各门类、各学科千差万别,人文科学的知识理论同人与社会的生活与实践之间存在诸多差异,人文科学价值实现的主体、地域、时间、中介、条件、环境等也存在诸多不同,这些层面的差异是绝对的、永恒的。诸多层面的差异甚至对立,驱使人们寻找彼此的一致与同一,使之有效结合成统一整体,在此结合中实现人文科学的价值。差异机制可以促使不同人文科学在实现价值的过程中,扬己之长,避己之短,扩大差异,彰显优势学科的价值;也可以取长补短,缩小差异,争取不同人文学科价值共同实现的效果。运用差异驱动机制,就要积极发现差异,勇于承认差异,科学正视差异,善于利用差异,或者弥补差异,或者缩小差异,促使人文科学价值的实现。

4. 潜移默化机制

潜移默化机制是指在人文科学环境氛围下熏陶人与影响人的重要机制。人文科学的知识理论不仅是一种科学体系,而且是人们的世界观念、价值观念和行为规范,是一种重要的社会文化氛围。人们在学习、研究、探索和运用人文科学的过程中,必然受到人文科学的知识理论、世界观念、价值观念、行为规范和社会氛围的影响和熏陶。在这个过程中,人文科学的价值,是一种潜移默化地熏陶人、影响人的价值。潜移默化机制是人文科学价值实现的重要机制。要实现人文科学的价值,就要善于利用潜移默化机制,使人们在无声无形中接受人文科学的影响与熏陶。

要发挥该机制的作用,就要把人文科学的观念、知识、理论转变成为社会人文环境、社会人文氛围、社会人文活动、社会人文时尚,使人们在浓郁的人文环境与氛围、时尚与文化活动中接受熏陶,实现人文科学的价值。

5. 自相适应机制

自相适应机制是主体的主观能动性和人文科学环境互动形成的基本机制。主体在人文科学的学习、研究、探索与运用过程中,在浓厚的人文科学氛围与环境中,在强烈的人文科学活动与时尚中,在人文科学的熏陶中,潜移默化,自相适应,缩小差异,把人文科学的观念、知识、理论内化为自己的观念意识,主动适应人文科学的行为规范,不断实现人文科学的价值。发挥自相适应机制的作用,一要充分调动主体人的积极性和主动性,努力学习人文科学;二要把人文科学知识理论活动化、环境化、氛围化,积极打造人文科学重大活动,努力营造浓郁的人文科学环境氛围;三要使人们在浓郁的人文科学环境和氛围中积极探索、研究与运用人文科学成果,使主体不断地接受人文科学新知识、新观念,主动适应人文科学的新要求、新规范。

人文科学价值实现的上述机制,既是一般的总体机制,也是个别的特殊机制,不同的主体在不同的时空条件与环境下,既可以单独采用,也可以整合起来,综合运用。

(五)人文科学价值实现的科学方法

人文科学价值的实现,还需要采用自省内修、传播交流、辩论争鸣、参照借鉴、实操运用等重要方法。

1. 自省内修法

自省内修法本质上是传统的内化方法。我国儒家文化自古以来就强调自省内修方法,既有"吾日三省吾身"的传统告诫,又有"修身养性,格物致知"、"慎思笃行"、"三思而后行"等传统做法。佛教和道教也注重自省内修的静心修为。自省内修是儒释道各家共同依循的修为方法。人文科学借鉴这一方法,要注重掌握人文科学的知识理论、观念方法,丰富和完善自己的知识结构,提高自己的理论修养和精神境界,即内修提高法;要运用人文科学的知识理论、观念方法、评价标准等检查自己的所作所为,自我反省反思,找出存在的缺点错误,使自己有自知之明,即自我反省法;要探寻为人处世的新思路,找到解决问题的新方法,寻找今后的新出路、新常态。

2. 传播交流法

传播交流法是人文科学价值实现的基本方法,是人文科学价值实现的重要外显方法。传播法主要是指运用媒介方法,把人文科学成果传扬开,传布出去,实现其价值的方法。交流法是指利用会议等机会,相互介绍、共享人文科学成果及其价值的方法。介绍、共享是该方法的基本环节。交流本身就是传播,是传播的一种重要方法,二者具有共同性、一致性。

3. 辩论争鸣法

辩论争鸣法是通过讨论、辩论、争鸣实现人文科学价值的方法。人文科学成果是个体或者群体的成果,往往带有个人或者群体的局限性。不同的个人或者群体,由于视角、立场、观点、方法等原因的不同,对某一人文现象可能形成不同的看法。不同主体的不同观念在辩论争鸣中,各自舍弃不合理之处,达成共识,提高认识,使理论越辩越明,形成真理。辩论争鸣方法又有许多具体方法,如"讨论法"、"辩论法"、"头脑风暴法"、"沙龙畅谈法"等。"讨论法"是就某一专题进行讨论,各抒己见,力求形成一致意见的方法。"辩论法"允许相互揭短、相互批评的方法,但必须把握辩论的分寸,防止恶意的争斗。"头脑风暴法"允许提出不同意见,允许补充与修改别人意见,但不能批评别人的争鸣方法。"沙龙畅谈法"是一种从各自的角度畅抒己见的争鸣表达方法。这些方法在人文科学价值实现过程中,各有长处,要依据不同问题、不同场合和不同条件,灵活运用。

4. 参照借鉴法

参照借鉴法是指参考借鉴一定对象而实现人文科学价值的方法。一是参照借鉴自然科学和社会科学价值实现方法,实现人文科学价值的方法;二是人文科学各门类、各学科在价值实现过程中,相互参考借鉴的价值实现方法;三是指在人文科学价值实现过程中,不是把人文科学的知识理论当作教条照搬照套,而是作为参考、指南,从而实现其参考借鉴价值的方法。这是三种针对不同参照对象和不同类型的方法,我们要灵活运用。

5. 实操运用法

实操运用法是把人文科学的知识理论、观点方法付诸生活与实践的实际运用过程而实现其价值的方法。无论是自省内修的内化方法,还是传播交流的外显方法,抑或是参照借鉴方法,都必须付诸实际运用过程,都必须采用"实操运用法"。生活实际与实践实际差别较大,具体的运用方法又不一样,需要根据不同情况、具体问题灵活运用。

综上所述,人文科学价值实现的总体方式,就是由它的目标、原则、途径、机制、方法组成的有机整体。

三、人文科学价值实现的一般过程

人文科学价值实现要经历几大主要阶段、几个突出环节,有其运行发展的动态特征、客观规律和发展趋势。

(一) 人文科学价值实现过程的主要阶段

人文科学价值的实现过程有萌生、准备、实现三个主要阶段。

1. 人文科学价值实现的萌生阶段

人文科学价值实现的萌生阶段,指人文科学创造及其潜在价值的形成阶段。一方面,在主体与人文科学的价值关系中,主体接触人文现象,研究人文现象,创造人文科学成果,赋予人文科学潜在价值。另一方面,人文科学作用于主体,使主体了解人文科学的构成、特点与潜在价值,形成主体与人文科学的接触、了解、研发、创造等相互关系,萌生出主体与人文科学的潜在价值关系。

2. 人文科学价值实现的准备阶段

人文科学价值实现的准备阶段,指为人文科学价值的实现做好诸要素准备工作的阶段。一是做好主体因素准备,明确主体对人文科学的需要,调整并优化主体需要的种类结构,确定主体需要的时序结构,明确其轻重缓急,做好主体心理与素质能力准备等;二是做好客体因素准备,选择适当的人文科学门类、学科及其具体成果,根据主体需要把客体知识理论应用化,拟定价值实现方案等;三是做好中介准备,准备好价值实现需要的工具、手段,选定恰当的科学方法等;四是做好设施、设备等相关条件准备,营造人文科学价值实现的良好环境和氛围等。

3. 人文科学价值的实现阶段

人文科学价值的实现阶段,相对于萌生阶段和准备阶段,显得尤为重要。它是人文科学价值实现全程的主要阶段、重要阶段。该阶段要实现三大转变,一是人文科学成果转化成特定主体专属的财富,实现经济学意义上的财富所有权和法学意义上的知识产权。这种权属决定了人文科学成果主体化的经济属性和法学属性,也决定了该成果所有者的经济权益与法律权力。实现这个转变要经过系列环节和相应程序,办理相关手续。这些财富经过较长时间之后,最终将转化成为民族、社会甚至全人类的共同精神财富,不再专属于某一个体或者某一群体。这要经历一个比较长的时期才能实现。二是人文科学成果朝着主体精神方面转化,逐渐成为主体精神的一部分,成为主体的人文知识智慧、人文心理、思想观念和意识背景,成为主体的人文情怀和精神动力等,并进一步转化成为主体的自觉行动。这一转变过程的时间,可以短到一瞬间,对某一人文科学成果,有顿悟之觉,瞬间即可完成,但对于多数人文科学成果,我们要活到老,学到老。三是众多人文科学成果积淀为社会人文环境和人文精神氛围,转化成社会文化的重要组成部分。这需要比较长的时间,需要全社会的努力。从这些转化可以看出,人文科学价值实现的三个阶段都很复杂,需要人们长期努力和不断积累。

人文科学价值实现的三个主要阶段是前后相连的,一个阶段接着一个阶段进行的。当然,不同人文科学成果的价值是可以同时或者同步进行的。

(二) 人文科学价值实现的突出环节

人文科学价值实现的三大阶段中,各有其突出环节。审视人文科学价值实现的全过程,一般要经过对象化、应用化、主体化等突出环节。

1. 对象化环节

对象化环节主要是价值主体将自己的需要、立场、观点、意愿、意志和素质能力等重要因素,借助一定手段,通过一定方式,转移到人文科学客体之中,即主体本质力量的对象化。这时的客体是主体对象化过程中的人文科学成果,从客体对象中,可以窥见主体本质力量的诸多因子,如主体需要、主体意志、主体素质能力等。这是人文科学价值实现过程中的萌生阶段必须经历的重要环节。该环节的实质是主体的客体化,该环节的使命是主体通过努力创造出人文科学成果,尤其是创造出社会主体需要的人文科学成果。要顺利完成这一使命,一要把某一人文物象确定为自己观察、审视和研究的对象,把握其本质和发展的客观规律;二要准确把握主体需要等因素,使之与主体需要相吻合,具有适合主体需要的针对性;三要形成具有潜在价值的、比较完善的科学理论体系或者文学艺术作品。在社会主义文化建设过程中,落实该环节就要抓紧人文科学研究与文学艺术创作,促进人文科学和文化艺术的大发展、大繁荣。

2. 应用化环节

应用化环节是将人文科学的知识理论体系转变成为应用体系,直至实施方案。这是人文科学价值实现过程中准备阶段必经的突出环节。该环节需要把人文科学的基础理论转变为应用理论,把应用理论转变为实施方案,如某一活动计划,或者某一活动项目策划书等。该环节的实质与使命是理论的应用化,其中的基本要求是现实可行,具有可操作性。它的目的与目标要具有鼓舞性、激励性,能够凝聚人心,团结战斗;它的前进方向与路径要正确;它的步骤程序要清晰明了,衔接紧密;它的方法措施要恰当有效;在整体上既要符合客体价值实现的规律,又要符合主体的目的和主体的需要,努力使价值实现方案中的客体、主体、中介、条件、环境等诸因素有机统一,保证价值实现的有效实施和顺利进行。

3. 主体化环节

主体化环节是人文科学价值实现过程中实现阶段的突出环节。该环节的本质是人文科学客体的主体化,它的使命是将人文科学客体转化为主体的一部分。在社会主义市场经济环境中,该环节要确定人文科学成果的权属,确定其所有权的主体归属,落实其所有者的知识产权,实现其所有权、知识产权的具体权益,使之在权属方面主体化。在社会主义精神文明建设过程中,要落实该环节就要用人文科学理论武装人们的头脑,陶冶人们的情操,振奋人们的精神,激发人们的斗志,提升人们的思想境界,提高人们的精神生活质量和精神生活幸福指数,使之在知识理论内化方面主体化。在中华民族伟大复兴过程中,该环节要努力促进中华民族优良传统文化的复兴与繁荣。

在人文科学价值实现过程中,除了这三大突出环节外,还有与之相关的其他重要环节,如萌生阶段的人文事象调查环节和主客体互动环节,准备阶段的条件建设环节和人文环境氛围营造环节,实现阶段的检验环节和评价环节等。在人文科学价值实现过程中,需要把各阶段、各环节协调起来,连接成循序渐进、有条不紊的操作过程。

(三) 人文科学价值实现的动态特征

人文科学价值的实现过程经历的各阶段、各环节,是一个由实践到认识,再到实践的反复过程,这决定了人文科学价值的实现有被动与主动、或然与必然、相对与绝对、有限与无限、特殊与普遍等动态特征。

第一,人文科学价值实现的实践—认识—实践的周期性。人文科学是人们在实践中不断摸索、探讨和总结出来的,它源于实践。它在实践中形成人文事象的感性认识,再上升到人文知识的理性认识,逐渐把人文知识理论化、系统化,形成人文科学的理论体系,再把人文科学应用到实践中去,实现人文科学的价值。在实践中丰富、完善人文科学的理论体系,再回到实践中去,进一步实现其价值。这样循环往复,既能推动人文科学的发展,推动人文科学价值的实现,促进社会人文风气越来浓厚,又能促进实践的发展和社会的进步。每经过一个周期,人文科学就向前发展一步,它的价值就实现一次,在它指导下的实践就朝主动、自觉的方向前进一步。这就是人文科学及其价值实现的"实践—认识—实践"的动态特征和基本规律。

第二,人文科学价值实现的被动性与主动性。人文科学价值的实现有一个由被动到主动的动态过程。当人们还没有认识人文科学及其价值的时候,人们在这方面的意识和行为就是盲目的、被动的。当人们在实践中逐渐认识人文事象,把握其本质规律,并用以指导自觉行为的时候,就有了一定的自觉性、主动性。这是由实践到认识,再到实践的第一次飞跃。由此循环往复,盲目性和被动性逐渐减弱,自觉性和主动性逐渐增强。这是人文科学价值实现的又一动态特征和基本规律。要遵循这一特征和规律,就要在人文科学价值实现过程中,自觉地、积极地认识人文事象,深入地把握其规律性,主动遵循规律并用以指导价值实现过程,变盲目为自觉,变被动为主动,提高人文科学价值实现活动的自觉性和主动性。

第三,人文科学价值实现的或然性与必然性。人文科学价值的实现,既是必然的,又带有一定的或然性,是必然性与或然性的统一。人文科学价值实现的必然原因主要在于,人文科学是人们从实践中、从社会人文事象中概括出来的知识理论体系,有其真理性,有其潜在价值,具有真理和价值的二重性,能够指导实践,变潜在价值为现实价值,能够实现自己的价值。同时,人文科学的价值实现过程,是在价值主体需要的情况下,在条件基本具备的情况下,在良好的环境氛围中举行的,天时、地利、人和,具有现实可行性,这就决定了它的价值一定能够实现,必然得到实现。但是,主体需要经常变化,客体状况也在变化,人们不一定能够使二者及时调整,使之完全吻合,此外,条件也会变化,原有的条件可能消失了,新的条件又没出现,甚至出现不利条件,环境氛围也瞬息万变等,这就使得原来人文科学价值的实现方案不一定可行,人文科学价值的实现,就可能出现或然性。或然性不同于偶然性,偶然性侧重于特定条件具备时,偶尔出现,而或然性则在价值实现的诸要素变幻不定的情况下经常出现,介于可能与不可能之间。或然性对于人文科学价值的实现,以及诸多人文活动等是经常出现的,概率较高,具有一定的普遍性。因此,在实现人文科学的价值时,要深入调查,广泛收集信息,准确把握趋势,遵循客观规律,积极争取有利条件,主动创造团结,努力促使人文科学价值实现的或然性转化为必然性。

第四,人文科学价值实现的相对性与绝对性。人文科学价值的实现既有其相对性,又有其绝对性,是相对性和绝对性的统一。首先,人文科学价值实现的相对

第五章
人文科学的价值结构

性在于,人文科学价值的实现,是相对于一定人文科学的门类、学科及其具体成果,相对于一定主体,相对于一定中介、条件、环境等因素的。在一定条件、一定环境与氛围中,运用一定中介,特定人文科学及其成果对特定主体具有一定效应,形成一定价值。这些因素的任何一项不具备,或者发生变化,人文科学的价值就不一定能够实现。其次,人文科学价值实现的相对性还在于,相对于价值实现的特定方式和方法,如果改变,价值不一定能够实现。最后,人文科学价值实现的相对性还表现在价值实现程度的有限性与特殊性,并非各门类人文科学的任何价值、所有价值都能够实现,而且实现的具体形式与具体内容都具有特殊性、个别性,很难出现雷同的形式与内容。

人文科学价值实现的绝对性在于,在客体确定、主体确定,中介与条件具备,环境与氛围良好的情况下,人文科学的价值就一定能够实现,这是确定不移的、绝对的。这是由其必然性决定的,而且这种现象还有其普遍性和一般性。此外,人文科学价值实现的绝对性还表现在人文科学的价值每实现一次,主体需要就满足一次,人文科学就往前推进一步,认识就提高一层,实践就前进一步。这是确定不移的、必然的、绝对的。相对中有绝对,绝对寓于相对之中。人文科学价值的实现就是由一次次相对而走向绝对,不断向前发展的。

第五,人文科学价值实现的有限性与无限性。人文科学价值的实现既有其有限性,又有其无限性,是有限性和无限性的统一。它的有限性是指在人文科学价值实现过程中,主体有限、客体有限、中介有限、条件有限、环境与氛围也有限,人文科学对于主体价值及其实现状况更有限。它的无限性是指人文科学对于主体的价值具有永续利用的无限性,人文科学价值客体及其发展具有无限性,人文科学价值主体具有繁衍延续的无限性,价值实现的中介、条件等具有更新和完善的无限性,价值实现的环境氛围具有不断浓郁的无限性等,主体、客体、中介、条件、环境、氛围的无限性促使人文科学价值实现的无限性。

人文科学价值实现的无限性是通过一次次有限的价值活动而实现的。无限寓于有限之中,通过有限而至无限,这是人文科学价值实现的重要特征和基本规律。要把握和遵循这一规律,就要积极实现一项项人文科学成果的有限价值,积少成多,形成人文科学整体的无限价值;就要在实现人文科学某一价值之后,接着实现其更多的价值,实现人文科学价值永续利用的无限性。

第六,人文科学价值实现的特殊性与普遍性。人文科学价值的实现既有其特殊性,又有其普遍性,是特殊性和普遍性的统一。它的特殊性是指人文科学价值实现的每一活动,其主体、客体、中介、条件、环境等诸因素都具有特殊性,价值实现的方式与方法、价值实现的形式与内容、价值实现的程度及其他状况等都具有特殊性。人们运用特殊的中介、特殊的条件、特殊的环境氛围,以特定客体的特定潜在价值,满足特定主体的特定需要,形成特殊的效应。这一切都具有独特性、个别性、差异性。它的普遍性是指任何人文科学都有其潜在价值,都能够在条件具备的情况下,形成对主体的特定效应,实现一定的价值,这是人文科学价值实现过程中的普遍现象、一般现象、共同现象。

人文科学价值实现的普遍性、一般性、共同性寓于特殊性、个别性、差异性之中,通过特殊性、个别性、差异性表现出来。这是人文科学价值实现过程中的又一重要特征和客观规律。遵循这一规律,一要使人文科学价值实现的每一具体活动独具特色,使众多价值实现活动异彩纷呈;二要使人文科学价值实现的各项活动满足不同层面主体的不同需要,实现人文科学客体多层面的价值;三要通过人文科学各层面价值的实现,促进人文科学整体价值的不断实现和不断提升。

人文科学价值实现过程中的这些动态特征是相互渗透、紧密交织在一起的。

(四)人文科学价值生成演化的客观规律

人文科学价值的孕育、形成与演化过程,蕴含着人文科学一定要适合主体生存、发展和完善需要,人文科学价值及其实现随时代的变迁而发展等客观规律。

人文科学一定要适合主体生存、发展和完善需要的客观规律。该规律包括主体主导、客体制约、条件制约、环境影响、主动适应等方面的重要内容。

首先,人文科学价值的实现受主体因素的支配与主导。主体诸因素在人文科学价值实现过程中起着支配与主导作用。主体要支配人文科学价值的实现方向,也为人文科学价值的实现提供精神动力,是人文科学价值的驱动力、原动力。主体的意愿支配人文科学价值实现的目的、目标、路径、机制、方法和措施。主体意志主导人文科学价值实现过程的进度、进程,主体素质能力制约人文科学价值实现的具体状况和相应结果。主体诸因素主导人文科学价值实现的全过程,使之呈现鲜明的目的性、主体性等突出特征。主体诸因素主导人文科学价值的实现,这是人文科学价值实现过程中不以人的意志为转移的客观规律。

其次,人文科学价值的实现受客体因素的制约。人文科学门类众多,学科及其成果浩繁,各门类、各学科及其成果千差万别,各自的潜在价值也不一样,这制约着各自价值的实现状况。一是人文科学的成熟程度制约其价值的实现情况,成熟程度较高的人文科学,易于实现其价值,反之则不易实现其价值。二是人文科学理论的应用转化程度制约其价值的实现,应用程度越高,现实可行性和可操作性越强,越容易实现其价值。三是人文科学反映主体需要的准确情况制约其价值的实现。主体需要的针对性越强,越容易实现其价值。人文科学客体的其他方面也以各自不同的方式制约其价值的实现。价值离不开客体,客体制约价值,这是人文科学价值实现过程中的又一客观规律。

再次,人文科学价值的实现受条件和环境的制约与影响。这里的条件环境包括社会经济、政治、法律、科技、交通、通信等多个层面。人文科学价值的实现是在社会环境和诸多条件下进行的,受社会环境的制约和诸多条件的制约。环境和条件是人文科学价值实现的重要制约因素。顺境给人文科学价值的实现提供有利的环境氛围和条件，而逆境会形成负面影响，产生不利条件，甚至有害条件，起着阻碍作用，不利于人文科学价值的实现。因此，条件和环境影响是人文科学价值实现过程中的又一重要规律。

最后，人文科学要打破限制，主动适应主体生存、发展和完善的需要。主体、客体、条件和环境的制约有相对的一面，相对的制约与限制之中蕴含着诸多有利的因素，人们实现人文科学的价值，一定会打破制约，突破限制，主动地适应主体生存、发展和完善的需要。一是要及时准确把握主体各层面的需要，把主体需要转化为人文科学价值实现的取向、目的，依据主体需要，拟定价值实现的蓝图；把主体的支配与主导转化成为价值实现的原动力和促进方式；把主体的支配因素转化为有效的激励方式、监控方式与督促方式。二是人文科学的研究者、创作者能够根据人文科学发展的实际状况及其发展的客观规律，促使人文科学的大发展、大繁荣，使之适应各层面主体生存、发展和完善的需要。三是人们能够适应条件和环境的变化，突破条件和环境的限制，积极创造条件，营造良好的环境与氛围，促使人文科学适应主体生存、发展和完善的需要。由于人们的努力，人文科学一定能够主动适应主体生存、发展和完善的需要，这是人文科学价值实现过程中的客观规律，可以简称为主动适应律。

人文科学价值的实现随时代的进步而发展的客观规律，可以简称为时代进步律。人文科学的价值的实现随时代的进步而发展，是与时俱进的。时代前进了，人文科学发展了，它的潜在价值随之改变；时代变迁了，条件环境改变了，价值实现方式及其实现程度也会随之改变。

人文科学价值实现的手段也随时代的进步而发展。目前，时代发展的重要标志之一就是自动化的不断普及，自动化程度的不断提高。自动化也是目前人文科学价值实现的手段的突出标志，人们以自动化的手段快捷地实现人文科学的价值。与自动化相联系，计算技术、信息技术、通信技术、网络技术等是目前人文科学价值实现的重要技术，电子化、数字化、信息化、网络化是当今人文科学价值实现手段的基本特征。

就价值实现的地域和速度而言，目前，国际化是人文科学价值实现的地域特征、空间范围特征。快捷化是目前人文科学价值的实现越来越快的速度特征。

就形式与内容同主体需要而言，目前，人文科学价值的实现，内容越来越丰富，形式越来越多样，越来越人性化、情趣化和娱乐化。寓教于乐，寓学于乐，寓人文于乐，这是人文科学价值实现的时代特征和时代趋势之一。

人文科学价值的实现还有其他客观规律，这些规律支配人们实现人文科学的价值，有待人们遵循和驾驭，提高人文科学价值实现的自觉程度和有效程度。

（五）人文科学价值实现的发展趋势

人文科学价值实现过程中，呈现系列明显的发展趋势。就人文科学价值实现过程本身而言，该过程呈现的发展趋势，就是价值的不断提升。各个国家和地区普遍强调国家利益,普遍重视本国、本民族、本地区人文科学的价值,强调发挥人文科学的重大作用等。无论国内,还是国外,人文科学价值的实现程度都越来越高。

人文科学价值实现的内容多元化和形式多样化不断突出。人文科学价值的实现内容呈现多元化态势,如宗教神学价值实现的神学内容与某些科学内容并存的态势;西方价值观念、伦理道德观念的价值实现与东方价值观念、伦理道德观念的价值实现呈现多元并存态势等。人文科学价值的实现形式呈现多样化发展态势,如知识理论价值的舆论形式、宣传形式、教育形式等,宗教的说教形式、迷信形式、科学技术形式等,文学艺术作品的表演、观赏、愉悦等。人文科学各门类、各学科成果各自的价值实现形式越来越复杂多样,呈现多样化并存发展态势。

人文科学价值的客体化与主体化互动态势不断强化。古今中外,人们都把人文知识理论客体化,作为武装人们头脑的精神武器,从中国古代的"四书五经",到现代的社会主义核心价值观;从古希腊神话、古罗马史诗,到中世纪的《圣经》,再到近现代的平等、博爱观念等,都被不同主体作为各自的重要客体,使之客体化。同样,人文科学在不同时代、不同国度、不同地域,也都被不同主体运用,使之主体化,成为主体的重要组成部分,或者成为主体财富的重要组成部分,或者成为主体社会意识形态的重要组成部分,或者成为主体思想意识的重要组成部分等。人文科学在客体化中不断主体化,在主体化中不断客体化,使之不断地主体客体化和客体主体化,并在相互转化中不断强化这种互动关系和互动过程。

就人文科学客体而言,人文科学价值的实现,促使人们越来越重视人文科学的发展,越来越重视传统文化的传承与弘扬;促使人文科学在传统综合中分门别类地分化和发展,在分化中又综合发展,并呈现出快速发展态势。

就价值主体而言,随着人文科学的快速发展及其价值的实现,各层面主体的人文知识理论等需求不断得到满足,人们的人文素质迅速提高,人们的精神文化生活质量和精神生活幸福指数快速提升,社会风气和社会精神面貌也随之改善。

就价值中介而言,人文科学价值的不断实现,使价值中介随着时代的发展而越来越呈现多样化、现代化、自动化的发展态势。

从静态看,人文科学价值实现的各种趋势呈现出各种重要结果,如社会人文科学的快速发展,人文科学价值的提升,人文科学价值实现形式的多样化和内容的多元化,人文科学客体与主体互动的强化,价值实现中介与条件的现代化,人们人文素质能力和人文生活质量的提高等。

总之,人文科学及其价值的实现过程,就是在实践中孕育萌生,又在实践中准备与实现,历经对象化、应用化和主体化等环节,在主体支配下,适应主体需要,冲破客体、条件、环境等因素的重重制约,由被动而主动再到自觉,由相对而绝对再到新的相对,由有限而无限再到新的有限,由特殊而普遍再到新的特殊,由个别而一般再到新的个别,不断实现、不断推进、不断前进上升的过程。

第四节　人文科学价值的评价

人文科学的价值作为主客体之间的效应关系,是认识的对象,有一个认识和评价过程。

一、事实认识与价值评价

认识有事实认识和价值认识,价值认识中有价值评价。

(一) 事实认识与价值认识

事实认识是对事物客观状态的把握,是对事物是什么的认识。辩证唯物主义认为,认识是主体对客观事物的能动反映,是对客观事物的要素、结构、属性、状态、本质和规律的认识,这是由认识的基本要求和首要任务决定的。把握事物的要素、结构、属性、状态、本质和规律,是为了发挥事物的功能,更好地利用事物,实现事物对主体的价值。客观事物对主体产生了哪些价值,是什么样的价值,有一个价值认识与价值评价过程。

价值认识是对价值、价值关系的反映,是客体对于主体生存、发展和完善效应的反映与建构。价值认识有感觉、知觉、表象等感性形式和概念、判断、推理等理性形式,遵循认识的一般规律,有一个在生活和实践中获得感性认识,上升到理性认识,再回到生活和实践中的前进、上升过程。价值认识以事实认识为前提和依据,在正确把握客体对象组成要素、结构、属性、状态、本质、规律的基础上,第一步要准确把握客体的功能及其发挥的条件。客体的功能是客体的潜在价值,是客体价值得以实现的自身依据。客体的功能越大,它所实现的价值就可能越大。第二步要把客观事物作为价值客体,把客体对于主体的价值、主客体之间的价值关系当作认识对象,把握价值的构成、本质和发展趋势,把握主客体价值关系的结构及其优化状况。第三步要拟定客体价值的实现方案,主要是主客体相互作用过程中的客体主体化方案。第四步要评价客体对于主体的效应,即进行价值评价。

(二) 价值评价

价值评价是指对客体价值的判断与评定。价值评价本质上属认识范畴,属于认识中的价值认识,是价值认识的一个部分、一个阶段。从静态看,价值评价是价值认识的理性组成部分之一,是对客体价值性质、种类、大小、多少的定性认识和定量把握。从动态看,价值评价是价值认识由感性到理性的认识阶段,是价值认识的高级阶段。价值评价的前提是价值感知,是对主客体价值关系、客体对主体效应的事实性认知,是对客体满足主体生存、发展和完善效应相关事实材料的把握,并以此作为价值评价的依据。价值评价的第一步要收集、整理、统计、认知客体对于主体生存、发展和完善效应的系列材料;第二步要拟定价值评价的标准和方法。第三步要依据评价标准,运用评价方法,对客体价值进行分析、比较、断定和评判,确定客体价值的性质、种类、大小。价值评价可分为价值统计、价值分析、价值比较、价值评判等具体环节。

(三) 人文科学价值的误判：万能论与无用论

人文科学的价值如何，历来众说纷纭。其中，有两种比较典型的错误看法，一是"万能论"，一是"无用论"。

"万能论"认为，古代关于人文的学问，近现代关于人文的科学，具有至上性，是"万能"的。关于人文的学问很多，其中比较典型的有宗教神学、唯心主义哲学等。宗教神学认为，神是"万能"的。例如，基督教认为，《圣经》是至高无上的经典，上帝是万能的。其他宗教神学也都把本教信奉的神灵视为"万能"的。从古希腊到近现代，唯心主义者认为某一概念、某一精神是"万能"的。例如，德国著名的辩证法大师黑格尔认为，"绝对概念"自身包含矛盾，衍生出绝对真理的精神世界、自然界和人类社会，再回复到自身等。中国古代把儒家学说的"四书五经"等奉为圣贤之书，具有"修齐治平"的功用。宋明理学认为，客观精神"理"是万物之源，"理"和"理学"具有至高无上地位。陆王心学则把"心"视为万物之源，认为"吾心便是宇宙"，"心"是万能的，"心学"是至上的。宗教神学、唯心主义哲学从某一精神入手，认为某一人文事象是"万能"的，某一人文学问是至上的。这是唯心主义的谬见。

"无用论"是文化虚无主义的见解。文化虚无主义者从某一立场和角度出发，认为关于人文的学问，甚至人文科学都是无用的。例如，西方哲学史上有的人在批判黑格尔哲学的时候，认为它一无是处，把其中的辩证法也视作无用的东西。我国古代有焚书坑儒的做法。20世纪六七十年代的"文革"，把传统儒家学说视为糟粕。人文学问及其科学的"无用论"贻害无穷，使我国传统美德滑坡，传统文化濒危。理论和实践的历史与现实告诉我们，正确评价和充分肯定人文科学的价值至关重要。

二、人文科学价值评价的主体与对象

(一) 人文科学价值的评价主体

人文科学价值的评价主体是指人文科学价值的评价者。人文科学价值的评价主体与人文科学的价值主体是有区别的，二者存在重叠。人文科学价值的评价主体，首先是人文科学的价值主体。人文科学有无价值，有什么样的价值，有哪些价值，价值主体身处其中，体验到、感受到、享受到人文科学对于自己的效应，必然有所断定，从而成为评价主体。这就是评价主体与价值主体的一致性、重叠性。价值主体作为评价主体的价值断定或者价值评定，可能是自发的，也可能是自觉地、有组织进行的，还可能是被邀请的、被采访的、被询问的。人文科学价值的评价主体，还可能是特定价值事实及其价值关系之外的其他人，这就是价值主体与评价主体的非重叠性。这种评价主体可能是社会舆论式的议论者、评说者，甚至自由评论家，可能是专门的评价组织及其评审专家，可能是人文科学的研究工作者，他们对自己成果的价值,从预期到实现,都相当关注、特别了解,有评价的条件和机会。

由此可见,人文科学价值的评价主体比较复杂,可以是当事者,可以是特定价值关系的局外人;可以是个人、群体,可以是社会;可以是舆论议论者,可以是专门的评审专家;可以是自发评议者,可以是社会评审组织等。因此,人文科学价值的评价主体具有确定性和非确定性。

(二)人文科学价值评价的对象

人文科学价值的评价对象是指人文科学对主体形成的效应。这种效应有纵向三层次,一是人文科学在历史上已经形成的价值,构成了人文科学历史价值的历史评价对象;二是人文科学近期形成或者正在形成的价值,构成了人文科学价值的现实评价对象;三是人文科学即将形成的价值,或者将来可能形成的价值,构成了人文科学潜在价值的未来评价对象,这种评价对象当属价值预测对象,或者潜在价值评估对象。人文科学价值的评价对象,按价值内容可以横向地分解为各种类型,如教育价值评价对象、激励价值评价对象、规范价值评价对象等。

这些对象有其共同的特点。一是对象的确定性。都以人文科学对主体形成的价值为共同对象,这是确定的。二是对象的参照性。对特定人文科学学科成果的现实价值与其潜在价值,与其形成期的社会条件和历史背景等特定环境进行综合参照比较,进行多层面的比照分析,得出的评价结论可能客观公正一些。由此可见,人文科学的价值评价必须遵循一定的原则,依据一定的标准,运用一定的方法。

三、人文科学价值评价的标准与方法

(一)人文科学价值评价的标准

人文科学价值评价的标准有效应标准、需要标准、满意标准、生活与实践标准等。

1. 效应标准

效应标准是指以人文科学成果对主体生存、发展和完善形成的实际效应为评价标准,这是价值评价的客观标准。其中,对人民、对国家、对社会生存、发展和完善的效应是首要标准。

2. 需要标准

需要标准是指以主体需要作为评价人文科学成果价值的标准,这是价值评价的根本标准。其中,人民的需要、国家的需要、社会的需要是各种需要中的根本需要、共同需要、整体需要,是评价客体价值的根本标准、共同标准和整体标准。

3. 满意标准

满意标准是指以价值主体对客体效应的满意状况为评价标准。一是以主体的满意面为标准,以感到满意的人数及其结构为标准,以感到满意的事项的多少为标准。二是以主体满意的程度为标准,以满意面的拓宽程度和满意度的提高程度为标准。

4. 生活与实践标准

生活与实践标准是指以人们的日常生活和实践作为人文科学成果价值的评价标准,这是人文科学成果价值评价的基础标准和最终标准。这里要强调的是人文科学成果的价值,侧重于主体的精神生产实践和日常的精神生活领域,尤其是精神生活领域,给主体带来的便捷、愉悦、欢乐、情趣等。因此,精神生产和精神生活是检验价值评价的重要标准。

上述标准都是主体性标准,效应标准是主体性客观标准,满意标准是主体性亲身感受与体验标准,需要标准是主体性根本标准,生活与实践标准是主体性基础标准和最终标准。这些标准必须有机结合,既注重实际效应,又注重主体是否需要、需要的构成及其紧迫程度,还注重价值主体的满意状况,还要注重人们在生活与实践中重复验证的实际效果。

（二）人文科学价值评价的方法

人文科学价值评价的方法主要有定性评价方法、定量评价方法和综合评价方法。定性评价方法主要评定人文科学价值的性质,对价值进行定性描述。定量评价法在定性评价方法的基础上,进一步把人文科学的价值量化进行精确表述。综合评价方法则是既定性又定量的精准性评价方法。

1. 定性评价方法

人文科学价值的定性评价方法主要有价值主体评价法、比较评价法、头脑风暴法、专家意见法、德尔菲法、问卷评价法等。价值主体评价法是指由价值主体作为评价主体,用自己亲身感受、体验评价客体的价值。比较评价法是指在评价对象的比较对照中评价客体价值的方法。一是将主体需要的价值预期同客体带来的效应结果比较对照,评价客体的价值;二是将不同客体对同类主体的效应对照比较,评价客体的价值;三是同类客体对不同主体的效应对照比较,评价客体的价值。头脑风暴法是指在评价会议上评价人员畅所欲言,提出不同评价意见,提出对别人的修改意见,但不允许提出批评,各种观点激烈碰撞的评价方法。[①] 专家意见法是指聘请见识广博、学有专长的专家进行评价的方法。[②] 德尔菲法是指聘请专家背靠背、匿名评价、小组统计,反复多次得出结论的评价方法。[③] 问卷评价法是指将客体价值制作成评价问卷,采取调查答卷式的方式,比较广泛地获取多层面民意的评价方法。此外,还有典型案例评价法、分层面座谈讨论评价法、意见箱评价法等评价方法。

2. 定量评价方法

人文科学价值的定量评价方法主要有评分法、统计评价法、多因子评价法、层次评价法等。评分法是指将客体各评价目标量化并制定相应权重,权衡其价值的

---

① 谭力文,徐珊,李燕萍.管理学[M].武汉:武汉大学出版社,2000:118.
② 陈佳贵.企业管理学大辞典[M].北京:经济科学出版社,2000:571.
③ 张中华.管理学通论(第2版)[M].北京:北京大学出版社,2008:46.

评价方法。① 统计评价法是指在收集、整理客体价值资料和数据的基础上,用统计学方法计算客体价值的评价方法。该方法按照统计学的操作流程和具体方法运行,多以图表等形式呈现出来,给人以直观量化的评价效果。多因子评价法是把客体对于主体效应的多种影响因子作为参照对象,制定多因子量化的评分标准和因子评价表,得出因子价值参数,计算客体价值总分值及其等级的方法。层次评价法是指把客体价值实现的总目标以系统观点分解为若干因素,并按其支配关系建构成递阶层次结构模型,运用两两比较的方法确定其重要性,最后得出客体价值的方法。② 在人文科学价值的评价过程中,我们可以将评分法、统计评价法、多因子评价法、层次评价法等多种定量评价方法结合起来运用,如因子统计评价法、因子层次评价法等。

3. 综合评价法

人文科学的价值评价必须运用辩证方法,如全面的方法、系统的方法、动态的方法等。

运用全面的方法评价人文科学价值,就是要看到人文科学价值的各个方面。在评价其性质时,既要肯定其积极作用、正价值,又要看到它可能产生的消极的一面,或者可能产生的负面影响。在评价人文科学某一成果的价值时,要肯定它对于主体各层面的价值,如评价某一艺术品的价值时,不仅肯定其材质价值、工艺技术价值、意境美的价值,还要揭示和肯定其文化意蕴的价值,评定其市场价值等,努力做到全面评价,避免片面性。

运用系统的方法评价人文科学的价值,一要把握人文科学及其价值的组成要素,把握各要素的关系、结构与有序状态,由此评价其潜在价值,预计其现实价值。二要把人文科学及其价值放在社会大环境中,考察价值主体、客体、中介、条件对它的影响,分析社会大系统对人文科学价值实现的制约,在社会大系统的整体中评价人文科学的价值及其实现问题。同样,在评价某一人文科学成果的价值时,也要把它放在它所处的学科系统、门类系统、人文科学系统、社会环境大系统中,看大系统整体对它的影响与制约。三是在评价人文科学的价值时,要把它的价值看作系统,评价该系统的各个方面、各个层次及其相互关系。总之,要从整体的角度进行系统的评价,避免孤立的、表面的单一评价。

运用动态的方法评价人文科学的价值,要用发展的眼光评价人文科学的价值。评价人文科学的成果,尤其是评价古代人文成果时,不仅要把它放在它创作的历史时代、历史条件、历史环境中评价,看其历史价值与现实价值,还要看其未来价值;要从价值实现的全过程评价人文科学的价值,在注重看其实现阶段的同时,还要看其萌生阶段和准备阶段;防止静止地、僵化地、呆板地评价人文科学的价值。

此外,对人文科学价值的评价,我们往往将定性评价方法、定量评价方法、综合

---

① 陈佳贵.企业管理学大辞典[M].北京:经济科学出版社,2000:568.
② 刘宏武.哈佛模式·物流经理(第1卷)[M].北京:中国标准出版社,2004:431.

评价方法结合起来,将多因素、多方式评价方法结合起来,辩证地、系统地评价客体的价值。

思考题

1. 人文科学价值实现的条件与特点是什么?
2. 请论述人文科学价值的构成。请联系实际展开论述你最感兴趣的人文科学的某一方面的价值。
3. 举例说明人文科学价值的实现过程和实现途径。
4. 请论述人文科学与自然科学的价值及其实现方式的差异。
5. 请论述现代人文科学与古代人文著述的关系及其意义。

第六章

人文科学的研究方法

任何科学都有属于自己的研究方法,人文科学也不例外。人文科学的研究方法是由其特定的任务和目的决定的。要完成人文科学的研究任务,达到认识人文现象的本质和规律的目的,就必须借助人文科学的研究方法。人文科学的研究方法问题,是开展人文科学研究,推动人文科学的振兴和繁荣的重要课题。充分认识人文科学的研究方法在人文科学研究工作中的地位和作用,确立人文科学方法论的基本原则,建立科学的人文科学方法体系,探讨人文科学方法的应用,是人文科学研究面临的一项重要任务。

第一节 人文科学研究方法概述

一、人文科学方法的内涵

1. 方法与方法论

要掌握人文科学方法的概念,首先要明确什么是方法与方法论。

"方法"一词在中国古代指规矩、规则,又指量度方形的法则。早在2400多年前,墨子就说:"今夫轮人操其规,将以量度天下之圆与不圆也,曰:中吾规者谓之圆,不中吾规者谓之不圆,是故圆与不圆皆可得而知也。此其故何?则圆法明也。匠人亦操其矩,将以量度天下之方与不方也。曰:中吾矩者谓之方,不中吾矩者谓之不方,是故方与不方皆可得而知也。此其故何?则方法明也。"(《墨子·天志》)。可见,最初叫方法或圆法并没有一定之规,但它们都是从木工的劳动中产生出来的。由于人们所办之事比较简单,只要按着规与矩的量具去操作,就可达到办事的效果。因此,人们在办事方法和办事手段或工具的重视上,往往更看重后者。

方法的含义较广泛,一般是指为获得某种东西或达到某种目的而采取的手段与行为方式。在人们有目的的行动中,通过一连串有特定逻辑关系的动作来完成特定的任务。这些有特定逻辑关系的动作所形成的集合就是人们做事的方法。通俗地讲,方法就是人们做事过程中一连串动作的关联方式。

中国哲学史上对求知的方法有过许多论述,从不同角度表述了有关认识方法的各种见解,形成了具有中国文化传统的认识方法的理论,在人类思想发展史上有突出贡献。孔子对求知的方法有所阐发。他强调学思并重,明确提出"学而不思则罔,思而不学则殆",这是注重知的后天来源。他主张"博学"、"多闻"、"多见",但反对满足于获得众多杂乱无章的知识,要求用"一以贯之"的原则把所有的知识贯穿起来。"一以贯之"是通过思的功夫达到的,也是思的方法论原则。根据这一原则,孔子还提出了"举一隅而以三隅反"、"叩其两端而竭"等方法。他还强调"毋意、毋必、毋固、毋我",即反对臆测、武断、固执、主观的思想方法。在孔子以后,墨子注重实际验证或实际应用的经验方法。老子、庄子不重经验而主张直觉的方法,要求冥思以直接领会宇宙的根本。孟子讲尽心,主张反省内求,也是一种直觉的方法。荀子将观物与体道结合起来,要求在对事物的观察中认识规律即认识"道",并根据道进行类推,以求得宇宙万物的普遍知识。荀子还主张"虚壹而静"、"解蔽",这是他提出的端正思想以求得真知的方法。在中国古代的名辩思潮中,惠施、公孙龙等人的论辩反映了一般与个别、相对与绝对的矛盾,他们都从不同的侧面割裂了个别和一般、相对和绝对的关系。墨家和荀子则注重把它们结合起来,这一讨论对推动中国古代思想方法论的发展具有重要意义。从宋到明清,哲学家们也比较重视方法论的讨论,程朱学派主张"道问学",注重"格物致知"的综合方法,认为知为人所固有,但必须格物以致之。陆王学派则主张"尊德性",即重内心,认为一切真知都来源于内心,只要在内心上下功夫就行了。清代的王夫之、颜元、戴震都比较重视认识的方法。其中,王夫之把前人所讲的格物致知分解为二:格物是从事物、经验中求得道理,即归纳法;致知是思辨推理的方法,即演绎法。而且,他认为二者是相互补充,不可割裂的,"非致知则物无所裁,而玩物以丧志;非格物则知非所用,而荡智以入邪。二者相济,则不容不各致焉"。

在西方,"方法"一词源于希腊文,由"沿着"和"道路"两个词组成,表示人们活动所选择的正确途径或道路。哲学家如亚里士多德、黑格尔、培根、笛卡儿等,又强化了方法的手段功能。德国古典哲学大师黑格尔曾指出:"方法并不是外在的形式,而是内容的灵魂和概念。"[①]他还说:"在探索的认识中,方法也就是工具,是主观方面的某个手段,主观方面通过这个手段和客体发生关系。"[②]英国哲学家培根则把方法称为"心的工具",他论述方法的著作就命名为《新工具》,他认为,方法是在黑暗中照亮道路的明灯,是条条蹊径中的路标,它的作用在于能"给理智提供暗示或警告"。[③]

从现代科学的意义上来理解,方法是从实践上和理论上把握现实从而达到某种目的的具体手段、方式和途径的总称。人们在社会实践中概括、总结和采用的方

[①] 黑格尔.小逻辑[M].贺麟,译.北京:商务印书馆,1980:427.
[②] 列宁.哲学笔记[M].中共中央马克思恩格斯列宁斯大林著作编译局,译.北京:人民出版社,1974:98.
[③] 北京大学哲学系外国哲学史教研室.十六—十八世纪西欧各国哲学[M].北京:生活·读书·求知三联书店出版,1958:9.

法,既有认识世界的方法,又有改造世界的方法;既可以表现为经验形态,又可以表现为理论形态。科学的基本任务就是研究自然世界、社会世界和人文世界的各种现象,揭示各种不同现象的本质和发展规律。人们把那些在社会实践活动中总结出来的符合客观事物的本质和发展规律,能达到预期效果的方法称为科学方法。开展科学研究活动,探索客观世界的运动、变化和发展的规律,必然要讲究科学方法。科学方法是指在科学研究中所运用的各种方法的总称。

方法论不同于方法。简言之,方法论就是关于方法的学说或理论。方法论一般指哲学方法论。它以方法作为研究对象,探讨方法的形成、变化和发展的规律,方法的性质、作用、特点和功能,以及各种方法的联系等问题。因此,方法论实际上是研究如何运用客观规律自觉地认识世界和改造世界的理论。方法论和世界观是一致的,方法论是世界观的运用,世界观是方法论的基础,用世界观去指导认识世界和改造世界,就是方法论。一般来说,有什么样的世界观就有什么样的哲学方法论。既没有脱离世界观的单独的方法论,也没有不表现为一定方法论的纯粹的世界观。当然,世界观与方法论的一致性不是简单的同一,懂得世界观并不等于掌握方法论。方法论是运用世界观的理论,但运用世界观、掌握方法论或者把世界观变成方法论,要经历一个具体应用和转化的过程,这个过程实际上就是运用普遍原理来指导人们的具体活动的过程,是普遍原理和具体实践相结合的过程。

2. 人文科学方法论

人文科学的任务在于研究人文世界的各种人文现象,揭示各种不同人文现象的本质和发展规律,因此,必须借助于人文科学的独特研究方法。人文科学方法是指人文科学研究者在研究人文科学时所使用的方法,是不同于自然科学、社会科学方法,却又与之有密切联系的方法。

人文科学方法论是关于人文科学方法的学说或理论。人文科学的研究活动,是一种有意识、有目的、自觉的认识活动。为了提高人文科学研究活动的自觉性,减少盲目性,人们把人文科学方法作为特定的研究对象和研究领域,探讨人文科学方法的形成、变化和发展的规律,人文科学方法的性质、作用、特点和功能,以及各种人文科学方法的联系等问题,并形成一定的理论体系,于是就产生了人文科学方法论,或人文科学方法学。因此,人文科学方法论或方法学,就是关于人文科学研究方法的本质及其发展规律和运用规律的科学。

二、人文科学方法的地位和作用

人文科学方法作为人文科学研究不可缺少的工具和手段,在人文科学研究活动中占有重要的地位,发挥着强大的功能,因而受到了科学研究主体的广泛重视。巴普洛夫曾指出:"科学是随研究法所获得的成就而前进的。研究法每前进一步,我们就更提高一步,随之在我们面前也就开拓了一个充满着种种新鲜事物的、更辽阔的远景。因此,我们头等重要的任务乃是制定研究法。"[1]科学史告诉我们,每一项重要科学成果的取得总是伴随着科学研究方法的突破与创新。人文科学发展的历史也表明,人文科学的每一次重大发展,都离不开研究方法的发展与进步。具体地说,人文科学方法在人文科学研究活动中的重要地位和作用,主要表现在以下几个方面[2]。

首先,人文科学方法在人文科学研究的系统结构中有着重要作用。第一,人文科学方法是形成人文科学研究主体的必要因素。现代人文科学活动已经由众多相互作用的主客体要素构成的庞大系统整体,其中,人文科学研究主体系统、人文科学研究客体系统、主体作用于客体的研究手段和方法系统、人文科学研究管理系统、人文科学研究环境系统等构成了人文科学研究活动整体系统。人文科学研究主体系统,即从事人文科学研究活动的现实机构和具体的人员。人文科学研究主体是整体系统中唯一具有能动和主导作用的因素,主体既是人文科学研究手段方法的操作者和研究客体的建构者,又是研究目标的确立者和研究成果的创造者。要发展人文科学,首要的问题是要改善人文科学研究主体的素质,即要实现人文科学研究机构的科学化、合理化和研究人员素质的优化。实现人文科学研究机构的科学化、合理化,也包括人文科学的机构组织方法、人员的优化组合方法和管理方法等因素。人文科学研究人员素质的优化,包括思想品德、气质风范、职能结构、情感意志、思维方式与方法、价值观念、行为方式等要素的优化,从而形成具有与自己所担负的人文科学研究任务和社会使命相适应的科研理想人格。

第二,人文科学方法是建构人文科学客体的重要条件。人文科学客体系统是同人文科学主体系统相对应的范畴。它是指人文科学研究主体所要认识的人文世界的各种人文现象的总和。人们在建构作为研究对象的具体人文科学客体时,不仅要以一定的人文科学客体的存在为根本前提,而且要考虑人文科学研究的手段和方法。这不仅是因为具体研究对象的确定是在一定的观点和方法的指导下进行的,还是因为人文科学客体对人文科学手段和方法具有一定的选择作用。客体对象的特点规定和制约着研究方法的性质和特点,人文科学研究要凭借人文科学手段和方法才能进行,而人文科学手段和方法的结构和功能又必须适合于研究对象的特点和规律性。研究主体所确定和建构的人文科学研究客体,从某种意义上说,是经由人文科学研究手段和方法的中介选择作用而促成的。作为客观存在的人文科学客体,没有一定手段和方法的中介作用,就不能成为现实的研究对象。

第三,人文科学方法是完成科研任务、获得科研成果的中介桥梁。毛泽东在《关心群众生活,注意工作方法》一文中曾明确地指出:"我们不但要提出任务,而且要解决完成任务的方法问题。我们的任务是过河,但是没有桥或没有船就不能过。

---

[1] 叶澜.教育研究及其方法[M].北京:中国科学技术出版社,1990:9.
[2] 杨玉琪,王文明,杨吉兴,等.人文社会科学概论[M].北京:当代中国出版社,2004:89-92.

不解决桥或船的问题,过河就是一句空话。不解决方法问题,任务也只是瞎说一顿。"①在这里,毛泽东把完成任务形象地比喻为"过河",把完成任务的方法形象地比喻为"桥"或"船"。要过河就得解决桥或船的问题,要完成某项任务就得解决方法问题,这说明了任务和方法的必然联系以及方法在完成任务中的极端重要性和必要性。在人文科学研究中,我们如果不掌握和运用一定的适合对象特点和规律的方法,就不具备科学研究的能力,进而也就不能成为现实的科学研究主体,无法承担研究课题任务,无法取得研究成果,不能实现研究目的。

其次,人文科学方法是促进人文科学发展的有力杠杆。人文科学的发展史表明,它的发生与发展过程总是同研究方法和手段的创设、改善和创新相伴而行的。人文科学的每一个进步,特别是每一项重大成果的取得,都是研究方法和手段的变革带来的结果。因为科学方法制约着研究主体的思维方式,影响着主体的行为方式,并为主体提供一定的物质技术手段,因而强化了研究主体的本质力量和认识能力。例如,马克思创立并运用历史与逻辑相统一的方法、辩证逻辑的方法、系统分析与综合的方法来研究人类社会和资本主义的历史,创立了唯物史观和剩余价值学说;系统方法、信息方法、控制方法、数学方法等横向科学方法的创立和运用,为自然科学、社会科学、人文科学的发展插上了翅膀;现代发展经济学、发展社会学、发展政治学等以发展问题为研究核心的学科群和计量经济学、计量政治学、计量历史学等新兴学科的产生,同电子计算机、数理逻辑及其他技术方法的运用有着不可分割的内在联系。科学的进步在很大程度上反映了研究方法的进步,科学方法的变革是科学获得发展的必要条件。

最后,人文科学方法对现代人文科学发展的功能效应空前强化。从现代人文科学方法的功能效应来看,它对人文科学研究系统的作用程度和范围正空前地强化与扩大,人文科学的进步对研究方法的依赖已空前增强,没有研究方法的改进和创新,要取得重大的研究成果的可能性越来越小,甚至根本不可能。现代社会是一个庞大复杂的动态系统,对这一系统的研究所碰到的一些综合性问题,没有多学科的理论和方法的运用,要解决那些情况复杂的综合性问题简直是不可能的。我国社会主义现代化建设和改革开放任务的艰巨而复杂的状况,同我国人文科学研究方法的落后之间形成尖锐的矛盾,要使这一矛盾获得正确有效的解决,就必须发展人文科学。而人文科学要有所突破和发展,除了要有对人文科学环境系统的协同改造外,还要有方法论的革新和研究手段的全面进步,这是实现我国人文科学现代化的根本之路和当务之急。

三、人文科学方法的特点

人文科学方法具有不同于自然科学、社会科学方法的独立性与独特性。正如

---

① 毛泽东.毛泽东选集(第1卷)[M].北京:人民出版社,1991:139.

狄尔泰指出的:"人文科学并不来自于逻辑建构的、与自然科学系统结构相类的一个整体,人文科学系统的发展是不同的,我们现在必须依据其历史发展而予以考虑。"因此,人文科学研究所出现的方法论的缺口,不是自然科学方法所能填补的,"只有一种从人类知识面向历史和社会现实的特殊立场出发的包容的认识论和逻辑基础,才能填补今天存在于涉及精神物理学生命单位与涉及政治经济、法律、宗教等个别学科之间的缺口"[①]。这就是说,人文科学研究不仅有自己的方法,而且具有与自然科学、社会科学方法完全不同的特点。

首先,人文科学方法具有个体经验的制约性。由于人文科学所研究的对象——人文世界具有鲜明的个别性和不可还原性,它的意义只能实现于特定的境况之中,而每一个具有独特生活体验能力的认识者都参与了它的意义的实现。因此,如何把握人文世界的独特意义,与认识者个人独特的生命体验密不可分。与其说这些方法是科学认知方法,不如说它们更像艺术技巧,是一种面对具体情境中的具体问题的实践智慧或方法技巧。

其次,人文科学方法具有多元性或开放性。众所周知,人文现象的认识过程是"理解",而不能归结为自然科学或社会科学那样的"说明"。"理解"活动或释义活动,决定着对对象把握方法的多元性和开放性,也就是说,不同的理解者在不同情境中对同一"文本"的释义不是唯一合理的或单义的。多元方法的使用及方法对处于变化的解释学境况中的"文本"保持开放性,而不倡导"唯一合理的方法"之类的方法论至上主义,这是人文科学与自然科学、社会科学相区别,进而使自身成为一门独立科学的必要条件。这样也可避免出现以方法取代真理,以部分理性(知识理性)取代全面丰富的人性的情形。

再次,人文科学方法具有价值的非中立性或评价性。自然科学和社会科学方法的基本前提和依据是主客二元分立或两极对峙,方法成为主体克服外在的客体的疏异性和异己性的中介或通道。尽管在形式上方法是认识者的一种主体性的运用或体现,但这种认识过程的致思倾向是尽力消除认识中的主观因素,以达到"有物无我"的客观性。因此,方法具有较明显的价值中立性。而人文科学不同。它的前提和依据是主客体互为规定,解释者与"文本"内在相关。解释者直接参与了"文本"的意义组建,或解释对象本身,即对解释者的"作品"进行解释。主体不可能非历史地跳出这种互为规定、内在相关之外,去冷眼旁观作为自己产品或"作品"的人文对象。解释者只能在自己创造对象或产品的活动中,通过对其中凝聚着自身本性和内在需要的活动结果的意义的揭示来确证和发展自己,从而展现人的生存的可能空间。在这个作为人的内在生存方式的认识活动中,主体解释客体的方法不可能是价值中立的,它必须服从于人的自我实现和自我发展的价值需要。也就是说,人文科学的研究态度必然是评价性的,而且人文评价在根本上指向终极价值

---

① 韦尔海姆·狄尔泰.人文科学导论[M].赵稀方,译.北京:华夏出版社,2004:46.

（目的与意义），这是人文科学与自然科学、社会科学的一个重要的区分点。

最后，人文科学方法具有知意情的一体性。人文科学与对象的自我相关性意味着人文科学的研究态度不是纯认知性的，而是包含认知、意志、情感于一体的完整人格体认。人文态度所要求的这种知、意、情整体性的体认，从另一个角度也说明了人文科学无法依靠单一确定的方法、技术的原因。

四、人文科学方法的分类

人文科学方法可以从不同的角度和标准进行不同的分类[①]。

（1）按研究对象的质与量的规定性，人文科学方法可分为定性方法与定量方法。在自然科学中，研究者主要采用的是定量方法。对于人文科学而言，采用定量方法存在着一定的障碍，定性方法仍居于主要地位。

（2）从方法的运用形式划分，人文科学方法可分为观察实验法、模拟方法、抽象方法。与自然科学相比，这些方法在人文科学中是近似的、随机的和模糊的。

（3）按适用范围来划分，人文科学方法可分为哲学方法、一般方法和特殊方法。

（4）根据综合因素划分，人文科学方法可分为经验方法（社会调查法、观察实验法、案例分析法）、文献方法（文献计量学法、历史方法、内容分析法）、逻辑方法（比较方法、分析与综合法、归纳与演绎法）和现代方法（统计方法、形象思维法、系统方法）。

（5）按研究路径来划分，人文科学方法可分为研究的方法（解读文本、理解对象、体验生命）、表达的方法（逻辑的表达方法、历史的表达方法、逻辑与历史相一致的表达方法、文学的表达方法）、评价的方法（逻辑标准、审美标准、历史标准）。[②]

人文科学的研究方法是多元的，任何分类均有其局限性。在实际研究中，往往综合运用多种方法。在人文科学中运用最多、最有效的研究方法，主要有思辨研究法、历史分析法、文本解读法、对象理解法、生命体验法、语言表达法等，它们构成人文科学研究的核心方法体系。这些方法是在人文科学各学科中普遍使用的，不同于自然科学、社会科学的方法，我们称之为人文科学的基本方法。

第二节　人文科学的基本方法

一、思辨研究法

1. 思辨研究法的概念

思辨研究法，又称为"思辨方法"。根据《西方哲学辞典》的解释，思辨在西方哲学中源于拉丁语 speculum（镜子），不涉及感性只借助概念进行抽象的理论思维，它

[①] 徐炼,张桂喜,郑长天.人文科学导论[M].长沙:中南工业大学出版社,1998:51.
[②] 李维武.人文科学概论[M].北京:人民出版社,2007:276-307.

或是在一般的思维方法,或是在哲学的推论方法的意义上使用。①《社会科学大辞典》认为,思辨,同"经验的思考"相对,指不依赖于任何经验,只进行纯概念和纯理论的思考。② 由此可见,思辨指的是一种特殊的思维方式,是一种不依据感性经验的思维方式。因此,思辨研究是指从"先验原则"或"公理"出发,依靠直觉、洞察、逻辑推理来获取知识。思辨研究注重概念操作而不注重事实操作,让事实符合自己的概念,而不是从事实中发现概念。思辨研究的对象是不可直接观测或调查的抽象概念,所以也有人将思辨研究称作理论思辨研究。正如费尔巴哈所说:"所谓的思辨哲学家不过是这样一些哲学家,他们不是拿自己的概念去符合事物,而是相反地拿事物去附会自己的概念。"③显然,在哲学家眼里,思辨是一种特殊的思维,即不依据感性的经验或事实的思维。

如何理解思辨研究法的含义？目前,还没有一个准确的定义,人们只是把它作为与实证研究方法相对应的研究方法。即使在今天,人们也经常把思辨研究方法与哲学研究方法联系在一起,甚至可以说哲学研究方法的主体就是思辨研究法。那么,思辨研究与思辨研究法是同一个概念吗？它们之间有区别吗？我们认为,思辨研究与思辨研究法不是一个概念。

思辨研究是一个研究领域,专指进行"形而上"层次的研究,它也是需要具有更深研究功力才能从事的研究领域。思辨研究是与实证研究相对应的一个概念。思辨研究的优势在于它比较严密,适用于理论构思与理论概括,它所运用的对话逻辑,能在研究者之间进行直接或间接的对话,进行多种不同观点之间的交锋,在对话过程中实现知识的创造与综合。它的缺点是它局限于从概念到概念的思辨,忙于构建理论体系,往往忽视了对现实生活的关注,容易造成理论脱离实际。实证研究的优势是它比较灵活,能深入生活实际,关注问题情境与过程,容易找出问题的真正动机与深层原因所在。它的缺点是它耗时过多,所得结果具有较大的特殊性、个别性与具体性,因而难以推广。思辨研究与实证研究的共同特点是结果的非量化、主观化,研究方法、手段的多样性与非确定性,因此,它们的结果不易进行具体的证实或证伪。

思辨研究法则是一种普遍方法,是凡涉及概念和理论探讨都需要的方法。当研究者确认一项研究需要使用思辨研究法时,接下来的工作就是如何运用思辨研究法。思辨研究法是指研究者在个体理性认识能力及直观经验基础上,通过对概念、命题进行逻辑演绎推理以认识事物本质特征的研究方法。思辨研究法的具体内涵如下。④

首先,思辨研究法以个体的理性认识能力为基础。理性认识能力是指人类所

---

① 谭鑫田,等.西方哲学词典[M].济南:山东人民出版社,1992:454.
② 彭克宏.社会科学大辞典[M].北京:中国国际广播出版社,1989:85-86.
③ 费尔巴哈.费尔巴哈哲学著作选集(下卷)[M].北京:生活·读书·新知三联书店,1962:526.
④ 彭荣础.思辨研究方法:历史、困境与前景[J].大学教育科学,2011(5):86-88.

具有的抽象思维和判断能力,并通过逻辑推理能力和丰富的想象力表现出来。这样能够使人透过事物的表象而发现潜藏的本质。

其次,思辨研究法以研究者的直观经验为研究出发点。思辨研究法是研究者具有理性认识能力并对其进行运用的表现,研究者在自身经验基础上具体运用理性认识能力去把握事物的本质。

再次,思辨研究法的研究方式是对概念、命题进行逻辑演绎推理。这包含两层意思,一是思辨研究法以抽象的概念、命题为直接操作对象;二是思辨研究法以逻辑分析作为具体研究方法。判断一项研究是否属于思辨研究,主要看该命题所涉及的对象是否具体。如果它是具体的、可以直接验证的,这项研究就不属于思辨研究。相反,如果一个研究命题所关注的对象是抽象的、本质之类的命题,人们不能通过具体的、直接的观察,而只能通过抽象的概念、命题来考察该事物的属性,那么这种研究就是思辨研究。思辨研究法说到底是一种运用逻辑思维进行分析、判断的研究方式。它更注重对命题进行前提性考证,注重运用否证的形式来检验一个命题是否成立。从这个意义上说,思辨研究法是一种具体的研究方法。

最后,思辨研究方法以认识事物本质属性为目的。从哲学角度来说,思辨研究法是人类达到理性认识阶段后的产物。具体而言,它属于对事物本质属性的探求,即通过归纳和演绎等逻辑分析方法,对事物典型特征进行比较鉴别,找到事物内部相互一致或相互区别的本质特征。因此,通俗地讲,思辨研究法的目的就是对事物存在的本质与价值进行思考,从而对事物进行定性判断,即它属于什么,处于什么位置,这是一种对事物本质和本原的探求,即形而上的研究。在这个意义上,思辨研究法意味着一种特定的研究范式。

2. 思辨研究法的缘起和发展

思辨研究法有很悠久的历史,可追溯到远古时代。从远古时代起,人类就发现仅凭感觉印象不能获得真知,要获得真知必须经过大脑的逻辑辨析过程,这种逻辑辨析过程需要借助于语词来表达,于是人们根据语词运用的规律创建了一套思考问题和解答问题的方法,这就是最初的思辨研究法。虽然人类很早就开始运用思辨的方法去认识事物,探寻世界的本质和根源,但直到古希腊时期,思辨方法才逐步演变为获得知识的一般方法。思辨研究法是古希腊时期哲学研究的基本方法。在古希腊时期,各学科知识的探求都是围绕"世界的本质是什么"这一中心命题进行的,在此基础上形成自己的学说,并试图用自己的观点来解释一切事物。在这一过程中,他们都运用语言的逻辑修辞来阐述自己的思想,使用的是典型的思辨方法。因此,在各派关于世界本源的争论中,思辨研究法也逐渐兴盛并臻于完善。可以说,古希腊时期的各种哲学学校、修辞学校的兴盛代表了思辨研究法的繁荣和发展。其中,苏格拉底、柏拉图、亚里士多德对思辨研究法的发展、完善做出了尤为重要的贡献。

在古希腊时期,思辨研究法指的是通过对话,发现对方意见中的逻辑缺陷并反驳对方，通过归谬法和排除法来提出自己的命题和主张。苏格拉底最早明确提出并具体运用了这种方法，这就是他著名的"产婆术"。因此，"产婆术"可谓是思辨研究法最早的形象化表达形式，是人类娴熟运用思辨方法的重要标志。在苏格拉底之后，在柏拉图、亚里士多德的努力下，思辨研究法逐步充实和完善。柏拉图的贡献在于，他对苏格拉底的辩论术进行了比较系统的阐述，并且提出了运用思辨研究法。在柏拉图看来，如果研究者不具备广博的知识，思辨研究法的运用就有可能流于形式而陷于诡辩。为此，他要求"哲学王"必须精通"七艺"，即"几何、算术、天文、音乐、文法、修辞、辩证法"。柏拉图之外，亚里士多德也对思辨研究法的发展做出了重要贡献。亚里士多德的逻辑学，尤其是他提出的形式逻辑三段论规则，为思辨研究法提供了相对具体的操作程序及规范。自此之后，思辨研究法获得了比较完整的形式，成为人们获得知识的一种重要方法，并且一直是西方中世纪以及近代教育领域的重要训练内容及基础性研究方法。直到近现代实验科学开始兴起后，思辨研究方法的训练以及应用才逐渐式微。[①]

3. 思辨研究法的具体步骤

一般来说，思辨研究法有以下几个步骤：第一步是对命题的前件展开分析，探讨命题前件的确切意义所指；第二步是对命题的后件展开分析，了解其具体所指；第三步则是通过事实资料（包括历史事实和文献资料等）对前件和后件之间的关系进行比较分析鉴别，检验前件是否包含后件中的所有内容；第四步是得出结论和建议，分析该命题能否成立和成立的具体条件。

4. 思辨研究法的价值

思辨研究法的价值主要体现在本体论价值和认识论价值两个方面[②]。一方面，思辨研究法具有本体论价值，它指的是思辨研究法对于探讨事物本质所具有的独特价值。事物的本质是潜藏于事物外显特征之下，内在的、稳定的、保持不变或者恒常不变的属性。显然，这种内在的规律性联系是不能通过观察获得的，而是主要依靠大脑的逻辑思考和综合分析去把握和揭示。这实际上就是思辨研究法的运用过程。思辨研究法以思辨理性为内核，以思辨逻辑为骨架。思辨理性的对象是永恒的事物或支配自然事物的不变原理与形式。而思辨的逻辑是本质层面的联系，是由本质所构成的结构、规律和原理。由此可见，思辨研究法内在的思辨理性、思辨逻辑，使它成为探究事物本质和世界本原的最合适的工具。这也就是说，对于人类的整个认识活动过程，思辨研究法具有不可或缺性。另一方面，思辨研究方法具有认识论价值，它指的是思辨研究法具有程序性价值。众所周知，任何一项研究，第一步的工作就是需要厘清研究的主题或使用的基本概念。没有这一步，研究工作就无法开展，实证研究也是如此。甚至可以说，没有思辨研究，就没有实证研究。实证研究不仅不能取代思辨研究，甚至不能排斥思辨研究。总之，思辨研究法有着

[①] 彭荣础.思辨研究方法：历史、困境与前景[J].大学教育科学，2011(5)：86-88.
[②] 彭荣础.思辨研究方法：历史、困境与前景[J].大学教育科学，2011(5)：86-88.

独特的本体论价值和突出的认识论价值,这决定了它在人文科学领域甚至自然科学、社会科学领域始终居于重要地位。

需要说明的是,思辨研究法离不开实践。思辨研究不是就事论事,更不是闭门造车,而是建立在大量的实践经验的基础之上。然而,思辨研究法的核心是进行逻辑分析。思辨研究法说到底是一种运用逻辑思维进行分析、判断的研究方式。它必须超越现实,必须达到抽象思维的程度,必然要涉及概念、范畴和逻辑,而概念、定义等在思辨研究法中起着非常重要的作用。一般而言,思辨研究都是从定义出发,即首先给出一个事物的规定性,然后把它与现实中的事物进行比较,看它是否满足该定义的要求,能够满足的就将其归入这一概念范畴,而不符合的则排除在该概念范畴之外。因此,在运用思辨研究法时,需对研究对象的概念或定义进行逻辑上的分析,这样才有利于思辨研究方法的开展。思辨研究法也不排斥定量研究方法。一般来说,人们认为思辨研究法与定量研究方法是互相排斥的,事实上,许多研究对象不可能进行测量,此时使用定量研究方法反而不利于探讨研究对象的本质特性。定量与定性研究都是手段,都不是目的,它们的使用都必须服从于研究目的。何时使用思辨研究法或者定量研究方法,主要由研究目的决定。思辨研究法与定量研究法是相辅相成的,而不是互相排斥的。

二、历史分析法

1. 历史分析法的含义

历史分析法,又称为"历史研究方法"或"历史方法"。历史分析法是事实认识的方法,是按照客观历史发展的自然进程,通过实事求是地叙述和客观生动地描写各种具体的历史现象、历史事件、历史人物,在揭示事物发展历史的基础上,再现客观事物发展历史的规律性和历史的具体完整情景的叙述方法。利用历史方法去考察人文科学的发展历史时,就要依次考察人文科学产生和发展的各个阶段,抓住每一阶段的具体人文现象、人文事件和人物进行描述,从人文科学的全部具体性上,把人文科学历史的发展进程和规律以及历史本来的面貌再现出来。因此,这种考察并不是消极地、刻板地记述历史,而是通过分析重大的历史事件以及其中的历史人物和其活动来研究历史的、具体的发展过程,描述具体的历史形态,揭示历史发展的规律。

我们常说"不能割裂历史地看问题",也就是强调历史分析法在研究工作中的重要性。历史现象或规律经常表现出周期性,因而人们要重视历史方法的运用。在中国,重视历史方法的运用早已有之。中国古代虽然没有"历史分析法"这个术语,但事实上,由古至今的研究者却一直在使用这一方法。从最早的"诗言志"开始,人们就注意到了人类人文活动的特殊功用。他们认为,人文活动是可以用来沟通天人关系的,与民族、家庭、政治等诸多方面都有不可分割的联系,人文的社会功用从来都没有被人们忽视、放弃过。孔子提出诗可以"兴、观、群、怨",孟子说要"知人论世",而后世的作家也积极强调人文要"入世"。班固直言人文的目的就是"观风俗、知得失",于是,人文活动的社会功用就一直被作家们自觉强调着。到了近代,陈寅恪先生曾注意在文化环境中关照历史事实,以诗文证史,发现背后的文化因素。虽然陈寅恪是从历史学家的角度对诗文进行诠释,但他采用的这种文化背景分析与文史互证相结合的研究方法,为人文界以传统的"知人论世"心态进行研究开辟了一条新路。在西方,自黑格尔使哲学史学成为西方哲学的一门主要学科分支之后,蕴涵于哲学史学中的历史分析法,也就逐渐成为西方哲学的一种主要研究方法。黑格尔认为:"在哲学史里,我们所研究的就是哲学本身。"[①]运用历史分析法进行人文科学研究,其目的就是通过还原人文科学历史的真实,寻找历史对今天的启示,避免今天重复历史的错误。

2. 历史分析法的内容

历史分析法的具体内容包括研究程序和文献的运用及考辨两个方面[②]。一般来说,历史方法的研究程序包括:①决定方法的采用。根据课题的性质、目标、研究人员的素质以及资料等情况,考虑是否采用历史分析法。②收集资料。查找与本课题相关的资料。要注意区分官方资料与非官方资料。③逻辑分析方法。即对所得资料进行综合分析,得出科学结论。

文献资料是历史分析法的关键。按形式分,文献可分为纪年与传纪体类、编年体类、纪事本末类、政书类、传记类、地理方法类、目录与词典类以及其他。按来源分,文献可分为直接资料和间接资料。是否恰当运用文献,直接影响到历史研究的质量。为了使文献真实可靠,一般要对其进行考证,辨别真伪,评价其重要性。考证的方式有内部和外部两种。内部考证是仅从文献的价值来考证,判断文献的客观性是否与当时事实相符。具体考证内容包括记载人的品德与威望、作者的学识、考证真实性的方式(有两个不同的记载人,记述的事实相同,则可靠;有客观证据的记载可靠;有实物印证的可靠;若两种记载不同,则年代较早的可靠)。外部考证是指每份历史文献所叙述的时间、地点及版本是否可靠。具体考证方式有:辨伪(辨别文献真伪)、年代考证、地点考证、作者考证、文献原型考证。

3. 历史分析法的特征

历史分析法主要有以下四个方面的特征。[③]

第一,历史分析法是尽可能地反映事物全部历史发展过程的方法。这一方法通过考察客观事物发生发展过程中出现的一个又一个的具体的历史事件去认识事物,是研究历史具体发展过程的一切历史形式的重要方法。运用这种方法进行研究,不会将事物发展过程的细节、曲折和偶然因素舍弃,而是完整地再现历史发展情景的一切重要的曲折过程和偶然的现象,在浩瀚的历史材料的海洋中,寻找客观

---

① 黑格尔.哲学史讲演录(第1卷)[M].贺麟,王太庆,译.北京:商务印书馆,1981:24.
② 徐炼,张桂喜,郑长天.人文科学导论[M].长沙:中南工业大学出版社,1998:53-56.
③ 于永军.马克思逻辑与历史统一理论[D].济南:山东师范大学,2010.

事物发展的线索,把握客观事物发展的规律,揭示客观事物的本质,如实地反映事物的历史发展进程和现实的发展。由此可见,这一方法能够使人比较明确、全面、清楚、具体地了解事物的发展过程,比较容易地把握和理解事物发展的历史进程。

第二,历史分析法是以客观事物的历史联系为依据的思维方法。历史方法是随着客观事物的自然发展进程进行研究的。一方面,历史分析法是在对事物发展彼此交替的各个阶段的考察中把认识推向前的,是完全依照客观事物的历史自然发展进程来排列范畴、进行研究的思维方法,历史叙述的过程和客观事物发展的自然顺序相一致,不允许有任何跳跃、超越,更不允许颠倒。另一方面,历史分析法是从研究事物最简单的关系开始,逐步到研究复杂的关系,因为历史的运动发展过程总是从最简单、最基本的关系不断进展到比较复杂的关系。

第三,历史分析法是用生动、形象的形式考察客观事物的历史发展的思维方法。历史叙述的顺序是与客观事物现实的发展进程保持一致的,而且这一方法并不是单纯地、单调地描述具体的历史事实以及历史人物、历史事件,而是以生动、具体的形式去研究这些事实、人物和事件,在对细节、曲折和偶然因素的形象描绘中再现历史的发展过程,找出纷繁复杂的偶然性背后的必然性,揭示事物发展的本质规律。

第四,历史方法也有其局限性。恩格斯认为:"历史常常是跳跃式地和曲折地前进的,如果必须处处跟随着它,那就势必不仅会注意许多无关紧要的材料,而且也会常常打断思想进程……会使工作漫无止境。"[①]用历史分析法研究事物发展进程时,要考察历史发展进程中的一切细节,包括那些起扰乱作用的细节和偶然现象,这些细节或偶然现象往往会掩盖事物本质的、内在的、必然的联系,这会使对客观事物的正确认识的获得多走弯路,使工作漫无止境,甚至使对事物的认识仅是肤浅的、表面的经验主义,难以获得对事物本质的、概括的规律性认识。

4. 历史分析法的应用

应用历史分析法,首先必须了解历史事件的性质,必须反复推敲已有的史料。这些材料是否具有证据价值,需要看它与现实事件的关系,或者是否符合研究人员的假定。总之,我们要力求正确客观地把握历史与现实的关系。其次,要恰当采用适宜的分析方法。历史是过去,历史的证据永远是间接的。历史事件的真实性既可能被同时代的证据所证实,也可能被历史事实对现代产生的结果和影响所证实。历史结果是现实的先声,现实是历史发展的必然。这一切必须运用有效的分析方法来阐明。历史分析法是主要的,同时也需要辅以其他研究方法。最后,历史分析法不仅适用于对现实的解释,也适用于对远景的展望。现代人通过坚持辩证唯物主义和历史唯物主义,运用良好的分析技术,可以从历史事件中预见未来。

---

① 中共中央马克思恩格斯列宁斯大林著作编译局. 马克思恩格斯选集(第 2 卷)[M]. 北京:人民出版社,1995:43.

三、文本解读法

文本解读法是人文科学特有的重要研究方法。在西方认识论中,文本解读被视作人对文本的诠释,是文本意义与作者意图的视域整合,是在问答逻辑中形成的交往互惠和重叠共识。根据存在论意义,文本解读则被视作对人的本质的基本规定,不是对文本的理解,而是对人的存在的自我理解,其根本旨趣在于揭示人的自我生成性本质。

文本原为结构主义文学批评的术语,后被广泛用于符号学、文化学乃至哲学等人文社会科学研究领域。什么是文本?按照一般的理解也是传统的理解,文本是表达、传递人类思想的符号系统,其中,常见的也最典型的是文字文本,如文学作品、文献资料、论著等。传统解释学起源于对古代历史文本的理解。现代人文科学方法扩大了文本的外延。美国学者罗伯特·司格勒斯认为,文本是以一种代码或一套代码,通过某种媒介从发话人传递到接受者的一套记号。这样的一套记号的接受者,把它们作为一个本文来领会,并根据这种或这套可以获得的和适合的代码,着手解释它们。① 伽达默尔在《真理与方法》中将文字文本与非文字的物品,如文艺、雕塑、绘画、照片等同样看作具有解释学属性的对象。利科尔把文本理论延伸到了历史—社会领域。文本实际上是指一个由语言符号或者非语言符号按照一定的规则组合而成的,具有多层次结构的系统。就文本形式而言,有语言文本和非语言文本(雕塑、绘画、音乐、舞蹈等)。可见,文本概念并不局限于狭义的文字文本。广义文本包括人类社会历史现象,即将有意义的人类行为、历史事件、社会现象等都纳入文本研究。②

人文科学的文本,是个性化的,又具有非实证性,因而对它的把握仅仅经过"学习"是不够的,还需要对它进行"解读"。只有经过"解读",人们才可能对文本有比较深入、透彻的把握,也才能由此开展自己的人文科学研究。卡西尔以历史学为例指出,历史学家必须学会读解他的文献并理解各种文字记录,以便弄清一个单一而简单的事实。③ 他甚至认为,在历史学中,对各种符号的解释先于对事实的收集,没有这种解释,就绝不可能达到历史的真理。④ 那么,什么是文本解读? 文本解读,简单地说,就是文本接受或文本鉴赏,它是一个反映、实现、改变、丰富文本的过程,也是一个融汇了解读者的感受、体验、联想、想象,以及审美判断等多种心理活动机制的,特殊的认识活动和心理活动过程。文本解读不同于原原本本地接受知识的"学习",它是一个接受文本内容的过程,能够通过人文学者与本文作者的"对话"和心心相通的交流,揭示出文本所蕴涵的意义。在这种解读中,不仅把文本作者所赋予

---

① 罗伯特·司格勒斯.符号学与文学[M].谭大立,龚见明,译.沈阳:春风文艺出版社,1988:246.
② 朱红文.人文社会科学导论[M].北京:教育科学出版社,2011:157.
③ 恩斯特·卡西尔.人论[M].甘阳,译.上海:上海译文出版社,1985:248.
④ 恩斯特·卡西尔.人论[M].甘阳,译.上海:上海译文出版社,1985:248.

文本的思想一层一层地读了出来,而且对文本的原有思想进行了新的解释、新的深化、新的发展。① 因此,解读人文科学的文本,可以给人文科学增添新内容。正是从这个意义上,文本解读是一种创造活动。人文科学的创造,往往是通过解读文本来实现的。

从实践上看,宏观的文本解读大体上是一个由初读、细读到解读,即批评性阅读组成的相互联系、逐步深入的过程。②

（1）初读。初读就是建立在认识论基础上的一般性阅读,对字、词、句进行了解,把握作者的真实写作意图和流露的思想感情,通过文本获得一些有价值的信息。解读者第一次接触文本都会感到比较陌生,了解相关信息是有必要的。存在论主张挖掘文本背后的内涵,但前提是要对文本基本信息有所了解,能逐步深入到文本内核。

（2）细读。细读是在初读的基础上对文本字、词、篇的细致研究,对文本中的字、词、句、语、逻辑等进行揣摩,体会文本语言和结构的奥妙。文本语言有其丰富性。萧乾认为,文字是天然含蓄的东西,无论多么明显地写出,后面总还跟着一点别的东西,也许是一种口气,也许是一片情感。即他们也只是一根根的线,后面牵着无穷的经验。如果字是支票,那么银行就是读者的经验库,"善读"的艺术即在如何把握着支票的全部价值,并能在自己的银行里兑现。③ 作家们常常要打破语言的常规,在特殊的语境中赋予其新的词义。因此,文本需要细读,我们只有经过细致的探索,才能透过字面发现隐含的东西。

（3）解读。解读是文本解读的高级阶段。解读者通过语言的阅读,能准确把握语言组合体各要素之间的关系和它们的相互作用,在文本语言符号的提示下,能调动自己的艺术感受能力去感知文本形象,展开自己的联想和想象去进行形象的再造,从而尽可能完整、清晰地将作品形象、意境"复现"在自己的意识屏幕上,并对文本意义、意味做出解读。读者通过文本的阅读,凭借自己的经验,当然也凭借一些阅读规则,去体味、体验文中情味或情感,去推求文本语言背后的特殊的意味、意蕴,最终得到自己对于文本的理解。解读需要读者有批判性思维。

人文科学的发展离不开文本解读这一研究方法,人文学者一定要重视解读文本,善于解读文本。通过对文本的分析和解释,人们重新认识和理解人文世界,并开始自我反思、自我认同与自我理解的过程。

四、对象理解法

对象理解法是人文科学最主要的、最独特的研究方法。自然科学研究的自然世界,主要是人的自然属性、人与自然的关系,研究者可以置身于研究对象之外,通

---

① 李维武.人文科学概论[M].北京:人民出版社,2007:278.
② 钟晓红.从认识论走向存在论的文本解读[J].文学界(理论版),2011(8):63-64.
③ 龙协涛.鉴赏文存[M].北京:人民文学出版社,1984:455.

过观察、实验等方法获得结论。社会科学研究的社会世界,主要是人的行为、人与社会的关系,研究者也可以置身于研究对象之外,通过实地考察、抽样调查、访谈对象、统计分析等方法得出结论。但人文科学研究的人文世界,主要是人的主观心灵世界和客观文化世界,是难以通过观察、实验、实地考察、抽样调查等经验手段做出结论的。人文科学强调通过理解来展开对人的主观心灵世界和客观文化世界的研究。

什么是理解?理解是有它的独特意义的。[①] 它用以区别纯理性的"认识"(认知),或纯情感的"感染"。其一,理解是对人而言的,不是对物而言的。对于物与物性,我们运用"认知",对于人和人性,用的是"理解"。这里讲的"人"既指自我,也指他人;既包括个体,也包括群体;既可以是一个单独的人,也包括了人与人的关系。其二,这里的人,并非指物性的人。人有物性,如人的生理、身体,以及其中所包含的各种生物学、化学、物理学等方面的因素。对于人的物性,我们可以通过生理学、医学、生物化学、生物物理学等去认识。但人除了物性以外,人之为人还有其精神层面的存在,除了现实存在的一切外,还有动机、理想、期望等。人除了生活在现实世界中以外,还生存于一种意义世界之中,对于这种人所特有的精神与意义决不能用物性的方法去认知。因为通过科学的认知我们所能获得的只是一种现实存在着的、客观的、可靠的、精确的知识,但是科学的认识与知识不能回答人的精神存在,人生的意义与价值,人与人之间的意义关联等问题,这些问题只能靠理解才能把握。

人怎样理解?德国哲学家施莱伊马赫认为,理解是理解者在心理上重新体验他人心理、精神的一种复制和重构的过程。狄尔泰也认为,理解是通过自己的类比、想象、领会而把握其他具有主体性人格的人的特点。应该说,人对人的理解过程是人以他的全部精神因素全面、完整地去把握自我或他人的精神、意义与价值。因此,理解的过程既不止于认知的过程,也不止于情感的过程,它所投入的是全部人格因素。对于这个过程的最基本、最简单的表述,就如狄尔泰所言的"将心比心"或是对他人的"设身处地",它所使用的手段与尺度就是自己或被理解的对象,用自己的心灵作为手段与尺度去衡量、体会他人,"己所不欲,勿施于人",也就是用自己的愿望、追求、价值来把握他人,或是"设身处地",以他人的期望、追求、价值来把握自己,规范自己,在这个过程中调动起来的是全部人格因素,所用的是全部生活经验、人生境界等。

人文科学中所说的理解,就是在研究者与研究对象之间建立起一种联系,通过相互交流、相互感通,通过共鸣和对话来揭示人的主观心灵世界和客观文化世界的奥秘。这种理解,就是研究者与研究对象之间的沟通、对话、心灵与心灵的碰撞与交融。在理解人的主观心灵世界和客观文化世界时,研究者很难把自己同研究对

---

① 鲁洁.人对人的理解:道德教育的基础——道德教育当代转型的思考[J].教育研究,2007(7):3-10,54.

象截然区分开来,进行纯客观的考察与探讨。正如英国学者尼尼安·斯马特所说:"由于对人的研究在一个重要的意义上来说是一种置身于其中的研究——因为研究者必须进入人们的意图、信仰、神话、希望,以便理解他们为什么要这样做——所以,假如只是从外部描述包括我们自己的文化在内的各种文化而不与它们进行对话,那么,这将是致命的。"[①] 在人文科学中,对人的主观心灵世界和客观文化世界的把握,需要的不是作单向度的反映,不是主观指向客观、反映客观,而是在主观与客观之间建立起一种联系和交流,作双向的沟通与互动。[②] 就是在这种主客观的联系交流和双向沟通互动中,人的主观心灵世界和客观文化世界的奥秘被揭示出来的。

需要说明的是,理解与说明作为人文科学方法或自然科学方法,并不是根本对立的。[③] 自狄尔泰提出"自然需要说明,历史需要理解"之后,关于自然科学的说明方法与人文科学的理解方法是否根本对立的争论从未停止过。实际上,自然科学的说明需要理解,人文科学的理解也需要说明。关于说明与理解及其相互关系,西方哲学中历来存在着科学主义与人文主义,或"科学研究"与"人文研究"两种针锋相对的思潮、派别和观点。事实上,无论是人文科学还是自然科学,就其同为人类的知识而言,确定性与非确定性、一般性与个别性是其共同特征。它们之间的关系,只有基于彻底的辩证法——把绝对与相对、确定与非确定、一般与个别等视为对立面的统一,才能得到合理的解释。说明与理解也不再分属于自然科学和人文科学的对立方法,而是在这两个领域中共同执行认识的使命。只不过,由于两种科学所面对的对象的性质和特点的不同,需要对他们各自的地位和作用做出合理的厘定和具体阐释。

五、生命体验法

生命体验法是人文科学的一种基本研究方法。人文科学研究者,除了运用前述思辨研究法、历史分析法、文本解读法、对象理解法等之外,还须进行生命体验。人文学者对生命的深刻体验,往往能使研究者深入理解研究对象,往往能在人文科学中做出很有创造性的工作,甚至能揭示出一些具有客观性的内容。[④]

德国哲学家加达默尔在《真理与方法》中对"体验"概念的语义史加以考察[⑤],认为"体验"一词是在19世纪70年代才成为与"经历"一词相区别的用语。体验概念最早由著名解释学家狄尔泰提出来,它指的是具有本体论意义的,源于人的个体生命深层的,对于人生重大事件的深切领悟。在狄尔泰看来,体验与经历或经验是截然不同的,它不是人的社会生存活动或者心理形成物,而是一种对生命的内在隐秘本质的把握:对生命的反思构成生命体验。生命,是指处于历史关联域中的活的个

---

① 尼尼安·斯马特.世俗的教育与宗教[M]//李维武.人文科学概论.北京:人民出版社,2007:281-282.
② 李维武.人文科学概论[M].北京:人民出版社,2007:282.
③ 王国席.人文科学概论[M].合肥:合肥工业大学出版社,2007:201-203.
④ 李维武.人文科学概论[M].北京:人民出版社,2007:284.
⑤ 李泽淳.生命体验对文学创作的影响[J].沈阳师范大学学报(社会科学版),2009,33(3):104-108.

体感性存在,是历史整体中的个体生命,因此,体验永远是个体对处于历史关联域中的个体生命的体验,同时也意味着亲历,即亲身经历生命的重大、复杂而神秘的事情。体验与生命的同构性决定其具有超越有限生命存在,探索生命终极价值的基本动机,体验对生命的瞬间领悟也使它体现出强烈的、直觉的、神秘的特质。体验是对此在的现实世界的超越,它往往借以审美的直觉穿透物理时间。

何谓生命体验？狄尔泰认为,世界的本体不是理性,不是实证主义所认为的那种精神的实在,而是活生生的、感性的、个体的生命。① 个体的生命总是同情感、希望、想象、冥思、回忆、欢乐、痛苦等内在感性活动紧密相连的。他认为,体验是感性个体把自己的知识与自己的自我存在和生活世界及其命运的遭遇中所发生的许多具体的事件结为一体。因此,体验不再是一般的认识、感觉,而是更深化、更活跃、更有强度的东西;不再是单纯心理所有物,而是与人的血肉、灵魂、操守等个体特质交融一体的东西。也就是说,体验指人的存在,人的本体。而生命本身就是一种科学永远难以穷尽其奥秘的神奇的合目的性存在,人的有意识的生命更是自觉自为地表现和体验其生命潜能的自成目的的存在。② 生命本身就意味着人的感觉、享受、激情以及甜酸苦辣、悲喜爱恨、束缚舒展、自在自由。生命就是在体验中所表现的东西。每一体验都是在生命的过程中产生的,并且同时与其自身生命的整体相连。体验本身是存在于生命整体里,因此,生命整体也存在于体验之中。"体验是生命的体验,离开了生命,体验就失去依托;人生是体验的人生,离开了体验,人生便晦暗无明。体验是人生的确证,只有在体验中,人生才能保持它的丰富性和多样性,才能充分显示它的诗意和灵性。"③体验在生命中进行,生命在体验中发展与完善,生命体验即对生命的感受、反思与体味。

生命体验不是一般的生活经历,它涉及生死以及生存状态的情感过程和感悟升华。生命体验有以下几种常见的类型④。

（1）童年的生命体验。

在人的生命体验中,童年就好像一幅美丽的图画,永远蕴藏着人性中渴望快乐、无忧无虑、至真至纯、生机勃勃的美好境界。童年的这种生命体验,是心灵故乡的乐园、精神家园的归宿、人生长河的源头、个体生命历程的第一块路碑。在童年的生命体验中,来自生物遗传的信息,潜藏在"原型"深邃的心理结构中的"梦幻情结"、"家族情结"、"游戏情结"、"恋母情结"等,都是颇有审美价值和艺术魅力的精神潜沉,并且童年的生命体验还是开掘其他生命体验的"源流"。

（2）苦闷的生命体验。

人们常说,苦闷是文学艺术的园圃,由苦闷所滋生的创作欲望,是以不同的方

---

① 赵联.生命体验:道德教育的返璞归真[J].教育学术月刊,2009(3):45-47.
② 张曙光.生存哲学——走向本真的存在[M].昆明:云南人民出版社,2001:9.
③ 崔文良.审美人生论[M].北京:中国人民大学出版社,2002:4.
④ 李泽淳.生命体验对文学创作的影响[J].沈阳师范大学学报(社会科学版),2009,33(3):104-108.

式,在不同的层面上对人的生命意义和生存价值的探寻。我国古代文学评论家们早就对苦闷的生命体验和艺术升华的关系做过深刻的阐述,认为类似煎熬的苦闷,是促使作家人生观念和内心情感发生变异的必要前提,只有在这样不平衡的心态中,艺术才能滋生和成长。司马迁认为,屈原的《离骚》之所以能取得绝高的艺术成就,就是因为作者在穷困无助的境遇下产生对人生本质的认识和探寻。

(3) 死亡的生命体验。

在诸多的生命体验中,死亡、苦难给人带来的悲剧体验最为深刻。它给人造成的恐惧感、悲伤感、压迫感、毁灭感在文学艺术作品中,以其尖锐残酷的艺术冲突,产生撼人心魄的力量。死亡的生命体验主要有两个来源,一是自然的压迫,一是社会的压迫。其中,自然压迫是指来自外部灾难性的遭遇、摧毁和打击,包括自然力的破坏、意外的灾难、贫苦的境遇。

(4) 崇高的生命体验。

人的个体生存面临来自自然、社会两方面的挑战,所以卑下和崇高成为人的两种道德选择,而崇高从远古时代就是人类所崇尚的最高道德标准。但是人格中自私的心理、自我保护的心理,又是人的本性中坚硬的内核,为了达到崇高的心理境界,就必须超越卑下心理,英雄主义和人道主义派生的救危赴难、救死扶伤、扶弱济贫、惩恶扬善、忘我奉献、仁者博爱等种种高尚情操也就成为人们超越自我,追求崇高人格的高尚品格。

(5) 爱情的生命体验。

爱情是生命中最有活力、最富激情、最微妙、也最动人的一种生命体验。爱情的体验各种各样,渴望爱与被爱的心理需求,演变成为丰富多彩的人生故事。爱情是男人和女人的共同的心理需求,但男人和女人的爱情心理截然不同。拜伦曾经说,男人的爱情是男人生命的一部分,女人的爱情是女人生命的整个存在。正是因为这样一个差别永恒存在,所以不管千百年来的文艺作品如何赋予爱情以理想化的光圈,现实中的爱情却总不能如愿、美满。也正因如此,爱的缺憾才是文学艺术一直表达的主题。

(6) 性的生命体验。

与爱情的生命体验相关的还有关于性的生命体验,它与爱情相联系,更与人性、人的生命相联系。许多文学家在艺术作品中表达了对性的感悟,如张贤亮的《男人的一半是女人》,就是用性的生命体验来揭露政治运动对人性的摧残和压抑,又如郁达夫在《沉沦》,用性的体验和描写来表达一个爱国青年的内心的苦闷和痛苦。

六、语言表达法

语言表达法是人文科学的一种不可或缺的方法。不管人文科学研究运用的是思辨研究法、历史分析法、文本解读法、对象理解法、生命体验法等中的哪种方法,所得出的结论或研究成果都必须通过语言表达出来。因为只有通过语言表达，人文学者的个性化的研究与思考，才能不限于自身，而能与他人进行交流，为他人所了解，为他人所接受，获得传播和认同，产生影响力，融入文化传统中。[①]

思辨、分析、解读、理解、体验都离不开语言的表达。思辨、分析、解读、理解、体验和语言不是相互分离而又可以相互交融的两个过程，而是同一过程的两种表征形式。语言表达的过程就是人文学者将思辨研究、历史分析、文本解读、对象理解、生命体验等的结果"言说"的过程。中国哲学史上有"言意之辨"，"言"指人的语言，"意"指事物的本质，当然也包括了人的本质。"言"与"意"的关系，就是人的语言与事物的本质、人的本质之间的关系，涉及的是人的语言能不能表达事物的本质、人的本质这个问题。在现代哲学中，语言问题更成为一个重大问题。德国哲学家加达默尔对语言给予了极大的关注，并阐述了语言是如何影响和制约人们的理解过程的。他提出："理解同语言联在一起。"[②]他认为，我们对语言的拥有，或者更恰当地说，我们被语言拥有，是我们理解事物的本体论条件。在加达默尔看来，语言是包容一切的。没有任何东西可以完全从被言说的领域中排除出去。只要我们的意向活动指及，它就不能算被排除。我们的讲话能力同理性的普遍性完全一致。因此，每一场对话都有一种内部的无限性，都是无穷尽的。[③] 正如亚里士多德所说，人实际上就是具有语言的生物。一切与人有关的事情，我们都应该让它们说给我们听。[④]

尽管人文科学的研究成果要"言说"出来并非容易之事，但毕竟是可以"言说"的。人们可以通过"言说"来交流各自对人文科学研究和思考的成果，也可以通过"言说"来深化对人的主观心灵世界和客观文化世界的研究。

既然人文学者对人的主观心灵世界和客观文化世界的研究是可以"言说"的，那么，如何"言说"呢？这实际上就是一个如何用语言表达人的主观心灵世界和客观文化世界的研究成果问题。对于人文学者研究所取得成果的表达，有多种表达形式。这些表达方式，大体上说可以分为四种基本形式：①逻辑的表达方法；②历史的表达方法；③逻辑与历史相一致的表达方法；④文学的表达方法。[⑤] 无论是哪一种表达形式，都离不开语言。正如加达默尔所说："语言能让某种东西'显露出来'和涌现出来，而这种东西自此才有存在……现在我们注意到，这整个理解过程乃是一种语言过程。"[⑥]在这里，加达默尔强调"整个理解过程乃是一种语言过程"，把理解与言说、研究与表达明确地联系起来，这更显示了语言表达法在人文科学方法中占有的主要地位。

---

① 李维武.人文科学概论[M].北京：人民出版社，2007：290.
② 加达默尔.哲学解释学[M].夏镇平，宋建平，译.上海：上海译文出版社，1994：15.
③ 加达默尔.哲学解释学[M].夏镇平，宋建平，译.上海：上海译文出版社，1994：67.
④ 加达默尔.哲学解释学[M].夏镇平，宋建平，译.上海：上海译文出版社，1994：69.
⑤ 李维武.人文科学概论[M].北京：人民出版社，2007：293.
⑥ 汉斯—格奥尔格·加达默尔.真理与方法（下卷）[M].洪汉鼎，译.上海：上海译文出版社，1999：489-490.

第三节 自然科学、社会科学方法对人文科学研究的影响

人文科学方法还受到自然科学方法与社会科学方法的深刻影响,这是由人文科学与自然科学、社会科学方法既存在着差异性又具有一致性决定的。一方面,自然科学以自然世界的物质形态、结构、性质和运动规律为研究对象,社会科学以社会世界的各种社会现象及其运动发展规律为研究对象,人文科学以人文世界包括人的主观心灵世界和客观文化世界及其运动发展规律为研究对象,自然科学、社会科学、人文科学这三大不同门类科学的研究对象的不同,决定了它们的研究方法各异,即人文科学方法与自然科学、社会科学方法具有差异性。另一方面,自然科学、社会科学、人文科学这三大不同门类科学虽然有各自不同的研究对象,但是,作为这三大不同门类科学研究对象的自然世界、社会世界和人文世界,它们都是客观世界的一部分,而客观世界是相互联系的统一整体,因而人们认识客观世界的规律的方法也存在着必然的联系,即人文科学方法与自然科学、社会科学方法又具有一致性。无论是自然科学家对自然世界的研究,还是社会科学、人文科学家对社会世界、人文世界的研究,归根结底都是由作为主体的个人为了提高对客观世界的认识所做的探讨。因此,人文科学与自然科学、社会科学在研究方法上既有相同之处,即由人类思维中某些共同规律所决定的三大领域学者所共同使用的方法,又表现出人文科学向自然科学、社会科学方法靠拢的倾向。换言之,自然科学、社会科学方法对人文科学研究产生了深刻的影响。具体来说,人文科学研究受到自然科学、社会科学方法的影响主要有以下四个方面。

一、人文科学与自然科学、社会科学所共用的逻辑方法

逻辑方法同人类的逻辑思维有关,而逻辑思维是在感性认识基础上,运用概念、判断、推理等形式对客观世界的间接的、概括的反映过程。人文科学同自然科学、社会科学一样,广泛运用逻辑的方法。

1. 分析与综合方法

分析与综合是人类思维的最基本方法之一。[①] 分析方法是把作为整体的客观对象分解为各个部分或要素,并加以认识的思维方法。研究对象通常是一个整体,先将构成整体的各要素剖离,再进行单独分析。而综合方法则是在分析基础上,把对客观对象的各个部分或要素的认识联结起来,以形成对客观对象的整体认识的思维方法。综合把研究对象当作一个具有多因素、多组成、多规定的统一整体,在思维中加以把握、加以再现,建立起相互联系的一个统一整体。

分析方法主要有理论分析、问题分析两种。理论分析是以指导寻求真理的一

---

① 徐炼,张桂喜,郑长天.人文科学导论[M].长沙:中南工业大学出版社,1998:64.

种分析。在这种分析中,我们假说科学研究所要探索的目标是存在的,并且也是真实的,经过分析,这种假说也是可以被证实的。如果假说已经被分析所证实,那么理论也就成立了;反之则理论不成立。问题分析是用于解决问题的一种分析。在这里,先假设提出的问题(事实)是已知的,然后经过分析,这种假设得到证实,也就是问题得以澄清、查明和解决。

在认识过程中,分析和综合是密切联系的、互相结合和补充的两种方法。分析是在整体基础上去认识部分,综合是在认识部分的基础上去重新认识整体。分析和综合存在着对立统一的关系,这种对立统一的关系主要表现为以下三个方面。

(1) 分析与综合互为对方提供思维的前提。只有通过分析,才能分解事物的现象,从而认识事物的本质,分析为综合提供了前提;只有经过综合,才能把相互联系的各个侧面联合成一个整体,使本质通过现象表现出来,从而达到对事物的整体把握。

(2) 分析与综合可以相互转化。人们认识事物,不仅要从现象到本质,而且还要从本质回到现象。前者以分析为主,后者则以综合为主。通过分析与综合的结合,人们就可以获得对事物初级本质的认识。这种对事物的初级本质的认识,又成为新的认识的起点,由此再继续加深对事物更深层次本质的认识。在这个加深过程中,分析与综合既相互分工,又相互转化,融为一体,共同起着不断深化对事物本质的认识的功能。

(3) 分析与综合相互包含、相互补充。分析之中有综合,综合之中有分析,它们共同完成整个认识过程的任务。因此,在实际中要将分析与综合辩证地统一起来。分析必须以综合为先导和归宿,而综合必须以分析为基础。两者不仅辩证统一,还可以在一定条件下相互转化。

2. 归纳与演绎方法

归纳方法又叫归纳推理,是通过对一些个别的经验事实和感性材料进行概括、总结,从中抽象出一般的结论(原理、公式、规律、规则)的推理方法。它以观察事实的陈述为前提,以理论的陈述为结论。在科学研究中,对实验和观察结果的处理通常都采取这种从个别到一般的推理形式。演绎方法又叫演绎推理,是从已知的原理、定理、法则、公理或科学概念出发,推出新结论的一种逻辑思维方法和科学研究方法。

归纳与演绎有不同的类型。[①] 根据依据是否完全,归纳可分为完全归纳法和不完全归纳法两种类型。完全归纳法是从全部对象的一切情形中得出全部对象的普遍结论。不完全归纳法则是只根据一个或几个(部分而不是全部)对象的情形进行考察,继之推导出结论。不完全归纳法又可分为简单枚举法和科学归纳法两种。简单枚举法是根据部分对象具有的某种属性,概括一般结论的推理方法。科学归

---

① 徐炼,张桂喜,郑长天.人文科学导论[M].长沙:中南工业大学出版社,1998:63.

纳法则是根据对某一门类的部分对象的本质属性和因果关系的研究,也就是从事物的因果关系中揭示事物的必然联系,得出关于这一门类的全部对象的一般结论的推理方法。

演绎方法也有两种基本类型,即形式演绎和内容演绎。形式演绎的结论不是由前提内容得出的,而是由前提的形式及其组合得出的,其推理的基础是事物的种属关系。内容演绎所依据的是研究对象的发展过程的。演绎的结果并不是前提中的一般原理的运用,而是全新的论断。

归纳与演绎相统一的基础是客观世界个别与一般的对立统一。唯物辩证法认为,一般与个别是辩证统一的关系。一方面,一般存在于个别之中,要通过个别表现出来;另一方面,个别也离不开一般,个别总是一般(同类)事物中的个别。而作为思维方法的归纳与演绎,正是解决一般与个别的矛盾关系的,因而归纳与演绎也是辩证统一的。具体表现为以下几个方面。

首先,二者互为前提。归纳是演绎的前提,没有对个别事实的抽象概括,就不能得出一般性结论,也就不能演绎。反之,演绎也为归纳提供前提,人们对个别事实进行考察时,不是盲目的,而是有目的、有意识的,而这种目的性源于先前积累的一般知识,故归纳也离不开演绎作前提。

其次,二者相互补充。一方面,归纳所依据的经验材料总是个别的、有限的,不能充分证明事物的必然性和规律性,必须以演绎作为补充。因为演绎能从一般性知识推出个别知识,能扩大归纳的活动范围。另一方面,演绎也需要归纳的补充。因为归纳的一般原则对于认识个别事物是有指导意义的,也可以进一步证明,个别的认识是否符合规律性。

总之,一个完整的思维活动,同时包含着归纳与演绎。归纳与演绎是辩证统一的关系。归纳是演绎的基础,归纳又需要以演绎为指导,两者相互渗透,相互兼容。认识和掌握它们的辩证关系,对于掌握科学的工作方法,对于认识和改造世界具有重要意义。

3. 比较方法

比较方法是一种逻辑思维方法,也是一种具体的科学研究方法。[①] 人们认识客观事物,往往是先从比较开始的。比较方法就是对物与物之间、人与人之间的相似性或相异程度的研究与判断的方法。比较方法可以理解为确定对象现象和本质的异同,以求得认识的精确与深化的思维和研究方法。事物之间的差异性和同一性,是比较方法的客观基础。人文科学研究中的比较,是在表面差异极大的事物之间,看出它们本质上的共同点,在表面极为相似的事物之间,看出它们本质上的差异。换言之,比较思维既包括求同思维,也包括求异思维。

比较方法对于人文科学研究具有重要的意义和作用。主要表现为以下几个

---

① 袁振国.教育研究方法[M].北京:高等教育出版社,2000:159-166.

方面。

第一,比较方法可以帮助人们认识事物的本质,揭示个别事物的普遍规律。要认识某一事物的本质,只从其本身来考察是不够的,必须把这件事情和其他相关事物进行比较,才能找出事物的本质属性和非本质属性。

第二,比较方法能够帮助人们获得新发现。比较方法有助于思维的活跃,促进逻辑思维,总结新的认识,产生新的发现。

第三,比较方法能使人们更好地认识事物的纵向过程。运用比较方法,根据有共同特征的事物可能具有共同起源的道理,便可以追溯事物的历史渊源,确定其历史顺序,推知其发展过程。

第四,比较方法可以对理论认识进行实践检验。实践是检验真理的唯一标准。理论成果可与实际资料相比较,考察二者是否一致,从而做出准确的结论。

第五,比较方法可以辨析、评价社会信息。许多人文科学现象是非直观的,具有不可明察性。对于揭示它们的本质属性,比较方法是常用的和有效的。进行比较时,我们可将事物的某一方面进行比较,在这方面达到理解的深度,使遮蔽的社会信息得以揭示。

根据不同的标准,比较方法可以分成如下几类。

①按属性的数量,可分为单向比较和综合比较。单项比较是按事物的一种属性所做的比较。综合比较是按事物的所有或多种属性进行的比较。单项比较是综合比较的基础,但只有综合比较才能达到真正把握事物本质的目的。因为在科学研究中,需要对事物的多种属性加以考察,只有通过这样的比较,尤其是将外部属性与内部属性一起比较,才能把握事物的本质和规律。

②按时空的区别,可分为横向比较与纵向比较。横向比较就是对空间上同时存在的事物的既定形态进行比较,如教育实验中的实验组与对照组的比较,同一时间各国教育制度的比较等都属于横向比较。纵向比较即时间上的比较,就是比较同一事物在不同时期的形态,从而认识事物的发展变化过程,揭示事物的发展规律。在人文科学研究中,对一些比较复杂的问题,往往既要进行纵向比较,也要进行横向比较,这样才能比较全面地把握事物的本质及发展规律。

③按目标的指向,可分为求同比较和求异比较。求同比较是寻求不同事物的共同点,从而寻求事物发展的共同规律。求异比较是比较两个事物的不同属性,从而说明两个事物的不同,发现事物发生、发展的特殊性。通过对事物的求同、求异比较,我们可以更好地认识事物发展的多样性与统一性。

④按比较的性质,可分为定性比较与定量比较。任何事物都是质与量的统一,所以我们在科学研究过程中既要把握事物的质,也要把握事物的量。定性比较就是通过事物间的本质属性的比较,确定事物的性质。定量比较是对事物属性进行量的分析,以准确地制定事物的变化。定性比较与定量比较各有长处,在人文科学研究中应追求二者的统一,而不能盲目追求量化,因为人文现象的很多东西是难以

量化的。

⑤按比较的范围，可分为宏观比较和微观比较。认识一个事物，既可以从宏观上认识，也可以从微观上认识。宏观比较指从宏观上把握事物的本质，对事物的异同点或基本规律进行比较。微观比较指从微观上把握事物的本质，对事物的异同点或基本规律进行比较。

比较方法的运用必须坚持基本的操作步骤。就人文科学研究实践来看，运用比较方法一般按以下步骤进行：①确定比较的问题。比较研究首先要明确比较什么，这是比较的前提。这一环节的内容包括选择比较的主题，确定比较的内容，确定比较的范围等。②制定比较的标准。没有标准就无法进行比较。比较的标准可根据实际情况制定，但要求明确化、具体化，即具有可操作性。③收集资料并加以分类、解释。首先，要通过各种途径尽可能多地收集相关资料，并对资料进行鉴别，保证资料的权威性和客观性。然后，对各种资料按比较的指标进行归类、并列。最后，对这些归类好的资料做出解释，即赋予资料以现实意义，为下一步的比较分析奠定基础。④比较分析。这是比较分析的最重要的环节，在这个阶段要对收集到的资料按一定的标准逐项进行比较，并分析产生差异的原因，而且要尽可能地进行评价。比较时应以客观事实为基础，对所有的材料进行全面的、客观的分析。⑤得出结论。通过对材料的比较得出结论，并对所得的结论进行理论和实践的论证。

运用比较方法必须满足三个条件，即同一性、双（多）边性和可比性。同一性指进行比较研究的对象必须是同一范畴、同一标准、同一事物，否则就不可以进行比较。双（多）边性指比较的对象只有在两个事物或两个事物以上才可能发生。换言之，比较的对象必须要两个以上。当然，比较研究还要从不同的角度对两个被比较的对象进行比较。可比性指被比较的对象之间具有一定的内在联系，具有本质上而不是表面上的共性。

在满足以上条件的前提下，比较研究就可以开展了。但具体运用应注意如下几点。

①资料的可靠性与解释的客观性。比较研究的资料必须具有权威性、真实性、代表性和典型性。要尽可能收集到第一手资料，能反映普遍情况和事物本质的资料。这就要求采样科学化；资料归类合并程序化；资料收集人员要有较高的专业素质和扎实的理论功底；从事比较研究者要运用科学的理论加以全面的分析，并保证解释的客观性，而不带有个人的偏见。

②全方位、多角度进行比较。任何事物都不是孤立地存在的，而是与其他事物存在密切的联系，所以应坚持全方位、多角度的比较。同时，应提倡多方案比较，反复比较，选出最佳比较结果，使结论更完整、准确。

③比较事物的本质。事物不仅有现象的异同，更有本质的异同。比较研究不能仅抓住表面现象而忽视本质，否则就难以准确地认识事物。要善于进行本质比较，尽量把两种事实研究清楚，更准确地反映人文现象及其规律。

二、人文科学与自然科学、社会科学所共用的非逻辑方法

长期以来,逻辑方法一直被自然科学家、社会科学家、人文科学家视为唯一的研究方法,但随着思维科学的进步,非逻辑方法越来越受到人们的关注。在科学研究中,人文科学与自然科学、社会科学都大量运用非逻辑的方法。非逻辑方法同非逻辑思维有关。非逻辑思维主要指形象思维,形象思维是在形象地反映客观事物的具体形状或姿态的感性认识基础上,还用意象、想象、直觉等来描述客观对象本身或揭示其本质的思维形式。形象思维一般不脱离具体形象,因此,意象、想象、直觉便是形象思维主要的表述工具。

1. 意象

意象是对客观事物形象的一般特征的反映,它是在有关客观事物的印象、表象这类生动形象的基础上,经过形象分析和形象综合而建立起来的。意象主要通过形象的形式分析和形象综合建立起来。意象主要以形象的形式而不是以抽象的形式反映客观事物。

2. 想象和幻想

想象是对记忆中的意象进行加工而获得的新意象或设想的思维过程。幻想属于想象,它是一种虚幻的、不切实际的想法。幻想包含着梦幻,即一种被视为半睡眠状态的幻想,因而带有一定的神秘性,以至于有的人完全否定它的存在。幻想在很大程度上突破了逻辑思维的束缚,表现出思维的偶然性、跳跃性和新奇性。想象和幻想赋予人们以想象力。爱因斯坦曾说过,想象力比知识更重要,因为知识是有限的,而想象力是知识进化的源泉。科学家们正是在奔放的想象中,将捕捉到的模糊设想借助逻辑推理,化为具体的命题和假说,因而使想象或幻想表现出极大的创造性。自然科学家在这方面有不少成功的范例。想象对于社会科学家、人文科学家也具有重要意义,尤其是在心理学、美学以及文学艺术等涉及人文学科的领域中,想象甚至幻想要么被用来表述形象思维,要么被用于直接塑造完美而富有意义的艺术形象。

3. 直觉和灵感

直觉是指不受逻辑思维约束而直接领悟事物本质的一种思维方式,它是一种在高度复杂的思考活动中常见的现象。直觉往往同"灵感"或"顿悟"联系在一起。在直觉中,思维表现出一定的跳跃性,但"灵感"或"顿悟"具有偶然性和随机性特征。在自然科学家和社会科学家、人文科学家们紧张而长期地进行逻辑思维的思考过程中,不容易产生直觉或"灵感""顿悟",却为它们的产生做好了准备。正如英国病理学家兼科学史研究者贝弗里奇所指出的那样,直觉产生于头脑的下意识活动,这时,大脑也许已经不再自觉地注意某个问题了,然而却在下意识地思考它。他认为,一段时间的休息有助于直觉的出现,因为当自觉的思考在不断进行时或过度疲劳时,可能接收不到下意识思考传送的信息。

心理学家和科学研究方法论学者的研究成果表明,实际上,直觉或"灵感"、"顿悟",并不纯粹是感觉层面的东西,它们还同逻辑思维有关,它们还是逻辑思维过程高度浓缩的结果。在得到"顿悟"之时,人们往往忘记了逻辑思维的一长串的细节和中间环节,而觉得是"灵感"或顿悟"将答案骤然呈现在人们的面前。实际过程往往是在"顿悟"得到之后,又把被简缩的逻辑程序的各个细节反推出来,并重新检查各个推导步骤,使之趋于完善。因此,直觉或"灵感"、"顿悟"实际上是显意识与潜意识、形象思维与逻辑思维相结合而导致豁然贯通的结果。因此,我们应当考虑思维的全过程,尤其不能否认其中逻辑思维方法所扮演的重要角色。

三、人文科学在研究方法上深受自然科学方法的影响

自文艺复兴以来,自然科学方法对人文科学产生了多方面的影响,表现出不同的形式和内容。在 20 世纪,由于自然科学获得了更大、更快的发展,人文科学深受自然科学方法的影响。自然科学方法对人文科学影响最大的主要有数学方法、实验方法、统计方法和计量方法等。

1. 数学方法

数学方法是以数学为工具进行科学研究的方法,即用数学语言表达事物的状态、关系和过程,经过推导、运算与分析,形成解释、判断和预言的方法。无论自然科学、社会科学,还是人文科学,为了要对所研究的对象的质获得比较深刻的认识,都要做出量的方面的刻画,这就需要借助数学方法。数学方法被认为具有三个可以称为优势的基本特征。其一,它具有高度的抽象性。尽管任何分析都需要进行抽象,但数学的抽象是一种极度抽象,它舍弃了其他众多特征,只保留了客观事物量的关系和空间形式。在数学这一特殊的抽象形式中,各种量、量的关系、量的变化以及在数量之间所进行的推导和演算,均以符号形式表述,因而使数学变成了一种完全脱离内容的符号形式系统。应当说,符号化是运用数学方法的一个前提。在自然科学、社会科学、人文科学中,研究者如果不运用数学语言,就无法把握客观世界的许多现象。正因为数学有其特有的符号系统,研究者可以在不求助于直接的经验、体验的前提下,就能从相应的命题体系中推出深入而严密的结果。数学方法的抽象性使研究能在纯粹化的状态下进行,因而使逻辑程序获得了相对独立性。其二,它具有精确性,即逻辑的严格性和结论的确定性。数学的一切结论必须由严格的逻辑推理得出,因而结论具有逻辑上的必然性和量上的确定性。正因为如此,数学方法才给予自然科学以相当程度的可靠性,并鼓励人文科学家在其相应的研究领域使用数学方法。其三,它具有应用的普遍性。数学方法的抽象性使它成为不受任何具体内容局限的研究工具,而它的精确性使研究者们能够从定性分析进入定量分析,进而使数学方法在研究中发挥着不可替代的作用。这些方面使数学方法已经成为具有普遍应用性的研究方法。

对不同性质和不同复杂程度的事物,运用数学方法的要求和可能性是不同的。

总的来看，一门科学只有当它达到了能够运用数学时，才算真正成熟了。在现代科学中，运用数学的程度，已成为衡量一门科学的发展程度，特别是衡量其理论成熟与否的重要标志。在科学研究中成功地运用数学方法的关键就在于，针对所要研究的问题提炼出一个合适的数学模型，这个模型既能反映问题的本质，又能使问题得到必要的简化，以利于展开数学推导。

建立数学模型是对问题进行具体分析的科学抽象过程，因而要善于抓住主要矛盾，突出主要因素和关系，撇开那些次要因素和关系。建立模型的过程还是一个化繁为简、化难为易的过程。当然，简化不是无条件的，合理的简化必须考虑到实际问题所允许的误差范围和所用的数学方法要求的前提条件。对于同一个问题可以建立不同的数学模型，同时，在研究过程中不断检验、比较，筛选出最优的模型，并在应用过程中继续加以检验和修正，使之逐步完善。从一个特殊问题抽象出来的数学模型常常具有某种程度的普遍性，这是因为一个特殊的数学模型可以发展成为描述同一类现象的共同的数学模型。已经获得广泛应用并且卓有成效的数学模型大体上有两类：一类被称为确定性模型，即用各种数学方程如代数方程、微分方程、积分方程、差分方程等描述和研究各种必然性现象，在这类模型中，事物的变化发展遵从确定的力学规律性；另一类被称为随机性模型，即用概率论和数理统计方法描述和研究各种或然性现象，事物的发展变化在这类模型中表现为随机性过程，并遵从统计规律，具有多种可能的结果。客观世界的必然性现象和或然性现象并不是截然分开的。有些事物主要表现为必然性现象，但是当随机因素的影响不可忽视时，则有必要在确定性模型中引入随机因素，从而形成随机微分方程这样一类数学模型。20世纪70年代以来，一些确定性模型，如某些描述保守系统或耗散结构的非线性方程，并不附加随机因素，却在一定的参数范围内表现出"内在的随机性"，即出现分岔和混沌的随机行为。这类现象的机制及其数学问题已引起数学家和科学家的重视，目前正在研究中。

数学本身是不断发展的，对各种量之间以及量的变化之间关系的研究也在日益深入，新的数学概念、新的数学分支也在不断出现，新的数学方法也在相应地孕育和萌生。随着数学日益广泛地向各门科学渗透，与各种对象和各种问题相结合，人们正在从中提炼出各种新的数学模型，创建各种新的数学工具。尤其是电子计算机的运用，使数学方法显示出新的生机，出现了"数学实验方法"。这种方法的实质是不在实际客体上实验，而在其数学模型上"实验"，这种"实验"的操作就是在电子计算机上实现大量的数值运算和逻辑运算。这就使以往因工作量大而难以进行的计算课题有可能完成。数学方法在这方面的发展前景是可观的。

人文科学领域之所以也能够应用数学方法，主要得益于数学模型方法的创立。建立数学模型，就是在客观世界的现实系统和数学符号系统之间建立起一种对应关系，即在纯数学和各门具体科学之间架起桥梁。尽管从广义上说，一切数学概念、数学理论体系、各种数公式，以及由公式系列构成的计算系统等都可以称为数学模型,但狭义的数学模型专指那些针对所研究的具体事物的特征或数量关系,采用形式化的数学语言,并近似地将其表达出来的一种数学结构。在信息时代,数学模型具有更重要的意义,只要它能被形式化,就可以在计算机上加工处理。人们用数学方法建立随机性模型,以描述某类现象各种可能结果的分布规律,从而为人文科学的研究开辟了新的途径。

从19世纪上半叶开始,出现了一种人文科学在研究方法上同自然科学相互融通的趋向,该趋向的一个主要标志是人文科学家开始应用传统的由自然科学家所使用的数学方法。至今,这一趋向不仅在原有的相关学科范围内继续深化,而且还在向其他学科蔓延。早在1847年,英国数学家兼逻辑学家G.布尔就应用代数方法来研究逻辑问题,设法运用用代数符号表述的等式来表示逻辑学关系,由此建立了数理逻辑这一学科。数理逻辑的兴起,打破了数学和逻辑的界限,实现了逻辑数学化和推理演算化,进而实现了推理的形式化和符号化,并使智能机器代替人的部分思维成为可能。自20世纪上半叶开始使用计量史学方法,到20世纪60年代,由于计算机的广泛应用,历史学研究中的计量化进程受到了极大的推进。

2. 实验方法

实验方法原先主要是自然科学家所使用的研究方法,它是指人们根据特定的研究目的,运用一定的研究手段(科学仪器和设备等),在人为控制条件下,或者在对客观事物做某些改变的条件下获取事实的方法。实验方法可分为定性实验和定量实验,前者是揭示或判断实验对象是否具有某种属性或因素的实验,后者是可以精确测定实验对象的某些量值的实验。

在通常情况下,实验方法是在人为控制的条件下进行的,它能尽量消除外界影响并使结果在已知条件下发生,因此,它具有简化和纯化研究对象,可重复性,可模拟性,可获得更为精确可靠的事实等特征。实验研究方法的一般程序包括分析研究对象、研究目的、研究手段,确定在实验中需要控制的因素和过程;构思实验原理,确定控制因素的研究方式;设计实验技术和程序;进行实验操作,并记录实验过程;撰写实验报告,分析记录数据,判断实验结果。

人文科学家在研究中使用实验方法开始于19世纪中叶,最早产生于心理学领域,后来推及教育学、伦理学、社会学、管理学等领域。将实验方法最早应用于心理学的是四位德国心理学家,他们是赫尔姆霍茨、韦伯、费希纳和冯特。赫尔姆霍茨首次对视觉、听觉和神经冲动速度进行了实验研究,极大地推动了当时刚刚发展起来的、在心理学中应用的实验方法;韦伯对皮肤上两点辨别的准确度做了实验测定,并第一次尝试在心理学中采用数量法则;费希纳用物质刺激与心理感觉之间的数量关系来说明心与身之间的联系法则,同时提出了包括均差法、常定刺激法和极限法在内的心理物理学的实验方法;冯特则对感觉、注意、反应和联想等广阔范围进行了实验心理学的研究,创立了心理学中的第一个思想流派——构造主义心理学。

人文科学无法像物理学家、化学家、生物学那样做由人来控制的实验,因此,人文科学家不得不依赖"其他条件不变"的假设。这类假设可以说是对"在实验室条件下"的逻辑模拟,因为在实验室试验中可以让其他因素保持不变。部分自然科学领域如气象学、地质学、天文学等由于无法做可控实验,只好借助"其他条件不变"等诸如此类的假设。人文科学和气象、地质、天文等自然科学一样,在很大程度依赖于观察,并使用统计分析、计量分析和历史分析等方法,能更好地解释过去,却无法准确地预见未来。他们所做的统计与计量分析最多是指出了若干种可能性,或者描述了某种趋向,其原因就在于社会现象不像科学实验中的自然现象那样具有可重复性,甚至当历史近似于重演时,人文科学家们也只是惊叹历史和现实之间有着"惊人的相似之处",如此而已。但是,现在越来越多的人文科学家相信,实验方法完全可以看作人文科学的一个重要的组成部分,并力图在更大的研究领域内进一步推进实验方法,以期获得更有意义的成就。

3. 统计方法

统计方法就是运用统计学原理,对研究所得的数据进行综合处理,以揭示事物内在数量规律的方法。它被广泛地应用在各门学科之上,从自然科学、社会科学到人文科学,甚至被用在工商业及政府的情报决策上。统计学是应用数学的一个分支,主要通过利用概率论建立数学模型,收集所观察系统的数据,进行量化的分析、总结,进而进行推断和预测,为相关决策提供依据和参考。

描述分析和统计推论是构成统计学方法的两大基本支柱。其中,描述分析是对已经初步整理的数据资料进行加工概括,并用统计量对这些资料进行描述的一种过程和方法。它的目的在于对资料进行概括,从多角度显示大量资料所包含的数量特征和数量关系,如通过计算机各种比例数、平均数、标准差、相关系数等统计量系统地描述和反映事物数量方面的本质。统计推论是在随机抽样调查的基础上,根据样本资料对总体进行推论的一种方法。其任务在于,根据样本资料去推论总体的一般情形,如通过区间估计、假设检验等方法,对样本的代表性进行鉴别和分析,以科学、全面、准确地认识社会现象。描述分析和统计推论都属于定量分析的范畴。人文科学研究更多地采用定性分析法,并辅助之以定量分析,将定性分析与定量分析相结合。

统计方法的应用一般要经历以下五个程序。

(1) 考察统计分析的前期条件。统计分析实际上是在某些要求在量度过程中已被满足的条件下进行数字处理,因此,在运用统计学方法对研究资料进行描述、分析、解释之前,首先要审查使用统计学方法的理论前提等是否满足。例如,资料的信度与效度如何,资料收集方法是否科学等。

(2) 确定统计范围。通过前期调查研究而获得的原始资料可能很多,但这些资料往往是分散、零乱的,甚至免不了有虚假、错误、短缺等现象。因此,进行科学统计分析,首先要根据研究目的和理论假设,对原始资料进行必要的处理,确定统计范围,以确保统计分析结果的可信度。

(3) 资料整理与汇总。对统计范围之内的原始资料进行整理,查漏补缺,去粗取精,去伪存真,为进一步的统计分析创造前提条件。在整理原始资料时,要积极开动脑筋,尽可能从新的角度去审视、提炼、提升和组合原始资料,以发现新情况、新问题。通过资料整理与汇总,把原始资料整理成序列资料,在序列资料的基础上再汇总成次数资料和分组资料,并通过绘制统计表、统计图解释。

(4) 描述性统计分析。经过资料整理、汇总所获得的任何一组数据,必然存在着两个最基本的特征,即集中趋势和离散趋势,必须对研究资料进行集中趋势和离散趋势的分析,揭示数据资料的全面特征,并探究其数理的差异程度,以达到对事物现象的全面认识。

(5) 统计推论。一般来说,进行描述性分析所依据的资料只是样本资料,而不是总体的全部资料,这就要由样本的统计值(样本的平均数、百分数、标准差等)推断出总体的统计值,即总体参数。这种利用样本指标对总体参数进行推论的过程,就是统计推论。统计推论常用的方法有区间估计和统计假设检验两种。

统计方法具有十分鲜明的特点,主要表现为概念数字化、特征代表化、选择随即化、描述图表化。人文科学在定性研究的同时,有必要加强定量研究,使研究更加客观和精确化,而定量研究离不开统计方法的应用。

4. 计量方法

计量方法是科学研究的重要方法。在自然科学的发展中,计量工作是人们正确认识自然现象,掌握自然规律,验证科学预见不可缺少的方法。在生命现象、引力波、地球科学、材料学、信息学等研究中,都需要精密的计量测试。在信息高速公路、高层建筑、高速电梯的建设中,在光纤的生产、激光器件的制造、大地测量,以及大规模集成电路的生产中,对几何量、折射率分布、带宽等参数的计量测试不确定度的要求也在不断地提高。计算机产业、黑色和有色冶金行业、新能源、环境科技的开发与生产、国防建设等都需要计量科学技术。计量不但涉及各经济领域,还和人们的生活和安全息息相关。在航天、航空、航海、导航、采矿、地震、电力、石化、轻纺、运输、气象、通信等方面,计量都起到了重要的作用。

计量方法对人文科学研究产生了强烈影响,在 20 世纪历史学中出现的计量史学就是最有力的例证。计量史学是运用统计学的方法分析历史事实,进行历史研究的学派。计量史学在西方大约萌芽于 19 世纪末,这主要受两方面的影响:一是统计学的发展,1851 年在欧洲召开了第一次国际性统计学会议,19 世纪 90 年代又成立了国际统计学会;二是统计学开始广泛应用于经济研究领域,其中最典型的就是马克思的《资本论》。1882 年,德国学者伊纳马·斯坦格发表了一篇叫作《历史与统计学》的论文,这是最早的关于计量史学的著作。从此以后,越来越多的历史学家开始进行历史计量研究的尝试,20 世纪上半叶的法国年鉴学派起了突出的作用。

20 世纪 50 年代以后,计量史学的研究重心从欧洲转向北美,并在美国迅速兴起。其应用范围也从经济史、人口史,扩大到政治史、社会史和文化史等领域。1958年,康拉德和迈耶合作出版的《内战前南部奴隶制经济学》被认为是美国计量史学的第一部代表作。随后出现了一大批专门从事历史计量研究的计量史学家。1963年,美国历史协会成立了"历史计量资料委员会",这个委员会不仅收集美国的计量资料,而且收集欧洲、亚洲、拉丁美洲其他国家的计量资料。1972年,它还组织出版了10卷本的《计量史学研究丛书》,在世界上引起很大反响。1975年还专门成立了"社会科学历史学会"。从全世界范围来看,当代最有声望的计量史学家大都生活在美国,如L.本森、M.柯蒂、R.富格尔、C.蒂利等,他们的著作都具有相当高的水平。美国计量史学的另一个特点是非常注重历史资料的收集和整理。

20世纪60年代初,密歇根大学成立了一个美国政治史资料库,利用电子计算机贮存了所有关于美国总统、州长和议会选举的档案材料。在法国,计量史学主要以年鉴学派为中心展开,20世纪60年代中期以后,计量方法已成为年鉴学派治学的主要手段。在联邦德国,20世纪70年代成立了"历史与社会学研究计量与方法协会"。英国的计量史学则主要受美国影响,1964年成立了以计量研究为主的"剑桥人口与社会结构史研究小组"。1972年,英国史学家R.弗拉特出版了《历史学家计量方法导论》,被列为目前国际计量史学的经典性著作。20世纪80年代以后,计量史学的国际合作逐渐加强。美国、苏联、法国等国的计量史学家在20世纪80年代初联合成立了"历史学应用计量方法国际委员会",每隔一两年便召开一次国际讨论会。计量史学的理论研究得到重视,现在人们已经不再探讨历史研究是否采用计量方法的问题,而是去探讨采用什么样的计量方法,怎样应用计量方法,计量方法导致什么样的结果这一类问题。还有一些历史学家开始从哲学和逻辑学的角度去分析历史计量方法的实质和作用。计量史学进一步普及,计算机已成为欧美历史学家不可缺少的工具,电脑的应用和高等数学也成为高校历史系学生的基础训练。随着电子计算机的广泛应用,目前已形成国际流行的史学派别。

计量史学就是运用自然科学中的数学方法对历史资料进行定量分析,让史学趋于精确。电子计算机成为历史计量研究的主要手段。历史计量研究的方法也日趋复杂,从一般的描述性统计过渡到相关分析、回归方程、趋势推论、意义度量、线型规划、动态数列、超几何分布、投入产出分析、因子分析、马尔科夫链等数学模型、模糊数学,还有博弈论、对策论、曲线拓扑理论等。在计量数学的基础上,形成一系列新的历史分支学科,如新经济史、新政治史、新人口史、新社会史等。计量史学的主要内容就是利用电脑系统的收集、整理和存储资料,对数据资料进行数量分析;制定各种数据模型,开展对历史现象与过程的模拟研究。它广泛使用历史统计法和历史模拟分析法。计量史学只是从数量关系上帮助揭示事物的性质,适用于对存在某种依赖关系的历史现象的研究,适用于对某些历史结构的分析,适用于对历史变化、发展及运用规律的分析。计量史学的显著作用是促使历史研究走向精密化。西方传统史学的缺陷之一,就是用一种模糊的语言解释历史,历史学家往往随意抽出一些史料来证明自己的结论,这样得出的结论往往是片面的,计量史学则在一定程度上纠正了这种偏差。计量史学的迅速发展反映了当代人文科学和自然科学融合的趋势。

四、人文科学在研究方法上深受社会科学方法的影响

19世纪以来,在自然科学迅猛发展的刺激下,社会科学相应地获得了迅速的发展,并取得了一系列重要的研究成果,社会科学方法也对人文科学产生了很大的影响。其中,对人文科学影响最大的社会科学方法有社会调查方法、系统分析方法、行动研究方法、案例分析方法等。

1. 社会调查方法

社会调查研究的方法是一种古老而又实用的方法,被古今中外的人们推崇和利用。调查是指通过对客观事物的考察、度量来收集和反映社会现象及社会事物的数据、资料与信息,从而获得对客观事物的感性认识的过程。研究是通过对感性材料的审查和思考加工,以求得对客观事物本质规律性认识的过程。调查研究是人们有目的、有意识地认识社会事物和社会现象的一种自觉的活动。社会调查方法包括抽样调查法、问卷法、文献调查法、观察法等。在进行社会调查研究中应遵循三项基本原则:

(1) 客观性原则。这一原则要求从事社会调查研究的人员不扭曲事实,不随意编造、修改统计数字和调查资料,应以客观事物和客观现象的真实状况为调查的前提与依据,反映客观事物和客观现象的本来面目。

(2) 实证性原则。这一原则要求调查研究的结论和与此相联系的所有观点,都必须建立在真实、可靠的数据与资料的基础上。同时,调查研究所得的资料和数据应有效地说明调查者的观点。

(3) 整体性原则。这一原则要求社会调查研究要从系统整体出发,把调查研究的事物放在发展的客观环境和所处的大系统中考察,从而得出正确的结论。

19世纪以来的一些人类学家和社会学家,如摩尔根所著《古代社会》、泰勒所著《原始文化》等重要研究成果,是运用社会调查方法进行人文科学研究的成功范例,并在学术界产生了很大的影响。[①] 此后,一些人文学者敏锐地看到,社会调查方法对于人文科学研究的合理性与意义,力图将其引入到人文科学的研究中。无论在中国还是在西方,都有人文学者特别是历史学家在自己的研究中引入这一方法,扩展人文科学的研究领域特别是历史学的新的研究空间。进入20世纪,英籍探险家、考古学家斯坦因由印度经帕米尔高原进入到我国新疆、甘肃一带进行考古,运用社会调查方法等进行研究,并取得了诸如《古代和阗考》、《沙漠契丹废址记》、《西域考古图记》等一系列重要成果,成为西域学、敦煌学的开启者。正是在斯坦因的启发

---

① 李维武.人文科学概论[M].北京:人民出版社,2007:308-310.

下，我国学者王国维提出了著名的历史学研究的"二重证据法"，主张历史学研究把传世文献同实地考察、考古发掘结合起来。王国维的古史研究就是依靠这一新方法而展开的，标志着中国现代史学的开端。在西方历史学研究中，不少人文学者都自觉意识到历史学的创新需要引入人类学、社会学的这一方法，进而形成了历史人类学、历史社会学这些新的历史分支学科。从中、西方历史学家对于社会调查方法的吸收和运用的实例中，我们可以清楚地看到社会科学方法对人文科学研究的深刻影响。

2. 系统分析方法

系统分析方法就是把一个任务放在系统的运行过程中加以考察，运用逻辑推理和分析计算，研究分析这个任务以及任务的各个因素，找出规律性，提出可行性方案，使系统整体达到理想的目的。系统分析方法来源于系统科学。系统科学是20世纪40年代以后迅速发展起来的一个横跨各个学科的新的科学部门，它从系统的着眼点或角度去考察和研究整个客观世界，为人类认识和改造世界提供了科学的理论和方法。它的产生和发展标志着人类的科学思维逐渐由主要"以实物为中心"过渡到"以系统为中心"，是科学思维的一个划时代突破。系统分析方法主要是运用演绎推理的方法，从抽象到普遍的原则出发，得出有关特定问题的结论。任何系统都有一种质的规定性和量的规定性，因此，在系统分析中必须运用定性分析方法和定量分析方法。

系统分析方法是咨询研究的最基本的方法，我们可以把一个复杂的咨询项目看作系统工程，通过系统目标分析、系统要素分析、系统环境分析、系统资源分析和系统管理分析，可以准确地诊断问题，深刻地揭示问题的起因，有效地提出解决方案，满足客户的需求。系统分析作为一种科学决策的辅助技术，既离不开一定方法论的指导，也离不开各种定性和定量分析技术的支撑。从一定意义上说，系统分析过程，就是在系统分析研究方法论的指导下，运用定性和定量分析技术对所研究的问题进行分析和评价的过程。

系统分析方法的运用包括如下具体步骤。

（1）限定问题。问题是现实情况与计划目标或理想状态之间的差距。系统分析的核心内容有两个：一是进行"诊断"，即找出问题及其产生的原因；二是"开处方"，即提出解决问题的最可行方案。限定问题就是要明确问题的本质或特性，问题存在范围和影响程度，问题产生的时间和环境，问题的症状和原因等。限定问题是系统分析中关键的一步，因为如果"诊断"出错，之后开的"处方"就不可能对症下药。在限定问题时，要注意区别症状和问题，探讨问题原因时不能先入为主，同时要判别哪些是局部问题，哪些是整体问题，问题的最后确定应该在调查研究之后。

（2）确定目标。系统分析目标应该根据客户的要求和对需要解决问题的理解加以确定，如有可能，应尽量通过指标表示，以便进行定量分析。对不能定量描述的目标也应该尽量用文字清楚说明，以便进行定性分析和评价系统分析的成效。

(3) 调查研究,收集数据。调查研究和收集数据应该围绕问题起因进行,一方面要验证限定问题阶段形成的假设,另一方面要探讨产生问题的根本原因,为下一步提出解决问题的备选方案做准备。调查研究常用的有四种方式,即阅读文件资料、访谈、观察和调查。收集的数据和信息包括事实、见解和态度,要对数据和信息去伪存真,交叉核实,保证真实性和准确性。

(4) 提出备选方案和评价标准。深入调查研究,使有待解决的问题得以最终确定,使产生问题的主要原因得到明确,在此基础上就可以有针对性地提出解决问题的备选方案。备选方案是解决问题和达到咨询目标可供选择的建议或设计,应提出两种以上的备选方案,以便提供进一步评估和筛选。为了对备选方案进行评估,要根据问题的性质和客户具备的条件,提出约束条件或评价标准,供下一步应用。

(5) 备选方案评估。根据上述约束条件或评价标准,对解决问题的备选方案进行评估,评估应该是综合性的,不仅要考虑技术因素,也要考虑社会经济等因素,评估小组应该有一定代表性,除咨询项目组成员外,也要吸收客户组织的代表参加。根据评估结果确定最可行方案。

(6) 提交最可行方案。最可行方案并不一定是最佳方案,它是在约束条件之内,根据评价标准筛选出的最现实可行的方案。如果客户满意,则系统分析以达到目标;如果客户不满意,则要与客户协商调整约束条件或评价标准,甚至重新限定问题,开始新一轮系统分析,直到客户满意为止。

系统分析必须坚持的原则,包括:①整体性原则。要着眼于系统整体,要先分析整体,再分析部分;先看全局,后看局部;先看全过程,再看某一个阶段;先看长远,再看当前。②科学性原则。运用科学方法和数学工具进行定量分析,使决策的过程和结果更具说服力。③综合性原则。注重研究系统各部分之间的相互联系和相互作用,既注重研究各部分间的横向联系,也注重研究各部分间的纵向关系。

系统分析方法作为现代科学方法论,对人文科学研究产生了深刻的影响。以哲学为例,系统分析方法为哲学的发展提供了重要的科学基础和可供概括的科学成果。

3. 行动研究方法

行动研究方法,指教师在教育教学实践中基于解决实际问题的需要,与专家合作,将问题发展成研究主题,并进行系统的研究,以解决问题为目的的一种研究方法。行动研究方法是将纯粹的教育科研实验与准教育科研实验结合起来,将教育科研的人文学科的特点与自然科学的实验的特点结合起来,用教育科学的理论、方法、技术去审视和指导教育、教学实践,将教育、教学经验上升到理论的高度,但依托的是自身的教育、教学实践。

"行动研究"的概念是约翰·考利尔最先提出并使用的。[①] 1933 年至 1945 年,

---

① 袁振国.教育研究方法[M].北京:高等教育出版社,2000:210-218.

考利尔任美国联邦政府印第安人事务局局长,他采取了一种保护印第安土著文化,支持印第安人区域自治的政策。为了实施这一政策,他成立了"种族事务研究所",研究具体的实施措施。研究所使用的就是被他称为"行动导向的研究"的研究方法。美国社会心理学家库尔特·勒温不但将行动研究引入社会科学研究领域,而且系统地阐述了行动研究作为一种问题解决策略的目的、方法和步骤。他在《行动研究与少数民族问题》等著作中提出了"没有无行动的研究,也没有无研究的行动"的论断。在勒温看来,行动研究包括:①分析问题、搜集事实;②制定行动方案计划,执行方案计划,然后搜集更多的事实并予以评价;③整个行动循环地重复,螺旋地重复。20世纪50年代,行动研究的思想被广泛地介绍到教育领域,"教育行动研究"曾在美国风行一时,柯雷是这一时期教育行动研究的重要倡导者之一。他在1953年出版了《改进学校措施的行动研究》一书。柯雷认为,所有教育上的研究工作,只有由应用研究结果的人来担任,其研究结果才不致白费。同时,只有教师、学生、辅导人员、行政人员及家长,支持者们不断地检讨学校的各项工作,学校才能适应现代生活的要求。因此,学校的这些人员必须采取积极态度,运用其创造思考,指出应该改变之处,提出如何改变的措施,并勇敢地加以试验,此外,要讲求方法,有系统地收集证据,以决定新措施的价值。这种方法即行动研究。他不仅将行动研究引入行政管理、课程、教学等实际问题的解决中,而且详细介绍了行动研究的理论基础、特点、实施原则、实施程序和注意事项。

　　20世纪70年代以后,教育界对教育理论与教育实践的关系、研究者与教师的关系等方面进行了经久不衰的争论和研讨。作为这场争论的结果之一,行动研究得到了很大的发展,并逐渐成为声势浩大的国家性运动,澳大利亚、英国、德国、奥地利、西班牙、印度、尼泊尔、菲律宾、斯里兰卡等,以及北美、中南美、非洲的一些国家,都开展了各种形式的行动研究和教育实践。在英国,教育行动研究以斯滕豪斯领导的"人文课程研究"为中心展开。针对英国"现代中学"教育中出现的学生们对人文学科如历史、地理、宗教等科目普遍缺少兴趣的状况,英国学校委员会和"拉菲尔德基金会"联合发起了"人文课程研究",着手进行人文课程改革的问题。斯滕豪斯作为主要负责人,领导了这场教育行动研究的运动,并在这次课程行动研究运动中,确定了两个著名的课程编制原则:"过程原则"和"教师成为行动者"的原则。埃利奥特曾经是斯滕豪斯主持的"人文课程研究"的研究人员。在埃利奥特主持的"福特教学研究"和"师生互动与学习效能研究"中,他一方面借鉴了"人文课程研究"的理念,另一方面也吸取了教训,重新对行动研究进行解释。

　　另外一位行动研究者凯米斯最初也参加过斯滕豪斯的"人文课程研究",后来转移到了澳大利亚的迪金大学继续他的研究。20世纪80年代以来,在他的努力下,迪金大学一度成为澳大利亚乃至整个国际范围内的行动研究中心。凯米斯领导的行动研究,其最大的特点在于发展了行动研究的"批判"和"解放"的功能。他认为,行动研究的目标并不只限于在现有的体制下寻找理论和实践问题之间的纽

第六章
人文科学的研究方法

带,而是要发现和改变实践问题表面背后的更根本性的问题。只注意研究教育方法、教育技术等细枝末节的问题,只能获得狭小的、个人的经验,必须把具体的教育问题与更大范围的社会实际结合起来进行系统的研究。

什么是行动研究?许多学者都尝试对行动研究下定义。《国际教育百科全书》"行动研究"词条的撰写人、澳大利亚学者凯米斯把行动研究定义为:由社会情境(包括教育情境)的参与者为提高对自己所从事的社会或教育实践的理性认识,为加深实践活动及其依赖的背景的理解所进行的反省研究。美国学者麦克纳强调:行动研究是一种运用科学方法解决课程问题的系统的自我反省探究,参与者是这种批判性反省探究过程和反省探究结果的主人。在众多的对行动研究的定义中,比较明了的当推行动研究的积极倡导者、英国学者约翰·埃利奥特的定义。约翰·埃利奥特认为,行动研究是对社会情境的研究,是从改善社会情境中行动质量的角度来进行的一种研究取向。无论哪种定义,都强调在行动研究中,被研究者不再是研究的客体或对象,他们成了研究的主体。因此,行动研究是一种从实际工作需要出发,由实际工作者和研究者共同参与研究,在实际工作中寻找问(课)题,在实际工作过程中进行研究,使研究成果为实际工作者和研究者理解、掌握和实施,从而达到解决实际问题,改善社会行为的目的的研究范式。行动研究具有三个方面的基本特征,即为行动而研究,对行动的研究,在行动中研究。

行动研究必须遵循基本操作程序。凯米斯等人在迪金大学根据勒温的"行动研究螺旋"将行动研究的过程分解为"计划—行动—观察—评价—再计划……"基本步骤,并使上一个"圆环"与下一个"圆环"之间保持一种"沙漏模式"。它形象而完整地描述了行动研究的基本程序,从而成为应用得最广泛的一种行动研究程序模式。但也有学者认为,将行动研究模式化并按其设想好的模式去操作,是一种危险的做法。行动研究过程一定是自由的、开放的,如在澳大利亚运用行动研究进行科研工作的学者提出了遵循一系列相关联的、由实际经验获得的技术操作步骤,具体表述如下。

①发现问题。这是研究工作的第一步。研究者或实际工作者提出自己认为重要的课题。

②确定课题。这是一个"发现事实"的过程。研究者们在这一环节中精确确定他们要研究的基本领域,并为进一步的系统研究工作做一些准备。

③制定计划。这个环节将制定一个确实可行的计划,包括确定采用哪些研究方法,如何收集数据等。

④数据收集。在这一环节中,按照"计划"环节中制定的程序进行数据收集,收集数据的过程也是研究深入的过程。

⑤分析/反馈。在凯米斯等人的模式中,数据分析没有单列出来,但他们认为对数据的精确分析常常可以促进反馈。因此,这两个因素是相互联系的。

⑥假设/推测。这是教师根据所得的数据资料及反馈信息对下一步情况进行

预测的过程。

⑦插入检验。这一环节要做的工作是改变行动方法或教学方法,以使其按照上一步的假设和推测去发展,从而反应假设的合理性。其具体包括运用不同的教学方法或测验,做一些精细的验证,采用正规手段对进一步发展做一预测等。

⑧观察。这一环节是对插入测验的结果和效能进行观察。这一过程中教师采用新的教学策略和新的活动方式去工作,并再次进行数据收集工作。

⑨口头报告。这一环节的工作包括在研究小组内,对研究过程的所有活动、数据的收集及分析工作做一详细而清晰的口述。在整个研究过程中,都定期召开研究会议,期间对有争论的问题展开讨论,得出结论,并再次做口头报告。

⑩撰写论文。这是总结性的一个环节。将研究所涉及的领域范围、策略、研究过程、数据的分析成果等综合成一个研究报告或学术论文。

⑪学术报告。这一环节的目的仍然是为了使研究成果为更多人知道和分享。它比前面的口头报告更为正式。学术报告主要是在一些学术会议上进行。学术会议结束后,常有研究者会发现新的有待解决的问题,他们紧接着就制定下一步的研究课题和计划,开展一个新的研究行动。在实际操作中,研究者常常会遇到事先未预料到的问题,需要根据研究人员的实际水平和需要,及时调整研究策略,以达到预期效果。

行动研究作为一种研究方法,研究人员同实际工作密切配合,从实际参与者那里收集、获取信息,经理论分析或实验研究,将结果反馈到实际参与者那里,对实际工作或团体行为过程产生影响。在这一研究过程中,反馈是关键环节,它是研究和行动的中介,它可以发现事实和利用事实之间的有效联系,成为沟通实际与理论的桥梁。

行动研究方法是一种适应小范围内教育改革的探索性的研究方法,其目的不在于建立理论、归纳规律,而在于针对教育活动和教育实践中的问题,在行动研究中不断地探索、改进和解决教育实际问题。行动研究将改革行动与研究工作相结合,与教育实践的具体改革行动紧密相连。

4. 案例分析方法

案例分析方法,又称个案研究法,由哈佛大学于1880年开发完成,后被哈佛商学院用于培养高级经理和管理精英的教育实践,逐渐发展为今天的"案例分析方法"。哈佛大学的"案例分析方法",开始时只是作为一种教育技法用于高级经理人及商业政策的相关教育实践中,后来被许多公司借鉴,成为用于培养公司企业得力员工的一种重要方法。通过使用这种方法对员工进行培训,能明显地增加员工对公司各项业务的了解,培养员工间良好的人际关系,提高员工解决问题的能力,增强公司的凝聚力。

案例分析方法的具体操作,分为准备阶段和实施阶段。

准备阶段一般要做的工作包括:①负责人(一般由培训指导员、主持人担任)确定培训课程的具体目的、内容、范围及对象。②从平常收集的资料中选择恰当的案例作为讨论的个案,个案的范围应视培训对象而定。③确定会议室、会议时间,制定培训计划。④指导员应准备个案研究法的操作方法,在实际应用中应注意的问题,讨论前个案的选择标准,讨论后如何总结问题等知识。

实施阶段的操作程序包括:①指导员向参加者简单介绍,包括个案研究法的背景、方法、特色,个案研究法应用时应注意的问题及应用后能达到的效果,计划安排。只有让参加者对案例分析方法有了大概的了解,才能使他们顺利进入角色,使培训工作顺利完成。②通过自我介绍,参加者互相认识并熟悉,以培养一个友好、轻松的氛围。③将参加者分成三到四个小组,每组成员八到十名,并确定每组的组长。④分发个案材料。⑤让参加者熟悉个案内容,主持人要接受参加者对个案内容的询问。⑥各组分别讨论研究个案,并找出问题的症结所在。⑦各组找出解决问题的策略。⑧挑选出最理想、最恰当的策略。⑨全体讨论解决问题的策略。⑩指导员进行整理总结。

案例分析法的应用,要注意以下几个重要环节。

(1) 精选案例。反映抽象理论的案例有多种渠道来源,最常用的一种渠道是各种媒体,如案例书报、杂志、电视广播等。收集这类案例时,教师应做有心人,书报杂志上的案例应及时摘录,从电视、电台看到和听到的案例应随即将其大意记下来。另一种渠道是教师自己深入实践第一线收集有关资料,这种案例的编制要求教师要对活动实践有着敏锐的观察力和概括力。此外,教师也可以有意识地编制一些典型案例,当然,这种方法要求教师自身对经济法理论有深刻的理解和把握,能够通过合理的想象挖掘既来源于现实生活,又超越现实生活的,具有一定艺术性、真实性的题材。

②案例的分类取舍。任课教师不可能把所有案例都纳入课堂讲授范围,因此,必须对已收集和编制的案例进行认真分析与比较。在分析与比较过程中应坚持四个基本原则:一是优先选取最典型的案例。典型案例往往是多种知识的交汇点,将典型案例应用到教学中,有助于说明复杂深奥的法理。二是案例应与相应的理论相贴近。牵强附会将会误导学生,结果很可能事与愿违。三是所选取的案例切记庸俗。教师有教书育人的责任,不宜在课堂上过多地讲述社会的阴暗面,也不宜过多地讲述与教学内容无关的背景资料和小道消息。四是选取的案例不宜太复杂,切忌喧宾夺主,案例要为理解理论服务,要有针对性。

③案例的应用。这是采用案例分析法讲授有关理论的关键环节。应用案例的方法有多种,常见的一种方法是教师根据授课内容,先讲授基本的理论含义,然后用案例加以说明,或者教师先讲授案例,然后引出有关的基本理论。但案例的应用不能仅局限于此种方法,必须灵活加以应用。教师必须根据授课对象所面临的具体场景,充分调动学生的积极性和主动性。当然,这种方法要求教师提供案例时,在方式方法上要进行巧妙构思,要掌握数倍于学生的背景材料;讨论中要引导控制

讨论,同时要避免完全由教师控制讨论;应注意倾听学生的发言,并进行适当的引导,使所有学生都参与讨论;讨论结束时要做好讨论总结。总结也并非一定要由教师进行,可以采用由学生自己进行总结、教师适当加以点评的方法。

④案例延伸。案例延伸就是让学生在学习某一基本理论知识的基础上,通过仔细观察现实生活,努力寻找反映理论原理的案例,并用所学过的理论对所观察到的事实、现象进行分析,以进一步加深对所学理论及分析方法的理解。准确地讲,这一步工作已不构成一般意义上的理论讲授,而应划归理论的应用范畴。但从其目的来看,其主要是为了加深对理论的理解,并为学习专业理论以及培养专业技能奠定基础,仍可划归案例分析法的范畴。

人文科学研究,在方法上受到自然科学与社会科学的一些方法的影响,这是必然的。在人文科学研究中借鉴和运用自然科学、社会科学的一些方法,对人文科学研究的拓展、深化与创新具有积极的作用,有其合理性。在这些新方法的运用中,人文科学确实取得了许多创新性的成果,有力地拓展了自己的研究空间,开辟了许多新的研究领域。但是,我们也要清醒地看到:对于这些新方法的引入及其成果,人文学者切不可陷于盲目和迷信的歧途。人文科学、自然科学、社会科学有各自不同的研究对象和研究任务,这决定了它们在研究方法上各有其特殊性。况且,无论哪种科学研究方法,都有其适用的范围,没有任何一种方法是放之四海而通用的。因此,人文科学研究在借鉴运用自然科学与社会科学方法时,一方面,要看其是否适用,适用的范围如何,经过反复探讨和科学论证方能做出选择,千万不可盲目搬用和绝对化;另一方面,自然科学与社会科学方法只是对人文科学基本研究方法的补充,不能舍弃人文科学的基本研究方法,在吸取自然科学、社会科学的新方法时仍然必须坚持重视人文科学方法。可以说,只有注意处理好这两个问题,人文科学才能在自己的研究中更合理、更有效地运用自然科学与社会科学方法,在研究方法上有所创新,在研究领域上有所拓展。①

思考题

1. 如何理解人文科学方法的地位和作用?
2. 如何理解人文科学方法和自然科学、社会科学方法的差异性和一致性?
3. 人文科学主要有哪些研究方法?试运用人文科学方法分析一种你感兴趣的人文现象。
4. 试举例分析自然科学、社会科学研究方法对人文科学研究的影响。

---

① 李维武.人文科学概论[M].北京:人民出版社,2007:313-315.

第七章

人文科学的发展规律

科学是揭示规律的,不揭示规律就没有科学。马克思和恩格斯总是强调科学必须研究规律。伊·伊·考夫曼在评论马克思的《资本论》时说:"在马克思看来,只有一件事是重要的,那就是发现他所研究的那些现象的规律……最重要的是这些现象变化的规律。"①马克思对此深表赞同。人文科学的发展规律,是建立在人类社会实践和科学实践的基础之上,反映人文科学的内在本质,纵贯人文科学发展全过程和横穿人文各学科之间的内在的、本质的、必然的联系。人文科学既遵从人类科学的一般规律,也有着自身的特殊规律。从人文科学产生的动力、存在的状态、发展的基本条件和主要趋势等方面来探讨人文科学的发展规律,我们认为,它具有动力律、状态律、条件律和趋势律四条基本规律。人的全面发展是人的发展的最理想的境界。人的全面发展需要促进人的全面发展的教育。人文科学在促进人的全面发展中具有不可替代的作用。遵循人文科学的发展规律,对科学教育与人文素质教育进行有机融合,是实现人的全面发展的必由之路。

第一节 人文科学规律概述

一、人文科学发展有没有自己的规律

人文科学发展的历史源远流长。人文科学与自然科学、社会科学以及人文科学内部各学科的关系错综复杂。关于人文科学有无规律,存在以下三种不同的观点。

(一)人文科学发展无规律论

持该种观点的人认为,人文科学没有规律可言,只有自然科学才存在规律。他们用实用主义、科学主义来界定科学,在这种观念的支配下,科学观念被简化为纯粹事实的科学,自然科学同人文科学、社会科学被割裂开来。

---

① 中共中央马克思恩格斯列宁斯大林著作编译局.马克思恩格斯选集(第2卷)[M].北京:人民出版社,1995:110-111.

(二)人文科学发展有规律论

马克思、恩格斯以及马克思主义经典作家都承认人文社会学科的科学性。恩格斯说:"我们不仅生活在自然界中,而且生活在人类社会中,人类社会同自然界一样也有自己的发展史和自己的科学。"[1]马克思主义经典作家不仅承认人文学科的科学性,而且强调人文学科是具有科学性的学科。

一般来说,人文科学的发展具有一般规律和特殊规律。人文科学发展的一般规律,是指人文学科发展的内在的、本质的、必然的联系。人文科学发展的特殊规律,一方面是指人文科学发展相对于自然科学和社会科学而言所具有的特殊规律;另一方面是指不同形态人文科学发展的特殊规律。作为科学,人文科学、自然科学和社会科学的发展都遵循人类科学发展的一般规律,这是它们相同之处。而作为一种特殊的科学,人文科学的研究对象、研究方法和研究成果的特征和性质不一样,因而人文科学具有特殊的规律。

(三)人文科学发展有自己独特的规律

持该种观点的人认为,人文科学是不同于自然科学和社会科学的科学,人文科学在研究对象、研究方法、研究手段、研究目的、研究成果等方面都具有独特性。

我们认为,人文科学发展不仅有规律,而且具有独特的规律。人文科学的发展规律,是建立在人类社会实践和科学实践的基础之上,反映人文科学的内在本质,纵贯人文科学发展全过程和横穿人文各学科之间的,内在的、本质的、必然的联系。人文科学不同的历史形态以及不同历史时期的时代特征,都是人文科学发展规律的必然反映。

二、人文科学规律与自然科学、社会科学规律的异同

人类为了认识世界和改造世界,不仅要认识自然、认识社会,还要认识人和人类精神活动自身。这样逐渐形成了三种不同类型但又密不可分的科学:以自然世界为对象的自然科学、以社会世界为对象的社会科学和以人文世界为对象的人文科学。这三大科学之间既相互独立又相互联系,只有把握人文科学、自然科学和社会科学之间的关系,才能促进各科学协调发展。

(一)人文科学规律与自然科学、社会科学规律的共同点

一方面,三者追求的目标相同。人文科学与自然科学、社会科学追求的目标都是通过已知求未知,探求研究对象的本来面貌(或者说客观情况)及运动规律。另一方面,三者总的价值功能一致。自然科学认识自然,是为了适应与改造自然,使人类在自然中生活得更好。人文科学、社会科学认识人及社会,是为了适应与改造社会,使社会不断进步,使人类在社会中生活得更好。

---

[1] 中共中央马克思恩格斯列宁斯大林著作编译局.马克思恩格斯选集(第4卷)[M].北京:人民出版社,1995:230.

第七章
人文科学的发展规律

人文科学、自然科学与社会科学具有某些共同的范畴及规律。无论是自然领域还是社会领域,都存在某些共同范畴及规律性。例如,反映数与形关系的数学,反映系统、结构、要素、环境、功能、信息、控制之间关系的系统科学,反映自然、社会和思维过程共同规律的哲学等,都已渗透到社会科学、人文科学和自然科学中并得到广泛应用。人文科学、自然科学与社会科学的研究对象和研究方法是不同的,但是也有重合之处。

在研究对象方面,自然科学是人对自然界的理论关系和实践关系,即强调人对自然的能动认识和改造,包括精神层面和实践层面两层含义,尤其是在"大科学"时代,自然科学更是一种社会的、需要人类合作精神来支持的事业。社会科学是科学理论客观化、本体论化的结果,是内在于人的实践,与人密切相关的存在。[①]而人文科学主要关注人的内在精神世界,关注在文化传统背景下的意义世界和价值世界。[②]

在研究方法方面,首先要取得感性资料(或科学事实),然后用理性的方法对感性资料进行分析加工,形成理论,最后要通过实践来检验理论的真理性。自然科学主要通过提出科学假说,创造科学理论,用逻辑推理和实验检验来验证科学理论,改造客观世界,从而改造人类自身的主观世界。社会科学研究必须为价值判断提供科学的根据和客观的基础,必须"祛除"那些基于个人主观好恶的价值判断或价值评价。而人文科学则通过对不同时代人的精神世界的研究,挖掘人类精神、情感、价值与意义的普世性,从而达到对人的内在精神的不断理解。[③]

早在100多年前,马克思就曾指出:自然科学与人文社会科学的分离只是暂时的现象,随着科学及社会的发展,两者必将走向统一。这是由于自然科学与人文社会科学有着基本的共同之处。这些共同之处反映了这样一种本质:无论是自然科学还是人文社会科学,都反映着事物本来面貌与客观的规律性,都逼近客观真理,具有全人类的性质。

(二)人文科学规律与自然科学、社会科学规律的不同点

1. 研究对象不同

一般来说,自然科学以自然世界为对象,主要研究客观的物质世界,回答"是什么"。而社会科学以社会世界为对象,主要研究人与自然、人与人的社会关系和规律,回答"要怎样",是实证性的科学。人文科学则以人文世界为对象,主要研究人的精神世界,回答"应怎样",引导人们思考人生的目的、意义、价值,追求人的美化。它有一定的工具性,如运用语言、教人为人处世等,但它最主要的是发展人,完善人格,提高人的文化素质和文化品格。

---

① 陈其荣,曹志平.科学基础方法论——自然科学与人文、社会科学方法论比较研究[M].上海:复旦大学出版社,2003:62.
② 刘宏.论自然科学与人文科学的关系[A].第三届全国科技哲学暨交叉学科研究生论坛文集[C].2010.
③ 赖金良.什么是社会科学以及社会科学的客观性[J].哲学研究,1996(6):19-27.

2. 认识主体不同

在自然科学中,认识主体基本上可以被看作是认识对象的旁观者,二者可以相对分离,自然科学认识主体的创造者是不定的,原则上无个人专断特征,断言的正确与否,与本人身份无关。而在社会科学中,二者若即若离。至于人文学科,二者可以说是合二而一、难分难解的。人文学科的创造者则是特定的,权威痕迹明显,权威本身就是对论点的一种辩护。[①]

3. 研究目的不同

在现当代,人们把物理、化学、生物、地理等学科视为自然科学,把经济学、社会学、政治学等学科都视为社会科学,而把历史学、人类学、文学、艺术科学等视为人文科学。自然科学主要是获得关于自然的真理性认识和创造满足人的整体需要的物质手段。社会科学从多角度对人类社会进行分门别类以及整体的考察研究,探讨社会规律是为了改造社会现实和建设合理的社会,使人类能更有效地管理社会生活。而人文科学的目标则是洞悉价值的真谛,创造文化的意义,提升人生质量和构筑理想的人文世界,为人类建构一个和谐的世界,守护人们的精神家园。例如,学校开设人文教育课程就是为了让学生了解人文科学,以便进入社会之后更好地适应社会发展的要求。

4. 研究方法不同

自然科学主要采用实证方法和理性方法,常常运用经验归纳法或假设演绎法,偏于抽象,是客观主义的方法。自然科学的观察、实验、定量测量等实证方法,保证事实或材料对每一个科学家都是客观的、确定的和相同的,能够很容易取得共识或约定,因为任何争议或分歧都能够通过实验检验或经验数据解决。人文学科主要依靠直觉、理解和体悟等,偏于具象,是主观主义的方法。[②] 人文学科没有无可争辩的经验材料,人文科学的研究会因研究者或理解者的信念、立场、利益、旨趣、语境的不同而得出不同的结论,因而往往受到质疑,总是处于争论不休的境地。社会科学的方法借鉴了诸多自然科学方法,但是也有自己的一些特殊方法。社会客体由于具有近似于客观实在性的某种程度的运动周期性,研究者可以在一定范围内进行某些观察和实验,因而在很大程度上也能够甚至必须运用各种形式化、定量化、数学化方法。但把各种复杂的社会现象都进行准确的定量描述既无可能,也无必要,[③]各种定性分析方法迄今仍是社会科学研究必须采用的有效方法。正确的做法应当是将定性与定量分析有机结合,在一定的定量分析的前提下进行定性分析,这样才更有可能接近社会真理。[④]

5. 价值功能不同

自然科学与其转化技术是首要的生产力,它的价值功能最集中、最直接地表现

[①] 皮亚杰.人文科学认识论[M].郑文彬,译.北京:中央编译出版社,2002:43.
[②] 王忠武.人文科学与社会科学的基本关系及其系统划分[J].自然辩证法研究,2001,17(4):34-35.
[③] 欧阳康.社会认识方法论[M].武汉:武汉大学出版社,1998:98.
[④] 刘仲亨.社会科学与当代社会[M].沈阳:辽宁人民出版社,1986:16.

在促进物质文明和社会硬件建设方面。社会科学的作用是提供决策咨询、调节社会运行、协调社会关系和促进社会发展,其价值功能主要集中在改善社会管理和推进制度文明建设方面。[①] 人文科学的作用在于关怀人的生存与价值,优化人的心理与人格,增进人的自由与幸福,其价值功能主要定位在促进人的身心发展和指导文化建设方面。

综上所述,人文科学、社会科学、自然科学虽然在历史上有一段时间是属于同一个范畴,但是它们三者在研究对象、认识主体、研究目的、研究方法和价值功能方面各有特色。通过比较,我们能更加全面地认识人文科学自身发展的特殊规律。人文科学是以人文世界为研究对象的科学,与自然科学和社会科学相比,它具有典型的人文特质:既具有客观性,又具有主观性;既具有事实性,又具有价值性;既具有认识世界的功能,又具有认识人类意识形态的功能。对于自然科学和社会科学自身的意义而言,人文科学的人文意义教化与规范不仅为社会科学所需要,也是自然科学维系自身"爱智"根基的精神纽带。

第二节 人文科学发展规律的类型

一、人文科学发展动力律

人文科学发展的动力律是指推动人文科学发展和进步的力量。关于人文科学发展的动力,存在"内在论"、"外在论"和"系统论"三种看法。"内在论"强调人文科学发展的动力来源于人文科学理论的自身发展;"外在论"强调推动人文科学发展的动力是社会影响;"系统论"将人文科学视为社会的一个子系统,强调人文科学的发展,既需要人文科学这个子系统本身与社会母系统通过信息沟通和能量交流,保持动态的平衡,又需要依靠人文科学这个子系统的内部,继承与创新各种流派的理论,使人文科学不断地向前发展。

我们赞同第三种观点,并认为并非某种单一的力量推动人文科学的发展,而是由社会基本矛盾所引发的、多种力量所构成的、动力群系统所形成的合力推动人文科学发展和进步的。

(一)对社会实践需要与人文科学满足其需要的探讨是人文科学发展的原动力

根据马克思主义观点,社会实践是人类最基本、最重要的活动。科学认识的任务,一般都是围绕着社会实践的需要这一中心来确定和展开的。正如恩格斯所指出的那样:"社会一旦有技术上的需要,则这种需要就会比十所大学更能把科学推向前进。"[②] 恩格斯的这一精辟论述同样适用于人文科学。人类社会实践需要作为

---

① 朱红文.人文精神与人文科学——人文科学方法导论[M].北京:中共中央党校出版社,1994:158.
② 中共中央马克思恩格斯列宁斯大林著作编译局.马克思恩格斯选集(第4卷)[M].北京:人民出版社,1972:505.

一种客观的、强制性的力量,推动着人文科学的产生和发展。我们以文学为例,分析社会实践需要对人文科学产生的推动力。

文学是在满足人们文化活动需要的社会实践中产生和发展起来的。因此,有人将文学的本质概括为四点:文学是文字的艺术;文学是人生的语言化;文学是哲学的戏剧化;文学是人生的全面探讨,并由此将文学的功用概括为反映人生、批评人生和塑造人生。[①] 文学不仅反映人们的社会实践活动,而且能通过艺术化的手段使现实社会难以达成的目标需要理想化,以满足人们对现实生活中美好事物的精神追求。

各民族最早的文学形式都是诗歌。我国早在商代的甲骨卜辞中,就已经出现了富有诗意的词句:"癸卯卜,今日雨。其自西来雨?其自东来雨?其自北来雨?其自南来雨?"(《卜辞通纂》)。在《易经》的卦爻辞中,那种描写古代生活的优美歌谣更是屡见不鲜。在春秋时期,诸侯和贵族在会盟、聘问等外交活动及祭祀宴飨等国事活动中,都把"赋诗"看成重要的政治手段。以孔子为代表的儒家更是把"诗教"看成重要的政治教化活动。《毛诗·大序》曰:"诗者,志之所之也。在心为志,发言为诗。情动于中而形于言,言之不足故嗟叹之,嗟叹之不足故永歌之。永歌之不足,不知手之舞之,足之蹈之也。"这段话不但阐明了什么是"诗",而且进一步解释了诗与歌、舞的关系。"情动于中而形于言",就是说,情意在心中活动,这种活动如果通过语言表达出来,那就形成了诗。但人的情意又是怎样活动起来,是什么东西使它活动起来?《礼记》中说:"人心之动,物使之然也。"也就是说,人类社会实践活动的对象——物,使人内心的情意活动动了起来。那么,"物"指的又是什么,它又为什么能使人的情意活动起来?钟嵘《诗品·序》中说:"气之动物,物之感人,故摇荡性情,形诸舞咏。"他认为是"气"使外物活动起来,从而引起内心的感动。

古希腊文学的最初表现形式也是诗歌。古希腊的史诗以《荷马史诗》为代表。《荷马史诗》在神与人的两极中凸显了人的意义。《荷马史诗》相传为公元前9世纪的盲人诗人荷马所作,包括《伊利亚特》和《奥德赛》两部史诗。诗中所讲的是有关特洛伊战争的故事。

古希腊文学的进一步发展,便是古希腊的悲剧和喜剧。由此,古希腊产生了埃斯库罗斯、索福克勒斯和欧里庇得斯三大悲剧作家,克拉提诺斯、欧波利斯以及阿里斯托芬三大喜剧作家。希腊悲剧起源于酒神狄奥尼索斯祭典和宴席上的颂歌,悲剧的题材,全部取自希腊神话。[②] 但从根本上说,悲剧体现了古代希腊人对现实生活的一种精神追求。正如有学者所说:"追求探索的精神同诗歌的灵感相结合创造了悲剧。"

古希腊文艺学是文学进一步发展和哲学共同发展的产物。大哲学家柏拉图和

[①] 沈君山,颜元叔,林文月,等.人文学概论[M]上海:复旦大学出版社,2013:1-12.
[②] 伊迪丝·汉密尔顿.希腊方式——通向西方文明的源流[M].徐齐平,译.杭州:浙江人民出版社,1988:192.

第七章
人文科学的发展规律

亚里士多德是古希腊文艺理论的创始者。亚里士多德的《诗学》,是西方最早的一部文艺学著作。亚里士多德文艺学的基石是"摹仿论"。"摹仿论"是亚里士多德对古代希腊悲剧的创作进行总结和反思的结晶。亚里士多德认为,艺术是摹仿者的摹仿,所摹仿的对象是"在行动中的人";史诗和悲剧、喜剧和酒神颂以及大部分双管箫乐和竖琴乐——这一切实际上都是摹仿,只是有三点差别,即摹仿所用的媒介不同,所取的对象不同,所采用的方式不同。

综观古代中国和古希腊文学艺术的发展历程,无论是诗歌起源,还是史诗、喜剧、悲剧以及文艺学的发展,这些艺术创作的灵感和素材都是对人的生命活动的反映。

(二)人文科学理论中的不同观点、不同学派之间的矛盾、真理与错误的矛盾,是人文科学发展的内驱力

一个学科有两种甚至多种不同的观点,这是完全正常的。在学术研究中,要营造良好的对话氛围,就要容忍不同流派的存在。孤行己见是不利于繁荣学术的。不同流派并不全是学科生存和发展的大敌。相反,不同流派可能从不同视角、不同侧面对学科发展起到推动作用,激励学科的发展、完善、成熟。科学史上许多事实就证明了这一点。马克思在《评普鲁士最近的书报检查令》中有一段话讲得一针见血,对我们正确认识不同的物质的存在具有重要的意义。他说:"你们赞美大自然悦人心目的千变万化和无穷无尽的丰富宝藏,你们并不要求玫瑰花和紫罗兰散发出同样的芳香,但你们为什么要求世界上最丰富的东西——精神只能有一种存在形式呢?"[①]

历史发展证明,人文科学是在不同学派争论与批判中不断发展与进步的。人类社会历史发展的主要转折时期,或重要变革时期(如我国春秋战国时期、古希腊时期、欧洲文艺复兴时期),或人文科学研究环境比较宽松、气氛比较民主的时期,往往既是学派林立的时期,又是人文科学纷彩呈现的繁荣时期。

我国春秋战国时期,既是人文学者辈出时期,也是人文学说和人文社会知识迅速积聚的时期。春秋末期是奴隶社会向封建社会转变的大动荡、大分化、大改组的时期,大都围绕着社会变革所带来的社会问题以及如何解决这些问题而展开的,并且逐渐形成了学术上的"百家争鸣"的局面,出现了孔子、孟子、荀子、墨子、老子、庄子、韩非子等人文社会思想家以及以他们为代表的儒家、道家、墨家、法家等学派。在这场争鸣中,儒家学派的创始人孔子企图挽救奴隶制的崩溃,主张用正名来控制住"礼崩乐坏"、"天下无道"的局面,以维护"君君、臣臣、父父、子子"伦理纲常的正常秩序。但他已感到"逝者如斯夫,不舍昼夜",时代变迁的不可逆转迫使他要顺应时代的变迁,对旧的制度有所损益,提出"为政以德",以仁义治天下的政治主张。

---

① 中共中央马克思恩格斯列宁斯大林著作编译局.马克思恩格斯全集(第1卷)[M].北京:人民出版社,1956:7.

到了封建制度逐步确立的战国时期,被孟子发展成"以德行仁"的"仁政"主张。老子根据辩证的社会观,提出"道法自然"、"无为而治"的主张,认为统治者"处无为,则无不治",企图建立一个"小国寡民"的社会,人人过着安逸自得的生活,反映了当时某种社会阶层的特定要求。墨家学派的创始人墨子则提出"兼爱"、"非攻"、"尚贤"、"尚同"、"天志"、"非命"、"明鬼"的观点,幻想建立一个没有强凌弱、富侮贫、贵傲贱、智诈愚、众暴寡的公平合理的社会,反映了当时小生产者的立场和社会要求。法家则提出"以法为本"和法、术、势相结合的思想体系。从春秋时期的管仲、子产,到战国前期的李悝、商鞅、申不害等人,正式形成法家流派。战国末期的韩非,集法家思想之大成,建立了一个较为完整的法治理论。为了实现法治理想,又进而提出历史进化论和人性论作为理论基础,反映了当时新兴地主阶级建立一个中央集权的君主专制的统一封建帝国的客观要求。①

古希腊时期在哲学和社会思想上形成了许多不同的学派,正是他们之间的挑战和探索,成就了当时哲学和科学的繁荣,并奠定了哲学和科学发展的思想基础。18—19世纪从人文、历史、哲学学科中分化出来的社会学科,如经济学、法学、社会学、历史学、民族学、心理学等,先后形成各种不同的学派。例如,心理学中,有以冯特、铁钦纳为代表的构造主义学派;以詹姆士、杜威、卡尔、安吉尔为代表的机能主义学派;以卡特尔、桑代克、吴伟士为代表的哥伦比亚机能主义学派;以皮阿热为首的日内瓦机能主义学派;有以美国的华生为创建人的行为主义心理学派;以韦特海墨、苛勒、考夫卡为代表的德国格式塔心理学派;以弗洛伊德为创始人的精神分析学派等。在各种不同的学派的矛盾斗争中,各种意见得到充分发表,问题的研究更加深入和全面,对立各方面都受到不同程度的启发,从而发现自己的缺陷和不足,设法完善自己的理论;或者在批判前人的不足的基础上来建构和发展自己的理论;或者批判地继承前人的优秀文化成果,总结新的斗争实践经验,并在同各种不同的观点、学派斗争中创立与发展自己的理论。正是不同观点、不同学派的矛盾斗争,促进了人文科学不同学科的创立和发展。②

(三)人文科学各学科之间的协调关系和协同作用是人文科学发展的协变力

人文科学各学科之间的协调关系和协同作用,构成人文科学发展的协变力,也是人文科学发展的动力之一。③ 恩格斯在《自然辩证法》中谈到查理·达尔文所称的生物生长相关律时说:"首先是由于达尔文所称的生长相关律。依据这一规律,一个有机生物的个别部分的特定形态,总是和其他部分的某些形态相联系的,虽然在表面上和这些形态似乎没有任何关联。"④20世纪70年代由德国理论物理学家哈

---

① 杨玉琪,王文明,杨吉兴,等.人文社会科学概论[M].北京:当代中国出版社,2004:236-237.
② 杨玉琪,王文明,杨吉兴,等.人文社会科学概论[M].北京:当代中国出版社,2004:244-245.
③ 杨玉琪,王文明,杨吉兴,等.人文社会科学概论[M].北京:当代中国出版社,2004:245-246.
④ 中共中央马克思恩格斯列宁斯大林著作编译局.马克思恩格斯选集(第3卷)[M].北京:人民出版社,1972:510.

第七章
人文科学的发展规律

肯创立的协同学指出,一个开放系统中的子系统既有自发的无规则的独立运动,又有系统之间因一定关联而形成的协同运动,正是这种协同作用导致系统的结构有序和功能有序。横向科学协同学所提示的协同现象在宇宙一切领域中普遍存在,在社会生活领域和科学研究领域也普遍存在。因此,系统中各子系统的协调关系、协同发展的生长相关协同律,适用于包括人文科学在内的各个学科领域,只不过在不同的领域又有各自的特殊表现和特点而已。在人类的科学发展过程中,正是科学系统中各学科之间的协调关系和协同作用,构成了科学发展的协变力。

对于人文科学的发展,从历时态看,各种学科的发展都有继承和创新的历史联系关系。继承是创新的前提和基础,创新是继承的发展与突破。继承性表明了科学发展的前后连续性关系,而创新性则表明了科学发展过程中的间断性、突变性或者局部性和阶段性的突变与飞跃。人文科学正是在继承和创新的互动关系中不断发展和进步的。从共时态看,各种学科之间存在着概念上、理论上和方法上的相互渗透、相互移植、相互激励的横向协调联系关系。而各种学科通过这种联系关系又相互整合,产生相关协同效应,推动人文科学的变化和发展。人文科学发展的历史过程,经历了不同的历史形态和不同的主导趋势。其中,既有各学科之间因不同程度上的关联而形成的协同运动,又有各学科相互分离的分化运动。科学总是处在结构与协同作用关系的变化过程中,正是这种变化使整个科学系统从一种历史形态过渡到另一种历史形态,一种主导趋势发展成另一种主导趋势。在古代的、近代的和现代的不同历史形态中,主导趋势取决于学科协同作用关系的协同系数。[①]

在古代处于萌芽时期的科学形态中,各门学科尚未分化,浑然一体,形成一个原始的、朴素的综合体。虽然科学的综合化趋势居于主导地位,但尚未形成强大有力的有机关联性,协同系数极为有限,整个科学系统内部尚存在着相当程度的混沌无序状态。随着人类社会实践的发展和科学文化的进步各学科之间的原始关联性逐渐束缚不住科学分化的运动,各学科的分化运动逐步占据主导地位,形成科学的分化发展趋势,这就是近代科学形态的分化趋势。当科学的分化趋势处于主导趋势时,各学科分门别类地向纵深发展,成为科学发展的重要形式和机制,此时并不是没有协同作用,只是协同作用的作用方式发生了变化。各学科内部的构成要素、有序程度和协同作用都显著增加,形成了性质明确、内容充实、方法完善、体系严密的科学化理论。然而,当科学分化趋势向纵深发展,达到一定临界阈值时,科学的继续发展就会受阻,并向横向联系转移,促使学科之间的关联度增强并逐步占据主导地位。科学的协同运动比独立分化运动更占优势,并且协同与分化又相互关联、相互促进、密不可分、共存和互补,这就是现代科学的综合化趋势。这样,反映科学系统有序程度的协同系统急剧增加,科学系统就进入高度有序和高度协同状态,这种高度有序又高度协同的科学结构又产生了强大的协同效应和系统功能。

---

① 杨玉琪,王文明,杨吉兴,等.人文社会科学概论[M].北京:当代中国出版社,2004:247-248.

学科协同作用关系的实际内容，也可以从微观和宏观两个方面来考察。从微观上来考察，科学的协同作用关系是通过各学科的基本构成要素来实现的。在各类学科系统中，学科概念、学科理论、学科方法等都是学科的基本构成要素，学科协同作用关系必然要从各学科的这些基本构成要素的相互渗透、互融涵化和改造创新中体现出来，形成各学科之间的互涵、互融、互摄、互激联系，产生你中有我、我中有你的通融结构关系，从而使各学科获得新的发展动力。从宏观上来考察，学科的协同作用关系是各学科体系的有机整合、整体协调和协同发展。正是学科之间的这种宏观协同作用，使科学的发展一方面产生学科系统的衍生分化、日益多样的运动，另一方面又在新诞生的多姿多彩的交叉学科、边缘学科、横向学科、综合学科、远缘学科及其分支学科所构成的学科大系统中产生宏观协同效应，使科学的多学科联合综合攻关、多学科知识的重组与凝聚由可能变为现实。这种系统分化和系统综合的有机结合与辩证统一，构成了完整意义上的学科相关协同发展。①

二、人文科学发展状态律

人文科学发展的状态律是指人文科学在发展过程中呈现出特定的状态和过程，是人类创造的人文科学不断推陈出新、不断积累、不断变革和整体结构不断改进的发展演化过程。

（一）人文科学的发展呈现出渐进性发展和革命性变革两种基本状态

纵观人类人文科学发展的历史不难看出，人文科学在发展过程中，呈现出两种不同的发展状态，即渐进性的发展和革命性的变革。渐进性发展指特定人文科学理论在其特定的阶级属性和社会属性相统一的体系未变的范围内的继承、积累、修正、补充、丰富和创新的演化状态，是在保持质的相对稳定性时的一种渐进性积累、局部性创新或阶段性部分质变，是属于特定人文科学理论体系量的变化范畴。革命性变革指人文科学理论在其特定的阶级属性和社会属性相统一的体系中，从旧质的被突破到新质的思想理论体系的建立，并跃居为主导地位的根本性变革，是旧质的思想理论形态向新质的思想理论形态的突变和飞跃，是属于人文科学理论体系质的演化范畴。渐进性发展和革命性变革这两种状态相互交错、相互过渡、相互转化，促使人文科学理论由低级到高级、由不成熟走向成熟的向前发展演化的规律性，就是人文科学发展状态律。正是这一规律的作用，使人文科学不断发生演变、延续、发展和更新。②

一种反映社会历史发展要求的人文社会思想理论体系产生之后，它就进入渐进性发展的演化状态之中，并对社会的发展起着不同程度的作用。例如，我国古代封建社会中居于统治地位的人文社会思想——儒家学说，它产生于春秋战国时期，

---

① 杨玉琪,王文明,杨吉兴,等.人文社会科学概论[M].北京:当代中国出版社,2004:248-249.
② 杨玉琪,王文明,杨吉兴,等.人文社会科学概论[M].北京:当代中国出版社,2004:250-251.

形成于西汉时期,并在中国封建社会中长期处于主导地位。春秋战国时期是我国从奴隶制社会向封建社会转变的重要历史时期,当时,由于诸侯立政,兼并激烈,文化上逐步形成了"百家争鸣"的局面,形成了春秋战国时期的子学阶段。在春秋战国时期的子学阶段,即先秦诸子百家阶段,儒学还只是百家中的一家,到了西汉时期,儒家经典才上升为独尊的"官学"地位。之后随着中国封建社会和它赖以存在的具体社会基础的历史演变,儒学又经过魏晋玄学(禅学)、宋明理学、陆王心学和明清实学的演变过程。在这个长期的历史演变过程中,在其根本性质和主体思想未变(作为封建意识形态的核心的伦理纲常和社会等级观念未变)的范围内,其具体的理论模式、理论依据、思维框架、社会分析方法和具体的表现形态都发生了相应的变化。在这个历史演化过程中,儒家思想在中华社会关系和民族关系的大调整中,在同外域文化的碰撞、交流中实行整合,不断改变自己的具体形态,使自己不断获得新内容、新形式而发生演变。这种演变就是儒家学说为了适应中国封建社会发展需要而产生的"同质同体异态渐进性发展"①。

(二)人文科学的研究呈现出滞后性与超前性的内在统一

人们对人文社会现象的认识和研究,总是在一定的时间段中进行的,它既可能滞后于人文现象的实际发生,也有可能超前于人文现象的实际发生。马克思曾经指出:"时间实际上是人的积极存在,它不仅是人的生命的尺度,而且是人的发展的空间。"②因此,人文科学研究既有滞后性,也有超前性。

人文科学研究的滞后性,是指人文科学研究在时间上落后于人文社会事件实际发生的现象。虽然在以农业为基础生产方式的社会中,人文学科一直处于教育的主导地位。但是,与自然科学研究相比,人文科学研究发展缓慢。尤其是工业社会后,人文会科学研究就一直落后于自然科学研究。经典意义上的自然科学已有几百年的历史,而人文科学直到19世纪末才逐步登上科学的殿堂。因此,人文科学的研究在时间上有一定的滞后性。同时,人文科学的研究成果水平也是滞后于自然科学的。但这里的"滞后",并不是"落后"、"停滞"、"不流通",而是指人作为认识者,对客体(人文事件及过程)的认知与把握,明显带有"事后思维"的性质和特征。

人文科学研究的超前性,是指人文科学的创造与发展,不仅有反映现实的一面,而且有批判现实、超越现实的一面。同滞后性一样,超前性并不是人文社会领域中呈现出来的无关宏旨的表面现象或外部特征,而是人文社会现象在其历史过程中表现出来的必然现象或另一种"时间性存在"。从对象上看,这种超前就是超前于社会的现实,提前指向社会的未来,而未来则是指那些迄今为止尚未出现、尚未发生或尚未存在的社会现象;从时间上看,这种超前乃是人类认识的一种顺时间方向的运动过程,它力求思想的运动速度超越当下的时空界域,走在社会进化的实

---

① 杨玉琪,王文明,杨吉兴,等.人文社会科学概论[M].北京:当代中国出版社,2004:251-252.
② 中共中央马克思恩格斯列宁斯大林著作编译局.马克思恩格斯选集(第47卷)[M].北京:人民出版社,1979:532.

际进程前面,在观念中预先构想社会在未来某一时段的可能状态;从范围上看,这种超前既可以是社会生活的各个具体的领域、层次或方面,也可以是未来整个社会世界的基本框架、基本结构和基本性质;从性质上看,这种超前应当是全面的、总体性,但不可能也不应该是非常详尽和具体的。相应的,预测性、创造性、探索性、规范性等成为超前研究的主要特征。

既然人文科学的研究有滞后性和超前性,那么它们之间的关系又如何呢?从人文科学研究的目的来看,滞后性和超前性是相互关联、相互渗透和内在统一的。

首先,滞后研究包含着超前的因素。研究的滞后是立足于成熟阶段并对历史发展过程的回溯、反观与透视,它不仅关注和考察那些积极推进事物的发展性因素,而且密切注视对那些阻碍事物发展的不良因素的分析与甄别。因此,滞后研究显然不拘泥于或满足于在人文社会事件、过程及其结果的基础上做被动性思考,而是希望通过总结、反思、评价乃至批判性分析,从中挖掘、整理出对人类未来具有价值意义的内容。

其次,超前研究又包含着滞后的内容。人类的一切活动都是面向未来的,但未来既有可能有利于人的持续生存发展,也可能有害于人的持续生存发展。因此,人类的一切活动都要以史为鉴,吸取过去的经验教训。人文科学的研究亦不例外,其研究的超前认识要想趋向科学与合理,必须以滞后研究的结果和成果为前提,或者说,超前绝不是随心所欲的,它必须立足于人们现实的需要,在拥有历史和批判现实的基础上才能得以进行。就像牛顿说过的:"如果我看得比别人远,那是因为我站在巨人的肩膀上。"

最后,人文科学的滞后性和超前性能在现实的基础上相互转换,并能在人类实践的历史过程中不断得到统一。无论是人文科学的滞后研究还是超前研究,在社会认识论的范畴里,本质上都属于理论层面上的社会认识活动。此外,实践和认识的辩证关系决定了超前研究和滞后研究既产生于实践的需要,又反过来为实践服务。从这方面来说,实践是衡量滞后研究或超前研究价值及其合理性的标尺,也是两种研究统一的内在机制。也就是说,在人文科学的研究中,实践将滞后性与超前性内在统一起来。①

(三)人文精神的弘扬呈现出历史传承与时代创新的相互渗透

在中外文明发展史上不同的历史时期,对于人文精神的内涵有着不同的解释。但毫无疑问,人文精神最重要的是尊重人的价值,强调人的尊严。在21世纪的知识经济时代,弘扬人文精神,培养素质人才,使人文精神呈现历史传承与时代创新相互渗透的新发展至关重要。

首先,人文精神的弘扬要体现历史传承。中华五千年的历史文化中,有很多人

---

① 欧阳康.人文社会科学哲学论纲[J].江海学刊,2001(4):90-97.

文精神文化是值得我们学习和弘扬的。比如"天下兴亡,匹夫有责"的强烈的社会责任感,"心忧天下"、"济世安邦"的人生理想,以及"穷则独善其身,达则兼济天下"的个人节操,都体现了一种积极向上的、健康的人文精神。这些富有社会责任感的人文精神,锻造了贯穿整个华夏历史的坚挺的民族脊梁。因此,我们今天建设人文精神,发展人文精神,必须借鉴中国古代的人文精神,做到"去其糟粕,取其精华",创造性地继承和弘扬人文精神。

其次,人文精神的弘扬要体现时代创新。市场经济的今天,创新与科学技术的发展密切相关。随着西方文化的渗透,商品经济的发展,社会逐渐丧失了应有的价值规范,人们的价值取向也日趋倾斜,物欲压倒了一切,对审美的需求被冷落。因此,我们现在提倡人文精神,并不是只要复活人文传统,而是要在继承发扬的基础上有所批判和创新,设计出切合当前社会需要的新的人文精神来推动社会的前进。现在中国弘扬人文精神,一定具有继承和创新相统一的持续发展,建设面向现代化、面向世界、面向未来的,民族的、科学的、大众的社会主义文化,以此来提高全民族素质,促进个人和社会的全面进步,为实现中华民族的伟大复兴奠定坚实的基础。

最后,人文精神必须在社会主义核心价值体系指引下,对传统人文精神历史性地继承与有创造性地超越。社会主义核心价值体系比传统美德的内容更丰富,不仅包含了民族精神和社会美德,还包含了马克思主义指导思想、中国特色的社会主义共同理想。相对于传统文化和美德,社会主义核心价值体系已不是一般意义上的人文价值和道德规范,已实现了对人文价值和道德规范的超越,上升为社会主义意识形态的本质,体现了人民群众的根本利益。[①] 所以,当代人文精神的弘扬,必须呈现出历史传承与时代创新的相互渗透,在社会主义核心价值体系下,促进人们的人文精神全面发展,实现人与人、人与自然、人与社会的协调发展。

总之,人文精神不是一朝一夕铸就的,它植根于历史,体现在当前,昭示着未来。我们所要弘扬的人文精神,必须继承历史上那些对现在有意义的精神,还要结合时代的要求,对人文精神进行创造性地改造,促使历史、现在、未来相互渗透发展。

(四)人生价值的实现呈现出自我认同与社会认同的相互统一

人生的价值究竟是什么?不同时代、不同阶级有着不同的看法,甚至同一时代、不同阶层也有不同看法。一般来说,人生价值的实现表现在两个方面:一是指一个人对社会发展进步的意义,或一个人对社会的价值,即个人对社会的责任和贡献,表现为个人对社会的义务、责任、创造、奉献和对社会进步的推动;二是指社会对个人的尊重和满足,即个人的自我价值,表现为社会给予个人的权利、尊重和自

---

① 冯光.社会主义核心价值体系的引领与嘉兴人文精神的传承和超越[J].嘉兴学院学报,2013,25(5):100-105.

我发展完善等。二者相辅相成、相互促进、辩证统一,也就是说,要想取得人生价值的充分实现,就必须使个人对社会的责任和贡献与社会对个人的尊重和满足相统一并协调发展,不可偏废其一。人生价值就是一个人的人生或人生的所作所为对于作为主体的个体自身需要满足的现实效应和对于作为主体的社会需要满足的现实效应。在这个规定中,客体是同一个人的人生或人生的所作所为,但主体有两个,一个是个体自身,另一个是社会。人生价值的实现过程就是人生的自我认同和人生的社会认同的统一的过程。

　　自我认同指能够理智地看待并且接受自己以及外界,在追求和逐渐接近目标的过程中体验到自我价值以及社会的承认与赞许。个人的价值是个人的活动对于自身的意义,是个人通过自己的活动来满足自己的需要,一个人越是通过自己的活动来满足自身的需要,他们的价值也会越大。反之,他们的价值越小。个人自我认同感产生的前提是个人价值的实现。个人只有通过参加实践活动、科学研究和艺术创造满足自身需要,实现个人价值,才会有自我认同感。

　　社会认同指个人的创造活动对于社会需要的满足和对于社会的贡献,个体认识到个体属于特定的社会群体,同时也认识到群体成员带给个体的情感和价值意义。一个人对于社会所做的贡献越大,他的社会价值也就越大,社会的认同感越多。

　　人生价值的实现呈现为自我认同和社会认同的统一。自我认同是人对于实现自身价值的感受,社会认同则是人实现社会价值时社会对于个人的认同。人的自我认同离不开社会的认同,人需要自身具有价值或者希望自身具有意义,这归根结底都是在个人与社会的认同中实现的,也包含社会的认同。人的自我认同总是和社会的认同相互联系的。孤立的、绝对的个人认同和社会认同是不存在的。自我认同的实现离不开社会的认同,因为人的个人价值的实现离不开其社会的价值,社会主义价值观就是以人的社会价值为基础的,这是因为,社会给予个人的认同感是给予个人的肯定,是个人自己创造和贡献出来的。社会认同了个人,相应地,也会产生个人认同。个人认同与社会的认同在本质上是相互统一的,个人认同与社会认同互为前提,相互促进。如果个人没有个人认同,那么社会认同也很难实现。如果个人没有社会认同,那么个人认同也就不会存在。因此,人生价值的实现呈现为自我认同与社会认同的统一。

　　从本质上说,人生的自我价值就是对人自身生存和发展需要满足的现实效应。李开复在写给中国青年学生的一封信中指出:"成功就是做最好的自己。"社会是由人组成的,因此,人的需要也就转化为社会的需要,社会的需要具有人的需要的一切本质特征。同人的生存和发展是人最基本的需要一样,社会的生存和发展是社会的最基本需要。满足个体需要并不等于满足社会需要,人生的自我价值并不等于人生的社会价值。尽管社会需要在本质上是人的需要,但在现实生活中,具体人的需要与社会需要是不同的。然而,社会需要和个体需要又是内在地联系在一起的。个体离不开社会,社会也离不开一个个具体的个体。离开了社会,单独的个体不能满足自己的任何需要,独立的、绝对的人生自我价值是不存在的。社会为一个个具体的个人创造或设置特定的人生环境,个人需要产生并依赖社会,满足了社会需要从根本上就能满足个体需要。

三、人文科学发展条件律

人文科学发展的条件律是指人文科学在发展时需要的基本条件和决定因素,包括思想观念、政治、经济、文化和科学技术水平等。

(一)思想自由、学术独立是人文科学发展的基本条件

思想自由、学术独立不仅是人文科学发展的基本条件,而且在人文学科乃至科学文化中都是至关重要的。学术思想的茁壮成长,各种学术观点之间的相互碰撞、交流,这些都构成人文科学发展所必要的前提条件,同时也是培养各类人才不可或缺的氛围。

作为一个社会人,自由可划分为三个层次。第一层次,人身自由。这是最基本的自由,同时也是其他自由的基础和保障。第二层次,选择的自由。人在每时每刻都面临着不同的选择,每个人的不同选择所形成的社会多样化体现了社会的文明程度。第三层次,思想的自由。思想自由,是一种源于内心、基于理性的判断自由。思想自由由信仰、理论、观点等自由组成。

学术独立是指学术摆脱了任何依附关系,可以相对不受政府、宗教、社会团体等诸方面的干预。学术独立从本质上说是思想自由。学术独立是思想自由的一种特殊形式。思想与学术互为表里,失去思想的学术,并非真正的学术。反言之,缺少思想自由,也就没有学术独立。

坚持学术独立、思想自由的原则符合文化、教育和科学发展规律。没有自由和平等的精神,就不可能有人文科学的迅速发展。[①] 布鲁诺不放弃日心说,坚持思想自由,最终"日心说"被世界认可。人文科学得以发展的前提就是人文学者要具有独立的思想,有人文主义精神。人的思想独立后,精神世界就能向人文精神靠拢,人文科学便能更好、更快地发展。

回顾中西方人文科学的发展历程,我们能清楚地知道,在思想自由、学术独立的时代,人文科学的发展呈现繁荣的局面;相反,在思想遭受压制和学术依附权术时,人文科学的发展则陷入了停滞的阶段。

西方人文科学独立于文艺复兴时期,西方著名文化史学者雅各布·克哈特曾高度评价,这一时期是"世界的发现"和"人的发现"的伟大时代。当时的人文主义者或人文科学家摆脱了宗教神学的束缚,取得思想的自由,肯定人的内心世界、感

[①] 朱九思,王怀宇.从历史的教训谈学术自由[J].现代大学教育,2003(4):27-30.

情、意志、道德和良心,讴歌人的创造天才。① 反观中世纪时期,思想被置于宗教神学统治之下,不论是学者,还是民众,他们的思想均受到了宗教神学的严格控制。而到了启蒙运动时期,孟德斯鸠、伏尔泰和卢梭等人,认为理性是人的本性,把理性当作自由、平等的哲学依据。这一时期的思想挣脱了封建神学的束缚,理性主义占据主导地位,同时也为人文科学的发展奠定了基础。

从中国近代看,在人文科学传入之初,就出现了关于人文科学合法性的基础争端,这集中反映在1923—1924年的"科学与玄学"的论战中。以胡适、丁文江等人为代表的学者站在科学主义的立场,主张人文学科科学化和自然科学方法化;以张君劢、林宰平等人为代表的学者站在西方的生命哲学的立场,高扬人文科学的独特性;以陈独秀、瞿秋白等人为代表的学者站在马克思主义的立场,认为唯物史观既是社会科学,又是人文科学。

从人文科学的独立和繁荣阶段看,对人的关注和对自由的追求成为人文科学发展的基础条件。从学术独立的角度看,学术的独立为学者们提供了纯粹的学术研究氛围,避免了功利性的取向。但当学者们探讨人文科学的外在价值时,人文科学就与经济、政治的发展联系在一起。所以在古代很长的历史阶段,统治者利用人文科学为政治服务或以人文科学为"批判武器",在一定程度上导致了人文科学的政治化倾向。如在春秋战国时期,当时的诸子百家几乎都有鲜明的政治化倾向,不仅孔子的"君君、臣臣、父父、子子"学说,墨子的"兼相爱,交相利"理论,韩非子的"世异则事异,事异则备变"历史观等彰明较著,即便是貌似远离政治喧嚣的道家哲学、名家哲学等,也"务为治者也,直所从言之异路,有省不省耳"。② 人文科学学术团体的建立,是学术独立的重要表现。如成立于中华民国二十八年八月一日的中国人文科学社,社员达200多人,该社以研究并提倡人文科学为宗旨,目的在于进行纯粹的学术研究。③ 因此,在中国近代社会的转型阶段,以及不稳定的政治统治时期,学术处于较为独立的状态,但当学术被置于统治阶级之下时,它的独立性便没有了保证。

营造一个自由、宽松的学科环境在本质上就是对知识以及人才的尊重与宽容,具备这种兼容并包的胸怀,才能够真正促进学术的繁荣,以及人文科学的发展。蔡元培以"思想自由,兼容并包"为已经枯萎了的北大学术活动注入了新的活力,将它往日的陈腐、衰败之气荡涤得一干二净。学术思想与流派的林立交锋,使北大的学术气氛开始变得空前活跃、高涨,学者们在学术问题上各抒己见、自由探讨、不受压制,于是出现了百家争鸣的生机勃勃的景象。④ 中华人民共和国成立以后,中国社会曾在很长一段时间内处于剧烈的动荡之中,尤其是"文革"中,学术自由被完全剥

---

① 朱红文.人文科学:从古代到现代[J].社会科学辑刊,1995(1):12-18.
② 欧阳询,胡菊香.论人文科学的基本特征及其内在张力[J].学术交流,2014(9):40-44.
③ 李爱军.近代中国"人文"和"人文科学"刍议[J].商洛学院学报,2012,26(5):20-24.
④ 王鸿政.论基于学术自由意义的学术责任[J].理工高教研究,2005,24(5):12-13.

第七章
人文科学的发展规律

夺,学术思想长期受到政治力量的干预,学术独立更无从谈起。种种缘由使得我国长期以来缺乏真正的学术思想,又何谈人文科学的发展呢?

由此可见,学术独立首先要有独立的学术思想,要能够在自己的职责和能力范围内按照自己的意愿建立起实现学术思想的研究条件和研究队伍。学术独立是在思想自由的前提下提出来的,学术独立要按照个人的思想意愿提出独立的学术思想,不受外界干扰。因此,在学术问题上不能有所依附和"集中",只有大家各抒己见,平等探讨问题,不去讲究个人主义、专制主义,没有绝对的权威和定论,任何情况下,都要允许坚持意见、保留意见,也要允许改变意见。不要实行领导机关或权威人士以行政手段为学术争论作结论的错误做法。只有做到思想自由、学术独立,才能使其对人文科学发挥其巨大的作用。

(二) 经济发展、政治进步是人文科学发展的决定因素

经济发展决定人文科学发展的性质、方向和内容形式。首先,经济是人文科学文化的基础,决定其性质和发展方向。马克思在《1844 年经济学哲学手稿》中就曾指出,宗教、家庭、国家、法、道德、科学、艺术等,都不过是生产的一些特殊的方式,并且受生产的普遍规律的支配。马克思主义认为,经济是基础,文化是建立在经济基础之上的上层建筑的一部分。毛泽东也说过,一定的文化是一定社会的政治和经济在观念形态上的反映。经济决定着文化,有什么样的经济就有什么样的文化,那种企图逾越经济发展的历史阶段的文化思想,注定要失败。

其次,经济为人文科学文化提供物质条件、内容和形式。经济为人文科学文化和艺术的发展提供物质条件,大到公共文化服务体系的建立、文化监管经费的安排,小到文化人的工薪报酬、文化消费者的消费支出,无不需要经济(物质生产部门)的支撑,其中之意毋庸赘言。比如古希腊神话、史诗等艺术的发展和繁荣,是和当时不发达的生产力水平分不开的,人们只能想象和借助想象以征服自然力、支配自然力,把自然力加以形象化。当生产力发展到近现代大工业时代,一切神话地对待自然的态度和一切把自然神话的态度也就不存在了。现在,人们的经济实践活动经过长期的历史积淀,不仅是人文科学创作的源泉,还成为人文科学文化活动的一部分,二者密不可分。例如,2010 年上海世博会中国国家馆,以城市发展中的中华智慧为主题,表现出"东方之冠,鼎盛中华,天下粮仓,富庶百姓"的中国文化精神与气质。展馆的展示以"寻觅"为主线,带领参观者行走在"东方足迹"、"寻觅之旅"、"低碳行动"三个展区,在"寻觅"中发现并感悟城市发展中的中华智慧。世博会结束后,中国国家馆更名为中华艺术宫。这就是典型的人文科学与经济的完美结合。

需要补充说明的是,虽然经济决定人文科学性质、方向、内容和形式,历史上的经济盛世往往也是文化兴盛时期,如盛唐时期、康雍乾时期,但这并不表示经济发展了,人文科学文化也必然随之而发展。19 世纪中叶,美国经济发展水平比欧洲各国要高,但人文科学艺术却远不如欧洲许多国家。三国西晋时期,战乱频仍,经济

凋敝,却诗人辈出。又如我国古代的生产力发展水平远远落后于现代,却出了许多至今罕有的大作家、大诗人、大书画家。其实,这正是与经济的不平衡关系的表现,文化的复杂性正在于此。文化作为整个上层建筑的重要组成部分,一旦确立,便具有相对的独立性,经济对文化的影响通过政治上层建筑、社会意识形态来间接作用。连马克思也慨叹:困难不在于理解希腊艺术和史诗同一定社会发展形式结合在一起。困难的是,它们何以仍然能够给我们以艺术享受,而且就某方面说还是一种规范和高不可及的范本。

最后,政治的进步是人文科学能够健康发展的守护者,能够减少来自政治权力和行政手段的随意性人为干预,为人文科学提供一个安全的、稳定的发展环境。第一,要健全和完善法律制度。一方面,必须从根本上建立一个以尊重人权、保护人权为基点的法律制度体系;另一方面,在制度的框架内,充分发挥人特别是法律职业者的主观能动性。第二,要健全和完善学术制度,也就是说,在人文科学学术共同体中,必须建立起学者们遵循的合理、公正的学术制度和学术体制,建立一种公平、开放、自由的学术环境,创造一种兼容并包、海纳百川的学术开放意识和学术体系,使学术共体同中的每一个合格的科学家或学者都有机会不断与科学同行或其他学科领域的学者进行平等的对话与交往。

(三) 科学技术进步和普及是人文科学发展的催化剂

现代科学技术的加速发展以及在经济社会领域的广泛应用,把人类带进了一个以科学技术为主导的时代。如何使科学技术最大限度地造福于人类或服务于人类福祉的问题,就成为当代人类必须关注的重要问题。人们开始意识到,现代科学技术与人文科技之间存在着相互渗透、相互补充的密切联系,二者均衡的发展是人类社会全面持续进步的重要保证。

1. 现代科学技术发展呼唤人文关怀

科学技术的进步,极大地推动了人类社会物质文明和精神文明的发展,同时也产生了不利于人类生存与发展的负面效应。科技的开发与应用有可能产生对人类不利的影响的一个原因,就是人类认识能力的局限。一项新技术的应用会产生什么样的负面结果,它的潜在危险是什么,事前人们可能认识不清楚。因此在高科技时代,对科学技术的研究、开发与应用,可能对人类的生存环境和身心健康造成的影响,应给予充分的关注,进行超前研究。科技的开发与应用有可能产生对人类不利的影响的另一个原因,是一些组织或个人滥用科技的行为。有的组织或个人为了一己之私利,把科技成果应用于危害他人生存的方面。对这些滥用科技的行为,必须通过对高科技的人文关怀,用人文精神约束之,以人文精神教化之。正所谓"观乎人文,以化成天下"之"人化"。①

2. 现代科学技术发展促进人文科学发展

马克思和恩格斯之所以能够创立马克思主义哲学,并确立起辩证唯物主义世

---
① 代金平.对科学技术人文关怀的根据及其内涵[J].科技与管理,2003,5(3):48-51.

界观,同样是与当时自然科学所取得的划时代的进展密切相关的,是以当时自然科学的发展为基础和前提的。早在1844年,恩格斯就指出,牛顿的学说是唯物主义依据的前提,科学和哲学相结合的结果就是唯物主义。他说:"推动哲学家前进的,决不像他们所想象的那样,只是纯粹思想的力量。恰恰相反,真正推动他们前进的,主要是自然科学和工业的强大而日益迅速的进步"①,"现代唯物主义,否定的否定,不是单纯地恢复旧唯物主义,而是把两千年来哲学和自然科学发展的全部思想内容以及这两千年的历史本身的全部思想内容加到旧唯物主义的永久性基础上"②。对于19世纪自然科学的"三大发现",恩格斯着重指出:"由于这三大发现和自然科学的其他巨大进步,我们现在不仅能够指出自然界中各个领域内的过程之间的联系,而且总的说来也能指出各个领域之间的联系了,这样,我们就能够依靠经验自然科学本身所提供的事实,以近乎系统的形式描绘出一幅自然界联系的清晰图画。"

3. 时代呼唤现代科学技术与人文科学发展走向融合

科技进步和人文科学的融合与分离体现了人类认识的不同发展阶段。20世纪科学技术的无限张扬推动了科学技术的迅猛发展,带来了人类社会物质财富的空前繁荣。与此同时,20世纪也是一个"告警"的世纪,在人文关怀缺失中涌现的现代科技令人们在无限欣喜的同时,又陷入了前所未有的恐慌。鉴于科学技术与人文科学的分离所招致的灾难性后果,人们认识到它们的均衡发展是人类社会全面持续进步的保证。这意味着,现代社会迫切需要科学技术与人文科学的融合。当然,这种融合并不意味着一种精神对另一种精神的消解,而应当是二者的协调互补,共同发展。要实现这样的融合,我们必须审时度势,充分把握好影响二者融合的种种因素,从而在实践中扬长避短、趋利避害,为二者的顺利融合创造条件。③

总之,科学技术作为人文科学发展以及人类社会发展进步的"催化剂",对社会进步承载着不可推卸的责任。因此,我们必须既要重视现代科学技术发展又要重视人文科学的发展,在现代科学技术与人文科学之间保持必要的张力,实现完美的结合,推动中国社会沿着健康的轨道步入新世纪。

四、人文科学发展趋势律

人类人文科学的发展史表明:人文科学在其发展过程中,从古至今经历着综合—分化—综合的发展趋势,这是一种不以人的意志为转移的发展趋势。这种趋势不仅反映了人文科学纵向发展过程中各个阶段之间的基本区别和本质联系,也反映了人文科学在不同发展阶段的横向联系以及人文科学发展在道路和方向上确

---

① 阿诺尔多夫,等.科技革命与社会主义文化[M].张巨沛,译.北京:科技文献出版社,1987:3.
② 中共中央马克思恩格斯列宁斯大林著作编译局.马克思恩格斯全集(第42卷)[M].北京:人民出版社,1972:36-37.
③ 曾冬梅,邱耕田.走向融合:新时代科学技术与人文精神的发展趋势[J].学术界,2002(5):60-68.

定不移的趋势。人文科学的这一发展趋势及其内在联系的科学规律,就是人文科学发展趋势律。①

(一)"综合-分化-综合"是人类科学认识发展的内在逻辑

在人类对客观世界的科学认识发展过程中,存在着两种基本的趋势:一种是从整体上去反映和把握客观世界和人类社会的趋势;另一种是分门别类地认识客观世界的各种运动形式及其运动规律的趋势。前者叫作科学整体化趋势或综合化趋势,后者叫作科学专门化趋势或科学分化趋势。这两种趋势相互联系、相互补充、相互渗透、辩证统一,在科学发展的不同阶段,二者各自突出,成为主导趋势。

在古代,由于社会生产力水平低下,社会结构较为简单,人类的实践水平和认识能力极为有限,人类尚不具备对客观世界进行详细的分析研究的条件和手段,只能在实践所及和人体感官所能觉察到的范围内,将客观事物作为一个整体进行直观,并在此基础上进行抽象、概括和猜测,形成了人类最初的知识体系,这种知识体系就是科学的萌芽。在这种知识体系中,哲学与自然科学、人文科学尚未分化,科学既无明显的门类之分,又无明显的学科之别,人类的知识浑然一体,掺杂在一个知识的总体之中,即处于百科全书式的哲学或神学襁褓之中,呈现出一个粗浅而庞杂的综合体系。例如,我国古代的《周易》就是自然科学与人文科学的混合,古希腊的科学家起初也是把自然科学和人文科学混同而论的。古代的这种综合化趋势具有朴素、直观的性质和笼统、肤浅的特点,古希腊的自然哲学、社会哲学和中国的周易哲学就是这种性质的哲学。而在社会生活领域,社会历史哲学则是解释一切人文社会现象的最高原则。古代的哲学,凭借直观、猜测基础上的归纳演绎、抽象思辨,探索了世界的始源和本质,既包括自然知识,又包括人文社会知识。古代的哲学家和科学家往往是具有各种知识的学问家。古希腊的亚里士多德就是一个典型的代表人物,他在天文、生物、物理等领域都有所研究,在逻辑学、社会学、政治学、心理学、伦理学、美学、历史学等方面也有较深的造诣。他的著作举世闻名,影响深远。我国古代的孔子也是一位博学多才,影响深远的思想家、教育家。沈括的《梦溪笔谈》,是一部综合性的科学著作,内容包括天文、历法、地理、地质、数学、物理、化学、生物、医学、文史、音乐、美术等。

在古代科学萌芽阶段的综合化发展趋势中,科学没有明确的界限和严格的分工,却有哲学和科学部门划分的萌芽。亚里士多德把人类的知识分为理论的知识、实际的知识和应用的知识三个基本门类。理论的知识包括第一哲学、神学、数学、物理学;实际的知识包括伦理学、经济学、政治学;应用的知识包括应用学、美学和修辞学。在这种知识分类中,他把哲学理解为各种抽象理论知识的总和,而把数学、物理学看作是哲学的分支,称之为第二哲学。他认为,理论的知识优于实际的和应用的知识,在理论的知识中,第一哲学又优于第二哲学,因此,哲学同其他科学

---

① 杨玉琪,王文明,杨吉兴,等.人文社会科学概论[M].北京:当代中国出版社,2004:257-258.

第七章
人文科学的发展规律

相比较,处于知识层次的最高地位——最高智慧。在我国古代,孔子是影响最大的一位思想家,他在讲学时也把知识分为德行、言语、政事、文学四科。我们从亚里士多德和孔子对当时人类知识的初步分类中可以看出,在古代科学的萌生阶段,综合化、整体化在成为当时主导趋势的同时也包含着科学分化的萌芽趋势,但尚未形成具体的分门别类的认识,只有个别学科形成了初步的理论体系。在人类的知识体系中,哲学就像一棵大树的主干,其他知识就像是主干上的分枝。一切科学都浑然一体地包含在自然哲学和社会哲学之中。

在欧洲的中世纪,整个社会处于神权的黑暗统治之下,西方的一切其他科学也变成维护神学的工具,没有自己特殊的对象,而以神学的对象为对象,以理论的形式为宗教神学作无聊的论证,为圣经教义作烦琐的解释;把对问题的研究推向极端思辨化,而致力于思考抽象的玄妙的神学原则和上帝的本质与万能,并以此论证现实生活。作为知识总汇的哲学演变成神学哲学——经院哲学。圣·奥古斯丁的《上帝之城》、托马斯·阿奎那的《神学大全》在本质上都是一种神学的"社会哲学"。

随着人类实践水平的提高,各门学科知识的不断积累和发展,哲学和其他科学逐步发生分化。从欧洲文艺复兴到19世纪末的数百年间,科学发展的主导趋势是分化。首先自然科学从自然哲学中分化出来,并在自然科学内部出现了高度分化的状况,形成了具有独特对象、范畴、原理和方法的科学体系;然后人文科学从社会哲学中分化出来,进一步,人文科学内部又发生学科分化。人文科学的分化从18世纪(特别是18世纪中叶开始获得独立的地位)至19世纪奠定了独立的科学基础,经济学、政治学、法学、社会学、历史学、地理学等基本学科从哲学中相对独立出来,并且各种学术流派也不断产生演变。19世纪末20世纪初,这些基本学科又向具有自身特点的多学科体系扩展,各门学科分工越来越细,门类越来越多,专业化越来越发达。随着越来越多、越来越细的自然科学、人文科学和思维科学相继成为独立的知识部门,哲学和其他科学由合而分的历史趋势就成为科学发展的主导趋势。被分化出来的各门学科,形成了研究对象专一性、知识内容成熟性、理论形态系统性、研究方法科学性和对事物认识深刻性的特点。这种科学的分化是人类深入认识客观世界的必由之路,它使人类对自然和社会的认识达到了空前的广度、深度和精度,它是科学、人文科学取得巨大进步的基本条件,也是人文科学真正具有科学性质的开端。相对于古代科学的综合化趋势来说,这是人类认识的一大进步。

然而,科学发展的分化趋势并不意味着古代那种包括万象的"科学之科学"的完全终结,有不少的哲学家往往把自己的哲学看成是凌驾于一切专门科学之上。19世纪上半叶的德国古典哲学的集大成者黑格尔,就是这个方面的代表。他虽然也给哲学和科学做了一个分工,但在总体上仍然坚持哲学应是知识总汇的思想,他把自己的哲学分为逻辑学、自然哲学和精神哲学三个大的部门,妄图使之囊括一切科学部门,建立起一个以"绝对观念"为基础、出发点和归宿的庞大的知识体系。正如恩格斯所指出的那样,黑格尔哲学是历史上最后一个包罗万象的终极真理的体系。

　　近代科学的这种横向与纵向越分越细的分化，主要具有积极的一面，但也有消极的一面。它使人类对客观对象的认识更加深透、更加具体，促进了各门学科的建立、独立和迅速发展。但这种科学的分门别类的孤立的研究，造成了学科之间的壁垒森严，使人们逐渐失去对世界整体的、全面的、综合的理解，限制了科学工作者的视野，削弱了科学发展的后劲，并在思想方法上形成一种孤立、静止、片面地看问题的习惯，并形成了近代形而上学的唯物主义自然观。

　　然而，物极必反，在近代科学分化的过程中，不仅克服了古代综合的局限性，而且还蕴含着新的综合因素，并为新的综合奠定基础，科学分化必然又要走向自己的反面。那些被分门别类地加以研究的自然和人文社会的各个领域、各种运动形式及其规律，本身就是相互关联的有机整体。人们在对这些领域、各种运动形式及其规律进行深入细致的研究中，逐步地发现整个物质世界也存在着共同的本质、特点、属性和规律，发现它们之间也存在着内在的联系。正如英国著名理论物理学家保罗·戴维斯所说："科学实验表明，我们越深入地探寻事物的本质，就能越多地发现它们之间的联系。"例如，通过对人类社会各个领域、各种现象的深入研究发现，无论是人类的经济活动，还是政治活动或者文化活动；无论是人类历史的发展，还是地理环境的作用，都是一个有机联系的动态系统，社会各子系统构成更高一级的社会整体大系统。人们要进一步向客观世界的深度和广度进军，并解决在实践中碰到的各种复杂的问题，只有依靠各门科学的相互协作与综合运用才能达到目的。正是由于科学和人文科学的这种内在逻辑性，我们才能够对科学和人文科学的各种对象进行日益精细的研究，并不断地接近对事物的总体性认识，即人们对事物的认识由片面转向全面，由单向转向多维，由平面转向立体，从而在认识中再现客观世界的综合图景。科学和人文科学发展的内在规律性，决定了科学在高度分化的基础上又要走向综合化的发展趋势。于是，科学发展到20世纪，特别是第二次世界大战以后，又出现了综合化的趋势，并且日益成为主导趋势。

（二）"综合-分化-综合"的逻辑揭示了科学发展的全时态演进过程

　　科学进步的历史沿革是个全时态的演进过程。古代朴素的综合只是人类科学认识的起点，近代的分化是由古代的综合演化而来，又向着现代的综合推移演变。全时态的科学整体观告诉我们，整个人类科学认识发展过程具有时间的持续性、时序的先后性、历时的积淀性、共时的渗透性和形态的跳跃性与多样性的特点。只有把握了这些特点，才能真正把握科学认识发展的实质，即"综合-分化-综合"的实质是综合与分化的对立统一，即综合与分化的矛盾运动推动着科学的发展。这一科学认识规律揭示了科学认识运动的过程是通过实践发展基础上的科学认识能力的不断演进，使自身内在矛盾不断得到解决而实现的。

　　单凭科学认识内在矛盾的一次解决——近代分化克服古代综合而成为主导趋势，尚不足以展现人类科学认识运动的生动的丰富内容。古代的朴素综合和近代的分化运动都有各自的局限性,这是因为实践的局限性决定了人类认识能力的局限性。只有通过矛盾的再次解决,才能进一步克服以往综合和分化矛盾双方的局限性,并使双方的积极方面都得到保留和发扬,达到两种发展趋势、两个对立面在新的基础上的统一;才能使人类的科学认识被推到一个更高的发展阶段,从而使科学发展到更加完善的程度,使科学认识矛盾的运动推向一个新阶段。现代的综合化趋势同古代朴素直观的综合化趋势不同,它是在科学的深入发展、高度分化的基础上所产生的,高度的、系统的综合,同时又是分化与综合的相互渗透、相互补充、相互促进、相得益彰,它带来的是科学体系的整体化和全方位的运转,是科学发展的高级阶段。

在这个阶段,人类科学对客观世界的认识,无论是在深度上,还是在广度上,无论是在精确度上,还是在分化与综合的内在关联性上,都是以往任何一个历史阶段不可比拟的。它进一步揭示出科学发展的一般规律和宏观走向,反映出科学认识分化与综合的矛盾运动和二者互容、互补、互激的总体面貌,反映出人类科学认识的过程。从内容和内在动力上来看,它是一个科学克服自身的内在矛盾,不断完善自己的辩证过程;从科学发展的道路和方向来看,它是一个螺旋式上升或波浪式前进的曲折前进过程;从发展趋势来看,它又表现为综合—分化—综合的否定之否定的运动过程。正如列宁所指出的那样:"要认识世界上一切过程的'自己运动'、自身的发展和蓬勃的生活,就要把这些过程当作对立面的统一来认识。"①

作为一个相对独立的哲学分支学科,人文科学是在近代以来人文社会哲学学科的深度分化和整体性建构的历史过程中形成和发展起来的。因此,正确把握科学演进的趋势律,有助于我们对人文科学全时态过程进行整体描述和理解,有助于我们科学地反思过去,深刻地认识和把握现在,并瞻望未来。

(三)"综合-分化-综合"是现代人文科学发展的主要趋势

科学、人文科学发展所表现出来的"综合-分化-综合"的发展趋势,不仅是科学、人文科学自身的发展规律性和内在逻辑性使然,而且具有深刻的客观根据,即物质世界多样性的统一是其物质基础。

根据马克思主义关于社会存在和社会意识的划分,科学从本质上来看,属于社会意识的范畴。自然界和人类社会是构成物质世界的两个有机组成部分。而客观物质世界的统一是多样性的统一、差别性的统一,不是整齐划一的、死板的、无差别的统一。客观世界的统一性是科学综合化的客观基础,而客观世界的多样性和差别性,则是科学分类和科学分化的客观依据。离开客观物质世界的统一性和多样性去谈科学的综合和分化,科学就会变成无源之水、无本之木,也就没有科学的客观真理可言。

科学史家乔治·萨顿指出,自然是统一的,科学是统一的,人类是统一的。无

---

① 中共中央马克思恩格斯列宁斯大林著作编译局.列宁全集(第38卷)[M].北京:人民出版社,1959:408.

论是自然科学、还是人文科学,都是人类对客观世界认识的结晶,而分别以自然界和人类社会作为研究对象的自然科学和人文科学,理所当然是人类科学既相区别又相互联系,不可分割的统一整体。人类科学认识在不同发展阶段上所表现出来的综合与分化的不同趋势,从本质上来说,既取决于客观世界的本质,又取决于人类实践水平和认识能力的局限性。我们只有以这样的观点去观察和认识人类科学不同发展阶段的分化与综合的不同趋势,才能对人类科学的发展做出符合客观的评价。

古代那种朴素的直观的综合化趋势,既以客观物质世界的统一性为基础,同时又受到人类自身实践水平和认识能力低下的制约。而近代以来日益精细的分化,一方面,固然是以世界的多样性和可分性为其客观基础,另一方面,又人为地把世界整体肢解为各个不同的部分,切断了世界各个组成部分之间的有机联系,使人们不能从整体上反映客观世界的本来面貌和综合图景。当代科学在高度分化的基础上的高度综合以及分化与综合的协同并进,正反映了客观世界多样性的统一的这种内在联系,而科学由一种主导趋势发展到另一种主导趋势,从而使人的社会意识同社会存在之间的矛盾不断得到解决是分不开的。

第三节 人文科学规律与人的全面发展

一、人的全面发展

人的全面发展是指人的体力和智力的充分、自由、和谐的发展。人的全面发展理论是马克思针对大工业机器生产造成人的片面发展而提出来的。人的全面发展是人的发展的最理想的境界,就个体而言,是指德、智、体、美、劳和谐完整发展,是一个人认知性发展、情意性发展和个性发展的最大限度的发挥。其根本目标在于促进人的身心和谐地发展,在于促进主体的实践活动、社会关系、人的需要、能力、素质和人格的全面发展。

人的全面发展具体体现在四个方面。一是人的身心的全面发展,即人的生理和心理和谐全面的发展,或者说是人的体力、智力和人格的全面和谐的发展。生理的全面发展是指人的身体素质的和谐发展;心理的全面发展是指人的认知、情感、意志和个性的全面和谐发展,包括人的感觉、知觉、记忆、想象、思维、兴趣、需要、动机、世界观、价值观、能力、人格等综合素质的完善与发展。早在古希腊时期,哲学家伊壁鸠鲁就把人的幸福界定为"身体的无痛苦和灵魂的无纷扰"的完美结合。二是人的社会关系的全面发展,即个人与他人、社会的和谐全面发展。人的本质是社会关系的总和,个人的全面发展离不开与之交往的他人的发展,以及与之赖以生存的社会的全面发展。个人与他人以及社会的发展是相辅相成、互相促进的,每个人的自由发展是一切人自由发展的条件,是与社会的发展互为前提和基础的。三是人与自然的和谐全面发展。人的本质是社会关系的总和,这并不否定人的自然属性。其实,人的首要属性是自然的人。人出生以后,在其赖以生存的自然环境中,与自然环境是相互依赖、相互作用的关系。自然环境的状况直接决定着人的生存质量,决定着人的发展程度。人在社会中与他人发生各种社会关系,在人与人之间,以及人与社会之间逐渐被社会化,最终成为一个社会的人。因此,人与自然的和谐统一、协调发展,是保证人的全面发展的基本条件;人与他人、社会的和谐发展,是保证其成为社会人的基本条件。① ④人的全面发展的实质在于人的主体性本体规定和关系规定的统一。人的本质不是先天的,而是在后天社会生活和社会实践,特别是生产实践中形成的。因此,人的主体性发展的动力在于主体的实践活动,人的主体性发展的程度、条件在于主体实践活动内容的丰富性、完整性以及活动方式和活动工具的智慧成分等。

二、全面发展教育与人的全面发展

人的全面发展目标要求人的教育必须是全面的和完整的,即全面发展教育。在人类历史中,人们对全面发展教育的构成要素和内容存在不同的理解,有"三要素说"、"四要素说"和"五要素说"等不同说法。"三要素说"认为,全面发展教育构成的基本要素是德、智、体三部分内容;"四要素说"认为,全面发展教育包含德、智、体、美四育;"五要素说"强调,全面发展教育的内容涵盖德、智、体、美、劳五育。

中国古代西周时期提出的"六艺"教育,即礼、乐、射、御、书、数,也包含了德、智、体、美、劳五育的内容。古希腊哲学家亚里士多德主张的自由教育,近代教育家夸美纽斯提出的泛智教育,法国启蒙思想家卢梭的自然主义教育观,以及瑞士教育家裴斯泰洛齐倡导的和谐教育观等,都希望人受到完善的教育,使受教育者得到多方面的发展,成为和谐发展的人。这些教育思想,都是全面发展教育理论的重要源泉。

人的全面发展是动态的,在促进人的全面发展过程中,教育的支持也必须是整体的、和谐的和完整的。在当代,全面发展的教育观就是要坚持科学教育与人文教育的有机结合。

一般来说,科学教育是传授科学知识,体验科学思维方法,培养科学精神与科学态度,建立完整的科学知识观与价值观,进行科研基础能力训练和科学技术应用的教育。人文教育则是以人为中心和以人文学科为基本内容的教育,突出人文知识、人文精神和人文方法的培养。人文教育的目标是培养身心健康、知识广博、品德高尚、个性自由、人格健全、社会适应性强的人。早期人文教育重视心智的训练和情感的陶冶,然而,随着社会分工的发展及学科分化的日益加剧,教育走上了不

---

① 曲庆彪.社会科学基础[M].北京:高等教育出版社,2004:115.

断专业化的道路。专业化教育在教育中无视人,把人当作工具,或者强化人的片面发展,忽视人的身心协调发展。近代以来,以人本主义哲学为指导的多次教育改革所采取的自由教育、博雅教育、通识教育、文化素质教育等措施,都体现了实施人文教育以挽救专业化教育对人的全面发展带来的不良后果。

时代在前进,自然科学教育与人文科学教育也由以往的分离、对立走向二者的结合,这对于实现人的全面发展的目标是非常合适的。未来科学的一体化进程,并不是要消除科学形态的多样性特征和多元性结构,也不是要以自然科学的独断地位来改造人文科学或取消人文科学的独特品格。虽然人文精神与科学精神在许多方面是有区别的,二者的关注重点与趋向旨趣都存在明显的差异,但是,它们在人的本质需要、共同塑造完美的人性这一目标上又是一致的。相比之下,人文精神的核心是人的精神与情感世界,它直接涉及人的价值与意义。人们常常把自然科学当成一种谋利的工具、技能或手段,其实,自然科学家在自然科学的认识活动中,已逐渐形成了一些认识事物与理解事物的思维方式、精神信念和心理态度,即构成了科学的精神和科学的品格与气质。而科学精神的核心是人对世界的理性态度,讲求因果关系、追求合规律性,因此,科学精神的内核与人文精神走向融合,进行科学教育其实也是在实施人文教育,二者都是全面发展教育的一部分。①

三、人文科学规律与人的全面发展的关系

马克思关于人的全面发展学说为人类勾勒了一幅人的自由全面发展的美好历史画卷,人不仅在物质生产和物质交往领域,而且还在精神生产和精神交往领域,通过创造性的劳动实现自己的价值。随着生产力的快速发展和物质财富的日益丰富,生活的主要内容将不再是仅仅为了谋生,人们将越来越重视精神生活,人的精神与人的发展的总体关系,就表现为人的科学精神与人文精神的高度发展和完善。这两种精神相辅相成、相互补充,有利于促进人类的全面发展。人文科学规律与人的全面发展的关系主要表现在以下几个方面。

1. 人文科学规律指引人的全面发展方向

人的全面发展是在认识和改造客观世界的创造性活动中获得的,人的活动是有目的的,能意识到活动的过程和结果。人文精神关注人的主体性,表明人的主体精神世界,是人的创造能力、超越精神和自由追求的集中体现,是人的精神生活中最能体现人的本质特征的东西。而科学的理性精神强调客观世界的规律性,主张通过主观努力认识和把握规律。我们不能在柏拉图式的幻想中去实现人的全面发展,也不能妄想摆脱自然规律和经济社会发展规律的制约,以破坏资源、生态环境

---

① 刘国男.人的全面发展与人的教育[J].辽宁教育行政学院学报,2005,22(3):46-47.

为代价来谋求人的全面发展。① 人文科学规律能够引发人们在价值观念、生活方式、消费方式等一系列领域发生变革,促进人们形成科学、文明、健康的生活方式,进而促进人的全面发展。

2. 人文科学规律为人的全面发展设置价值坐标

人文科学蕴含着人的世界观、人生观和价值观,体现了人对独一无二的生命价值的理解和对特定理想人格的设定与追求。只有当人对生命价值及自身发展具有了理性觉悟的时候,人才会产生强大的发展需求和发展动力,才会为实现自己的全面发展而做出不懈的努力。② 人的全面发展要借助于人的实践活动以及人所创设的社会建制、文化成果来进行。但人的活动、人所创设的意识形态在特定时期会压抑人,阻碍人的发展,导致人的异化。而人文科学规律为人提供了可以遵循趋向的价值体系,让人按照自己的本质去估价这些关系,真正依据人的方式,根据自己的本性需要来安排世界。因此,作为主体尺度的人文科学精神,是人改造世界的尺度,是客体世界主体化、为人化的主观标准,是社会发展和人的发展健康运行的价值尺度。人文科学精神虽然不为人的活动提供现成的价值规范体系,但它是人的价值体系得以生成的原点和支撑点。

3. 人文科学规律推进人的全面发展进程

融合科学、人文精神而成的人文科学规律,使人的理性与情感、分析与感悟、追求精确与感受朦胧、获取知识与增长智慧之间达到了某种沟通、契合,而最重要的是,使物的尺度与人的尺度达成了某种和谐统一。这样,人们在认识、改造世界时,不仅要求真,还要求善、求美。其认识、改造行为不仅仅要合乎客观规律,还要考虑与人相关的价值意义,真正达到物的尺度与人的价值尺度的统一。在社会现代化进程中,要遵循人文科学规律,既不能因强调科技与经济发展而忽视人文精神,又不能因张扬人文精神而抑制科学精神,而应协调二者,使两种精神之间保持一种张力,一种平衡的度。③ 这个度的平衡点就是人的全面发展。当然,这种度不是静止不变的,必须根据经济发展和社会进步诸方面条件的变化具体、历史地确定。因此,要真正实现人的全面发展,必须将有利于人的生存发展作为协调两种精神的基本尺度和原则,遵守并正确运用人文科学规律,更好地实现人的全面发展。

4. 利用人文科学规律为人的全面发展服务

在当下,我们对人文精神的理解就是该做什么,不该做什么,因此,利用人文科学规律为人的全面发展服务,就是从国家大事到家庭琐事都要先考虑人的利益与需求;要会关心人,爱人;要把人的利益与需求放在其他事物之前。

---

① 孟李辛.人的全面发展视阈下的科学精神与人文精神的关系研究[D].北京:北京交通大学,2008.
② 司晓宏.人文精神、人文教育与人的全面发展[J].陕西师范大学学报(哲学社会科学版),2002,31(5):105-110.
③ 俞吾金.科学精神与人文精神必须协调发展[J].探索与争鸣,1996(1):4-7.

可见,以人文科学规律为人的全面发展服务,必须以人为本,尊重人的主体性,必须深切重视人民的实际利益,这才是人文之道。

思考题

1. 为什么说社会实践是人文科学的源泉和动力?
2. 为什么说思想自由、学术独立是人文科学发展的基本条件?
3. 为什么说学术争鸣、继承和创新是人文科学发展的基本途径?
4. 试举例说明人文科学发展有哪些特殊规律。

第八章
人文科学的发展趋势

人文科学作为人类古老的知识体系,经历了一个漫长的历史发展过程,它与自然科学、社会科学的进步发展史一样,呈现出不断进步的图景,而且在不同的时期体现不同的特征。人类生存的历史就是人类认识不断发展的历史,也是科学不断发展的历史。回顾人类的发展历程,由混沌到文明,由弱小到强大,自然科学与社会科学、人文科学相互交融,共同照亮了人类前进的文明之路。那么,在刚刚过去的20世纪里,"观乎人文,以化成天下"的人文科学总体发展有什么特征?在新世纪飞速发展的背景下,人文科学发展的趋势将呈现出怎样一种面貌呢?

第一节 人文科学发展的现状

在过去的20世纪里,人类经历了太多的事情:两次世界大战给人类带来了巨大的灾难,同时也唤起了一批民族的觉醒和一批国家的独立;世界范围内的大战虽然结束了,但地区冲突和局部战争仍然此起彼伏,冷战依然存在;虽然战后的恢复和建设取得了很大的成就,但过度开发给生态和环境造成破坏,使人类付出了相当大的代价,从而使人类痛切地认识到可持续性发展的重要性;冷战结束,人们对和平与发展这两大主题寄予了更大的希望。

信息时代特别是网络时代的到来,交通和通信技术的发展以及经济全球化的大趋势,缩短了人类的距离,促进了人类的交流和合作,与此同时,也模糊了文化多样性,相互依赖性也大大增加,全球化趋势不可逆转。此外,还有人口问题、就业问题、贫困问题、能源问题、灾害问题、犯罪问题、民族与地区冲突问题,等等。这一切无不给20世纪人文科学的研究及发展历程打下或深或浅的烙印。为了解决人类面临的许多重大和紧迫的问题,各国、各学科的学者进行了比以往任何时候都多的协同努力和合作。总的来看,20世纪是人类历史发生大变革的世纪,科学技术的发展极大地改变了世界的面貌,人类社会的生产力、生产关系、政治制度、思想意识、价值观念等都发生了很大的变化。同时,20世纪也是人文科学获得大发展的世纪,人文科学的发展呈现出不同于以往的特点。

一、人文科学知识的总量迅猛增长

作为一个知识体系,人文科学的进步发展,首先突出地表现为人文科学的知识量随着时代的推移而不断增加。特别是近代以来,人文科学的知识总量呈现出迅速上升的趋势。现在,无论是哲学、文学、历史学,还是语言学、美学、艺术学、伦理学等,每一个学科都已发展成一个包含着众多专业领域或分支学科、边缘学科的统一、完整的知识体系。这些知识体系已经积累了丰富的知识和内容,而且每年都有大量的新知识、新理论、新概念、新术语、新思潮在不断涌现。从某种意义上可以说,近代以来特别是在当代,人文科学的知识总量也呈现出爆炸性增长的现象。

人文科学知识总量不断增长,原因在于人的创造能力和发现能力不断提高,人们在创造着新的人文知识的同时,也在发现着新的人文知识。例如,作为文学的分支学科的文学史,无论是中国文学史还是外国文学史,其知识总量随着时代的推移而迅速增长的现象都十分突出。在上古时代,文学创作只是少数知识文化精英的事,文学的创作数量总是很有限的。两千年前的一部中国文学史,关于文学的种类、品种、数量、作者、作品等方面的知识,要比现在写的一部中国文学史少得多。随着历史的发展,越来越多的文学作品被创作出来,并且被越来越多的学者整理出来,汇集成册。孔子对当时的诗歌做了重要的收集整理工作,形成了《诗经》。到了汉魏时期,中国的诗歌创作数量已达到惊人的数量,要进行整理编纂,写出一部中国诗歌方面的著作,所涉及的知识领域就要比孔子时代复杂得多。而到了唐宋以后,中国已成世界意义上的"诗的国度",诗歌数量之多已如汪洋大海,而诗人人数之多、创作风格与特色之多样性、诗歌体裁和形式之多元化,使中国诗歌的研究工作成为一项包含着巨大知识与信息量的、艰难繁复的工作。

在历史学领域,历史知识总量的增长情况就更为明显。历史学知识的增长是随着历史进程本身的不断推进而增长起来的。每一个成为过去了的历史时期,它的政治、经济、文化、科学、社会生活的方方面面,都可以进入历史学家的认识范围,时代越是往后发展,历史学领域的知识就越多。在那些有悠久历史文化的国家里,可以成为历史认识对象的内容非常丰富。比如,写一部重在历史事实陈述和整理的、知识性的中国文明通史著作,时代越是往后,历史学家面对的历史内容就越多,整理、选择、编排、叙述这些历史事实,已经成为历史学家具有专业性、技术性的工作。历史编纂学、史事考订学、图书版本目录学等专业性学科成为历史学中的一些基础性工作。比如,司马迁时代,历史学家可供认识和分析的历史内容,要比孔子时代丰富得多,而到了司马光时代,他所面对的中国历史内容也已经比两汉时期多得多。就历史学在知识量方面的增长而言,它有两个主要的表现形式:一是随着历史进程本身的推进,提供给历史学家去认识和研究的历史内容不断增长;二是历史学本身积累的人们对历史认识的成果不断增长。就后一个方面来说,每一个时代

第八章
人文科学的发展趋势

的人们都在不断地以他们的观点和需要,以他们的认识能力与认识模式,对以往的历史进行着新的认识,从而不断地撰写出关于历史的著述,给后世留下新的历史学知识。这样,随着时代的推移,积累的历史学方面的知识就越来越多。从不同时期的关于中外各国史学发展史方面的著作中,我们可以清楚地感受到历史学知识量的快速增长过程。

人文科学知识的增长还有另一种形式,即后人发现、发掘出的知识会越来越多。例如,在文学史、哲学史和史学史领域,进入现代以后,现代科学技术的进步以及它在传统人文科学领域的应用,为人文科学家提供了更加先进有效地获得历史上的文学、哲学、历史学知识的手段。越来越多的在历史上已经消失了的文学著作、哲学著作,以及关于古代人们在文学与哲学领域的思想与观念,可能会随着现代考古学的进步和大量的文献遗址发掘工作的展开而重新为文学史家和哲学史家所认识和掌握。历史学在这一方面表现得最为明显。现代考古学的进步,带来了历史学的革命性变革,历史学的知识呈急速增长的状态。以世界上古史的认识为例,20世纪以来,由于对古代世界一系列重要文明遗址的发掘,历史学家已经获得了关于古典时期和前古典时期的克里特文明、古巴比伦文明、古印度文明、古波斯文明和古埃及文明的全新认识。那些没有文献记载的美洲印第安文明、黑非洲文明,也依靠现代人类学、语言学和考古学的方法,建立起来了古代历史的大体框架。20世纪是世界历史知识发生革命性增长的时代。在这方面,我们在中国史研究领域也可以明显地感受到。例如,关于先秦时代或更早的史前时期的中国古史研究,过去历史学家认识得比较少,主要是靠一些神话和传说获得,而到了现代,历史学家们可以通过现代考古学,获得越来越多的史前时期或远古时代的知识。例如,20世纪,中国历史学家对于先秦时期的历史认识,殷墟考古的成就,甲骨文的发现和解读,带来了中国古史研究的革命性进展。在20世纪里积累起来的关于中国远古文明的知识,超过了过去的所有时代。近年来进行的多学科"夏商周断代工程"研究项目,可以发现更多、更重要的关于中国古代史的知识。人们也还可以通过对原有的历史知识进行分析整理,发现新的知识,比如中国传统史学中发达的"小学",如考据学、训诂学、版本学、目录学等,都会为历史学提供越来越多的知识。从这个意义上可以看出,包括历史学在内的人文科学也有明显的发展,也不断有科学上的新发现。

人文科学知识量的增长,其实反映了人类对世界认识领域的扩大与认识程度的深入。近代以来,随着人类社会实践活动的发展和活动范围的扩大,进入人类认识领域的事物越来越多。在人文科学的世界里,也出现了许多新知识增长点,出现了许多传统人文科学不曾关注的新问题。例如,在文学艺术领域,现代文艺学发展的一个突出特点是进行全球性的文学艺术比较研究,揭示文学艺术作为一种复杂的人类精神文化现象,在世界范围内各不相同的社会、历史、文化与自然环境下所具有的复杂性质与功能。古老的文学艺术研究拓展出新的领域与空间,比如文艺理论家开始从更复杂的背景来重新认识文学艺术的功能与作用,试图把文学艺术作为一种社会交往的方式来说明艺术的本质,探究文学艺术与人类历史进程的相互关系。比较文学、比较艺术学、音乐人种学、音乐民俗学、舞蹈人种学等学科的形成与发展,使文学艺术研究从一个更广阔的背景上展示出人类文学艺术活动与其历史进程和文明形态的内在关系。近代以来,人文科学在这方面增长和积累的文学艺术新知识、新理论是十分丰富的。

二、人文科学教育制度已经建立

作为一种教育体系,古代人文科学大体上是由上层社会中的少数人占有的。人文教育活动和人才培养基本上采用一种书院式的方式,以私人讲学、师徒传授的方式来培养人才。同时,古代也没有真正意义上的专业,人文科学教育家,文学家、哲学家、历史学家相互之间也没有明确的专业划分与界限,文史哲实际上是作为一个整体为古代文人和知识分子掌握的。古代人文科学家往往是百科全书式的人文学家或人文思想家,汇集"传道、授业、解惑"诸职责为一体的古代学者。作为一种培养社会上层人物的精英教育,人文教育实际是一种素质教育,而不是专业教育,尽管能够获得这种素质教育的只是社会中的很少一部分人。

进入近代以来,随着工业化社会的形成与文化教育的普及,传统的人文科学逐渐采用了现代教育体制,在大学里纷纷建立了文学、哲学、历史学、艺术学专业,培养专门从事人文科学研究与教学的专门人才,现代人文科学专业化教育体制逐渐形成并日渐完备。精英式的古典学科教育也逐渐通过越来越多的大学专业教育而进入国民教育的领域,成为国民教育体系中的一些专业与学科。今天,人文科学已经成为现代大学教育中一个十分专业化的学科教育大类型,文学、哲学、史学、艺术学都成为学科形态完备的高等教育专业。人文科学家和自然科学家、社会科学家一样,也需要经过严格、系统、专门化的训练,接受专门化的长期教育,这样才有可能涉足这个高度专业化的、知识总量急剧膨胀的人文科学知识领域。现代人文科学的教育同自然科学、社会科学的教育一样,也形成了完整的教育体制,按专业、学科进行专业化教育,按班上课,统一培养,采用标准化的教科书。在大学的人文科学各院系里,教育按学科和专业进行划分,每个教师各讲授一门或数门课程。

人文科学的教育和自然科学、社会科学一样,形成了规范严谨的学位制度,包括学士、硕士、博士的学位体制与培养体制,按部就班地培养各个层次的毕业生。今天,人文科学已经形成一个庞大的知识领域,学科体系也随之演化得越来越复杂,积累起来的知识数量也越来越多,要成为一个合格的人文科学专业工作者,必须经过长期的专业教育与训练。20世纪以来,人文科学各学科在大学里的教育和研究工作都已经成为一个高度专业性、具有很强科学研究工作形式和特定要求的科学类型了。从这里可以看出,人文科学在20世纪的进步发展是十分明显的。随着人文科学日益成为一种专业性、职业性很强的事业,在现代社会,以人文科学为

第八章
人文科学的发展趋势

职业的人数逐渐增长起来，人文科学的从业队伍不断扩大，各种专业性的人文科学研究学会、组织、社团纷纷建立，专业学术刊物、文献检索、文摘期刊大量出现，各种模式的研究机构、科研中心、资助基金设置起来，这一切都显示出人文科学在现代条件下的重大进步与发展。在这个知识与信息爆炸的时代，人文科学的知识得以像自然科学、社会科学那样系统化、专业化地积累、传播。

三、人文科学研究主体不断优化

20世纪以来，随着人文科学研究对象的不断增加，研究规模的日趋扩大，这就对研究主体的优化问题提出了新的要求，其突出表现是研究人员群体化和研究骨干的通才化。

研究队伍优化的第一个表现是，研究人员的群体化。受历史条件和社会实践规模的限制，以往的人文科学研究大多是少数思想家、学者的个体研究。现代科学技术突飞猛进，尤其是电脑技术、传媒技术、网络信息技术等的发展日新月异，使社会现象瞬息万变，社会变迁节奏明显加快，社会联系空间日趋紧密，社会实践规模空前扩大。任何人文现象、人文事件都已成为社会总体发展链条中的一个环节，任何重要问题都成为事关全局的综合性问题，所以依靠个人及单学科的力量从事复杂的人文研究，明显力不从心。因此，当代人文科学往往以科研机构集体的力量去开展研究，研究人员的规模从几个人、几十人扩展到几百人、几千人甚至几万人，研究队伍体现出群体化的特点，如著名的"罗马俱乐部"、"联合国教科文组织"、"世界未来学会"、"欧洲人口研究中心"、"兰德公司"等。这些组织，有的比较紧密，有的相当松散，人员是多学科、跨国、跨地区的。国家组建的研究机构数量也越来越多，课题大，研究规模大，人员组成同样注意学科交叉、专才与通才兼容、专职与兼职共用。国际合作走向有组织、有计划的大规模集体研究。联合国的各个分支机构往往以阶段性课题或定期召开国际研讨会为纽带，招揽多种人才，如联合国教科文组织自20世纪60年代以来，不断围绕某一教育主题组建国际委员会，通过国际合作进行面向全球的调查研究，提交了一份又一份著名的教育科学报告。随着这些机构或组织的建立及影响的扩大，各国政府不仅对其给予积极提倡和重点扶持，而且把各种研究成果作为各国政府乃至世界制定整体发展政策的参考依据。无论是对人类可持续发展的战略建构，还是对生态环境、人口资源等问题的跨时代关注，都是人文科学研究集体智慧的结晶。

研究队伍优化的第二个表现是，研究骨干的通才化。科学领域人才的智能结构，历史上也有一个"否定之否定"的过程。古代学者、哲人中的代表人物，无论中外，都是上知天文，下知地理的通才，有的还是百科全书式的人物。近代以来，由于人们需要分门别类地深入考察、研究自然和人类自身，科学领域进入了专才取胜的历史阶段，许多人在一个学科、一个问题上耗尽了一生的全部精力。不同学科的专家之间，形成"隔行如隔山"的局面。20世纪上半叶，人文科学仍以分化发展为主要潮流,各学科的专家仍是十分耀眼的明星。这一时期,英国物理学家贝尔纳以科学的态度研究科学的本身,在1939年出版的《科学的社会功能》一书中提出了"科学是什么,科学能干什么"这样的重大问题,倡导科学须综合发展,科学人才须视野开阔、知识广博。他本人不仅在自然科学的不同领域,而且在社会科学、人文科学领域和三大科学部类的交叉领域都卓有建树,这也使他成为现代科学学的奠基人。20世纪下半叶,通才取胜的观念逐步占了上风。美国学者卡恩是一位"前任物理学家",后转而研究军事学、经济学、社会学、未来学等,他在70年代与人合作出版的《今后200年:美国和世界的蓝图》以及其他著作中提出:应该把目前占统治地位的一些问题,如人口、经济增长、能源、粮食的污染,看作是基本上能解决的问题,是过渡时期中的一些过渡问题,是处在世界贫穷和世界繁荣之间的一个时期的问题。200年后,我们可以预计,几乎到处都将人口稠密,生活富裕,并能驾驭自然力。这一理论叫作"大过渡理论",支撑这一理论的绝不是某种狭隘的专业知识,而是一个庞大的兼跨文理且向"文"倾斜的知识体系。像贝尔纳和卡恩这样的杰出的通才,不是一架只深入在一口油井中的钻机,而是四处闪光的思想发动机,是20世纪下半叶人文科学、社会科学乃至整个大科学领域中最具创造力、最有代表性的骨干。

四、人文科学发展呈现出既深度分化又高度综合的特点

  20世纪科学发展的突出特点是,既深度分化又高度综合。作为三大科学之一的人文科学,其发展也呈现相同的特点。

  由古至今,人类知识的发展经历了从静观到实践、从重思辨到重经验、从包罗万象的哲学到各种学科异彩纷呈的历史。在人类知识与思想发展的早期阶段,人文科学与自然科学一样,孕育在作为"知识总汇"的哲学当中。这个时期的知识既无门类之分,更无学科之别,呈现出一个简单而庞杂的混合体。人文科学真正独立出来,是继自然科学形成之后。近代以来,关于自然的认识及其成果优先发展起来,达到科学的水平并成为专门的学科。这不仅推动了技术的革新和人类实践的进步,也推动了社会结构的深刻变化,为人文科学研究的发展提供了对象性前提和强劲的动力。与此同时,自然科学的发展也造成了知识结构的不平衡状态,并为整个知识体系的发展设置了科学化的目标,这便促使人文科学研究试图以某种方式获得经验确证,从而发展出系统的世俗知识,即开始了人文研究科学化的努力。20世纪以来,随着人文科学的研究视野的不断拓展,研究领域的不断深入,学科划分越来越细,亚学科、子学科、分支学科也越来越多,学科体系日益复杂化,形成了一个拥有数以千计的分支学科的庞大学科群。这就使人文科学的发展呈现出不断分化的特征。人文科学的分化表现为学科划分越来越细、分支学科越来越多。

  今天,在世界各个国家中,无论是大学教育里的专业构成、学科结构,还是科研机构里的学术研究,都已按照"科学的"专业目录来进行。这个专业目录、学科目录,也就是各个时期流行的学科划分标准。人文学科各学科的划分标准在世界各

第八章
人文科学的发展趋势

国并不完全一样,但总的来说,一般都是把文学、哲学、历史学、美学、宗教学、伦理学、艺术学等学科称为一级学科,在这些一级学科之下又分成众多的二级学科,在二级学科之下,再划分出更多的三级甚至四级学科,然后再在这些不同层面的学科间进行更复杂的双向或多向渗透、交叉、结合,从而形成更多的新兴学科、边缘学科。例如,在我国学科目录中,哲学"一级学科"中包括马克思主义哲学、中国哲学、外国哲学、逻辑学、伦理学、美学、宗教学和科学技术哲学等8个"二级学科";中国语言文学"一级学科"中包括文艺学、语言学及应用语言学、汉语言文字学、中国古典文献学、中国古代文学、中国现当代文学、中国少数民族语言文学(分语族)、比较文学与世界文学等8个"二级学科";历史学"一级学科"中包括史学理论及史学史、考古学及博物馆学、历史地理学、历史文献学(含敦煌学、古文字学)、专门史、中国古代史、中国近现代史、世界史等8个"二级学科",等等。这说明人文科学的发展已深入到各个细节、各个侧面,进入更为深入细致、分门别类的研究。同时,专业化的学会、研究机构、学术刊物的形成,既在形式的层面上标志着学科的独立化、成熟化,又进一步推进了人文科学学科体系向现代形态发展。

20世纪中叶以来,尽管学科分化进程一直未停止,但人文科学的发展同时也显示出了另一种日益变得清晰的学术趋向——学科高度综合。

学科高度综合趋势产生的原因主要有两个方面:第一,知识总体性发展的需要。人类知识是一个叙事系统,繁复多样的观念或理论之间都有着内在的相关性和联系方式。单向、绝对的学科分化进程会以还原的方式将其解剖为不再有完整意义的概念碎片,使得这一整体叙事不复存在,因此,知识的生产必然要求不断将知识重新统一。正是在这一意义上,我们说学科交叉与融合是知识总体性发展的内在要求与现象表征。实际上,分合互变正是这样一种辩证发展的过程:学科划分越来越细,直到各门学科研究的对象、目的和方法实在难以划出一道鸿沟,于是人文科学逐步在较高的层面上走向综合,人文学科与自然科学也走向对话。第二,社会生活总体性反思的需要。人类世界是一个统一的整体,人文科学本来就应该是内在统一的。由于人类自身活动的分化,以及人类认识深化的需要,人文科学才被划分为各门学科。学科分化致使有关的知识被人为地分割了,经由这些学科知识的人为视界甚至又从根本上切割了社会现实,人类社会仅被看作是一个各领域相互剥离的既定的存在。在这种情形之下,人文科学的宏观透视能力消失殆尽,难以达到对人类存在多样性的理解,更难以实现对社会生活的总体性反思。由此可以看出,越是在学科专业化发展的情势下,学科之间的整合就越有必要,这不仅是因为任何专业化的研究最终是为了达到对人类社会的总体性认识,而且是因为总体性眼光的缺失会使我们所要认识的对象最终仍然处于我们的学术视野之外。

人文科学高度综合化、整体化趋势有两个表现:人文科学高度综合化、整体化趋势的第一个表现是,人文科学与自然学相互交叉和渗透,创立、涌现出一些综合学科(包括交叉学科、边缘学科、比较学科等)。随着综合性研究课题的选择和综合性研究方法的采用,人文科学各学科之间以及人文科学与自然科学之间相互渗透的新型综合学科、边缘交叉学科应运而生。在这种综合发展的过程中,人文科学学科数量的不断增加不仅导致专业的不断深化,而且导致各门人文科学的传统界限逐渐消失。人文科学高度综合化、整体化趋势的第二个表现是,人文科学内部各学科的互相渗透,使关于大量综合性课题的研究采用跨学科的研究方法。当代人类面临着诸多重大而又迫切的社会问题,这些社会问题无一不是综合性的研究课题,而人文科学要研究重大的综合性的课题,不能单靠某一学科的专家学者和采用单一研究方案,必须依靠具有不同知识结构的多学科专家学者和采用跨学科的研究方法协作完成。

到20世纪中后期,人文科学的综合趋势似乎更加明显,人类知识的许多领域往往交织在一起。只注意个人的研究领域而忽视相邻或相关领域的研究进展,将难以取得最大的突破,跨学科的研究已成为当代人文科学研究的重要特点之一。这种现象的产生,既有社会的需求因素,也与现代人文科学各学科自身的发展规律有关。以哲学为例,其研究范围和研究方向一旦延伸,比如扩大至研究自然世界、社会世界领域,就诞生了诸如自然哲学、社会哲学、生命哲学、道德哲学、艺术哲学、经济哲学、政治哲学、法律哲学、科学哲学、教育哲学、文化哲学、宗教哲学、语言哲学、历史哲学、哲学人类学等分支学科和交叉学科。人文科学发展到今天,这种趋势越来越明显。当然,综合化的趋势又是在各学科不断分化和高度专门化的基础上形成的,一些边缘性学科和新兴学科已经或正在出现,即使是某些有悠久历史的传统学科,也衍生出了许多新的分支学科。

20世纪下半叶,一些国家和地区只重视发展生产而忽视了可持续发展,从而导致了一系列问题,如环境问题、生态问题、资源问题、人口问题、社会保障制度问题、贫困问题、都市化问题等。这些问题已经十分尖锐地摆在我们面前,甚至直接影响到人类的生存,引起了各国政府和有识之士的关注、忧虑。这类问题的解决,需要政府、自然科学家、人文社会科学家、企业家和社会各界的共同努力。众多社会经济、政治和文化方面的问题,无论就其起因,还是就其结果而言,都日益成为跨国甚至全球性的问题,因此,对它们的研究有时还需要国家间的多边合作。例如,对全球化这个世界性热点问题的研究,参与者就包含了各行各业的人们。

总之,20世纪人文科学发展的总趋势显示,虽然专业化、专门化、分化的趋势一直没有停止,但综合化、跨学科化的趋势日益强劲。

五、人文科学从注重理论逐步走向关注实际

人文科学作为认识和探讨人文世界的知识体系,以人的主观心灵世界和客观文化世界为研究对象。人文科学关注的中心是人或人类自身,而人又是社会的人,人和人类的历史就是人的社会实践及其发展的历史。因此,人文科学必须关注社会经济、政治、文化、生态、技术等现实问题,而且只有把对现实问题的研究作为重点,人文科学才具有生命力。鉴于大量紧迫的社会问题亟待研究,人文科学家把理论探索和实际问题研究结合起来。为此,当代人文科学中的应用性研究空前加强,由偏重理论研究逐步转向以研究解决各种实际问题为主,从而对社会生活产生日益重要的影响。之所以出现这样的转变,是因为公众对包括自然科学、社会科学和人文科学在内的整个科学的理解和承认,不仅仅是因为这些科学宣称要使人们更深入地认识世界,还因为它们具有社会实用性。换言之,是因为他们能够为决策和解决社会问题做出贡献,能够为更好地造福民众做出贡献。科学和技术对世界的革命性影响是人所共知的,而人文科学也以自己的方式发挥着自然科学所不具备的作用:为现代经济增长、社会变革和科技进步构造适宜的人文环境;匡正经济发展、社会变革与科技进步的价值取向和终极意义;架设人类各种族、民族、国家间沟通理解的心灵通道;使人类的文明遗产得以继承和延续;协调人与自然、人与社会、人与人之间的关系,促进人类文明的可持续发展和社会全面进步;塑造受教育者的完善人格,实现教育的终极目的,促进人的全面发展。

人文科学对实际问题的关注,主要表现在宏观和微观两个层面上。从宏观的角度来看,在国家政策导向和学科发展创新方面,明显体现出侧重应用性。随着知识信息时代的到来,人文科学日益融入经济和社会发展之中,人文科学研究通过对社会发展各领域的渗透和干预,发挥着越来越大的作用。面向决策、面向应用、前瞻预测是当代人文科学发展的一个明显趋势,国家科研政策引导人文科学向应用性研究倾斜。从微观的角度来看,单一学科中应用性研究也有明显的增长趋势。目前伦理学异常重视社会学分析,并日益社会学化,出现了一系列职业伦理学科,如商业伦理学、军人伦理学、医学伦理学、科技伦理学、经济伦理学、政治伦理学、生命伦理学、生育伦理学、网络伦理学、生态伦理学、人权伦理学、道德心理学、伦理社会学,等等。

六、人文科学研究已演变成"文化研究"

20世纪初,哲学、文学、历史学、语言学、心理学、教育学、伦理学、美学、文艺学等人文学科大规模地互相渗透,各门学科的边界迅速打破,学科的范式、内容发生了重大变化。现象学哲学、精神分析学、存在主义哲学、阐释学、西方马克思主义、结构主义、解构主义、心态史学、计量史学、科学伦理学、科学美学、文学社会学、历史社会学等人文思潮相互激荡、生发、孕育,形成了人文学科研究的新范型。这些新思潮、新范型可以看作是相关联的哲学观念和方法论在各人文学科领域内的延伸和贯彻,意味着人文学科各门类对学科自身的反思达到了空前自觉的程度,它们开始放弃人文学科旧体制所固守的"学科本位"的立场,不再仅仅关注传统上的学科研究对象,而是力图在更加广阔的视野中,在更加深刻的理论层次上观照相互联系的各种社会人文现象,从而将传统人文学科研究从狭窄、封闭的领域内解放出来,使其演化为一种超越本学科界线的、综合性的、如华勒斯坦所称的"开放社会科学"式的"泛文化理论"。从20世纪初开始的这种人文—社会学科普遍呈现出的交叉、融合的趋势,使各学科之间的界线逐渐模糊甚至消失,传统的学科划分已不再适应新的研究需要。在这一背景下,20世纪人文学科出现了一种新的跨学科研究方向,即"文化研究"或"文化科学"。这种研究方向从人类文化学和文化社会学的视角出发,将一种文化的整体看作一个"大文本",强调其"可读性"。这个文化文本应该被理解为一个复杂的"意义载体",每时每刻都通过语言文字、文学艺术、现实写作、人际交往和各种传播媒介,发出相互关联却又彼此差异甚至对立的"意义信码",潜移默化地影响、制约着社会文化的发展进程,通过"事实的虚构化"(现实作为素材进入各种文本)和"虚构的事实化"(各类文本对于现实的观察、解释和思考,渐渐成为生活现实),生产一种文化类型的存在历史和现实。在当代,一个完全封闭的、自满自足的特定人文学科已渐趋消失。任何一门特定的人文学科,都不再孤立地研究学科对象,而是将学科对象放到社会文化的大背景中去考察。人文学科被看作一种文化整体的组成部分,以及诸多相互关联、互相影响的文化现象的一种。学科研究已日渐演变成"文化研究","文化理论"在人文学科中的支配地位不断上升。

七、人文科学遭遇来自不同群体的双重压力

人文科学一方面要和对其抱有过高期望值的某些人进行抗争,另一方面又必须忍受另一些人对其不应有的冷漠态度。人文科学的应用性是不言而喻的,它在为政府决策服务方面,在国家经济社会发展中发挥重要作用,但是有些人据此对人文科学提出了种种不切实际的要求,把人文科学研究过分实用化,要求它去解决自身范围之外的所有复杂的社会问题,这是不应该的。这种认识使人文科学中那些应用性较差的学科的研究和基础研究受到不应有的冷落。

联合国教科文组织下属的国际哲学与人文科学理事会和国际学术联盟在这一点上始终坚持自己的正确做法,比如国际学术联盟在确定重大的研究课题时不搞实用主义,得到了学界的赞赏。该组织确定的国际性合作项目如《巴利语—英语词典》、《古拉丁语—梵语词典》、《中世纪法国行吟诗人研究》、《中世纪教堂玻璃窗花研究》等,虽然它们的实用价值很难确定,但对于人类文明的传承有着极为重要的意义。

然而,有些人又认为人文科学没什么用。与自然科学相比,人文科学更多地受到研究经费不足的限制。无论是发达国家还是发展中国家,都存在这个问题,只不过发展中国家的情况更突出。研究经费不足,往往与社会中存在的某些误解甚至偏见有关,比如认为人文科学(个别学科除外)在解决涉及国家发展的重大问题时,作用不如自然科学直接。然而,恰好是人文类学科,对于一个民族的全面发展和整体素质的提高,特别是对于文明与文化建设,有着至关重要的意义,对经济发展较快的现代国家的人文精神建设更是有着不可替代的作用。人文科学的研究成果是人类知识宝库的重要组成部分,它们对国家和民族的影响是潜在的、久远的。正是

人文科学在社会生活中所表现出的重要性及在解决实际社会问题中所表现出来的必要性、紧迫性，促使许多国家从根本上或较大程度上改变了不重视人文科学的做法。

第二节　当代人文科学的发展趋势

21世纪不仅仅是一个时空概念，更是一个内涵全新的时代。它标志着人类社会迎来了一个迅猛发展的新时代。信息经济、网络经济、假日经济、克隆技术、纳米技术、转基因技术、基因档案等一些全新理念和重大科学技术革新充分体现了这一新时代的突出特征。当今世界，各国综合国力的竞争日趋激烈，综合国力的竞争，最主要的是科学技术的竞争，而科学技术的竞争说到底是人才的竞争，特别是高层次科技人才的竞争。只有拥有高层次的科技人才，才能占领未来科技发展的制高点，为经济社会的发展和综合国力的增强注入强大的动力。

21世纪的中国能否在激烈的竞争中抓住发展机遇，加快现代化建设的步伐，实现第三步战略目标，关键在于能否培养出优秀的、高素质的、德才兼备的合格人才，在于我们培养的人才能否肩负起历史赋予的重任。这里所说的人才，当然也包括人文科学人才。

综观20世纪人文科学发展状况，我们可以对21世纪人文科学的主要发展趋势做出大致的预测。21世纪，信息技术从微电子向高集成度、低功耗、低成本方向发展；计算机向超高速、小型化、并行处理、智能化方向发展；通信技术向光纤化、数字化、综合化、网络化方向发展。信息技术的发展，将会从根本上改变人类从事商务活动、交流、娱乐、学习，甚至工作的基本方式。

一、高度分化与高度综合协同发展，新兴学科不断涌现

从科学起源与发展的纵向角度来审视人文科学，我们发现，正是人类社会的统一性，决定了人文科学的整体性和综合性。人类对客观世界的认识始终存在两种取向，一是力图反映世界整体，一是更深入地认识物质运动的不同形式与特征，由此形成人类两种不同的思维方式，即综合思维和分析思维。人类的认识就是在综合思维和分析思维的矛盾统一中向前发展的，人文科学的发展充分体现了一个由整体到分化，再由分化到综合的否定之否定过程。

在古代，科学呈现整体的特点，人文科学的发展也呈现出整体性的特点。人文科学、社会科学与自然科学一起被包容在作为"知识总汇"的哲学当中，既无门类之分，更无学科之别，知识呈现出一个简单而庞杂的混合体。这一特点清楚地体现在亚里士多德关于哲学的理解中。按照他对哲学的理解，哲学是科学之科学，是一切知识的总汇。近代以来，随着科学研究的不断深入，人文科学呈现出分化的特点，并已达到了相当精细的程度，且越分越细。在我国，哲学作为一级学科，大致被划

成这样五个二级学科：中国哲学史（先秦哲学、秦汉哲学、魏晋南北朝哲学、隋唐五代哲学、宋元明清哲学、中国近代哲学、中国现代哲学、中国少数民族哲学思想等）、东方哲学史（印度哲学、伊斯兰哲学、日本哲学、非洲哲学、东南亚哲学等）、西方哲学史（古希腊罗马哲学、中世纪哲学、文艺复兴时期哲学、17—18世纪欧洲哲学、德国古典哲学、俄国与东欧哲学等）、现代外国哲学（19世纪末20世纪初西方哲学、当代哲学、分析哲学、欧洲大陆人文主义哲学、解释学、符号学、实用主义哲学等）、逻辑学（逻辑史、形式逻辑、语言逻辑、归纳逻辑、辩证逻辑、数理逻辑等）。这说明人文科学的发展已经深入到社会的各个侧面、各个细节，人们对研究对象的认识更加深透。

人文科学的这种学科划分过细和人文科学家日益向专业化职化发展的趋势，从积极的方面来说，可以改变传统人文科学那种过多偏重于思辨方法的局限，提高人文科学的规范性和严谨性，有利于人文科学适应现代社会高度专业化和职业化的需要，并使高等学校可以按照不同的学科与专业设立，按照现代教育的办学模式大规模地培养出一批又一批文学、哲学、历史学、艺术学专门人才。不过，这种趋势也带来了一些消极的后果。主要表现在它可能造成人文科学领域出现越来越多的谨守规则和研究领域的"工匠式"的专家教授，而古典时代的那种"自由性情"的人文学者、人文思想家却日益少见。学科的划分难免造成思想的分割与断裂。学科划分过细，学者间各不相扰，各不越界，实际上是相互封闭，人为地切断了人文科学内部的联系与整体性，使人文科学家越来越陷于某种狭窄的知识领域内。学科的分工和分划也造成了思想的分工、精神的分工，由此造成的思想与精神的阻隔，会使崇高而自由的人文精神与灵魂境界迷失在界垒森严、四分五裂的狭窄学科鸿沟中。这样，人文科学家越来越变成一种"微观化的"、"知识型"、"技术型"、"工匠型"的职业专家，而不是一种富于人文精神气质和人文理想情感的人文学者。因为在学科划分过细，每个研究者的研究领域过于狭窄的情况下，人文科学家们往往不会再去关注人类精神世界和价值意义世界那些对人类而言具有根本性、终极性意义的主题，而是各自在自己的狭窄专业领域内作着学究式的雕琢打磨。加上实证性研究带来的研究课题细碎化、微观化、个案化，人类完整的精神价值世界被来自近代自然科学的那种"分析工具"和"解剖工具"条分缕析。人的情感与精神世界本是一个无形的整体，却也如人的躯体一样被外科手术式地分解成不同的"器官"。充满激情、理想、想象和自由精神的文史哲研究，蜕变成一种冷漠的、受常规与惯性支配的技术性操作，一种模式化、公式化的机械运作。这样的分割固然可能对人文世界的某些微观领域有了深入的认识，但这也可能最终使人文科学失去它特有的任性情、尚浪漫，而让思想自由飞扬、精神幻想驰骋的特有气质。因此，现代人文科学又出现了综合的特点。人文科学各学科之间相互渗透、彼此交叉，又产生了大量的边缘学科、交叉学科、横向学科和新兴学科。例如，哲学与管理学结合形成管理哲学，历史学与哲学结合形成历史哲学，艺术学与哲学结合形成艺术哲学，语言学与

第八章
人文科学的发展趋势

法学结合形成法律语言学,语言学与统计学结合形成统计语言学,语言学与心理学结合形成心理语言学,宗教学与艺术结合形成宗教艺术学,艺术学与经济学结合形成艺术经济学,等等。

可见,人文科学发展呈现了一个否定之否定的辩证过程:整体-分化-综合。人文科学各学科在高度分化的基础上向高度综合发展,反映了人类对客观世界联系的多样性和复杂性在认识上的不断深入。这种综合无论就其程度还是就其性质而言,都与古代朴素的整体不同。这不是简单的重复,而是在新的基础、更高层次上的辩证复归,是人文科学发展进程中的一次螺旋式上升和质的飞跃,是一个辩证统一的过程。从学科发展的角度看,人文科学的发展趋势表现为高度分化与高度综合协同发展,这种趋势在21世纪将表现得更为突出。

二、基础性研究和应用性研究紧密结合,应用性研究比重加大

应用性研究是社会发展对人文科学提出的迫切要求。当今世界的科技突飞猛进,取得了划时代的成就。以电子计算机、原子能、空间技术、生物工程技术为主要标志的新的科学技术革命始于20世纪40年代末,正在向纵深发展并酝酿着新的突破。科技成果转化为直接生产力的速度也不断加快。科学技术的加速化使人们的心理承受能力面临严峻的考验,接踵而来的社会问题也使人文科学家目不暇接。当今世界的环境污染、生态失调、能源危机、城市臃肿、交通紊乱和人口问题、粮食问题等"全球问题",以及社会主义国家在体制改革过程中出现的一系列新情况、新问题,这些都要求人文科学给予及时而正确的回答。科学技术的加速发展向人文科学提出了一系列迫切而又繁重的任务,历史已把人文科学推向了前排。人文科学基础学科与应用学科的分化日益明显,很多学科都在向应用的方向发展,应用性研究比重明显增加。人文科学同自然科学、社会科学一样,越来越明显地或直接或间接地转变为生产力。人文科学不断揭示着知识和精神生产的特点和规律,日益增加和扩大人的智力,提高劳动者的素质,调动劳动者的创造积极性;不断揭示着人们生产活动和社会组织规律,日益成为科学管理不可缺少的工具,在参与社会管理、解决社会问题方面越来越显示其重要作用。

所有这些都标志着人文科学社会职能的重大变化,其作用也越来越重要,已经从单纯的社会意识的职能,发展到具有生产、管理、咨询、监督等各种职能,从而发挥着为科学决策、为现代化建设服务的作用。相应地,人文科学的发展趋势也表现为基础性研究和应用性研究紧密结合,应用性研究比重加大。既然社会实践是人文科学发展的客观基础,也是人文科学发展的动力源泉,那么从根本上说,人文科学研究的重点永远是应用性研究。

然而,应用性研究如果脱离基础理论研究,没有理论做指导,就会失去正确的方向,就会犯经验主义的错误,就会出现"短视病",更不可能发展到更高的水平。因为社会的有机化程度和人们的社会实践的复杂程度越高,人们的社会交往越广

泛而频繁,就越要求各种决策更具有科学性,仅靠经验来决策,必然导致失败,也就越在本质上要求大大提高人文科学的地位,要求人文科学在越来越高的层次上为决策提供科学的理论依据和智力支持。因此,基础性研究和应用性研究的结合成为人文科学日益突出的发展趋势。

三、全局性研究与局部性研究紧密结合,整体性研究态势增强

人类社会的统一性,决定了人文科学的整体性。整体与部分、全局与局部是一对客观矛盾。人类社会是一个整体的世界,随着市场经济的发展,经济全球化的迅速演进和信息高速公路的开通,这种整体性表现得越来越明显。按照这种社会发展的客观趋势,人文科学必然要不断加强全局性研究,离开这种全局性研究,一切局部性研究都将会变得价值很小甚至毫无价值。例如,当今许多国家学者为解决日渐恶化的生态、环境、资源、人口、粮食等全球性问题,纷纷走出国门,超越民族、国家的界限,着眼于世界性、人类性的共性问题,到更多的地区去寻找更有效的解决途径。这种没有国界的共性问题的研究,一方面,促使发展中国家的学者在国际性重大研究活动中的参与意识逐渐增强,国际性联合研究活动日趋增多,研究领域不断拓展,即使是不同社会制度的国家之间,也开始致力于寻求在共同利益基础之上的合作研究;另一方面,使发达国家的先进技术和文化精华实现向发展中国家的输送。在这种共性问题的联合研究中,各个国家和民族充分发挥各自在地域、理论、资料等方面的优势,同时又要求必须突破各自的局限,实行平等参与,相互借鉴,共同促进,使人文科学研究更具广泛性、互补性和国际性。

然而,我们现在面对的这个世界,还远不是大同世界,还是一个国家林立的世界,在日趋激烈的竞争中,每一个国家都面临着的严峻挑战,为了求得生存和发展,每一个国家都把发展自己的经济实力和综合国力作为最重要的战略任务。同时,即使从全人类的整体发展来考虑,在目前的条件下,只有发展自身,才能促进整体发展。在这种情况下,人文科学的一个重要发展趋势是全局性研究与局部性研究紧密结合,并突出局部性研究,即在注重研究全局的前提下,把重点放在研究局部上,并且使二者紧密地结合在一起。

四、科学精神和人文精神高度融合,人的解放和发展受到广泛关注

在现代人文科学的发展过程中,历来就存在着科学主义和人文主义两种倾向。这两种倾向都曾对人文科学的发展起过积极作用,但也有与生俱来的弊病,因而在人文科学发展过程中又都曾起过不同程度的消极作用。马克思主义吸收了这两种倾向的合理因素,摒弃消极的成分,把科学精神和人文精神有机地结合起来,从而使人文科学真正以科学的姿态出现在人们的面前。

在马克思主义看来,人类世界与自然世界既有共性,也有差异性。这种共同性表现在:它们本身是一种客观存在;它们的运动是有规律的;它们的发展是一个"自

第八章
人文科学的发展趋势

然历史过程";它们的差异性表现在它们的存在不是一种一般的客观存在,而是不同于自然存在的、人和人的关系的存在;它们的运动不是一般的有规律运动,而是由人的自觉意识和自觉活动构成的有规律运动;它们的发展也不是一般的自然历史过程,而是有目的的人通过自由自觉的活动,追求自己的理想的创造性实践过程。因此,我们既不能像科学主义那样崇尚科学性而排斥人文性,也不能像人文主义那样崇人文性而排斥科学性,而应当把二者合理地结合起来。不仅应当在人文研究中坚持科学性和人文性的统一,而且应当在全社会提倡科学精神和人文精神的统一,使它们深入人心,成为人们尤其是决策者们的一种崇高精神境界。

从社会认识论的角度看,人类对人及其社会的认识,本质上是人类社会自我认识的实践形式,其目的在于增强人类主体处理自身与外部世界关系时的自觉性、自主性、有效性。长期以来,人类对人及社会的认识落后于对自然的认识,这从总体上阻碍了人类作为主体的自觉创造与自觉实现。当代以来,人文科学的产生、形成和专门化发展,标志着对人及其社会的认识在历史上第一次达到了科学的水平,反映了当代人类主体性的高度自觉。人类社会既是一种基于生产力经济运动的客观的、有规律的"自然历史过程",又是人的追求和实现自己的目的的、自主的、能动的创造过程,也是人们不断探索求知、批判建构的自我意识过程。客观性与规律性、目的性与自主性、自觉性与创造性的有机统一与内在结合,恰恰是人类社会作为高级的物质运动形式,区别于其他任何运动形式的本质规定性。在这里,社会总体的客观运动过程是在人们的自主创造过程中得以展开和实现的,而人的认识和自我认识则贯穿在整个过程的各个方面、各个层次和各个环节中,并作为社会运动中的信息方面和调节机制,实现客体的自发运动形式向人们的自觉活动模式的转换,促使个体行为规律向社会总体运动规律的靠拢与接近。正是由于这种意识和自我意识,人类社会才成为一种自我监测、自我调节、自我评价、自我激励和自我完善的自组织系统,社会有机体才能以它所独有的以社会意识为基本内容和基本特征的自觉意识区别于自然界。

20世纪,人文科学出现了一个日益清晰的聚焦点:人的解放和发展。有的学者把人文科学的主干学科排列为一个圆,认为人就是圆心。各门学科先后认同这个"圆心",并从不同的背景和角度,把对人的认识步步推进。哲学、心理学、教育学等学科在这一方面做出了特殊贡献。哲学领域多数学派对人的社会属性和主观能动作用的认同,是马克思主义哲学的胜利,也是哲学的历史性进步。哲学层面上的"人学"是对人自身的反思,从整体上研究人的存在、人性和人的本质、人的活动和发展的一般规律,以及人生价值、目的、道路等基本原则,回答"什么是人"和"怎样做人"这两大问题,引导人们"重新认识你自己"。在心理学领域,弗洛伊德的贡献是开创了对人的无意识的研究,而马斯洛等则强调了对健康人格的追求。在教育学领域,从人的自身再生产的视角,先是肯定了人在发展生产力中作为"人力资源"的重要作用,继而指出人的发展是社会综合发展的一部分,是社会进步的首要标志,教育的任务在于培育具有健全人格、完整智慧的新人。

　　对人的关注和认识的深化,必然能从根本上带动许多学科的建设。我们深信,随着人文科学在21世纪的不断发展,人文科学在推进人的解放和发展方面也将发挥越来越大的作用,人文科学将进一步以科学理论和方法为指南,综合当代人文社会的最新成果,深化人类的自我认识,促进人类的真正解放和全面发展。

五、实证主义研究倾向日益明显,研究方法和手段多元化趋势增强

　　近代以来,对自然的认识获得长足的、优先的发展,达到科学化水平。自然科学率先作为相对独立的科学从哲学体系中脱胎而出,形成了具有独特对象、范畴和方法的科学体系。自然认识的科学化和自然科学的形成和发展,改进了人类知识的基本内容和总体结构,提升了人类认识的真理性水平。其突出标志是形成了以客观性、实证性、精确性为主导原则和基本硬核的科学观念和科学方法,科学成为人类知识发展的神圣目标和绝对标准。任何门类和任何方面的知识,其是否发展及其发展的水平如何,均要看其是否符合科学化的方向及其所达到的科学水平。而这里讲的科学实际上仅仅是自然科学。于是,自然科学的观念、原则和方法自觉不自觉地成为衡量其他知识是否科学的基本标准。其他各类知识和各种学科要成为科学,或者说要被人们认定为科学,就要看其是否符合这种自然科学标准,其只有通过这种严格的科学资格审查和检验,才能取得这张进入科学殿堂的入场券。正是这种历史的和逻辑的原因,形成了人文科学发展中的科学化或实证化倾向,其突出的表现在于:强调人文科学与自然科学的相似性和共通性,在科学一体化的观念支配下以实证主义方式肯定人文科学的可能性,并主张应用实证的方法来研究和发展人文科学,使之走向与自然科学相似的实证主义轨道。实证,即可检验、可验证、可证实性,这正是近代经典自然科学的本质规定和要求。一种观察陈述或假说,只有得到足够充分的实证材料和实验结果的支持,才会被认为是科学的。因此,准确性、精确性、确定性、可重复性等,是实证的基本内涵。近代自然科学作为一门学科,无疑是以其实证性作为标志的。正是实证方法在近代自然科学中的广泛应用和普遍有效性,给了人们一种基本的信念:一旦将它们应用于研究人文现象,对人的认识便由此成为科学。正是在这种信念的支配下,人文科学研究向着实证化的方向发展。人们深感人文科学研究越来越需要借助于"数据说话",数据诠释的说服力和真理度在人文科学研究中的地位和作用明显增强,比如现代考古学将许多现代物理学、化学、生物学和符号学的技术运用于古代人类历史的研究,使过去建立在传说与神话基础上的古代历史认识发生了重大的变化。人们已经可以利用这些现代技术手段来非常准确地重建人类远古历史的真实图景,使历史学的确定性和实证性大大提高了。这种情况在文学、哲学、美学、艺术学领域也是同样存在的。

　　人文科学在研究方法与研究手段方面也不断进步与发展,表现出多元化的态

势。由于受到了现代自然科学和现代社会的广泛影响,自然科学和社会科学新方法、新技术、新手段,以及新概念、新词汇等都大量向人文科学渗透,引发了人文科学研究方法与手段的巨大变革。此外,在当代新的历史条件下,运用某种单一的方法只能取得一小部分信息,而大部分信息却被忽视和遗漏,这样就难以做出全面、准确的结论,甚至会失去研究的意义。正因为如此,人们才越来越注重运用多种方法来研究、解决人文课题。

传统人文科学的研究方法与手段,有三个基本的特征:一是它的思辨性和笼统性;二是它的直观体验性与整体性;三是它的个体性和手工作坊性。现代人文科学逐渐引入自然科学的实验方法、实证方法、数学方法。一方面,自然科学中的一些基本概念与理论被运用于文学、历史学、哲学、艺术学、美学、伦理学研究中;另一方面,在工具与手段方面,自然科学中发展起来的一些设备、技术、工具也出现在人文科学领域中。例如,随着现代声像技术、信息技术、文字处理技术在人文科学领域的运用,文学、历史学、哲学等学科的研究、创作、保存、传播方式与效能都有了重大的变化。这也改变了人文科学家那种个体性手工劳动的方式,人文科学家的相互交流、沟通、影响和合作已经大大超过以往时代。在人文科学研究中,人们可以借助自然科学的方法与手段,建立一些可以人工控制的环境,对人的心理、思维、情感和性格等精神现象进行类似自然科学的观察、实验,使人文科学的确定性、数量化程度和实证性程度都大大提高了。

在自然科学的新方法、新手段引入人文科学领域的同时,人文科学自身也出现了许多现代的新方法与新手段,比如认识发生学方法、接受美学方法、精神分析与心理分析方法、现象学与符号学方法等。现代工业化社会和信息社会的出现,使人文科学也发生一些重要的变化,文学、史学、艺术的体裁、样式、品种出现日益多元化、多样性和通俗化的趋势。以文学为例,现代文学除了传统的文学体裁外,还出现了许多新的体裁与形式,如运用现代信息技术与传播技术的电子小说、电影小说、摄影小说等,由于社会生活与环境的变化而出现的科幻小说、纪实小说、女性文学、消费文学等。文学的流派、思潮、社团也呈现出纷繁复杂的演进局面。

六、人文科学与自然科学、社会科学的融汇更加突出,东西方文化互补日趋明显

马克思曾说:"自然科学往后将包括关于人的科学,正像关于人的科学包括自然科学一样;这将是一门科学","自然界的社会的现实,和人的自然科学或关于人的自然科学,是同一个说法"。[①] 现代科学作为一个整体系统,处在无穷的非线性相互作用和自组织演化过程之中。在社会大系统这个开放系统中,自然科学、社会科学、人文科学总是处在一种非平衡状态,保持着远离平衡状态的条件,正是这种学

---

① 中共中央马克思恩格斯列宁斯大林著作编译局.马克思恩格斯全集(第42卷)[M].北京:人民出版社,1979:128.

科间的不平衡决定了三大科学在总体发展上趋向有序和融汇一体化。

首先,三大科学的融汇一体化有着哲学的本体论前提,这就是自然、社会、人文的世界统一性及其普遍联系,三大不同的科学客体在辩证唯物主义视野中不过是统一的物质进化的不同阶段上的具体表现形式。其次,三大科学的融汇一体还有着主体性根据。科学的创造主体是人,人作为科学主体,具有统一的自然属性、社会属性和人文属性,进行着统一的自然认识、社会认识和人文认识,建构着统一的自然世界、社会世界和人文世界。三大科学无论是作为一种知识体系,还是作为一种社会建制与活动,可以说都根源于人的主体性结构与功能。最后,三大科学的融汇一体化还有着坚实的认识论基础,即人的认识都是由局部到整体、由个别到一般推进的。随着个别与一般知识的不断积累和升华,必然形成关于自然、社会、人文现象的整体性、统一性认识,最终使自然科学、社会科学与人文科学走向汇合。然而,科学之所以成为科学,是因为它是客观、实证的,来源于实践,受动于实践,验证于实践,取决于实践,随着实践的发展而发展,这是科学的生命源泉和本质属性。由于当代人类的实践主体趋于智能化和协作化,实践客体的时空范围空前扩大,实践手段日益综合集成和高效化。实践的目标模式已经转变为追求物质文明、精神文明、制度文明、生态文明的和谐统一,所有这些都从根本上要求自然科学、社会科学、人文科学必须持续协调地发展,从而构成了推动三大科学趋于融汇的强大实践基础和实践动力。

三大科学的三位一体关系从系统要素的角度看,比较明显的表现就是各个学科要素的相互渗透和一体化。例如,在科学方法上,自然科学的数学与逻辑方法、观察与实验方法等已被大量运用到人文科学研究中,而社会与人文科学的价值分析、模糊思维、历史主义等方法也已引入到自然科学领域;在科学成果上,自然科学的许多概念、理论、观念和社会与人文科学的许多概念、思想等也已大量相互移入;在研究对象上,三大科学大量交叉与重合;在科学主体上,三大科学的相互结合与协作也日益突出。从某种意义上说,科学要素的渗透一体是科学系统呈三位一体关系的基础和前提,没有科学要素的渗透一体,三大科学在宏观整体上的三位一体就难以实现。

在全球化的进程中,各种文化的相互交流越来越深入和广泛,相互融合和互补已成定势。国际著名历史学家许倬云先生认为,在具有区域性、阶级性、时代性等差异性的异质文化中,较能产生多彩多姿的活力激荡。它比缺乏这种差异性的文化,会有更强大的活力。[①] 当代著名哲学家汤一介先生认为,中国的"和而不同"原则可为全球意识下多文化的发展提供有正面价值的资源。"和而不同"的意思是,要承认"不同",在"不同"的基础上形成的"和"("和谐"或"融合"),才能使事物得到

---

① 许倬云.中国文化与世界文化[M].贵阳:贵州人民出版社,1991:141-142.

发展。① 人类文明正是在多元文化的"和而不同"下发展起来的。

东西方文化之间虽然在价值观念、思维方式、社会习俗等各方面都存在着诸多的差异,但正是这些差异,反映出人类文化形态的丰富性和多样性。它们是由各民族在长期的历史发展过程中形成和积淀起来的,都是人类文化宝库中的宝贵财富。在跨文化交际中,它们相互交融、相互补充。在东方各国在实现现代化的进程中积极地学习和吸收西方文化的同时,东方一些国家经济迅速腾飞的现实引起了世界各国的关注。西方学者们也开始研究东方传统的文化。作为强势文化的西方文化在近代呈现出了一些内在的弊端,而东方文化中蕴含着大量的人类智慧的精华,可以弥补西方文化中的不足之处,并正在世界现实生活中发挥着越来越重要的作用。

从思考方式、人与人的关系、人与自然的关系看,世界现代文明有其无法消除的缺陷,如从西欧系统文化遗产中很难寻找出路,东方文明的思考方式常常强调相对性。相对性包括主观与客观的相对,包括容许别的标准存在的可能。在现代社会,人们追求物质增长和生活享受。自然和高科技只是获取功利和享受的资源和手段,结果越来越遭到自然的强烈报复。人与人的关系也成为互相利用的关系,以致人与人之间越来越疏远。东方文化基本精神的主体内容之一是天、人、万物之和谐。儒家和道家学说都强调人与自然和谐一体。"天人合一"视天道与人道为一体,天中有人,人中有天,即把人与自然、人间秩序与宇宙秩序看成是不可分割的、相互影响的、相互对应的有机整体。它强调了人与自然的统一和协调,以和谐为原则处理人与自然的关系。当人类面对日益恶化的生存环境,吸收东方文化中人与自然和谐关系的思想是有所裨益的。

同样,在其他许多方面,东西方文化都是可以相互借鉴和补充的。比如,在治国之策上,西方文化实行"法治",东方文化尊崇"礼治"。"法治"和"礼治"同等重要,相辅相成,不可偏废其一。我们在大力提倡借鉴西方的"以法治国"的同时,更要加强道德的建设,强化"以德治国"。又如,当今西方人开始将东方的"团队合作精神"引入企业管理中,而东方人更加尊重人的个性发展。总之,人们已注意从多视角去观察和认识不同的文化并吸取其精华,它成为东西方文化相互借鉴、共同发展的基础。

思考题
1. 如何正确看待人文科学发展的现状?
2. 当代人文发展的基本趋势是什么?它给我们提供了怎样的启示?

---

① 章礼霞.性相近,习相远——对中外跨文化对话与跨文化交流的思索[J].外语与外语教学,2002(7):49-52.

参 考 文 献

[1] 中共中央马克思恩格斯列宁斯大林著作编译局.马克思恩格斯选集(第1、2、3、4卷)[M].北京:人民出版社,1995.

[2] 中共中央马克思恩格斯列宁斯大林著作编译局.马克思恩格斯全集(第1卷)[M].北京:人民出版社,1956.

[3] 中共中央马克思恩格斯列宁斯大林著作编译局.马克思恩格斯全集(第20卷)[M].北京:人民出版社,1971.

[4] 中共中央马克思恩格斯列宁斯大林著作编译局.马克思恩格斯全集(第42卷)[M].北京:人民出版社,1972.

[5] 中共中央马克思恩格斯列宁斯大林著作编译局.马克思恩格斯全集(第47卷)[M].北京:人民出版社,1979.

[6] 中共中央马克思恩格斯列宁斯大林著作编译局.列宁全集(第34卷)[M].北京:人民出版社,1985.

[7] 中共中央马克思恩格斯列宁斯大林著作编译局.列宁全集(第55卷)[M].北京:人民出版社,1990.

[8] 中共中央马克思恩格斯列宁斯大林著作编译局.列宁全集(第38卷)[M].北京:人民出版社,1959.

[9] 中共中央马克思恩格斯列宁斯大林著作编译局.列宁.哲学笔记[M].北京:人民出版社,1974.

[10] 毛泽东.毛泽东选集(第1、2、3、4卷)[M].北京:人民出版社,1991.

[11] 李守常.史学要论[M].北京:商务印书馆,1999.

[12] 李大钊.李大钊全集(第3卷)[M].石家庄:河北教育出版社,1999.

[13] 尚书[M].慕平,译注.北京:中华书局,2009.

[14] 国语[M].尚学锋,夏德靠,译注.北京:中华书局,2007.

[15] 左传[M].刘利,纪凌云,译注.北京:中华书局,2007.

[16] 礼记[M].胡平生,陈美兰,译注.北京:中华书局,2016.

[17] 诗经[M].王秀梅,译注.北京:中华书局,2016.

[18] 老子[M].饶尚宽,译注.北京:中华书局,2006.

[19] 道德经[M].苏南,注评.南京:凤凰出版社,2001.
[20] 论语[M].张燕婴,译注.北京:中华书局,2006.
[21] 孟子[M].万丽华,蓝旭,译注.北京:中华书局,2016.
[22] 墨子[M].李小龙,译注.北京:中华书局,2007.
[23] 荀子[M].安小兰,译注.北京:中华书局,2007.
[24] 司马迁.史记[M].文天,译注.北京:中华书局,2016.
[25] 吕不韦.吕氏春秋[M].张双棣,张万彬,殷国光,陈涛,译注.北京:中华书局,2007.
[26] 司马光,等.资治通鉴[M].陈磊,译注.中华书局,2015.
[27] 周振甫.周易译注[M].北京:中华书局,1991.
[28] 郑樵.通志·总序[M].杭州:浙江古籍出版社,2007.
[29] 司马光.资治通鉴[M].北京:中华书局,2011.
[30] 许慎.说文解字(校订本)[M].班吉庆,王剑,王华宝,点校.南京:凤凰出版社,2004.
[31] 盛广智.中国儒家文化名著[M].延吉:延边大学出版社,1995.
[32] 黎靖德.朱子语类(第4卷)[M].长沙:岳麓书社,1997.
[33] 夏征农.辞海(1979年缩印本)[M].上海:上海辞书出版社,1980.
[34] 冯契.哲学大辞典[M].上海:上海辞书出版社,1992.
[35] 谭鑫田等.西方哲学词典[M].济南:山东人民出版社,1991.
[36] 彭克宏.社会科学大辞典[M].北京:中国国际广播出版社,1989.
[37] 黄楠森.人学词典[M].北京:中国国际广播出版社,1990.
[38] 张光忠.社会科学学科辞典[M].北京:中国青年出版社,1990.
[39] 《简明不列颠百科全书》编辑部.简明不列颠百科全书(第6卷)[M].北京:中国大百科全书出版社,1986.
[40] 《简明不列颠百科全书》编辑部.简明大不列颠百科全书(第8卷)[M].北京:中国大百科全书出版社,1986.
[41] 中国大百科全书(简明版)[M].北京:中国大百科全书出版社,1998.
[42] 中国社会科学院语言研究所词典编辑室.现代汉语词典(修订本)[M].北京:商务印书馆,1996.
[43] 本词典编译出版委员会.新牛津英语双解大词典[M].上海:上海外语教育出版社,2007.
[44] 陆谷孙.英汉大词典(上卷)[M].上海:上海译文出版社,1989.
[45] 吴莹.新英汉词典[M].上海:上海译文出版社,2000.
[46] 韦尔海姆·狄尔泰.人文科学导论[M].赵稀方,译.北京:华夏出版社,2004.
[47] 迈克尔·博兰尼(Michael Polanyi).自由的逻辑[M].冯银江,李雪茹,译.长春:吉林人民出版社,2002.

[48] 马丁·海德格尔(Martin Heidegger).林中路[M].孙周兴,译.上海:上海译文出版社,1997.

[49] 罗素(B. Russell).人类的知识[M].张金言,译.北京:商务印书馆,1983.

[50] 怀特海(A.N·).科学与近代世界[M].何钦,译.北京:商务印书馆,1959.

[51] 约翰·戈特利伯·费希特(Johann Gottlieb Fichte).伦理学体系[M].梁志学,李理,译.北京:中国社会科学出版社,1988.

[52] 弗洛姆.追寻自我[M].苏娜,安定,译.延吉:延边大学出版社,1987.

[53] 皮亚杰.人文科学认识论[M].郑文彬,译.北京:中央编译出版社,1999.

[54] 威尔逊.论契合——知识的统合[M].田洺,译.北京:生活·读书·新知三联书店,2002.

[55] 林毓生.中国传统的创造性转化[M].北京:三联书店,1998.

[56] 弗兰克.科学的哲学——科学和哲学之间的纽带[M].许良英,译.上海:上海人民出版社,1985.

[57] 约翰·德斯蒙德·贝尔纳.历史上的科学[M].伍况甫,彭家礼,译.北京:科学出版社,2015.

[58] 柏拉图.文艺对话录[M].朱光潜,译.北京:人民文学出版社,1980.

[59] 亚里士多德.诗学[M].陈中梅,译注.北京:商务印书馆,1996.

[60] 维柯.论人文教育[M].王楠,译.上海:上海三联书店,2007.

[61] 维柯.新科学[M].朱光潜,译.北京:人民文学出版社,1986.

[62] 胡塞尔.欧洲科学的危机与超越论的现象学[M].王炳文,译.北京:商务印书馆,2001.

[63] 萨特.存在与虚无[M].陈宣良,等译.北京:生活·读书·新知三联书店,2007.

[64] 夸美纽斯.大教学论[M].傅任敢,译.北京:教育科学出版社,1999.

[65] 温克尔曼.希腊人的艺术[M].邵大箴,译.桂林:广西师范大学出版社,2001.

[66] 普列汉诺夫.没有地址的信[M].曹葆华,丰陈宝,译.北京:人民文学出版社,1962.

[67] 黑格尔.小逻辑[M].贺麟,译.北京:商务印书馆,1980.

[68] 黑格尔.逻辑学(下卷)[M].杨之一,译.北京:商务印书馆,1976.

[69] 黑格尔.哲学史讲演录(第一卷)[M].贺麟,王太庆,译.北京:商务印书馆,1981.

[70] A.H·马斯洛.人类价值新论[M].胡万福,等,译.石家庄:河北人民出版社,1988.

[71] 费尔巴哈.费尔巴哈哲学著作选集(下卷)[M].荣震华,等,译.北京:生活·读书·新知三联书店,1962.

[72] 罗伯特·司格勒斯.符号学与文学[M].谭大立,龚见明,译.沈阳:春风文艺出

版社,1988.

[73] 恩斯特·卡西尔.人文科学的逻辑:五项研究[M].关子尹,译.上海:上海译文出版社,2013.

[74] 恩斯特·卡西尔.人论[M].甘阳,译.上海:上海译文出版社,1985.

[75] 路德维希·维特根斯坦.文化和价值[M].黄正东,译.北京:清华大学出版社,1987.

[76] 汉斯·格奥尔格·加达默尔.哲学解释学[M].夏镇平,宋建平,译.上海:上海译文出版社,1994.

[77] 汉斯·格奥尔格·加达默尔.真理与方法(下卷)[M].洪汉鼎,译.上海:上海译文出版社,1999.

[78] 阿诺尔多夫.科技革命与社会主义文化[M].张巨沛,译.北京:科技文献出版社,1987.

[79] 杰罗姆·凯根.三种文化:21世纪的自然科学、社会科学和人文科学[M].王加丰,宋严萍,译.上海:世纪出版集团,格致出版社,上海人民出版社,2011.

[80] A.J.赫舍尔.人是谁[M].隗仁莲,安希孟,译.贵阳:贵州出版集团,贵州人民出版社,2009.

[81] 弗雷德里克·A.奥拉夫森.行为辩证法——历史学及人文学科的哲学解释[M].马万利,译.北京:大象出版社,北京出版社,2009.

[82] 马克斯·范梅南.生活体验研究——人文科学视野中的教育学[M],宋广文,等,译.北京:教育科学出版社,2003.

[83] 伊迪丝·汉密尔顿.希腊方式——通向西方文明的源流[M].徐齐平,译.杭州:浙江人民出版社,1998.

[84] 培根.培根论人生[M].苏菲,译.北京:团结出版社,2004.

[85] 列夫·托尔斯泰.托尔斯泰论人生[M].李正荣,译.北京:团结出版社,2004.

[86] 罗素.罗素论幸福[M].傅雷,译.北京:团结出版社,2005.

[87] 拉曼·塞尔登.文学批评理论——从柏拉图到现在[M].刘象愚,陈永国,译.北京:北京大学出版社,2003.

[88] 克洛德·海然热.语言人.论语言学对人文科学的贡献[M].张祖建,译.北京:北京大学出版社,2012.

[89] 施密特.基督教对文明的影响[M].汪晓丹,赵巍,译.北京:北京大学出版社,2004.

[90] 联合国教科文组织.当代学术通观:社会科学和人文科学研究的主要趋势(社会科学卷、人文科学卷上、下)[M].何林发,等,译.上海:上海人民出版社,2004.

[91] 李维武.人文科学概论[M].北京:人民出版社,2007.

[92] 杨玉琪,等.人文社会科学概论[M].北京:当代中国出版社,2004.

[93] 刘东建,彭新武.人文社会科学概论(第3版)[M].北京:首都经济贸易大学出版社,2013.
[94] 尤西林.人文学科导论[M].北京:高等教育出版社,2002.
[95] 尤西林.人文精神与现代性[M].西安:陕西人民出版社,2006.
[96] 尤西林.人文科学与现代性[M].北京:新星出版社,2013.
[97] 刘鸿武.人文科学引论[M].北京:中国社会科学出版社,2002.
[98] 刘鸿武.故乡回归之路——大学人文科学教程[M].昆明:云南大学出版社,云南人民出版社,2012.
[99] 刘鸿武.文史哲与人生——人文科学论纲[M].昆明:云南大学出版社,2010.
[100] 朱红文.人文社会科学导论[M].北京:教育科学出版社,2011.
[101] 朱红文.人文精神与人文科学——人文科学方法导论[M].北京:中共中央党校出版社,1994.
[102] 朱红文.人文科学方法论[M].南昌:江西教育出版社,2005.
[103] 徐炼,张桂喜,郑长天.人文科学导论[M].长沙:中南工业大学出版社,1998.
[104] 叶孟理,李锐.人文科学概论[M].南京:南京大学出版社,2006.
[105] 王磊,袁方,王玉鼎.人文科学概论[M].西安:陕西人民出版社,2003.
[106] 罗炽,周海春.人文科学导论[M].武汉:长江出版社,2012.
[107] 陈润华,李锐.大学人文科学概论[M].北京:清华大学出版社,2012.
[108] 吴鹏森,房列曙.人文社会科学基础(第2版)[M].上海:上海人民出版社,2007.
[109] 曹胜强.人文社会科学基础[M].北京:高等教育出版社,2014.
[110] 丁柏铨,胡治华.人文社会科学基础[M].北京:首都师范大学出版社,2004.
[111] 王国席.人文科学概论[M].合肥:合肥工业大学出版社,2007.
[112] 曲庆彪.社会科学基础[M].北京:高等教育出版社,2004.
[113] 栾栋.人文学概论[M].广州:暨南大学出版社,2012.
[114] 颜元叔,林文月,郭博文,等.人文学概论[M].上海:复旦大学出版社,2013.
[115] 张兴华,马章安.人文教育概论[M].北京:中国石油大学出版社,2007.
[116] 崔富春,李明.大学人文教育通论[M].北京:中国农业大学出版社,2005.
[117] 甘阳,陈来,苏力.中国大学的人文教育[M].北京:生活·读书·新知三联书店,2006.
[118] 徐方.大学人文十四讲[M].桂林:广西师范大学出版社,2006.
[119] 葛剑雄,朱永刚.人文精神[M].上海:上海科技技术出版社,2010.
[120] 唐君毅.人文精神之重建[M].桂林:广西师范大学出版社,2005.
[121] 许苏民.人文精神论[M].北京:人民出版社,2011.
[122] 石亚军.人文素质论[M].北京:中国人民大学出版社,2008.
[123] 黄楠森.人学的科学之路[M].郑州:河南人民出版社,2011.

[124] 陈嘉明,等.科学解释与人文理解[M].上海:上海人民出版社,2010.

[125] 石敏敏.希腊人文主义:论德性、教育与人的福祉[M].上海:上海人民出版社,2003.

[126] 韦政通.人文主义的力量[M].北京:中华书局,2011.

[127] 吴维民.大汇流——论社会科学和自然科学的结合[M].成都:四川大学出版社,1992.

[128] 沈青松.解除世界的魔咒——科学对文化的冲击与展望[M].台北:时报文化出版有限公司,1984.

[129] 肖峰.论科学与人文的当代融通[M].南京:江苏人民出版社,2001.

[130] 李大平.科学教育与人文教育——历史考察·理论探讨·实践探索[M].北京:人民出版社,2010.

[131] 谭伟平.大学人文教育与人文课程[M].长沙:湖南人民出版社,2005.

[132] 赵万里.科学的社会建构[M].天津:天津人民出版社,2002.

[133] 刘梦溪.中国现代学术经典[M].石家庄:河北教育出版社,1996.

[134] 刘仲亨.社会科学与当代社会[M].沈阳:辽宁人民出版社,1986.

[135] 许倬云.中国文化与世界文化[M].贵阳:贵州人民出版社,1991.

[136] 李宗桂.中国文化概论[M].广州:中山大学出版社,1998.

[137] 郭齐勇.中国哲学史[M].北京:高等教育出版社,2006.

[138] 编写组.中国哲学史(上、下册)[M].北京:高等教育出版社,人民出版社,2012.

[139] 赵敦华.西方哲学简史(第2版)[M].北京:北京大学出版社,2012.

[140] 编写组.西方哲学史[M].北京:高等教育出版社,人民出版社,2011.

[141] 北京大学哲学系外国哲学史教研室.十六——十八世纪西欧各国哲学[M].北京:生活·读书·新知三联书店出版,1958.

[142] 张汝伦.现代西方哲学十五讲[M].北京:北京大学出版社,2003.

[143] 孙正聿.哲学通论[M].沈阳:辽宁人民出版社,1998.

[144] 杨方.哲学概论[M].长沙:岳麓书社,2010.

[145] 杨春贵,陈柏灵.马克思主义哲学著作选讲[M].北京:中共中央党校出版社,1990.

[146] 汪华岳.新编马克思主义哲学原理[M].北京:高等教育出版社,2011.

[147]《马克思主义哲学》编写组.马克思主义哲学[M].北京:高等教育出版社,人民出版社,2009.

[148] 宗占林.马克思恩格斯哲学基本思想探讨与解析[M].哈尔滨:黑龙江大学出版社,2010.

[149] 李立菊,蔡传家.马克思主义哲学基本原理概论[M].哈尔滨:东北林业大学出版社,2009.

[150] 陈其荣.自然哲学[M].上海:复旦大学出版社,2004.

[151] 吴伯田.科技哲学问题新探[M].北京:知识产权出版社,2005.

[152] 陈筠泉,殷登祥.科技革命与当代社会[M].北京:人民出版社,2001.

[153] 钱时惕.科技革命的历史、现状与未来[M].广州:广东教育出版社,2007.

[154] 张君劢,等.科学与人生观[M].合肥:黄山书社,2008.

[155] 沈铭贤,等.科学哲学导论[M].上海:上海教育出版社,1991.

[156] 孙云龙."生活"的发现与历史唯物主义的形成——《德意志意识形态》研究[M].上海:复旦大学出版社,2011.

[157] 司马云杰.文化主体论——一种价值实现的精神科学[M].济南:山东人民出版社,1991.

[158] 司马云杰.文化价值论——关于文化建构价值意识的学说[M].北京:人民出版社,1988.

[159] 袁贵仁.价值学引论[M].北京:北京师范大学出版社,1991.

[160] 李连科.哲学价值论[M].北京:中国人民大学出版社,1991.

[161] 王玉樑.价值哲学新探[M].西安:陕西人民教育出版社,1993.

[162] 王玉樑.价值和价值观[M].西安:陕西师范大学出版社,1988.

[163] 王玉樑,岩崎允胤.价值与发展——中日价值哲学新论[M].西安:陕西人民教育出版社,1994.

[164] 王玉樑,岩崎允胤.价值与发展——《中日价值哲学新论》续集[M].西安:陕西人民教育出版社,1999.

[165] 唐日新,等.价值取向与价值导向[M].长沙:中国工业大学出版社,1996.

[166] 陈新汉,冯溪屏.现代化与价值冲突[M].上海:上海人民出版社,2003.

[167] 江畅.现代西方价值理论研究[M].西安:陕西师范大学出版社,1992.

[168] 赵馥洁.中国传统哲学价值论[M].西安:陕西人民出版社,1991.

[169] 于洪卫,王文明.马克思主义哲学的价值基础和功能[M].济南:山东人民出版社,1993.

[170] 王文明.实践唯物主义价值论[M].北京:中国文联出版社,2000.

[171] 江涛.科学的价值合理性一种主体实践的认识论研究[M].上海:复旦大学出版社,1998.

[172] 田建国.以人为本与道德教育[M].济南:山东人民出版社,2010.

[173] 张曙光.生存哲学——走向本真的存在[M].昆明:云南人民出版社,2001.

[174] 宗白华.意境[M].北京:北京大学出版社,1989.

[175] 郭绍虞.中国历代文论选(上、下册)[M].北京:中华书局,1963.

[176] 杨金才,王海萌.文学导论[M].上海:上海外语教学出版社,2010.

[177] 袁世硕,等.中国文学史[M].北京:北京师范大学出版社,2014.

[178] 李明滨.世界文学简史[M].北京:北京大学出版社,2002.

[179] 匡兴.西方文学史[M].北京:北京师范大学出版社,2004.
[180] 马新国.西方文论史[M].北京:高等教育出版社,2002.
[181] 童庆炳.文学理论新编[M].北京:北京师范大学出版社,2010.
[182] 编写组.文学理论[M].北京:高等教育出版社,人民出版社,2009.
[183] 朱光潜.柏拉图文艺对话集[M].北京:人民文学出版社,1963.
[184] 沈宁.滕固艺术文集[M].上海:上海人民美术出版社,2003.
[185] 白寿彝.中国史学史[M].北京:北京师范大学出版社,2004.
[186] 张广智.西方史学史(第3版)[M].上海:复旦大学出版社,2015.
[187] 赵淡远.中国历史要籍介绍及选读(上、下册)[M].北京:高等教育出版社,1988.
[188] 蔡尚思.中国现代思想史资料简编(第4卷)[C].杭州:浙江人民出版社,1983.
[189] 林庆彰.中国人的思想历程[M].合肥:黄山书社,2012.
[190] 田汝康,金重远.现代西方史学流派文选[M].上海:上海人民出版社,1982.
[191] 张岂之.中国近代史学学术史[M].北京:中国社会科学出版社,1996.
[192] 张岂之.中国历史十五讲[M].北京:北京大学出版社,2003.
[193] 蒋百里.欧洲文艺复兴史[M].北京:东方出版社,2007.
[194] 编写组.史学概论[M].高等教育出版社,人民出版社,2009.
[195] 杜经国,庞卓恒,陈高华.历史学概论[M].北京:高等教育出版社,1990.
[196] 贝奈戴托·克罗齐.历史学的理论和实际[M].傅任敢,译.北京:商务印书馆,1982.
[197] 于沛.历史认识概论[M].北京:中国社会科学出版社,2008.
[198] 王重民.中国目录学史论丛[M].北京:中华书局,1984.
[199] 钱曼倩,金林祥.中国近代学制比较研究[M].广州:广东教育出版社,1996.
[200] 赖力行.中国古代文论史[M].长沙:岳麓书社,2000.
[201] 张首映.西方二十世纪文论史[M].北京:北京大学出版社,1999.
[202] 鲍桑葵.美学史[M].北京:商务印书馆,1985.
[203] 龙协涛.鉴赏文存[M].北京:人民文学出版社,1984.
[204] 崔良文.审美人生论[M].北京:中国人民大学出版社,2002.
[205] 《伦理学》编写组.伦理学[M].北京:高等教育出版社,人民出版社,2012.
[206] 魏英敏.新伦理学教程[M].北京:北京师范大学出版社,1993.
[207] 张鑫友.语言学教程学习指南[M].武汉:湖北人民出版社,2000.
[208] 周昌忠.西方现代语言哲学[M].上海:上海人民出版社,1992.
[209] 华东师范大学教育系,杭州大学教育系.西方古代教育论著选[C].北京:人民教育出版社,1985.
[210] 卢有铨.躁动的百年——20世纪的教育历程[M].济南:山东教育出版

社,1997.

[211] 孙俊三.教育原理[M].长沙:中南大学出版社,2001.
[212] 卿希泰.中外宗教概论[M].北京:高等教育出版社,2002.
[213] 高旭东.中西文学与哲学宗教[M].北京:北京大学出版社,2004.
[214] 欧阳康.人文社会科学哲学[M].武汉:武汉大学出版社,2001.
[215] 欧阳康,张明仓.社会科学研究方法[M].北京:高等教育出版社,2001.
[216] 陈其荣,曹志平.科学基础方法论——自然科学与人文、社会科学方法论比较研究[M].上海:复旦大学出版社,2003.
[217] 欧阳康.社会认识方法论[M].武汉:武汉大学出版社,1988.
[218] 朱智贤,林崇德,董奇,等.发展心理学研究方法[M].北京:北京师范大学出版社,1991.
[219] 叶澜.教育研究及其方法[M].北京:中国科学技术出版社,1990.
[220] 袁振国.教育研究方法[M].北京:高等教育出版社,2000.
[221] 强海燕,郭葆玲.北美大学人文课程研究[M].广州:暨南大学出版社,2012.
[222] B.H.库德里亚夫采夫.社会科学和人文科学方法论的特点[J].国外社会科学,1995(11).
[223] 刘晓虹.大学与人文教育[J].华东师范大学学报(哲学社会科学版),2003,35(5).
[224] 李广柏.中国历史上的人文主义思潮[J].华中师范大学学报(人文社会科学版),2001,40(4).
[225] 刘大椿.人文社会科学的学科定位与社会功能[J].中国人民大学学报,2003(3).
[226] 蒋大椿.新中国史学方法研究的基本历程[J].社会科学研究,1995(5).
[227] 自褚鸣.欧盟人文科学研究发展思路探究[J].国外社会科学,2008(2).
[228] 李武装.论人文科学[J].西安欧亚学院学报,2007,5(04).
[229] 朱聪明.浅析人文科学的内涵、特征及发展趋势[J].辽宁行政学院学报,2005,7(3).
[230] 张永宏.论"人文科学"的学科定位[J].云南社会科学,2005(5).
[231] 陈先达.寻求科学与价值之间的和谐——关于人文科学性质与创新问题[J].中国社会科学,2003(6).
[232] 陈先达.寻求科学与价值之间的和谐——关于人文科学性质与创新问题[J].中国社会科学,2003(6).
[233] 李醒民.知识的三大部类:自然科学、社会科学和人文学科[J].学术界(月刊),2012,171(8).
[234] 李醒民.论科学的分类[J].武汉理工大学学报(社会科学版),2008,21(2).
[235] 朱红文.论人文科学的对象[J].福建论坛(文史哲版),1995(1).
[236] 庞振超.人文学科的研究对象及特性[J].煤炭高等教育,2007,25(5).
[237] 张掌然.人文科学方法论问题研讨综述[J].武汉大学学报(哲学社会科学

版),1996,224(3).
- [238] 李建华,胡训军,周谨平.论人文科学的学科特质和体系分层[J].现代大学教育,2004(6).
- [239] 欧阳询.人文科学研究的形而上学批判[J].湖南社会科学,2013(5).
- [240] 马红霞.浅析自然科学、社会科学和人文科学的本质差异[J].广东社会科学,2006(6).
- [241] 张楚廷.人文科学与社会科学的差异性[J].学园,2011(2).
- [242] 张楚廷.教育学属于人文科学[J].教育研究,2011,379(8).
- [243] 孟建伟.人文科学的科学性与人文性[J].中国人民大学学报,2003(5).
- [244] 姜振寰.科学分类的历史沿革及当代交叉科学体系[J].科学学研究,1988,6(3).
- [245] 华勋基.论科学分类的历史发展及其现实意义[J].中山大学学报,1985(1).
- [246] 魏屹东,王保红.科学分类的维度分析[J].科学学研究,2011,29(9).
- [247] 袁之勤.科学的分化和分类[J].科学学研究,1995,13(6).
- [248] 何云峰.关于建构知识科学的问题[J].上海师范大学学报(哲学社会科学版),2003,32(1).
- [249] 蒋洪池.托尼·比彻的学科分类观及其价值探析[J].高等教育研究,2008,29(5).
- [250] 于光远.关于科学分类的一点意见[J].百科知识,1980(6).
- [251] 叶文宪.论学科的分类[J].西南交通大学学报(社会科学版),2001,2(4).
- [252] 赵宝余.论科学的分类[J].苏州医学院学报,1986(4).
- [253] 胡作玄.科学分类试论[J].自然辩证法研究,1991,7(5).
- [254] 钱学森.论技术科学[J].科学通报,1957(4).
- [255] 徐亭起.我国科学分类法体系的研究[J].科学学与科学技术管理,1987(9).
- [256] 华勋基.论科学分类的历史发展及其现实意义[J].中山大学学报(社会科学版),1985(1).
- [257] 陈文化,胡桂香,李迎春.现代科学体系的立体结构:一体两翼——关于"科学分类"问题的新探讨[J].科学学研究,2002,20(6).
- [258] 程水金."文学是什么"与"什么是文学"[J].上海大学学报(社会科学版),2009,16(3).
- [259] 徐珂.文学是什么——释德里达的"文学"观[J].外国文学研究,2000(1).
- [260] 党怀兴,陶生魁.仓颉造字与汉字崇拜文化[J].陕西师范大学学报(哲学社会科学版),2011,40(5).
- [261] 姚小平.语言学史研究诸方面——罗宾斯《语言学简史》(1997)读后[J].外语教学与研究(外国语文双月刊),2001,33(4).
- [262] 史宁中.关于教育的哲学[J].教育研究,1998(10).
- [263] 邱永君.汉语"宗教"一词的由来与衍变[J].中国宗教,2004(8).
- [264] 陈霞.略谈宗教学的起源与发展[J].宗教学研究,2001(4).

[265] 赵景来.人文科学若干问题研究述要[J].社会科学战线,2006(3).

[266] 尤西林."人文"的科学性与现代性[J].陕西师范大学学报(哲学社会科学版),2004(5).

[267] 金吾伦.库恩和泰勒关于自然科学与人文科学之区别的争论[J].哲学动态,1993(10).

[268] 朱红文.后现代主义、现代性与社会科学[J].天津社会科学,2004(2).

[269] 朱红文.人文科学:从古代到现代[J].社会科学辑刊.1995,96(1).

[270] 姜义华.中国人文科学五十年[J].同济大学学报(社会科学版),1999(9).

[271] 吴国盛.科学与人文[J].中国社会科学,2001(4).

[272] 张君劢.欧洲文化之危机及中国新文化之趋向[J].东方杂志,1922,19(3).

[273] 谢扶雅.文艺复兴与清代学术[J].知难,1929(100).

[274] 章礼霞.性相近,习相远——对中外跨文化对话与跨文化交流的思索[J].外语与外语教学,2002,160(7).

[275] 欧阳康.人文社会科学哲学论纲[J].江海学刊,2001(4).

[276] 石光荣.试论科学技术对精神文明的影响[J].精神文明建设,1998(2).

[277] 夏承禹.试论国兴科教[J].科学学研究,1999(2).

[278] 彭荣础.思辨研究方法:历史、困境与前景[J].大学教育科学,2011(5).

[279] 钟晓红.从认识论走向存在论的文本解读[J].文学界(理论版),2011(8).

[280] 鲁洁.人对人的理解:道德教育的基础——道德教育当代转型的思考[J].教育研究,2007(7).

[281] 李泽淳.生命体验对文学创作的影响[J].沈阳师范大学学报(社会科学版),2009,33(3).

[282] 赵联.生命体验:道德教育的返璞归真[J].教育学术月刊,2009(3).

[283] 赖金良.什么是社会科学以及社会科学的客观性[J].哲学研究,1996(6).

[284] 王忠武.人文科学与社会科学的基本关系及其系统划分[J].自然辩证法研究,2001(4).

[285] 冯光.社会主义核心价值体系的引领与嘉兴人文精神的传承和超越[J].嘉兴学院学报,2013,25(5).

[286] 朱九思,王怀宇.从历史的教训谈学术自由[J].现代大学教育.2003(4).

[287] 欧阳询,胡菊香.论人文科学的基本特征及其内在张力[J].学术交流,2014,246(9).

[288] 李爱军.近代中国"人文"和"人文科学"刍议[J].商洛学院学报,2012,26(5).

[289] 王鸿政.论基于学术自由意义的学术责任[J].理工高教研究,2005,24(5).

[290] 代金平.对科学技术人文关怀的根据及其内涵[J].科技与管理,2003,5(3).

[291] 曾冬梅,邱耕田.走向融合:新时代科学技术与人文精神的发展趋势[J].学术界,2002,96(5).

[292] 刘国男.人的全面发展与人的教育[J].辽宁教育行政学院学报,2005,22(3).
[293] 司晓宏.人文精神、人文教育与人的全面发展[J].陕西师范大学学报(哲学社会科学版).2002,31(5).
[294] 俞吾金.科学精神与人文精神必须协调发展[J].探索与争鸣,1996(1).
[295] 袁曦临.人文社会科学学科分类体系研究[D].南京:南京大学,2011.
[296] 于永军.马克思逻辑与历史统一理论[D].山东:山东师范大学,2010.
[297] 孟李辛.人的全面发展视阈下的科学精神与人文精神的关系研究[D].北京:北京交通大学,2008.
[298] 卢开万.读《宋书·雷次宗传》书后[J].魏晋南北朝隋唐史资料,1994.
[299] 余金成.人文科学与社会科学的统一[N].光明日报,2010-02-23.
[300] 武夷山.学科之间:善与善的冲突与和谐[N].学习时报,2005-06-20.
[301] 邱永君.关于汉语"历史"一词之由来[N].中国社会科学院院报,2004-06-22.
[302] 关于进一步繁荣发展哲学社会科学的意见[N].人民日报,2004-03-21.
[303] 李德顺.哲学和人文社会科学的定位[N].光明日报,2000-04-25.
[304] 燕原."钉子户"们与成田机场的持久战[N].青年参考,2011-1-14.

后　记

　　本书为教育部第一类特色专业——人文教育专业教学改革的成果之一，也是湖南省人文教育学省级教学团队、怀化学院人文教育学重点学科的阶段研究成果和系列教材之一。

　　怀化学院的人文教育专业于2002年经教育部批准成立，2003年正式招生，属于全国高校最早开设的人文教育专业之一。该专业是在原怀化师专在全国率先进行"综合文科教育专业"教学改革试点并取得重大进展的基础上创办的。为适应人文教育专业建设和教学的急切需要，怀化学院于2003年初专门成立了由杨玉琪教授牵头的"人文社会科学学"课题小组，并着力进行科研攻关和教材编写工作。课题组历时1年有余，编写出《人文社会科学概论》讲义，并于2004年3月由当代中国出版社正式出版。出版后，《人文社会科学概论》作为人文教育专业的教材使用多年，得到了同行专家和历届受益学生的一致好评，同时也收集到一些专家和学生对教材中的问题与不足所提出的富有建设性的意见。为了增强教学的针对性和实效性，课题组在认真总结多年教学之得失并经反复研讨的基础上，决定新编《人文科学概论》，并于2012年暑期正式组成《人文科学概论》编写组，由杨吉兴教授，欧阳询博士、副教授，韩艳副教授任主编，王文明教授，田圣会博士、副教授，刘克兵博士、副教授，朱尚华副教授，肖钰士副教授为编写组成员。编写组成立后，由主编提出编写思路和编写提纲，经集体讨论研究后确定编写提纲和研究计划，按照个人分工负责与集体协作研究相结合的原则，各位作者积极开展调研，收集整理资料，进行理论研究等工作，边实践、边研究、边修改，辛勤付出，不懈努力，历时四年，终于成书。

　　本书是集体智慧的结晶。在本书编写过程中，先后参加编写思路和编写提纲讨论、研究的主要人员（排名不分先后）有张绍宏教授，王炯华教授，王文明教授，杨吉兴教授，杨高男教授，宋紫教授，欧阳询博士、副教授，韩艳副教授，何咏梅副教授，田圣会博士、副教授，朱尚华副教授，肖钰士副教授，刘克兵博士、副教授，龙天贵博士、讲师，谢伯军讲师，朱卫红讲师，夏洪亮讲师，胡菊香讲师，杨邦讲师，杨方老师等。编写提纲由杨吉兴、欧阳询、韩艳拟订，经全体编写组成员充分讨论、研究，并征求有关专家意见后确定。各章的具体执笔人是：绪论，韩艳；第一、三章，杨吉兴;第二章,刘克兵;第四章,欧阳询;第五章,王文明;第六章,朱尚华、杨吉兴;第七章田圣会;第八章肖钰士。杨吉兴教授作为本书的主编,负责本书编写思路、编写提纲提出以及编写的组织和指导工作,提出具体的编写提纲和编写要求,负责全书的统稿、修改、定稿工作,对有的章节进行了较大的修改,部分章节进行了重写。欧阳询副教授、韩艳副教授作为本书的主编,负责本书编写思路、编写提纲提出和编写的联络工作,负责部分章节的统稿、修改工作。

本书的编写得到了怀化学院教务处、高教研究所、教育科学学院和有关部门的大力支持。尤其是怀化学院教务处将本书的编写列入学校自编教材重点支持计划并立项给予经费资助,教育科学学院为编写组进行教学改革试验提供了良好的条件和环境。本书还参考并吸收了国内外教育专家们的有关研究成果,谨列出参考文献供查考。本书出版过程中,还得到了华中科技大学出版社钱坤同志、杨玲同志和唐诗灵同志的大力支持。在此,笔者特向为本书编写和出版提供过帮助的所有部门、专家、领导和朋友一并表示诚挚的感谢!

"人文科学概论"是一门全新的教学改革课程,教学内容涉及诸多学科领域,具有较强的综合性、创新性等特点。我们在教材编写过程中历经反复讨论、研究,并在广泛征求有关专家意见的基础上进行大量的修改,但由于编者经验和水平的限制,难免存在疏漏和不足,恳请广大读者和专家批评指正。

本书编写组
2016 年 12 月